M A R T I N
Martin Zweig's Winning On Wall Street
Z W E I G

ツバイク ウォール街を行く

株式相場必勝の方程式

マーティン・ツバイク
Martin Zweig
中村 正人 訳

Pan Rolling

本書に寄せられた賛辞

「われわれは、株式市場で活発に活動しているすべての読者に本書をお薦めする」（インカム・アンド・アセット・アドバイザリー紙）

「ツバイクは規律を持ち、辛抱強く、かつ柔軟なトレンドフォロワーは一貫して勝利者となることを疑いもなく証明した。占い用の水晶球など必要ない」（ディック・デイビス・ダイジェスト紙）

「卓越したツールである。本書はツバイク博士が歴史的に成功してきた投資アプローチの基盤を形成している諸指標とモデルについて明確に説明をしている」（マイアミ・ヘラルド紙）

「全米ナンバーワンの銘柄選別者は、とりわけ、読者がいかにして自分自身の市場に関する指標を構築するかということについても説いている」（メンフィス・ビジネス・ジャーナル紙）

「一つの市場、あるいはそれ以上の市場で取引をしつつ、優位性を追求している者にとっては、内容の濃い入門書であり、彼らの念願の答えとなり得るものである」（カーカス・レビュー紙）

「アメリカで最も新進気鋭の銘柄選別者であるツバイクにかかると、この町のスーパーエージェントはまるで間抜けであるかのように見えてしまう」（ロサンゼルス・マガジン誌）

「投資家にとっての自習書！　本書は株価に影響を与える諸要素に関する明快な説明をしている。ツバイクは、ベア・マーケットとブル・マーケットを素早く判定するために彼が用いているモデルに関して完璧な説明を行っている」（ダラス・タイムズ－ヘラルド紙）

「貴重なアドバイスであり、内容の豊富な参考文献である」（プロビデンス・サンデー・ジャーナル紙）

「本書は平均的な株式投資家にとって読む価値があるのか？　その答えは、無条件でイエスである」（フレデリック・アプター、バロンズ誌）

「値上がりや値下がりに関する単なるガイド以上のものである。本書は、投資家が適切に利用したときには好成績を生み出すことのできる多くのシグナル、諸指標、そしていろいろな比率について簡潔な文体で説明している」（チェインジング・タイムズ紙）

妻モーリーへ
私の仕事に対する絶えざる励ましと、本書執筆期間中の辛抱と支えに対して、本書を捧げる

謝辞

本書の作成にご尽力いただいたみなさんに感謝を申し上げる。原稿をタイプとリタイプしてくれたジョアン・グラフとリサ・リス。リサーチに関する協力をしてくれたツバイク証券のジョー・ディメンナ、キャロル・ホワイトヘッド、ティム・クラーク、マイケル・シャウス、そしてトニー・バークマン、ネッド・デイビス・リサーチのネッド・デイビス、デラフィールド、ハーベイ、タレルのケン・タウワー。グラフィックに関する寛大な助力をしてくれたネッド・デイビス・リサーチのデビー・ドレーク（そして再び、ネッド）。ジム・フロスト、ラリー・カーシュバウム、そしてワーナー・ブックスのすべてのみなさん。私のエージェントのナット・ソーベル。それぞれ、私の経歴の初期の段階に執筆や意見表明の機会を与えてくれたウォール・ストリート・ウイークのルー・ルーカイザーとバロンズ誌のアラン・アベルソン。私に自分の株式相場に関する判断力を信頼するように教えてくれたジョナサン・ワイス。言うまでもない理由で、母と亡き父。最初に株式市場について学ぶように勧めてくれた亡きおじのモート。とりわけ、最初に本書の執筆を勧めてくれ、そして、私の独特な表現法に辛抱強く付き合いつつ、時間のかかる仕事にもかかわらず、念入りに原稿を編集し、統一した方向性を与えてくれた友人でもある共同制作者のモーリー・ゴールドフィッシャー。

目次

まえがき

ミレニアムの株式市場——
それはこれまでの市場とはどのように違ったものとなるであろうか

私が株式市場でのキャリアを開始した三五年ほど前、証券会社のトレーダーたちはいわゆる「チョークボーイ（黒板書き）」による株価表示で株価を追っていた。スクリーン上に映し出された古いティッカーテープを注視し、大きな黒板にそのときどきの主導的な銘柄の直近の価格を一定の時間ごとに書き出すのが、チョークボーイたちの仕事であった。

比較的短期間でわれわれは大きく進歩した。今や、高速度の電子取引は日常のものとなった。グローバルな情報ハイウエーが爆発的に拡大しており、われわれの国内経済はますますグローバル化している。ミレニアムが近づきつつある今（一九九八年）、これは投資家にとってどのような意味を持っているのであろうか？

一つ言えることは、証券取引所での出来高が絶えず増加し続けることが期待できるということである。これまで以上に詳細な情報がより早い速度で入手可能となるため、取引はますます容易になる。今や、トレーダーたちは広範囲のオプション（選択肢）に囲まれている。オンライン・トレードが可能であり、一日二四時間を通して証券会社にコンタクトすることが可能であり、さらには、自分自身のコンピューター上での取引も可能である。

二つ目には、グローバル経済へのトレンドが継続し、さらに加速するということである。情報がこれまで以上に速いスピードで入手可能になることで、アメリカ人にとって、ヨーロッパ、アジア、さらには第三世界の国々の株式や債券を購入することがより容易になる。ミューチュアル・ファンドに投資している個人投資家にとって、そのような投資はすでにありふれたものになっている。もちろん、外国人もまたアメリカ市場にさらにかかわりを強めている。

情報は希少価値のある商品である。歴史を通して、常に最初に知った者にはそのことに対する褒美が与えられた。ロスチャイルドは、業務上の通信手段に伝書鳩を利用した。そして、その後、電報、ティッカー（受信印字機）、そして電話の時代がやってきた。筆者の会社では、ノートを比較し、戦略を考案し、業績について報告するため、カンファレンス・コール（電話による会議）を利用している。今では、さらに情報を交換するために多数の人々が利用しているコンピューターやインターネットがある。

私は大学院生時代、企業の業績動向についての情報を得るためによく図書館に通い、スタンダード・アンド・プアーズの会社名鑑をじっくり研究した。現在は、自分のコンピューター上の幾つかのボタンをたたくだけで、大量の統計データがすぐ手に入る。

人々は常に金銭的な儲けにつながる早耳情報の入手に躍起となる。その結果、われわれは、より多くの新聞、ニュースレター、週刊誌、そして株式関連ニュース専門のテレビ番組などを見るようになった。おそらく、われわれは上手に利用するには多すぎる情報を得ているかもしれない。しかし、物事は、かつてそうであったものとは基本的に異なってしまったのであろうか？

私はそうとは思わない。思い起こしてほしい。ニュースを早く入手することの目的は、他人の機先を制することにある。しかし、現在では市場に影響を与えるどんな情報に対しても、だれもが同じように簡単にアクセスをすることができる。これは、だれでもが同じ土俵で戦うことができるようになったということである。

一つの類推として、戦車とマシンガンの発展を考えてみよう。南北戦争で、もし一方の側だけが戦車とマシンガンの双方を所有していたならば、その結果には決定的な差が生じていたであろう。第二次世界大戦においては、すべての国がこれらの武器を所有していたため、どちらかの側に大きな優位性があったということはなかった。しかし、これらの武器をどのように展開したかによって、その勝敗が分かれたのである。これは株式市場でも同様である。事実上、すべての人が入手可能な大量の情報を、どのように活用するかが勝負の決め手になる。

不幸なことに、非常に大量の情報が存在しているため、株式市場における個別の投資決定は容易ではない。例えば、一九二〇年代初期には、自動車産業が成長し、輸送に大変革を及ぼすことは確実であった。では、自動車株を購入すべきであったか?

それは、状況次第であり、一概には言えない。勝ち銘柄を選ぶことは常に大変困難なことである。そのころ、フォードはまだ公開企業ではなかった。しかし、長期間にわたり、今日ではもはや単に記憶されているだけの存在となってしまった自動車メーカーを購入することは可能であった。それらの幾つかの名前を挙げれば、ハップモービル、スタンレー・スティーマー、スタッツ、そしてナッシュである。現在は、多くの自動車会社が姿を消している。もしゼネラルモーターズを購入していたならば、よくやったと言える。クライスラーは何度か倒産しそうになったが、持続して保有していたならば、結果はオーライであった。その他の企業はすべて姿を消した。

同様なことが航空会社にも当てはまる。四〇年か五〇年前、航空機産業は離陸すると思われた。したがって、ナショナル・エアライン、イースタン・エアライン、あるいは現在はもはや存在していないその他の航空会社を購入していたかもしれない。

もっと最近では、コンピューターがある——メーン・フレーム、ソフトウエア、ハードウエアなど。この産業は急速に拡大することは確実であった。初期の段階では、ＩＢＭといわゆる「ＢＵＮＣＨ」グループがコンピューターの先導銘柄であった。「ＢＵＮＣＨ」の面々とは、Ｂ（Burroughs）、Ｕ（スペリ・ランドの一部であるUnivac）、Ｎ（NCR＝National Cash Register）、Ｃ（Control data）、そしてＨ（Honeywell）である。ＩＢＭはかつてこの業界のリーダーであったが、現在の業績は芳しくない。また、その他の企業も業務を停止したか、困難に直面している。

もし情報の爆発的増加が勝ち銘柄の選択をより単純化することがないのであれば、そのことは、われわれにこれまで以上に投機をする手段を与えたことになる。昔は、証拠金取引によって株式の購入をすることができた。投機的取引は基本的にそれだけであった。今では、容易に外国市場に参入し、オプションや先物を取引し、通貨取引も可能であり、その他もろもろの投機的取引が可能である。しかも、これらは機関投資家だけに限られたものではなく、個人が自己勘定で取引できるものである。このように、特に、非常に多くの人々が自分の退職に備えて頼りにしている個人退職積立年金勘定（ＩＲＡ）や４０１ｋプランにおける投資に関連して、さらに自分をトラブルに巻き込むことになる多くの方法が今や存在しているのである。

現在この序文を執筆中の一九九八年初めにおいて、ミューチュアル・ファンドは四兆ドル以上の資産となっており、資金は流入し続けている。キャッシュの着実な流入にもかかわらず、市場はけっして一方通行ではなかった。最後のベア・マーケット（私は、ベア・マーケットと呼ぶには広範な市場平均で少なくとも二〇％下落することが必要と考えるが）は一九九〇年の終わりにあった。これは、永久に続くことはできないのだ。

われわれは、一九七三～七四年以来、深刻なベア・マーケットを経験していない。当時、市場は連日下げを続ける悲惨な状態にあり、やっと一九七四年に底を打った。現在は一九九八年である。大恐慌以来の最悪な市場の深淵を見てから二四年が経過している。まったく新しい世代の投資家とプロたちがウォール街に参加してきている。一九七〇年代初期の残酷なベア・マーケットを切り抜けた人で、われわれの身近にいる人の数はますます少なくなっている。今日の市場のなかにいる人々の多くは、良き日々や短命であったベア・マーケットを知るのみである。このような人々が市場で適切な対処ができなかった場合、予想もしなかった壊滅的損失に遭う可能性がある。

これは、予言ではない。私は真実について語っている。株式市場は、経済成長にふさわしいリターンを提供できるだけである。短期的な動きにおいては、割安に評価された市場（undervalued market）は通常のリターンよりも高い利回りをもたらすことがある。しかし、リターンが数年にわたり過度になれば、市場は経済成長以上に成長したことを意味し、その後数年間はおそらく、通常以下のリターンか、マイナスのリターン（損失）になるであろう。

本書は、順調なときよりも、現在のような環境下においてこそ、読者にとって役立つものとなろう。もし市場が毎年上昇するなら、読者は私を必要としない。また、本書も必要ではない。単純に株式を購入し、それを保有し続ければよい。もし読者が一九八〇年代にこれを行っていたら、一九八七年とそれ以外の時期に何度か不安な時期を経験したにもかかわらず、おそらく良い結果が得られていただろう。しかし、この戦略は、一九九〇年代半ばやそれ以降を見据えた戦略としてはあまりにも貧弱であると言わざるを得ない。

読者は継続的に変化しつつある状況にいかに反応すべきか？　基本的に、「バイ・アンド・ホールド（購入して保有を継続する）」という考えを捨てることであると私は考える。この考えは、誤った戦略であり、一九九〇年代にとっては特に不適切であると考える。来るべき一〇年においては、これまで以上のベア・マーケット、しかもより深刻なベア・マーケットに遭遇する可能性が高い。リスクを小さくするためには、株式市場や債券市場から投資を引き揚げなければならない時期もあるだろう。それは程度の問題である。一〇〇％キャッシュ・ポジションに戻す必要はないかもしれないが、リスクが増大するにつれて投資額を削減し、リスクが後退するにつれて投資を増加すべきである。私が本書で示した市場タイミングを計る方法は、読者がまさにそうすることに役立つものであると確信している。

ウォール街には、「今回は違う」というよくささやかれる言い回しがある。もし読者がそれを信じるなら、その危険性を覚悟すべきである。確かに、それぞれの時点で、事態は少し異なっているかもしれない。しかし、常に多くの類似点があるのである。ヨギ・ベラが言ったように、その類似点は異なっているのだ。しかし、人は歴史から学ぶのである。歴史はわずかな違いを伴って繰り返すものだからである。

例えば、本書のなかで見るように、FRB（連邦準備制度理事会）が金融引き締めを行い、金利が上昇するときは株式市場のパフォーマンスは悪くなり、金融を緩和し、金利が下がるときはその反対にパフォーマンスは良くなる。読者は、私の示す指針に従うことによって、条件が有利なときに買い、見通しが悪くなったときには売るという柔軟性を得るであろう。自分自身と戦うことは止めるべきであり、頑固さを捨てなければならない。特定銘柄のファンダメンタルズが悪化したら、利益が出ているか損失となっているかにかかわらず、その銘柄から降りるべきである。自尊心のために、損失を被ることを拒否すべきでない。

この教訓は非常に重要であり、何度も強調したい。含み損を抱えたままで手仕舞えば、自尊心を傷つけられ、耐えられないという理由で、銘柄に固執してはならない。百戦百勝している人はいないということを忘れないでほしい。野球では、三割打者はずば抜けた存在であり、三割三分の打者は野球殿堂入りするかもしれないのである。これは、三回のうち二回アウトになるプレーヤーは野球殿堂入りをする可能性のある人材であることを意味している。したがって、株式市場において一〇割の打率を期待すべきでない。それは、不可能である。過ちを犯すことはゲームの一部なのである。過ちを認め、それに対処することによって、過ちから学ぶのである。

読者が主としてミューチュアル・ファンドに投資しようという場合でも、私の指針は読者にとって役立つであろう。その場合、読者は私の銘柄選択法を必要とはしないが、本書の真価は実は銘柄選択法にあるのではない。最も重要なことは、市場におけるリスクに対する防御手段として私の種々の指標を利用することにある。

ミューチュアル・ファンドに何が起こるかということについて読者に分かっていただくために、私は、ミューチュアル・ファンドをモニターしているリッパー・アンド・カンパニー社から幾つかの統計を入手した。一九六八年末に同社がモニターしていた一連のグロース・ファンドを読者が購入したとすると、その一〇年後、読者には利益がまったくないという結果となっていた。読者が実際に利益を得るのに、およそ一〇年半かかったということであった。一九七一年と一九七二年のある時期に利益になった期間はあったが、その後、それらの利益は失ってしまった。

一連のグロース・ファンドを購入し、一〇年後になっても利益を実現できないということを想像してみてほしい。不幸にも、それが時折生じる現実なのである。本書で詳述した私の時の試練を経た技法は、そのような時代に貴重なものとなると確信している。私の考案した指標がリスクの上昇を示すならば、ミューチュアル・ファンドの一部を適宜売却し、その指標が方向転換をしたときに買い戻しをすべきである。

私は市場の落とし穴について述べたが、常に、株式に投資するうえでの好機というものがある。株式は長期間にわたり、債券、財務省短期証券、あるいはその他の金融商品に比較してより大きなリターンを実現してきている。しかし、株式は振幅が激しい。逆説的であるが、市場が悲惨な状態にあるとき、チャンスが最も多く存在しているのである。読者は、私の指標を使うことによって状況が芳しくないときには、様子見とする方針をとることができる。そうすることによって、比較的無傷でその状況を切り抜けることができ、ベア・マーケットが終焉したときに利益を得るために、資金を温存することができるのである。

次章において、私が一九八七年末の増大するリスクを私の指標と投資モデルを使っていかに予見し得たのか、また、なぜに市場が二二・六％の暴落を起こした「ブラック・マンデー」に、ツバイク・フォーカストのポートフォリオの価値が九％の上昇を見せたかという実際にあったケーススタディーを示すことにする。

はじめに
いかにして高まるリスクを予見し、暴落の日に利益を得たのか

あの運命の一九八七年一〇月一九日、ダウは二二・六％の急落を示した。本書で述べる私の時の試練を経た指標と戦略を使い、暴落の前に、私は安全確実な防御措置をとった。その結果、「ブラック・マンデー」のその日に、ツバイク・フォーカストのポートフォリオの価値は九％の上昇を見せた。本章では、これらの投資決定をした背景とその根拠について、読者とともに見ていきたい。

一九四〇年代、私がまだ子供のころ、夕食時の普通の会話はいつも一〇年前の「大恐慌」に及んだ。私が株取引をするときに常に念頭にあるのは、あの暗い時期とその後のベア・マーケットである。しかし、「一九二九年がやってくる」と大声で叫ぶことは、おそらく最終的にそうなって、正しかったということになる前に、何度も過ちを犯すことになろう。そして、そうなる前に、何度も「狼」が来たと叫び、だれもが信じなくなるであろう。さらに、一九二九年とその後の「大恐慌」は、ほとんどの人々に心理的荒廃をもたらした。少なくとも、一九八七年の暴落における壊滅的な出来事は、多くの人々が忘れかけていた一九二九年を想起させるものとなった。

「ブラック・マンデー」に先行する期間を除くと、最後に二九年が再来したと私が思ったのは、一九七八年九月であった。市場はまさに崩壊寸前であると確信し、ツバイク・フォーカストに「暴落に備えよ」と書くことに何のためらいも感じなかった。私は当時の状況を二九年と比較することを続けた。市場はその直後に「一〇月の虐殺」で崩落した。しかし、被害は、ダウが一三・五％の下げ、平均株価（ツバイク非加重平均株価指数）が二一・七％の下げにとどまった。

しかし、これは取るに足りないものであった。また、二九年の再来でもなかった。そこで、私はその経験（それと単純に過ちをしていたとき）から学び、二九年について声高に叫ばないことにした。その代わり、もし二九年型大暴落の可能性が浮上してきたときには、静かにそれについて語り、ポートフォリオを守る戦略を採用しようと考えた。

私は一九八七年になってからずっと、市場全般が過大評価されていることを懸念していた。しかし、その年が一九二九年、一九四六年や一九六二年といかに類似しているかということに実際に関心を集中し始めたのは、レーバー・デー（九月第一月曜日）のころからであった。すべての年は結果的に暴落した。しかし、暴落が発生する前の状況が八七年に最も類似していたのは二九年であった。そのため、私は暴落に先立つツバイク・フォーカストにおいて二回にわたって述べた結論に至った。

一九八七年九月のツバイク・フォーカストにおいて、公定歩合の引き上げについて書いた。そのなかで、一九四六年や一九六八年（後の一九六九年にはもう一度行われた）には、公定歩合が引き上げられたために、いかに非常に厄介で大幅な市場急落に至ったかということや、一九七三年に最初に公定歩合が引き上げられたすぐ後にいかにしてベア・マーケットが始まったかということについて書いた。ウォール街では、おおかたの人たちは危険な状態になる前に少なくとも三回の引き上げが必要だと主張する。私は、株価がいかに不合理な水準にまで過大評価されているかを示すため、市場のPER（株価収益率）、配当利回り、純資産価額（簿価）のグラフを掲載した。

次の一九八七年一〇月号の見出しは、「リスクが上昇しつつある」というものであった。その冒頭では以下のように書いた。「最近の数週間の全般的なパターンは一九二九年、一九四六年、あるいは一九六二年の状況と違っているとはいえず、株価暴落の直前にある。疑いもなく、リスクは前回見られた一九八一年のベア・マーケット以来最大となっている」。私は意図的に一九二九年、一九四六年、あるいは一九六二年に起こったことの生々しい場面に触れることを避けた。それは必要ではなかった。それだけではなく、私は、二九年がやってきたと絶対的な一〇〇％の確信を持っているわけではなかった。私は単に、自分たちがほどほどの好機に直面したと判断しただけであった。しかし、同時に、数カ月前から続いている投機的熱狂はまだ続くのではないかという懸念も持っていた。一〇〇％確信を持つことができていたならば、取引できるすべての銘柄を空売りしていたところであったのにと残念である。しかし当時、暴落を確信できる人などいるはずはなかった。私は、確率に基づいて取引するのであり、確実性に基づいて行うのではない。したがって、主要なポイントは「戦略」であり、説教することではなかった。

そのような趣旨で、私は九月二五日、私のツバイク・フォーカストの電話ホットラインのメンバーすべてに、彼らのポートフォリオの一％を一一月限プット・オプションの購入に振り向けるようアドバイスした（プット・オプションは、その買い手に対して特定の期限内において特定の価格で特定の株数を売却する権利を与えるものである）。

その当時、一一月限のプットはおおよそ八％のアウト・オブ・ザ・マネーであった。換言すれば、たとえ市場が八％下がったとしても、プットはその時点では価値はないというものであった。さらに、もし市場が大きく下げても、一一月までに下げなければ、そのプットの価値はなくなるというものであった。このプットは、市場が一一月半ばまでに崩壊した**ときにのみ**価値が生ずるものであった。

もし、一九四六年や一九六二年規模の急落が生じた場合には、プットはわれわれの買い建てているポジション（これはまた、逆指値注文によってリスクが限定されていた）の約四〇％程度を十分保護できる程度に上昇し、そして少しの利益さえもたらすかもしれないと、私は考えたのである。もし私が間違っていた場合は、このプットはポートフォリオ全体の単に一％の損失を生じさせることになるが、その損失は、もし市場が上昇した場合にはその利益によって相殺できたであろう。ご記憶のことと思うが、私はけっして積極的ではなく、単にその確率に賭けていただけなのである。

その結末はというと、市場はまさに一九二九年の再来に向けて動いたということである。ダウは、一九八七年八月の高値二七二七ドルから一〇月一九日の終値のクライマックスでの安値の一七三八ドルまで、三六・一％の急落をした。それは、一九二九年の暴落において一〇月二九日に下げのクライマックスを記録したときの三九・六％に匹敵するものであった。その結果、九月後半に二ドル八分の三で購入したプットの価格が急騰した（私がフォーカストにおいてプットを購入したのは一六年間でわずか二回しかなく、このときのプット購入も二年ぶりであった）。

私は、市場が下げるに従って、プットを細かく分割して売却した。一〇月一五日を皮切りに、その後の数日間で五回に分けて、九・二五、一九・二五、五四・〇〇、八六・五〇で、そして最後に一〇月二〇日に一三〇ドルで売却した。プットの加重平均した利益は、二〇七五％であった。これによって、われわれのポートフォリオ全体の価値は二〇・八％増加し、そのとき損切りしていた残りの株式に生じた七％の損失を相殺しても余りあるものになった（一〇月一六日の大引けまでに、ポートフォリオの株式投資はちょうど八％に低下していた）。その結果、われわれのポートフォリオはブラック・マンデーによって、九％の利益を実現したのである。

もし私が天才であったなら――この業界において実際に天才などは存在しないが――市場崩壊が起こる前にすべてを売却し、もっと多くのプットを買い付け、大底を打った日まで全部持ち続け、何兆ドルもの利益を出すことができたであろう。しかし、それは現実ではない。現実にできることは、指標が弱気を表示したときにはリスクを徹底的に削減し、状況が好転したときに数ドルの利益を上げることを願い、いつかまた心地よいブル・マーケットがやってきて、そのブル・マーケットで相場を張ることができるように十分な資金を残しつつ、暴落や災難や地震を生き抜くことができることを祈るということであろう。

私は、まったく自信がなかったにもかかわらず、なぜそれほどまで市場崩落を懸念していたのであろうか？　第一に、私が金融状況、心理状態、テープ状況を計測するために用いている諸指標は、その市場崩落の前にはわずかな弱気を示していただけであった。私は、これらの指標のモデルをコンピューターの助けを借りて数十年分採取していたので、これらのモデル全体の指数を、過去のデータの最上位一〇％、次の一〇％というように、デシル（十分位数）に分類できる。

一〇月一九日の暴落の数週間前に株価が下げたとき、モデル指数は単に第四位のデシルに下がっただけであった。それは一九八四年以降では最悪のデータを示していたが、全体的に見ると、一九七三

～七四年のベア・マーケットのときのデータは最上位と第二位のデシルを示していた。第四位のデシルは市場平均をわずかに下回るものである。もちろん、一九八四年末以降はほとんど第八位から第一〇位という水準で推移していた。

第四位のデシルは、歴史的にはS&P指数で年率三・四％程度の下げという結果であり、第一位のデシルは年率で二八％以上の損失を発生させている。金融状況は、信用危機は生じておらず、わずかに弱気であったに過ぎなかった（イールド・カーブは右上がりであり、それだけが一九二九年と一九八七年の唯一の違いであった）。心理指標は、ほぼ中立的であった（心理指標はその年の年初は悪化しており、伝統的に市場が最終的に天井をつける前にそれまでの最悪の状態から幾分改善してくる）。テープは、もちろん、弱気を示していた。

したがって、私が用いている定量化し検証することができる指標は、市場の先行きを否定的なものと表示していたが、異常なほどに否定的というものではなかった。私を最も悩ませたものは一九二九年、一九四六年や一九六二年との類似性であった。見慣れたパターンはPERと配当利回りから見て、市場全般が過大評価されていたことであった。数年にわたって大きな市場の修正局面を経ることなしに株価が直線的に上昇し、ダウ構成銘柄のなかには株価が倍になったものやそれ以上になったものがあった。このような条件があったとき、私は、以下のことに気づいた。つまり、ブル・マーケットの後半では、小規模な市場の修正局面（一九八六年秋に一七七五ドルから開始した修正）から数カ月間にわたる大きな相場上昇（ラリー）があり、またもう一つの小規模な修正局面（一九八七年春の二四

○四ドルから二二一六ドルへの下げ）があり、その後に二～三カ月間継続した最終的な上昇局面（そのとき、それは八月の二七二二ドルで天井をつけた）への短期的なより小規模の急騰があったことである。

これらの初期の市場は、そのときには「通常の」修正局面のように見えるものとして始まったが、すぐに市場崩落へとつながっていった。九月における主要なポイントと私を当惑させたものは、小規模な修正局面が展開されるにつれて、ウォール街における心理は「買い」に傾いていったことであった。だれもが下げを恐れることはないと考えるようになり、そのことに私は恐怖を感じ、プットを購入したのであった。

私は、その場の状況に応じて単純にブルになったりベアになったりして、適切な戦略を採用し、指標が反転するまではそれに固執し、その後、戦略をシフトすることが最も好ましいということを数年かけて発見した。いかなる状況の変化にも対応できるように準備を整え、その状態を継続しておくには、市場に関して信頼し得る指標に常にアクセスできるようにしておくことが非常に重要である。そして、それらの指標が何かをすべきことを指示しているときには、それをすべきである。私が経験した最も被害の大きかった過ちは、それを無視したこと、あるいはもっと悪いことには、パイロットが自分のコンパスを疑ってしまったように、自分の指標を信じなかったことにある。私は、本書で詳しく解説している市場に関する各種指標を三二年もかけて試験し改良してきた。それらは完璧ではない。しかし、私がこれまで知るもののなかでは最も信頼できるものである。

辛抱強いということは、投資において最も貴重な属性である。私は、それを今日の偉大な野球打者のウエード・ボッグスや私の時代でのテッド・ウィリアムスになぞらえる。彼らの成功の秘訣は、好球を待つことであり、どのようなボールにでも大振りすることではない。理想的には、ピッチャーをノーストライク・ツーボールかワンストライク・スリーボールというカウントに追い込むことである。これで、ピッチャーは、ストライク（しばしば、速球）を投げることを強いられる。つまり、もし打者が辛抱強ければ、彼は勝ち目を自分に有利にするように努力できるものなのである。そうした後に、そう、そうした後にのみ、打者はボールを確実にヒットにできるのである。

株式市場においても、事情はほとんど同じである。攻撃的な戦略で大振りをする前に、指標がまさに決定的になるまで待つことによって、「カウント」が自分に有利になるように努力すべきである。もし指標が買いあるいは売りのどちらかの方向にかなりの勝算を示さなければ、防衛的なポジションを取ることに甘んじ、好機の到来をただ待つのみである。以下の各章において、読者がこの投資哲学からいかに利益を生むことができるのかについて記し、それを実証することにしよう。

第一章

本書は株式市場に関するほかのすべての書籍とどのように違い、読者に何を提供できるのか

読者が株式市場で取引して勝ち抜くうえで、単純で信頼できる、そして実際に**運用可能**なシステムを探し求めているならば、本書はそのような読者のために書かれたといえる。本書では、投資でよく犯す誤りをいかにして避けるか、資金をいかにして保護するか、また、資金をいかに有利に運用するかについて示すつもりである。読者に必要とされるのは、ここに示される市場の諸指標について最新の動向を把握しつつ、一週間に三〇分程度の時間を費やすという意思と、規律を維持するという方針を守ることだけである。

まず、分かってほしい。常に市場よりもスマートである人はいないのだ。もし市場を予測することが簡単なら、だれもが金持ちになれる。伝説的なウォール街の投資家ベルナルド・バルーク（ウィルソンからケネディまでの大統領経済顧問）でさえも、若い時期に破産を経験した。私は水晶占いの水晶球を持ってはいないし、それを持ちたいとも思わない。水晶球に頼る投資家が、よくコップを粉々にして取引を手仕舞う結果になることを知っている。市場のトレンドを予測し、そのトレンドにリズムを合わせることができ、そのトレンドが続くかぎり、それに乗ることができれば私は満足である。

投資アドバイザーになって以来、私は株式市場に関するほとんどの書籍を読んだ。それらの書籍を購入したわけではない。出版社は、私がマーケットレターでそれらを推薦することを期待して送ってくるのである。悲しいかな、それらのほとんどの書籍はあまり役に立たない。

ある書籍は**「素早く金持ちになる」**というエサで気を引く。**「いかにして努力せずに一晩で百万ドルを手にしたか」**――これらは単に誇大宣伝である。彼らが売っているものは、虹の端にある宝物であり、望んでも手に入らない。貪欲は非常に強力な感情であり、多くの人が風変わりな公式に従うことによって、その捕らえどころのない夢を実現することができるだろうと期待して、それらの書籍を買う。もちろん、そのようなことは不可能である。世の中はそのようには動いてくれない。

ほかの書籍は過度の約束をしないが、市場における売買や銘柄選択に関する単純な、あるいは複雑なシステムを提供する。システムは必ずしも悪い手段ではないが、それらの多くは効果がない。一冊の書籍を読むことによって身を滅ぼした女の子はいないと言われる。しかし、市場の向こう見ずな投機家がそれらの書物に書かれているスキームを実行しようとして、自分たちの身を滅ぼしてしまうことになりかねないとは言えないのだ。

次は、投資に関する事実上の百科事典がある。これらの書籍の範囲は、オプションから貴金属まで、あるいはジニーメイ（政府住宅抵当金庫）からフレディーマック（連邦住宅貸付抵当公社）まで、さらには商品先物取引から収集品までと広範に及ぶ。これらの書物はすべての投資対象について包括的に記述する。しかし、私は、そのように圧倒的な量の詳細な記述が投資決定の核心に迫るうえで役立つものであるとは思えない。

アダム・スミスやアンドリュー・トビアスなどによって書かれた書籍についても言及したい。これらの書物は、多くの逸話やユーモアと幾つかの英知によって読者を楽しませてくれる。それはそれで結構である。これらの書籍にはそれぞれの目的があり、一般の読者はこれらの書籍から有効な助言を得ることができるであろう。しかし、これらの書籍は、市場においてお金を儲けるシステムを提供してはくれない。

しかし、絶望することはない。「市場平均に打ち勝つ」幾つかの方法が確かに存在していることを明確に証明したしっかりした学問的著作がある。私は、これらの方法を私の銘柄選択法に組み入れ、人気はあるが不幸にも効果のないものは捨てた。読者は、本書によって、株式市場での取引について名うての「切り札」を見いだすことができるであろう。

私は、私のウォール街における成績の結果を誇りに思っている。一九八〇年代半ばに独立機関のハルバート・フィナンシャル・ダイジェストが投資顧問に関する格付けを開始して以降、一九九五年まで、ツバイク・フォーカストは八九八・九％の伸びを記録した。これは同期間を年複利計算して、一六％伸びたということである。私は銘柄選定に関して二年間連続して**ナンバーワン**になり、ハルバートによって調査が行われた一九九五年までの一五年間で、ツバイク・フォーカストはリスク調整済みパフォーマンスで**ナンバーワン**にランクされた。

銘柄選択の仕事をけっして軽々に考えてはならない。継続して勝利者となることは困難である。ウォール街では毎年、銘柄の分析に数百万ドルが費やされている。しかし、入手可能な最良の調査によれば、以下のことが指摘されている。①アナリストは企業業績を一貫して正しく予測し続けることはできない——そのため、（多くの機関が近年発見したように）グロース株を一株当たり利益（ＥＰＳ）の何倍になるかにかかわりなく買い上げるという戦略はリスキーなものとなる、②ミューチュアル・ファンドやその他の機関投資家は全体として、彼らの用いている方法にかかわりなく市場全体の平均に打ち勝つことに失敗している、③チャートやリラティブ・ストレングス（ＲＳ）などのテクニカル分析手法は純粋な偶然によるものよりも優れた予測をすることはできない、④費用のかかる冗長な証券会社の調査レポートは、市場全般よりも好成績を上げることのできる銘柄を正確に選定することに一般的には失敗する――などである。

私の折り紙つきの市場予測と銘柄選択法は、数年にわたる試行錯誤を経て丹念に開発してきたものであり、保守的な投資家と、もっと活発に取引したいと考えている投資家の双方に適している。私の原理は広範囲に検証され、すべて確認されており、本書で完璧に実証されている。これらの原理は実際に役に立つのである。

おそらく非常に複雑になってしまうので、私が市場活動に関して追跡しているすべての変数を本書で取り扱うことはできないであろう。そこで、私は、株式投資を職業としてはいない読者が理解し利用できるように、私のアプローチを単純なものにした。この点において、私はアルバート・アインシュタインの金言に従おうと努めた。「物事を単純にするのではない。さらに単純化する必要があるのである」

ファンダメンタル指標

最初に、私の投資決定に関する基本的なアプローチを話しておきたい。多くの人が私をテクニシャン（市場分析にテクカル手法を用いる人々）であると考えている。しかし、実際には、私は役に立つものはすべて利用する。もし役に立つのであれば、惑星や太陽黒点の追跡もするし、心霊術で使うウイジャ（心霊術で使われる占い盤）さえ利用する。実際にはそれらの代わりに、私は多くのファンダメンタル指標に頼っている。

株式市場の主たる方向性は、金融情勢、主としてＦＲＢ（連邦準備制度理事会）による政策と金利動向によって左右される。これらの動向とその他の重要なトレンドを監視するため、私は幾つかの簡単な指標を考案した。後に本書でそれらを十分に説明するが、非常に信頼できる指標である。

私のガイドラインにはテクニカルな指標を含んでいる。私は、市場でのテープ・アクションやモメンタム（騰勢）としてこれらの要素に注目する。ここでは、私は、個々の銘柄や市場全般の実際の動きを見るために、各種の価格と出来高に関する指標を結合する。モメンタムの役割を正確に評価するには、月に向けて発射されるロケットを考えてみてほしい。ロケットが多くの推力を持って発射されれば、地球の大気圏の外に出るチャンスがある。しかし、推力がなければ、ロケットは地球の周りを回って、地球に落下してくる。大まかに言って、株式市場も同様の方法で動くのである。

私にとって、「テープ」はどんな投資決定のときでも最終的な審判者になる。私は基本的なルールを持っている。「けっしてテープに逆らうな」である。

もし読者がベア・マーケットで攻撃的な買いを入れるなら、あるいは、貧弱な動きとなっている銘柄を購入するなら、落下する金庫をつかまえようとすることと同じである。投資家は、ときどきその貴重な中身に執心するあまり、物理学的法則を無視し、ポップフライを捕るように上空から落ちてくる金庫をつかまえようとしているのである。これをすると傷を負うことになる。ウォール街で底を拾おうとした人々の記録を見てほしい。このゲームは危険なだけでなく、無益なのである。中身をつかむ前に金庫が舗道に落ち、小さくバウンドするまで待ったほうが簡単で、安全であり、多くの場合は報われるのである。

私はまた、市場での楽観主義と悲観主義がどの程度なのかをいつも観測する。それは、市場のトレンドを見極める早期警告システムが出す主要なセンチメント指標を読者と共有することになるだろう。いわゆる専門家の意見がいかに間違っているかを知って、読者が驚くだろうと、私は確信している。最後に一つ重要なことについて触れたい。私は、ファンダメンタルズと呼ぶもの、すなわち個別銘柄の実際の価値に注意を払う。これは、利益、配当、貸借対照表の分析を含んでいる。ファンダメンタル分析は、市場全般の動向の予測にはあまり役立たないが、個別銘柄にとっては重要である。私は、銘柄選択に対するイン・プットのおそらく九〇％にファンダメンタルズを利用するが、市場全般の予測におけるファンダメンタルズのウエートは一〇％以上にはならない。

市場の主要な動きの正しいサイドにつくことによって、大きく利益を上げることができる。潮流に逆らって泳ぐことは私の流儀ではない。私のマーケット・タイミング指標が弱気を示したときに私が株式の購入を推奨することはない。また、その逆の場合、指標が強気を示しているときに、空売りを推奨することもない。市場が上昇しているときには十分に投資額を増やし、市場が下げているときにはキャッシュ・ポジションを大きくすることを私は好む。しかし、市場は私が何を好むかはまったく知らない。理想は市場と調和を保つことである。トレンドと戦うのは自殺行為である。トレンドは中断するよりは、継続する確率のほうが高いのである。

実際には、市場は時間的に見て、その約三分の二は中立的であるか、穏やかに上昇しているか下げているのである。そのような状況下では、市場のトレンドがそれほど決定的でなければ、正しい銘柄を選択することによって利益の乗った取引をすることができるかもしれない。もっとも、リターンは強力なブル・マーケットにおけるほど大きいというわけにはいかない。

勝ち銘柄を選択する

私の多岐にわたる指標とその利用法について詳述することに加えて、個別銘柄の選択基準についても議論する。ここでは、主要な二つの領域を検討する。一つは、利益、株価と利益との関係（株価収益率＝PER）、利益のトレンド、幾つかの貸借対照表上の項目を取り扱う。私は、何が生産されているかについてはそれほど関心がない。もしその企業が四年から五年間にわたり継続して十分な利益を計上していれば、その企業が箒の柄を生産していようがコンピューター部品を生産していようが、関心はない。

次に私が検討するものは、株式そのものの動きであり、その動きが良好かどうかを判断する。もしある銘柄が上昇しようとしているとき、私は底でその銘柄をだれかほかの人に購入させるほうを選ぶ。私は、自分が購入する前にその銘柄が市場の動きにそって十分に反応するかどうかを確認したい。市場の強さに乗って買いを入れることが優位性を与えてくれると私は見る。プレミアムを支払う必要があるが、それによって正しいという確率が高まるのである。

人々は、市場で成功するには底で買って、天井で売らなければならないと考える。それは、ナンセンスである。**理想は、市場がさらに上昇するという確率が一番高いときに買うことである。**もしベア・マーケットがダウ四〇〇〇ポイントで底打ちしようとしており、最終的に六〇〇〇ポイントまで上昇するならば、四〇〇〇ポイントで購入する必要はない。ダウがさらに上昇するという確率が、例えば九〇％あれば、四三〇〇ポイントで買おうとするのである。

さらに、天井で売却する必要もない。天井をつけた後に、あるいはその少し前で売却するかもしれない。例えば、市場が下げるであろうという確率が非常に高いときに五七〇〇ポイントで退却する。四三〇〇ポイントで購入し、五七〇〇ポイントで売却し、それぞれ最後の数百ポイントを他人に譲ることはけっして間違っていない。最も関心があることは、成功する確率があるかどうか、あるいはその反対に、損失をする確率があるかどうかということなのである。損失は避けたい。したがって、底よりも上で買い、天井よりも下で売ることは正しいのである。

私のルールブックによれば、市場で利益を上げる唯一の一貫した方法は、損切りを行い、利益をプラスにしておくことである。個々の銘柄の選択で三〇％だけしか正しくないとしても、撤退するタイ

ミングが正しければ、それでも利益を出すことができるのである。

遺憾ながら、多くの投資家はこの教訓を学んでいない。自尊心が過ちを起こしたことを認めることを妨げるのである。そこにはおそらく、何か男らしさを見せようということがあるのかもしれない。株価の一五％下落のような顔面の平手打ちが、頑固にこだわることによってさらに激しい連打に変わり、ふらつくまで打たれてしまうのである。私は相場の流れに乗ろうとするトレンドフォロワーであり、相場の流れに反抗するトレンドファイターではない。平手打ち程度であれば、将来、さらにリターンを追及することができなくなってしまうような打撃よりも、回復しやすいということを理解できる程度に私は賢明であるつもりである。

この株式投資の世界では、本当にうまく機能する何かと遭遇するには何度も間違いを経験することが必要であることを私は知っている。実際、株式市場での指標としてモメンタムを使うという考えにたどり着いたのは（モメンタムについては第五章で詳述する）、私が市場の大きな動きをとらえ損ねた間違いを理解した結果、得られたものであった。数年前、一人の顧客から、ベンジャミン・フランクリンの「ケガをして、いろんなことを覚えていく」という言葉を引用した抽象画をプレゼントされた。私はその絵とその言葉をオフィスの目立つところに飾ってある。

リスクをコントロールする戦略として、後に本書で詳しく触れるストップシステム（事前に設定しておいた価格水準での売り、すなわち逆指値による売り注文）を私は利用する。このことによって、不利な状態での戦いを避ける規律を持つことができる。基本的に私がすることは、株式を購入するときには必ず、一般的には時価の一〇～二〇％下の水準に売りの逆指値の注文を置くということである。正確な指値水準はその銘柄の取引パターンを自分で分析した結果によって異なる。もし株価がこの指値水準を突破すれば、後々どうこう言わずに、また、けっして後悔することなく、私は撤退する。私は誤ったことを認めるが、それをもっと良い何かを見いだすための好機とみなす。もし株価が上昇すれば、利益をロックインする（確保する）ためにいかにストップロス（逆指値）の指値水準を引き上げるかについて読者に説明するつもりである。そのようにすることによって、読者は、ストップロス（逆指値）によるプロテクション（利益の確定あるいは損失の限定）をしたまま、その利益をそのまま増やすことができるのである。

この市場戦略を説明するために、過去に私が推奨した実際の銘柄による例を、勝ち銘柄と負け銘柄の両方で示す。ストップ（逆指値）の売り注文が作動して撤退した銘柄が最終的に悲惨な状態になったとき、また、不幸なことに、株価が低い水準で撤退した後にその銘柄が上昇し、それを悔しくも指をくわえて眺めていたときなどについても説明する。もしその銘柄が乱高下する銘柄であった場合、不規則的な下落によって、撤退を余儀なくされるであろう。そんなことは、以前に何度も起こった。しかし、それがどうしたというのであろうか？　常にほかの銘柄があるではないか。

長期的には、ストップロス（逆指値）を使ったほうが確率が味方してくれるのである。

柔軟な投資哲学

ここで、私の投資哲学に一言触れたい。私は、自分を保守的であると同時に、攻撃的でもあるとみなしている。私の性格は保守的である。非常にリスクを嫌う。自分と自分のアドバイスに従う人々を守りたい。しかし、時に攻撃的にならなければならない時がある。**市場参加者の多くが抱えている問題は、彼らが柔軟性を欠いているということである。**

保守的な人は、公益事業銘柄や財務省短期証券（Tビル）などに固執する傾向がある。大きく利益を上げることはないが、損失で傷を負うことはない。攻撃的な投資家は、乱高下の激しい銘柄を買い、あるいはオイルを発掘し、あるいは高いレバレッジ比率で不動産投機をする。それがブームの時代であれば、財を成すことができよう。しかし、時代が悪くなるにつれて、すべてを失う結果となるのである。

いずれのアプローチもそれ自体として健全なものであるとはみなせない。もし読者が攻撃的なトレーダーであるなら、それはそれで結構である。しかし、それでも保守的にならなければならない時というものがある。そう頻繁にやってくることはないだろうが、ひとたびその瞬間がやってきたときには、間髪を入れずその好機をつかまえ、利用しなければならない瞬間というものがある。そのとき以外は、控えめにし、自分の保守的な性格のままに振る舞えばよいだろう。

市場で成功することを欲する投資家はどのような気質を備えてなければならないかということをよ

く質問される。私の答えは、**規律**が最も重要であるということである。自分の方法やシステムに忠実に従い、自分の決心を揺るがすようなすべての誘惑に屈しないという規律である。ブローカーがホットな情報をもって電話してきても、忘れなさい。「インタープラネタリー・バイオニクスのコール・オプションを買いませんか？　ひと財産築けますよ」とだれかが言うかもしれないが、忘れるべきである。そして、自分の規律にこだわるべきである。

市場に打ち勝つために必要な第二の気質は、**柔軟性**である。例を挙げてみよう。私は、一九八〇年二月、市場がきな臭くなってきたときのことをよく覚えている。確かに、市場は局面が変わり始め、やがて大きく下げた。その当時は、ハント兄弟が銀市場を買い占め、彼らの周辺ですべてが崩壊し始めていた時期であった。幾つかの証券会社がハント兄弟に対する債権の焦げ付きのために破産しかかっており、金融パニック寸前の状況にあった。私の見通しは非常に弱気であった。

そして、三月のある日、事前の警告なしに、ＦＲＢは当時かかわりのあった証券会社の一つであるベーチェ社を緊急援助条項によって支援することにした。ＦＲＢの行ったことは、暴落が生じても証券会社を一社たりとも破産させることはないというメッセージをウォール街に送ったことであった。その日、午後三時半には二七ポイント下げていた市場は急騰し、二ポイント安で場が引けた。それは、まさに、最後の三〇分間での急回復であった。翌日、市場は天をつく状態となった。

私は、その場の状況を見ようと動かず、できるだけ弱気なままでいようとしていた。しかし、市場は反転した。ＦＲＢが金利を下げ、金融を緩和したため、事態が変わり始めた。私は当時、事態は何らかのたぐいの惨事に至るのではないかという考えを持っていたが、変化する状況に対応した。日々、弱気から強気へと変わっていった。五月には、私は強気を大声で唱え、一〇〇%の資金を市場に投入していた。その後一年ほど、かなり快適なブル・マーケットが続いた。

要約するならば、市場で成功するためには、規律と柔軟性とさらに忍耐が必要である。売買をする前にテープがそのメッセージを発するまで待つ必要がある。それは、相場の天井と底を正確にとらえて、そこで売買しようとすることをあきらめなければならないということを意味する。いずれにしても、そのようなことを継続的に行えるような人はだれもいない。しかし、市場で成功するためには、そのように天と底をとらえる必要はない。成功とは、利益を上げ、損失を避けることを意味する。本書の指標を使い、トレンドが進展することを待つことによって、利益を上げ、テープと金利動向の示す方向に調和し続けることができる。そうすることによって、とりわけ、夜ぐっすりと眠ることができるのである。

第二章

どのように、またなぜ市場分析と銘柄選択をするか

一九四八年の秋は私の生涯で特別な時期であった。私は、オハイオ州のイースト・クリーブランドで小学校の一年生になり、学校生活は素晴らしいと感じていた。町全体は野球チームに熱中していた。クリーブランド・インディアンズは二八年間のワールドシリーズの歴史で初めて優勝しようとしていた（それまで一度も優勝はしていなかった）。そして、チャンピオンシップを獲得したときの行進の準備が一〇番教室で特別プロジェクトとして進行していた。父のおかげで、私はインディアンズのことについてはほとんど何でも知っている子供だった。父は、たとえそれがずる休みになったとしても、よく週日の午後のゲームに連れて行ってくれたのである。

私は、すべての選手の背番号を知っていたし、打率が何を意味するかということさえもおぼろげながら知っていた。したがって、インディアンズ選手の紙人形を作り、背番号をつけ、教室にそれらの紙人形を飾ったときは、水を得た魚のように得意となった。私は、数字を好きになり始めていた。たぶんこのことは、私が後に株式市場に魅せられ、それに数式を用いるようになることを暗示していたと思われる。

その年の秋の遅く、大統領選挙が行われた。その選挙では、トーマス・デューイがハリー・トルーマンに圧勝するとみられていた。自宅に隣接した教会が投票所として使われていた。自分専用の遊び場といつもみなしていたその教会の駐車場は、アメリカ国旗で飾られた。自動車と人がいたるところあふれていたため、私の日課となっていたインディアンズ対ボストン・レッドソックスの試合（私はその両チームを演じていた）は取り止めざるを得なかった。いずれにしても、幾つかのゲームは非常に接戦だったが、インディアンズは必ず勝っていたのだ。

投票日の翌日、国旗がなくなり、楽しみのなくなった何もない駐車場を見て、私はがっかりした。また、その日の晩、わが家は暗かった。いつもの晩は、父はクリーブランド・プレス紙のスポーツ欄を読み、ホット・ストーブリーグのインディアンズの最新のニュースを私に教えてくれたが、その晩は、父は株式欄に見入っていた。彼の表情は、あたかも私が野球ボールでリビングのガラスを割った日のように不機嫌であった。

父は、トルーマンについて何かつぶやき、トルーマンは株式市場にとって災難であるとつぶやいていた。父の言っていたことが何を意味するかまったく理解できなかったが、私にとって、株式市場は新聞紙上の訳の分からない数千の数字でしかなく、六歳という年齢ではまったく理解できなかった。実際、そのころ、株式市場はソックスあるいはストッキングに関連したものかと思っていた。しかし、父があまりうれしくないということだけは理解できた。

父がデューイに投票したという事実以外に、なぜ父が動揺したかという理由を後になってから知った。ウォール街は、共和党のデューイが確実に勝利すると考えていたが、民主党のトルーマンが逆転したことで衝撃を受けていた。市場の反応は壊滅的であった。ダウ工業株平均指数は投票日の翌日に三・八％急落した。一九九六年半ばの二一五ポイントの下げにほぼ相当するものである。ニューヨーク証券取引所では上昇銘柄一銘柄につき、三六銘柄が下降した。その後、一九八七年の暴落の日である一〇月一九日までのすべての年を見ても、日々の騰落レシオ（advance/decline ratio）がそれほど悪い日はなかった。

父は私が九歳のときに亡くなった。一年後、母が再婚し、われわれは私の生まれ故郷であるクリーブランドからフロリダ州マイアミに移った。私の株式市場に対する関心は、一三歳のとき初めて真剣なものになった。父の兄弟であったおじのモートが、ゼネラルモーターズの株式を六株、誕生日のお祝いにくれたのである。私は興奮した。ゼネラルモーターズがどうなったかを知りたくて、毎日株式欄に見入った。株価がなぜ変動したのかは分からなかったが、その変化の軌跡を追うことを楽しんだ。また、三カ月ごとに少額の配当を受け取ることを楽しみにするようになった。送られてくる小切手によって私の関心はさらに刺激され、当時、幾つかの銘柄をいつも見るようになっていた。

後になって、高校の歴史のクラスで、有名な経営者（ある人々はそのような経営者を悪徳資本家と呼んだ）について学んだ。偶然に、私はＪ・Ｐ・モーガンに関する本についてのレポートを書くことを選んだ。彼の生涯についての話に私は魅せられた。私は大富豪になりたい、株式市場を通じてそうなりたいと決心したのは、まさにそのときであっただろうと思っている。Ｊ・Ｐ・モーガンの生涯における何かが私にとっての何らかの指針となったというわけではない。現在でもその当時でも、彼は私にとっての英雄の一人ではない。私を鼓舞したのは、進取の気性に富んだ一人の男が市場を利用することによって大きくなったということである。

私はさまざまな銘柄の価格動向により関心を持ち始めた。高校三年生のころ、株式市場について議論していたとき、教師が「だれか最も高い価格で取引されている株の名前を知っているか？」と尋ねた。そのころ、クラスのなかには、ほかにだれも株式市場について知っている者などいなかったが、私は手を上げて答えた。「クリスチャニア証券です」。私は正しかった。そして、教師はほとんど卒倒しかけた（当時その銘柄は約一五〇〇ドルであったと思う）。私は、スペリオール・オイルがその次に高い株式であるはずだとあえて述べた。私はまた正しかった。教師は信じられないといった表情であった。それまでは、私の株式市場に関する知識は受け売りにしか過ぎなかった。

私は一九六〇年にコーラル・ガブルズ高校を卒業し、最初でただ一校進学を希望したカレッジへの入学を許された。ペンシルバニア大学のウォートン・スクール・オブ・ファイナンスである。私は、経営学と株式市場について学びたいためにウォートン校を選んだのである。また、ウォートンは当時、全米随一のアンダーグラジュエート・ビジネス・スクールであった。私は現在その理事会のメンバーであるので、ひいきしているとみなされかねないが、ウォートンは現在でも全米で最高である（公正を期すために言えば、ハーバードやシカゴはアンダーグラジュエート・ビジネス・スクールを持っていない）。

一九六〇年秋、ウォートン・スクールでの四年間が始まり、さらに株式市場について学びたいという気持ちでいっぱいだった。しかし、自動的に設定された第一学年の講義予定表には、株式市場に関するものはまったく含まれていなかった。株式市場に関する講義は、上級生用だったのだ。私の関心に最も近い講義は、マレー・ブラウン教授による経済学であり、彼の開講に当たっての第一声は今でも極めて鮮明に覚えている。教授は、ウォートンに入学した者たちのほとんどはお金を儲けることを学ぼうとして入学してきたに違いないが、私の授業はその点ではあまり役に立たないだろうと言った。彼はある意味で正しかった。経済学の教訓と需要と供給の法則を学び取れば、企業経営や株式市場で役立つに違いない。

ブラウン教授と私の最初の数週間は、彼にとっても私にとっても、きわどいものであった。リチャード・ニクソンとジョン・ケネディの間で戦われていた大統領選挙について議論をしていたとき、その関係は頂点に達した。ブラウン教授は、教室内の全員にニクソンかケネディのどちらの支持者なのかを聞いて回った。私は自分の政治的信条は個人的なものであると確信していたため、この質問に憤りを感じた。教授が同じ質問をしたので、どちらでもなく、スポーツ選手の支持者であると答えた。

クラス内に緊張が走った。ブラウン教授は驚いた。そして、次のように質問した。「君は冗談を言っているのかね?」。私は高校時代にはスポーツ選手であった。バスケットボール・チームに所属し、ほかのスポーツも同じように楽しんだ。しかし、けっして賢い男を演じるつもりはなかった。熱気球と思われたものに穴をあけたかっただけである。不幸なことに、その出来事以来、教授は私に対して悪印象を持った。

たぶん非礼だったであろうことは認めるが、私は経済と経営について学ぶことのできるすべてについて学ぶことに真剣であった。単純に、アイビーリーグ風の雰囲気を不快に感じていたのである。たぶん、マイアミからフィラデルフィアにやってきたカルチャー・ショックをまだ感じていたのであろう。もっとも、今ではマイアミに行くことによって、カルチャー・ショックを感じる。しかし、それはまた別の問題である。

そのような形で私はウォートン・スクールの最初の学年を過ごした。株式市場について学ぶことを希望していたが、その代わりに需要と供給の法則に苦労し、簿記の授業では借方貸方に取り組んだ。簿記の授業は退屈であったが、後の株式市場で仕事をするのに役立つだろうと思った。

クラスメートのモーリス・フォークに会ったのはウォートンに入学した年の初めであった。彼はいつもニュースになった企業、あるいは良好な業績報告を発表した企業の名前を口にしていた。モーリスと私は、私のポーカー仲間のトニー・ローゼンバーグやルー・アイゼンプレッサーなどの何人かの友人とともに、当時、投資パートナーシップのようなものの設立を考えていた。そして、それをダイナミック・グロース・アソシエーツと呼ぼうとした。その名前で、相当のところまでいけるであろうと考えたが、結局、われわれはまったく資金を貯えることができなかった。しかし、そのような若さでそれほど野心的なことを考えていたということが重要なことであったと、私は判断している。

そのことをやろうとして障害になったのは、多かれ少なかれ、それを委員会方式で行おうとしたことであった。マーケットに対して委員会方式による意思決定は劣った結果しかもたらさない傾向があることを、私は数年を経て学んだ。委員会方式によって運営されていて成績の良い投資家などまったく聞いたことない。したがって、われわれがけっしてそれを行わなかったということはおそらく好ましいことであったのだろう。

少なくとも、投資に関するアイデアは、それまで以上に私の株式市場に対する知的欲求をそそった。

一九六一年夏、最初の学年が終了したとき、証券会社で夏休み中の仕事を求めるためにコーラル・ガブルズに帰った。自分はウォートンの若い学生で、学ぶことに熱心で、安い給料でも働くという印象を植えつけようと軒並み証券会社を訪問した。しかし、まったく仕事がなかった。

私は「チョークボーイ（黒板書き）」の仕事を得られればよいと思っていた。この当時、電子機器はやっと証券会社を席巻し始めていた。通常、価格と引き合いは古いティッカーテープ上で付け合せが行われていたが、テープがスクリーン上に写され、株価の動きが見えるようになった。しかし、その日のこれらの株価の動きを覚えておくための唯一の方法は、いわゆるチョークボーイに主要な株価の断続的な動きを大きな黒板に書かせておくしかなかったのである。普通、最も重要な五〇銘柄程度が継続的にチョークで書き出されていた。古い黒板のままの証券会社が一社だけあった。しかし、時間当たり賃金を低くしても、私はチョークボーイの仕事にありつけないだろうと思った。

それ以外の分野で賃金が安く、何の希望もない仕事を探すよりも、証券会社においてフルタイムで市場活動を学ぶことに時間を費やすことのほうが自分にとって長期的な利益になるだろうと私は決心し、それを実行した。その地域にあった老舗のハイドン・ストーン社の支店を訪れ、実際に採用され、その後の数カ月間そこで仕事をした（ハイドン・ストーン社がその後シェアソン・リーマン・ハットンの一部に吸収されたこと、そして、ツバイク・トータル・リターン・ファンドの一九八八年における六億〇三七五万ドルの売り出しの際の主幹事を務めることになることなど、当時は夢にも思わなかった）。

毎日、ウォール・ストリート・ジャーナルやハイドン・ストーン社が作成しているすべての投資情報を読んだ。また、スタンダード・アンド・プアーズ社やその他の統計サービスの報告書を検討することにも多くの時間を費やした。企業の業績レポートをじっくり研究し、会計学の知識があったので、時折、幾つかの項目を見て業績の修正も行った。間もなく、株式を評価するうえで利益がいかに重要であるかということを理解し始めた。また、株価と利益との関係、すなわち、ＰＥＲ（株価収益率）が鮮明に理解できるようになってきた。

初めての投資経験

その夏、関心を持っている銘柄に幾らかの資金を投じて自分の知識を試してみようとついに決断した。数千ドルの蓄えがあり、多少の損失に対する備えがあった。最初の銘柄は、驚くなかれ、ゼネラルモーターズであった。それまで所有していたものに加え一四株購入して、ポジションを二〇株ちょうどにした。当時、株価は四〇ドル台の下のほうであったが、配当を別にして、最終的にその資金を倍にした。それは、当時としてはかなり大きな利益であった。数年後、それは典型的な初めての投資経験者によるビギナーズ・ラックであったことが分かった。初心者はブルーチップ（優良銘柄）を購入することをより安全であると感じ、当時ゼネラルモーターズ以上に優良銘柄の基準を備えた株式はなかった。それに加え、私は長い間その銘柄をフォローしていたので、安心感があった。結果的に大変成功した投資であった。

もちろん、私はポートフォリオの多様化をしたかったので、その後さらに銘柄選択に没頭した。二番目に選択した銘柄はすぐに悲惨な結果となって、大きな教訓を残した。ほとんどの場合、けっしてブローカーの言うとおりにしてはいけないという教訓である。ブローカーはアメリカン・シアナミドという大きな化学会社を勧めた。業績や統計値を調べた結果、同社への投資は意味があると思われたので、二〇株購入した。そしてその初日、なんと、その株価は四ポイント下げ、一〇％の急落となった。その年の夏の市場はまったく平穏で、〇・五ポイント程度の価格変動でさえも大きな変動であったため、この急激な下げが信じられなかった。いったい何が起こったというのだろうか？

記憶によれば、その会社は政府による一種の反トラスト法の訴追を受け、打撃を被ったのである。しかし、問題だったのは、その銘柄について予想外の悪材料が出て、ほとんど初めて同然の投資をしたときに、突然一〇％の下げを経験したことであった。私はその銘柄にしがみつき、最終的には利益を出してその取引を手仕舞った。しかし、それは出発点としてはなんともぶざまなものであった。その後数週間で、ガルフ・オイルとダン・リバー・ミルズの端株を購入した。こうして、私のポートフォリオが開始された。

一九六一年夏に端株を購入してはいたが、そのときには実際に市場が上昇を開始するのを見たいとは考えてはいなかった。数年後、二一歳になれば、父の遺産の数千ドルを相続することになっており、その資金を株価が安いときに投資することができればと思っていたのである。結果的に、そのことで心配することはなかった。一九六一年春以降、市場は極端に薄い商いを伴って、激しく動き始めたのであった。現在の時点で三億株の出来高をテープが遅いというのであれば、その当時の夏に出来高が二〇〇〇万株にも満たなかったのは、いかに市場が不活発であったか想像できるであろう。

市場は一九六〇年の秋から上昇の勢いが弱くなった一九六一年の夏までは大きな上昇を見せた。その後、その年を終えて一九六二年の第１四半期に至るまで、価格は非常に狭いレンジで推移した。一九六二年の早春、市場は崩落し始めた。

そのとき、私はペンシルバニア大学の二年生であった。大学が春に期末を迎えようとしていたとき、市場は崩壊し、これは後に一九六二年暴落と呼ばれた。市場の暴落の原因は、製鉄業界に対するケネディ大統領の厳しい談話にあるとされた。しかし、その談話は非常に弱い市場の崩落の引き金となった単なるきっかけにしかすぎなかった。特に、そのとき、私の投資への投入額は少なく、失うものは極めて少額でしかなかったため、実際のところ、私は市場の劇的な急落を観察して興奮した。しかし、身の回りには痛手を被った人たちがいた。

一九六二年夏の数週間をニューヨークで過ごすために友人宅を訪ねた。六月初めのある夜、その友人宅での出来事を今でも鮮明に覚えている。彼の父親が会計士と一緒に必至になって株式の取引やその他の記録を検討していたのだ。その顔には苦悶の表情があった。何か大変なことになっていることは見てとれた。友人はその一部について話してくれた。彼の父親は株式市場で大量の証拠金取引（信用取引）をしており、当時の最も魅力的な銘柄の一つであったポラロイドの急落によって、明らかに大きな損失を被っていたのである。彼はそのとき、自分のほかの資産から追加証拠金に当てる資金の捻出におおわらわであったのだ。ポラロイドはここ数年間優雅に上昇をしていたが、一九六二年の市場の崩落によって、株価が際立って急落したのであった。しかし、話はハッピーエンドで終わった。友人の父親は危機を乗り切り、市場は反発し、主要な銘柄の一つであったポラロイドとともに、その後、ブル・マーケットが続いた。

この話のポイントは、ポラロイドには何の関連もない。私の心に描かれて払拭できなくなったのは、一九六二年春のあの晩における友人の父親の苦悩に満ちた姿であった。株式市場の反転によって傷つけられた人を見たことは、私に懸念を持たせた。そのことは、将来に市場崩壊のもたらすどんな影響も重要視するという私の気持ちを高めた。私はいずれにしても一九二九年にかかわる悩みを多少なりとも持っていた。自分が市場の渦中にあるとき、もう一度、一九二九年が再来したらどうなるのかということを悩まざるを得なかった。私が目撃したことは、まさにそのミニチュア版であった。あの事件によって、私の心のなかには、株式市場の崩壊にけっして巻き込まれるなかれ、という赤信号がともされたのであった。その時点では、私はそのような市場崩壊の警告シグナルについてほとんど何も知らなかった。しかし、それを発見しようと決心をしたのであった。

ファイナンス論を専攻し、最後の二年間は投資と株式市場に特に集中したウォートンでの四年間を私は修了した。すべての株式市場に関する科目を受講したが、自分の受けた教育が完全なものとは程遠いものであることを知っていた。唯一、本当に勉強となったのは、ベンジャミン・グラハム、デビッド・L・ドッド、およびシドニー・コトルによる、ファンダメンタル分析のバイブルといわれている「証券分析（Security Anaysis）」をテキストに使った、個別銘柄の評価法である。グラハム、ドッド、およびコトルによる考え方とは、利益に対して妥当な倍率で取引されており、満足すべき配当を支払っている銘柄を割安価格で購入し、リスクに対する備えをしておくこと、ということに尽きる。それはそれで、うまくいっていれば問題ない。しかし、私にとっては、多くのいまだ語られていない重要なことがあった。

全体としての市場の動き、市場自身の価格行動に関するテクニカルな要因、群衆心理、あるいはFRB（連邦準備制度理事会）や金融・経済に関する諸変数の動きの影響などについて、何も学んでいなかった。換言すれば、ウォートンから巣立ったとき、私が利用できるものはせいぜい一つのツールのみであり、それだけでは明らかに十分ではなかった。

一九六四年秋からニューヨーク大学のMBA（経営学修士）コースを開始した。その学校を選んだ理由は、そこがアメリカ証券取引所の近くに位置していたことと、カタログに数多くの株式市場関連の科目が列挙されていたからである。不幸だったのは、最初の学期にウォートンでまさに修了したものと同じファンダメンタル・コースを繰り返す必要があったことである。何も新しいことを学んでいないのではないかと感じたため、私は苛立った。また、後に妻となるモーリーとちょうど婚約をし、彼女はカレッジに通うためマイアミに住んでいた。私は、家から離れていることに疲れ、マイアミに帰ることを決めた。

私は勉学を再開するため、マイアミ大学に入学し、夜間コースをとった。お金が必要だったため、昼は働くことを選んだ。かつての求職活動のときとは違って、すぐに証券会社三社から仕事のオファーがあった。オファーがあったのであって、こちらから依頼したのではなかった。私は、すでに市場で必ずしも良いという評判ではないが、活発なトレーダーとして、そこそこの評価を得ていたのである。友人からは「トレーダー・ホルン」と呼ばれるに十分なほど活発であった。

私はフロリダ州サーフサイドのベーチェ社に数年間自分の口座を維持していた。そこの支店長のエドウィン・クルックスがブローカーの職をオファーしてきた。クルックスが好きで彼を尊敬していたので、ほかの二社からの競合するオファーを蹴って、それを受け入れた。そこにとどまったのはたった七カ月であり、ライセンスを取得するのに十分な期間であった。しかし、また学校に戻りたかったので、その資格を放棄した。ただクルックスのおかげで、ベーチェでの時間は無駄ではなかった。

クルックスは古参のブローカーであり、一九二九年の暴落時にはニューヨーク証券取引所の最も若い会員であった。彼は昔話をすることが好きで、私は彼の最良の聞き手であった。クルックスが語ってくれた話のうちで最も魅力的なものは、時代を超えて最も素晴らしいトレーダーの一人とされたジェシー・リバモアのために働いたのがどのようなことであったかということであった。後にリバモアについて書かれたものを数多く読んだが、市場に関する伝説のなかで私のヒーローになる人物がだれかいるとすれば、それはリバモアであった。彼が利益を伸ばし、損切りをするということを強調したことは、常に私が危機に瀕した際には役立った。

モーリーと結婚をした一九六五年にベーチェ社を退社し、マイアミ大学に大学院生として入学した。一年の修士課程を選択し、あらゆる証券市場に関するコースを受講した。これらのすべてのコースは、市場のテクニカルな側面に大きな関心を持っていたウエード・ヤング教授が講義を受け持った。テクニカル分析は、後に詳しく検討するように、その最も純粋な形としては、ティッカーテープ上の変数のみ、すなわち、価格と出来高のみを研究するものである。

最初、自分自身でテクニカル分析を学んだが、ヤング教授の方法には同意しなかった。しかし、数年後、「強気を買え」あるいは「弱気を売れ」というような彼のアドバイスを思い起こし、そのようなアプローチの仕方の価値が分かるようになった。しかし、当時、多くの初心者と同様、秘訣は弱気を買って、強気を売ることにあると考えていた。それがまさに多くの人が市場でトラブルに巻き込まれるもとなのである。

一九六六年夏にＭＢＡの課題を修了しつつある間に、マイアミ大で企業金融論（コーポレート・ファイナンス）のコースを教えたが、その経験は大変楽しいものであった。数年前から教室の前に立ってファイナンス論についての講義をすることを夢見ていたが、最終的にそれが実現した。世間とかけ離れた大学の教授として生涯を過ごしたいとは思っていなかったが、この仕事は非常にやりがいがあることも分かった。しかし、教えれば教えるほど、学ばなくてはいけないことがいかに多くあるかということを悟った。

次のステップは、ファイナンス論で博士号を取得するという決断であった。マイアミ大学にはそのようなコースはなかった。したがって、一九六六年秋、ミシガン州イーストランシングに向かって出発した。そこで、ミシガン州立大学のドクターコースに入学した。株式市場に関するすべての事象の理由と原因に関する自分の正式の教育をさらに高度なものにしたいという非常に強い意をもって、自然にファイナンス論を専攻し、株式市場に特化した。ミシガン州立大学では三年間を過ごし、一九六九年に修了した。

ミシガン州立大学では、経済学および普通株式のファンダメンタル分析についてさらに多くのことを学んだ。また、過去の株価のパターンは必ずしも将来どのようになるかということを予言しない、いわゆるランダム・ウォークの動きになるという考え方に行き着く市場に関するアカデミックな理論にも出合った。さらに、研究者の世界においては、効率的な市場という概念が一般的に好まれているのも知った。それは、経済およびファンダメンタルズ、あるいはテクニカルなデータがどれほどあっても、大規模な多様化されたポートフォリオを購入し、それをどこかにしまい込んで忘れてしまっている結果よりも、良い結果をもたらすことができるような株価予測などは期待できるものではないというものである。

私はこれらの考え方には反発した。実際、私の教授の一人である、アルデン・オルセンも同意しなかった。オルセン教授は明らかに自分自身と投資家たちから集めた資金運用に成功しており、概して、バリュー投資および逆張り投資思考を基礎に投資を続けていた。すなわち、彼は不人気な銘柄、および割安な銘柄を購入していたのである。

しかし、私がミシガン州立大学の三年間で学んだことのほとんどは、自分自身で見つけだしたものだった。当時の私の最大の関心事は、プットとコールに関するオプション市場についてで、それは博士論文を書くための研究の結果から得たものだった（基本的にプットを購入することは、特定の期間内で事前に決められた特定の価格で当該会社の株式一〇〇株を売却できる権利を取得したことになる。逆に、コールは特定の期間内に当該会社の株式一〇〇株を特定の価格で購入できる権利を取得することである）。

これは、シカゴ・オプション取引所やオプションを取引するそれ以外の取引所が生まれるはるか以前のことであった。当時は、プットとコールはそれらを専門に取り扱うディーラーによって取引されていた。市場は小さく、流動性も高くはなかった。私はオプションによって大きく利益を生み出す方法を発見しようと思っていた。しかし、五四の異なったトレーディング戦略の結果を検証した後、博士論文では、主として膨大な取引コストゆえに、オプション市場ではリスク調整した後のリターンは望めないという結論になった。取引コストはさらに下がり、流動性も改善されたので、これらの発見は今日のオプション市場では必ずしも適用できない。それにもかかわらず、私はいまだにオプション取引に熱心にはなれない。

オプションに関するあらゆる研究をしたが、市場を打ち負かす方法を発見することができなかったので、私は失望した。しかし、私は、長期的にはもっと貴重なものとなると分かったあることを発見したのである。博士論文のデータを蓄積している際に、第二次世界大戦時にまでさかのぼってSEC

（証券取引委員会）からある数字を取って調べた。そして、オプション投資家があまりにも楽観的になったときは――すなわちコールを多く買って、プットを避けるときは――株式市場には一般的に問題が生じようとしている時となること。そして、逆もまた真なりであった。オプション投資家が市場に関し非常に弱気であるときは――すなわちプットを好み、コールを売却あるいは避けたがっているときは――市場は通常、底に近いということを発見したのである。

また、オプションの取引をする人たちが極端に活発になったとき、それは否定的な兆候であり、彼らが市場を避け、オプションの取引量が減少したとき、しばしばそれは株式を購入するには良いタイミングとなっているということが明らかになってきた。換言するなら、それは逆張り投資法の考え方による古くからのゲームであり、「大衆の後に従うな」というものである。私の研究はまた、ほとんどの投機家はけっしてそれほど成功していないということを示唆していた。彼らは判で押したように結局は損失を被るので、彼らは強気であろうが弱気であろうが関係なしに、集団としてしばしば間違うのである。

博士論文を書き終えたのち、間もなく、プット・コール・レシオを発明した。このレシオを適用することのできる非常に多数の新しいオプション市場があるため、現在このレシオは広範に利用されるテクニカル上のベンチマークとなっている。この発見は、その指標の特別さゆえではなく、マーケット・センチメント（市場心理）を判定する種々の数字を統合し、その結果を市場予測の指針として利用することを始めたという点で重要であった。同様に金融およびテクニカル指標も統合した。これは、投資アドバイスレターと資金運用業務において、数年にわたり利用している数々の便利なツールを構築するうえで役立った。

一九六九年夏、博士号を修得し、ニューヨークのウォール街の近くにいたいと思っていたので、ニューヨーク市立大学の助教授の職を受け入れた。内心では、いつの日かウォール街でコンサルティングをベースとした業務に携わることができると思っていた。教師を始めた最初の年にそのチャンスがやってきた。シカゴ・オプション取引所のコンサルタントの職に就いたのである。シカゴ・オプション取引所は当時その名称ではなかった。彼らは取引所を設立するためSECの許可を得ようとしていたが、実際にそうなるまでにさらに四年の年月を要した。またE・F・ハットンがオプションのブローカーを始めるため、私は自分のオプションの知識を生かして、彼らにオプションの講義をした。

自分の仕事は多様で興味深いものであったが、もっと刺激があって、やりがいがある何かを欲していた。カレッジ時代からの古き友人のロン・ロススタインがその新たな扉を開けてくれた。彼はある証券会社のパートナーになっており、コンサルタントとしてその証券会社に参加するよう誘ってくれたのである。その会社は小さく、さほど名が知られていたわけではなかったが、この機会に飛びついた。幾つかのプロジェクトに携わったのち、機関投資家を対象とした株式マーケットレターを私が書くということになった。

ツバイク・フォーカストの発刊

マーケットレターとその後の私のキャリアの出発点は、私がその前年にバロンズ誌に書いた幾つかの論文にあった。最初の論文は、市場が一九三〇年代以降最も厳しい暴落に見舞われた一九七〇年の春であった。ウォール・ストリート・ジャーナルが、二流証券会社によるアメリカン・テレホン・アンド・テレグラフ（AT&T）社の売り推奨レポートを掲載したのが五月であり、その時点が実際には、市場の底であった。ウォール街の証券会社が売り推奨をするのはまれなことであり、すべての優良株のなかの最も優良な銘柄が売り推奨されることなど、それまで一回も聞いたことがなかった。

売り推奨の背後にあるいわゆる理由づけを読んで、すぐに以下の結論を出した。①それは市場に参加しているすべての一般投資家をおびえさせるであろう、②それは間違った論理に基づいている、③それは非常に回りくどく分かりにくい――である。私はAT&Tにいかなる特別の関心も持ってはいないが、そのレポートは私を激怒させるものであったため、何かをしようと思った。筆を執り、反論を書いたが、ウォール・ストリート・ジャーナルに掲載するには長すぎた。そこで、ウォールス・トリート・ジャーナルと同様に、ダウ・ジョーンズ社から刊行されているバロンズ誌にそれを送った。

幸いにも、バロンズ誌の当時の編集長のアラン・アベルソンが私の書いたものを気に入り、彼の秘書のシャーリー・ラゾーがその投稿を掲載するという電話をすぐにかけてきた。私はその幸運をずいぶん後になって気がついた。というのも、バロンズ誌は毎号数百本に及ぶ投稿を受け取っており、ほんの数本のみが掲載されるということであったからだ。

一九七〇年六月、AT&Tに対する証券会社の売り推奨に対して反論した私の最初の論文『紅茶とシンフォニー』がバロンズ誌に掲載された。そして、私が正しかったことが証明された。株式市場とAT&T株の双方とも事実上、そこが底であった。さらに、誤った推奨をしたことに責任のある証券会社はその数カ月後、業界から姿を消した。

当然のことながら、私はバロンズに論文を掲載できたこと、特にそれが正しかったことを大変うれしく思った。しかし、AT&Tについて書くことが私の専門ではない。本当に書きたかったのは、株式市場に関する諸指標についてであった。一本の論文を掲載したことによって、さらに数本の論文を書く道が開かれたのであった。

数カ月後、博士論文の執筆中に発見したデータを利用して、オプション取引を取り扱ったもう一本の論文をアラン・アベルソンに送った。私は、オプション活動レシオと称する指標を開発した。それは、オプションの出来高が少ないときには強気のシグナル、出来高が多いときには弱気のシグナルを出すものである。論文は一九七〇年一一月末に掲載され、非常に強気な相場見通しを予想した。なんというタイミングの良さであろうか。バロンズ誌がニューススタンドに出回ったその日、市場は爆発した。そして、市場はその後数カ月間大きく上昇を続けた。

再び正しかったことは満足できるものであったが、そのことで、さらにもう一つの論文を書きたくなった。次は先に触れた、プット・コール・レシオについてである。これは、一九七一年春に掲載され、そのときその指標はちょうど弱気に転じたときであった。その後、七カ月にわたり市場は下げ、再び私は核心を突いた。テクニカル指標について書かれた二本の論文のゆえに、複数の投資家からストックマーケットレターを書いているか、あるいは書く計画があるかという質問の手紙が寄せられた。私は、本当に、そして心から、そのような方向で歩んでいくことについての準備ができていたので、これは理想的な始まりであった。

そのすぐあと、機関投資家を対象としたマーケットレターを証券会社のために書き始めた。私は、自分が心から望んでいた洗練された情報を提供するということが可能になると考えることができたため、機関投資家的アプローチを気に入っていた。一九七一年秋、創刊号を執筆した。第二号を準備中に、その証券会社が倒産した。パートナーの一人が数百万ドルを着服したとされ、それによって、同社は崩壊したのである。

新しいマーケットレターはあったが、証券会社はなくなっていた。どうすべきか？　バロンズ誌の読者で私の研究に関心を持った人たち約一二〇人から手紙を受け取っていた。彼らがもしかして私のマーケットレターを購入したいと思うかもしれないと思い、それぞれの人に手紙を書いた。数カ月以内に、新しいマーケットレターに対する購読者を約四〇人ほど集めることができた。そして、その新しいマーケットレターをツバイク・フォーカストと命名した。これが、私がそれをほとんど裏口から始めたいきさつである。

一九七二年春、もう一本、テクニカル指標に関する論文をバロンズ誌に掲載した。今度は、空売りに関連するものであった。再び、私は下げ相場を予測し、市場は再度数カ月かけた下げを余儀なくされた。そのことはけっして私の新しい仕事の妨げにはならなかった。同じころ、バロンズ誌にツバイク・フォーカストの広告の掲載を開始すると、それは急速に本当のビジネスへと成長した。マーケットレターと資金運用業務からの収入は、すぐにカレッジで教鞭をとる以上の収入をもたらした。しかし、私は教鞭をとることを心から楽しんだ。そして、ニューヨーク州ニューロシェルにあるイオナ・カレッジの準教授の職を受け入れた。そこでは、さらに七年間教壇に立ったが、最終的には、教職に伴う雑事に十分時間が割けなくなったため、休暇をとることにした。

時間が許せば、カレッジ・レベルで再度教鞭をとりたい。教えることのなかで最も楽しいことは、刺激を与えることである。学生に細かく注文をつけて質問をさせる。もし私が答えを知らなくても当惑はしない。私はけっして策略を持って乗り切ることはしない。もし本当に知らなければ、そう答える。しばしば、彼らは争点を通して私に考えることを強いるときがある。思考する過程で、新しいアイデアを得ることがしばしばあり、その幾つかは市場予測に用いる理論につながったものもある。

まだツバイク・フォーカストの刊行は継続しているが、私は、クローズド・エンド型のミューチュアル・ファンドである「ツバイク・ファンド」を当初公募総額三億四〇〇〇万ドルで一九八六年九月に立ち上げた。その二年後には、「ツバイク・トータル・リターン・ファンド」である。両ファンドともニューヨーク証券取引所で取引されている。その後も数本のオープン・エンド型ファンドを市場に投入した。

記憶している範囲では、私は株式市場について可能なかぎりすべてを学び、そこで成功裡に取引したいという激しい欲望を持っていた。私のこの衝動は、おそらく、山がそこにあるからというという理由のみで山に挑む登山家の気質とさほど変わらないであろう。現在は特に山に関連づけることはないが、私は若いときからいわゆる株式市場の頂上を極めたいと欲していたのである。抗しきれない魅力を感じたのは、挑戦することに対してなのである。

すべてが素晴らしかったということではない。時折、株式市場によって悩まされたこともある。そしてまた、株式市場は適当な額の利益を上げさせてくれ、何度も気持ちを高ぶらせてくれた。株式市場はその道がいかに荒れていようと、私をけっして飽きさせなかった。常に市場は魅惑的であり、驚きに満ちている。たぶんそのことが、この地球上で市場に関してすべてを知っているものはだれも存在しておらず、また、いつも、あるいは、ほとんどの場合でさえも正しいと期待することのできる人はいないことの理由であろう。

しかし、間違えるよりも、正しいというケースを多くすることはできる。もし六〇%正しかったら、利益を賭けなさい。そして、損失を抑えなさい。正しいときには大いに正しく、誤っているときにはそこそこに間違えているということを発見するであろう。長期的には、六〇%の成功率は膨大な利益となる。五〇%の成功率は堅実な利益となるし、四〇%であっても、市場に打ち勝つことができる。

市場での取引に当たっては、確率に基づいて取引する必要があるということ、また、リスクを限定する分別のある戦略を採用する必要があるということ、状況がそれを受け入れるときにのみ攻撃的に

なることができるということを記憶しておいてほしい。私は自分が成人してからの人生で、株式市場の神秘を見抜こうと努力してきた。次章からは、私が獲得した最良の情報を読者に与えるように努める。

第三章

市場平均——その意味するものとは?

世界で最も有名な株式市場の指標はダウ工業株平均である。これは一八九七年から続いているが、そのときは大規模な一二社の工業種に属する企業によって構成されていた。一九一六年に銘柄数は二〇社に拡大されたが、一九二八年には、現在の規模である三〇社になった。アメリカの主要な産業の最大規模の製造業企業が多く含まれている。それらは、以下の各社である（一九九七年当時）。

アライド・シグナル	アルミニウム	アメックス
AT&T	ボーイング	キャタピラー
シェブロン	コカ・コーラ	ディズニー
デュポン	イーストマン・コダック	エクソン
ゼネラル・エレクトリック	ゼネラルモーターズ	グッドイヤー
ヒューレット・パッカード	IBM	インター・ペーパー
ジョンソン&ジョンソン	マクドナルド	メルク
ミネソタ・マイニング	J・P・モーガン	フィリップ・モリス
プロクター&ギャンブル	シアーズ・ローバック	トラベラーズ（シティグループ）
ユニオン・カーバイド	ユナイテッド・テクノロジー	ウォルマート

（その後、一九九九年に行われた銘柄入れ替えの結果、アライド、アルミニウム、シェブロン、グッドイヤー、シアーズ・ローバック、ユニオン・カーバイドがはずされ、アルコア、ホーム・デポ、ハ

ネウェル、インテル、マイクロソフト、SBCコミュニケーションが対象銘柄に組み込まれている）。

もともと、工業平均が一二銘柄で構成されたとき、一二銘柄の株価を加えて一二で割るという計算法であった。もし平均を新しく算出するのであれば、三〇種平均の算出にも同じルールが適用されるであろう（適用される分母は三〇になることを除いて）。しかし、株式は長年にわたってよく分割されてきた。さらに、ダウ・ジョーンズは時折銘柄の入れ替えをする（**訳注**　最も直近の入れ替えは一九九九年一一月に行われた）。

このような銘柄の入れ替えと株式分割があるため、平均指数の継続性を保つためには、分母の修正が必要となる。もし銘柄数が単に二つだけであり、A社の株価が二〇ドル、B社の株価が四〇ドルであるとすると、株価を足し（六〇ドル）、分母（二）で割ることによって平均を算出することができる。もちろん、答えは三〇ドルである。しかし、B社が二対一の株式分割をし、株価が二〇ドルになったと仮定する（「実際」の変化はない）。そして、二社の株価を加え二で割ると、このミニ株価平均は三〇ドルから二〇ドルに下がる。株式の価値には実際なんら変化がないので、これは明らかに現実的でない（B社の株価は前の株価から半分に下がったが、株数が二倍になっており、株式保有者にとっては変わらない）。

元の平均株価を適正な三〇ドル水準に維持するには、分母に下方修正を加えなければならない。現在、株式分割後の二つの銘柄の株価の合計は四〇ドル（A株が二〇ドル、B株が二〇ドル）である。四〇ドルを一・三三三で割ることによって、三〇ドルという本当の平均値を得ることができる。このように、平均指数に二銘柄が含まれてはいても、新しい分母は一・三三三でしかない。ダウ工業株三〇種平均指数は、長年にわたり非常に多くの株式分割と変更があったので、分母は〇・三四六まで下がっている。すなわち、同指数銘柄三〇社の株価を合計し、〇・三四六で割れば、実際のダウ・ジョーンズ工業株平均指数を算出することができる（**訳注**　現在の分母は約〇・二）。

ほとんどの投資家は分母を利用することを必要としないが、ダウ・ジョーンズ工業平均指数が五五〇〇ドル、六〇〇〇ドル、あるいは幾つであっても、それが何を意味するかということを理解するうえでは重要になる。

それ以外にもダウ・ジョーンズ平均指数が二つある。輸送株平均と公共事業株平均である。そして、三つの指数すべてを合計した六五種株価平均指数がある。これらの指数がしばしば経済新聞に出てくることがある。しかし、これらはいずれもその対象としている産業の範囲が狭いので、本書で詳しく議論する必要はないと思われる。公共事業株平均は非常に金利敏感銘柄群を代表しているため、時折、それ以外の業種の株式市場の効果的な先行指数となる場合がある。そのような傾向はあるが、それはさほど圧倒的であるというほどではない。

平均指数と市場活動

最も重要な平均指数が市場活動をどのように反映しているかを見てみよう。**グラフA**の上半分は、一九六二年までさかのぼったダウ・ジョーンズ工業株平均の月足を描いたものである。グラフ上のそれぞれの垂直の線は、その月のダウの高値から安値の幅を表わしている。グラフを数分間眺め、市場のこの期間の歴史について学習しておこう。一九六二年、一九六六年、一九六九～七〇年、一九七三～七四年、一九七六～七八年、一九八〇年初め、一九八一～八二年、一九八七年、一九九〇年がベア・マーケットであったことが容易に見てとれる。ダウが一〇五二ドルから五七八ドルまで下がった一九七三～七四年のベア・マーケットは、一九三〇年代の大恐慌以来最悪であった。一九八七年の暴落によるベア・マーケットは、それに次いで悲惨なものであった。

ダウがほぼ二倍となった一九六二年と一九六六年の初めにかけては、長期的なブル・マーケットであった。それ以外では、ブル・マーケットは一九六七～六八年、一九七〇～七三年、一九七四年終わりから七六年、一九八〇～八一年、一九八二～八七年、一九九一年から執筆中の一九九六年であった。また、私が中期的なタイプの下げ相場と分類している一九八三年から一九八四年にかけての下げ相場をはじめとする、中期的なタイプの上げ相場と下げ相場の期間があることにも気付くであろう。

グラフAの下半分は、S&P五〇〇株価指数を表示している。この株価指数は、通常、機関投資家がこの指数をその運用成績結果のベンチマークとしているため、彼らにとって最も関心が深いものである。その名称が示すように、このS&P指数は、ほとんどがブルーチップ（優良銘柄）と称されている五〇〇銘柄から構成されている。S&P指数は時価総額よって加重されている。これは、もしある銘柄の発行済み株数が一億株あり、価格が二〇ドルであれば、その時価総額は一億株×二〇ドル、

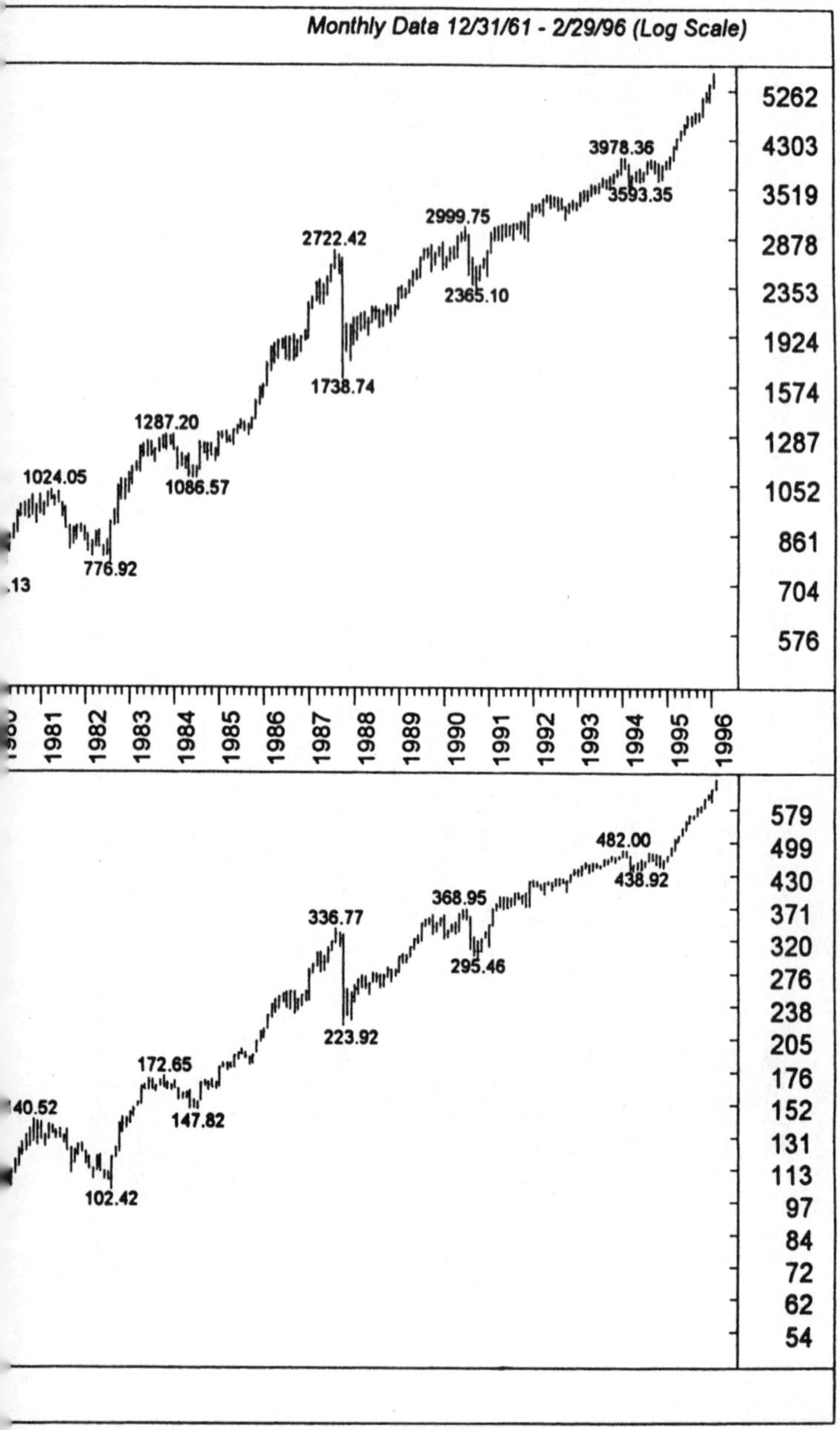
Monthly Data 12/31/61 - 2/29/96 (Log Scale)
5262
4303
3519
2878
2353
1924
1574
1287
1052
861
704
576
3978.36
3593.35
2999.75
2722.42
2365.10
1738.74
1287.20
1086.57
1024.05
776.92
.13
1981
1982
1983
1984
1985
1986
1987
1988
1989
1990
1991
1992
1993
1994
1995
1996
579
499
430
371
320
276
238
205
176
152
131
113
97
84
72
62
54
482.00
438.92
368.95
336.77
295.46
223.92
172.65
147.82
140.52
102.42

グラフA

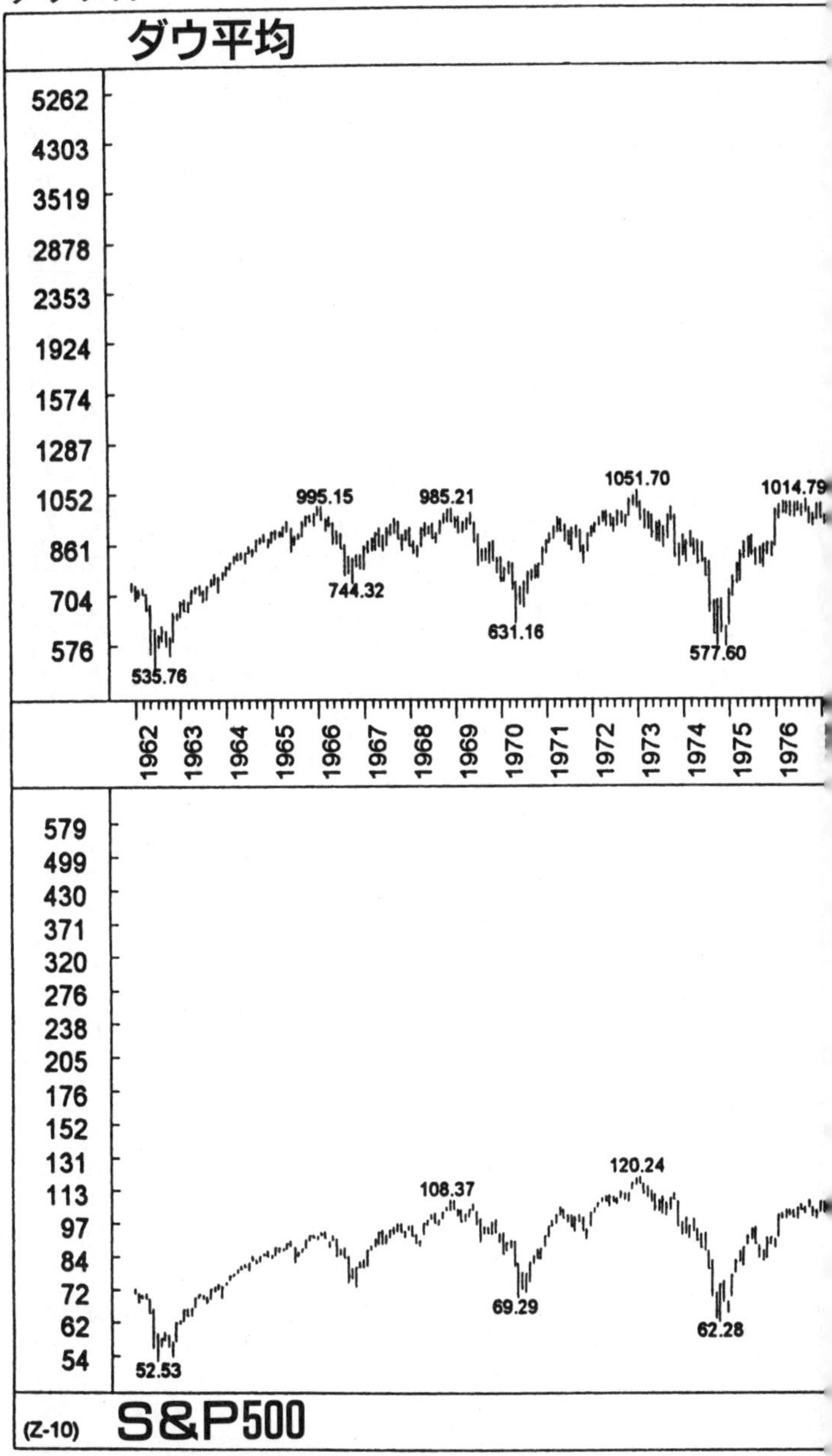

ダウ平均
5262
4303
3519
2878
2353
1924
1574
1287
1052
861
704
576
995.15
985.21
1051.70
1014.79
744.32
631.16
577.60
535.76
1962
1963
1964
1965
1966
1967
1968
1969
1970
1971
1972
1973
1974
1975
1976
579
499
430
371
320
276
238
205
176
152
131
113
97
84
72
62
54
108.37
120.24
69.29
62.28
52.53
(Z-10)
S&P500

出所＝ネッド・デイビス・リサーチ

すなわち、二〇億ドルであるということを意味する。時価総額が大きければ大きいほど、S&P指数のなかでのその銘柄の加重は大きくなる。一九九六年三月三一日の時点ではゼネラル・エレクトリックは最も加重の大きい銘柄であり、指数全体の価値の二・七〇%を占めていた。それ以外に大きな加重の銘柄には、コカ・コーラ、エクソン、AT&Tやメルクがある。S&P五〇〇株価指数は非常に大きな会社が主となっているため、小規模な企業はそれに応じてその加重が少なくなっている。

グラフAが示すように、ダウ工業株平均とS&P指数はほぼ同一方向に動く。しかし、上昇・下降の幅は異なることがある。例えば、一九八一年四月、ダウは、一九七三年初めの高値一〇五二ドルより若干低いおおよそ一〇二四ドル近辺でピークをつけた。一方、S&P指数は、一九八〇年一一月に、一九七三年の高値一二〇ドルよりもかなり高い一四〇ドル強でダウよりも早くピークをつけている。ダウはその天井と天井の間で三%の下落を示したが、S&P指数の場合は、その天井と天井の間では、一七%に近い上昇であった。

これは、すべてを加重した五〇〇銘柄というサンプルと、時価総額に基づかないで単に価格のみを加重した三〇銘柄という少ないサンプルを対比した場合には起こり得るものである。これは、時にいらだたしく感じるかもしれない。しかし、株式市場を完璧に評価する基準というものはない。単にそれを評価する幾つかの代替し得る方法があるのみである。

もう一つの主要な市場平均は、ニューヨーク証券取引所株価総合指数である。これはS&P指数と同様の構成となっているが、唯一の違いは、この指数はNYSE（ニューヨーク証券取引所）に上場されている銘柄約二五〇〇の普通株式すべてを対象としているということである。すなわち、加重方法は時価総額を使っており、ここでもゼネラル・エレクトリックの加重が最も大きい。ニューヨーク証券取引所株価総合指数とＳ＆Ｐ指数の動きは非常によく似ている。

非加重平均株価指数

株式市場の成績を計測するもう一つの方法は、時価総額によって加重されていない広範囲な銘柄を検討することである。そのような平均指数は非加重平均株価指数と称される。この目的のために、私は独自の計測手段、「ツバイク非加重平均株価指数（Zweig Unweighted Price Index＝ＺＵＰＩ）」を開発した。これは、一九六五年初めを一〇〇としている。ＺＵＰＩ指数の原データは、株価コンピューター・サービスを提供しているクオトロンから入手した。ある日、ＺＵＰＩ指数が一％上昇すれば、それは平均した株価が、企業の規模の大小にかかわらず、その日に一％上昇したことを意味する。

例えば、ここにゼネラル・エレクトリックともう一つ非常に小さな企業の二銘柄から構成されている平均株価があるとする。Ｓ＆Ｐ五〇〇平均株価のように加重されたベースでは、その小さな企業の株価の変動は事実上ほとんど何の変化も生じさせないで、ゼネラル・エレクトリックが加重の九〇％余りを占めるということになる。この場合の平均は、ほとんどゼネラル・エレクトリックの株価動向を反映するだけである。しかし、加重されていない二銘柄からなる指数では、ゼネラル・エレクトリックの株価の変化のパーセント表示は、加重の半分になる。そして、小さな企業の株価の変化がその残り半分となる。これを取引所に上場しているすべての銘柄について行うと、ゼネラル・エレクトリックの加重値は小さな企業のそれと変わらなくなる。

非加重平均株価指数は、大きいものから小さい企業までいかなる企業の株式をも購入する柔軟性を持っている個人投資家にとっては非常に役立つ。一方、S&P指数はたぶん機関投資家に適している計測手段なのであろう。彼らは、数百万ドルという額に及ぶゼネラル・エレクトリックやコカ・コーラの株式を購入するが、非常に小さい企業の株式を多額に購入することは難しいからである。

ZUPI指数のパフォーマンスは、時折、ダウやS&P五〇〇と著しく異なるときがある。これは、ZUPI指数がしばしば二流株と称されるより小規模な銘柄の値動きに影響されやすくなっているからである。一方、ダウやS&Pなどの主要な平均指数はブルーチップ（優良銘柄）によってより大きく左右されるようになっている。一九七二年春から一九七三年初めのように、ブルーチップ（優良銘柄）がかなり上昇し、二流株が下がるというときがある。また、一九七七年のように、ブルーチップ（優良銘柄）が下げ圧力にさらされ、結局、それらが下げ、二流株が上昇するというときもある。

しかし、一九七三〜七四年のような大きなベア・マーケットでは、ほとんどの銘柄は弱含み、すべての平均指数は下落する。それは、「囚人護送車がやってくるときには、良い女の子と一緒に悪い女の子も連れてくる」という古いことわざとよく似ている。同様に、大きなブル・マーケットでは、加重平均も非加重平均も上昇する傾向にある。

この後に続く学習で、ＺＵＰＩ指数とＳ＆Ｐ五〇〇に対してさまざまな指標やモデルを検証してみようと試みた。時には、検証はダウ工業株平均やバリューライン総合指数に対しても行われた。バリューラインは**グラフＢ**の下半分、ちょうどＺＵＰＩ指数の下に描かれている。この指数は、バリューライン・サービスの出版部門であるアーノルド・ベルンハルト社によって作られている。これは、その多くがＮＹＳＥで取引されている約一七〇〇銘柄の非加重平均指数である（ＮＹＳＥ総合指数より幾分規模が小さいものである）。バリューライン指数は、ＺＵＰＩ指数がＮＹＳＥで取引されている全銘柄を対象とし、ＡＭＥＸ（アメリカン証券取引所）やＯＴＣ（店頭取引）市場で取引されている銘柄は対象としていないという点を除いて、ＺＵＰＩ指数とまったく同じ方法で構成されている。バリューライン指数は、ＮＹＳＥで取引されている数百の銘柄を無視し、ＡＭＥＸとＯＴＣの銘柄を幾つか組み入れているのである。グラフにあるように、時折、短期的にごくわずかに逸脱することはあるが、二つの非加重平均指数はほとんど同一の動きを見せている。

一九八二年春、カンサスシティー・ボード・オブ・トレードが初めての株価指数先物の取引を開始し、その基礎をバリューライン総合指数に置いた。先物は、指数の実際の価格の上か、下の価格で取引することができる。しかし、ディスカウントになるかプレミアムになるかは別として、バリューライン非加重平均指数によって計測された市場全体を売買できることになったのである。また、一九八二年に、Ｓ＆Ｐ五〇〇指数をベースとした株価指数先物の取引が開始された。その年の後半になって、ニューヨーク証券取引所総合指数を対象にした第三の株価指数先物市場が開始された。

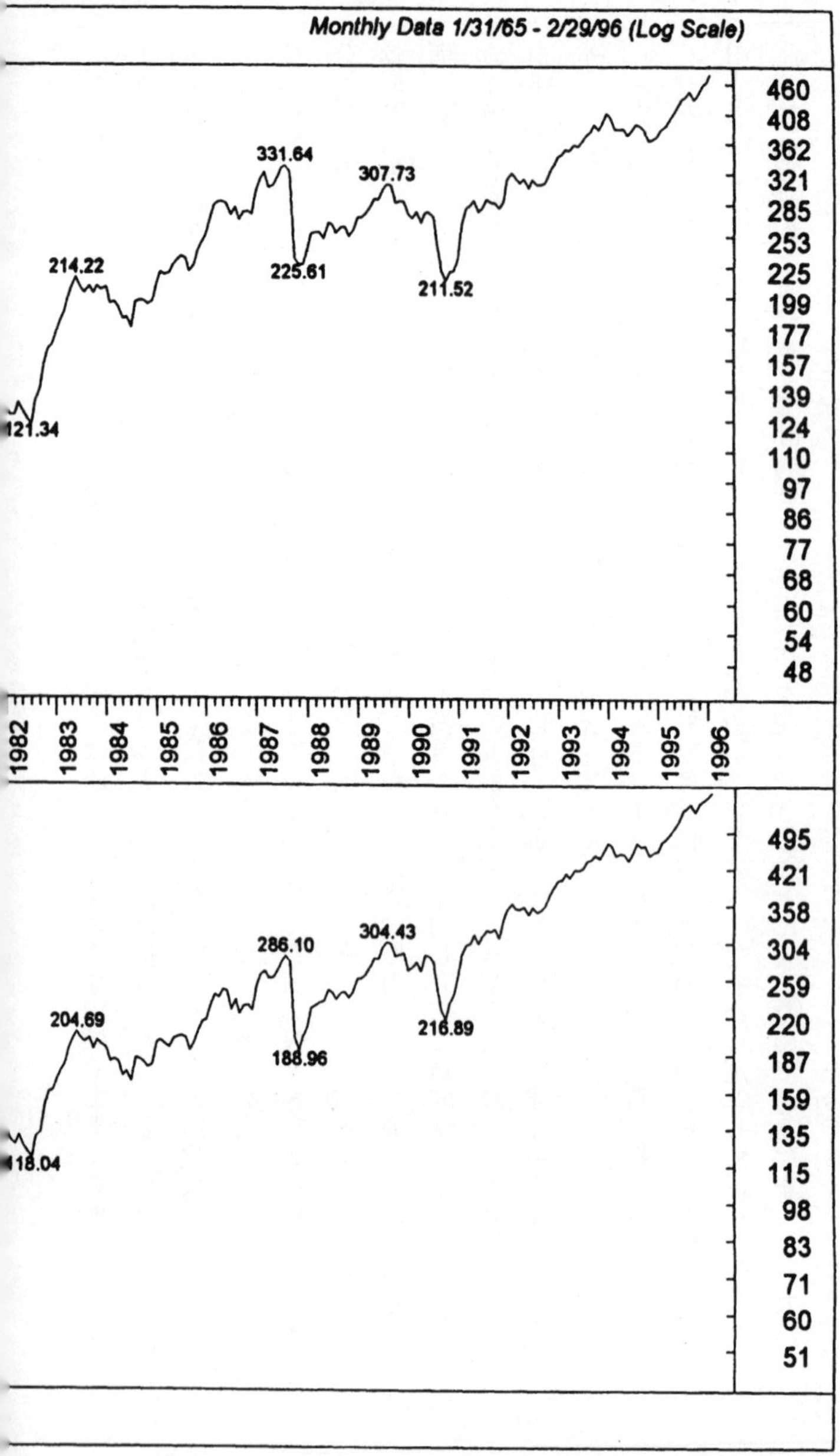

Monthly Data 1/31/65 - 2/29/96 (Log Scale)
331.64
307.73
214.22
225.61
211.52
121.34
460
408
362
321
285
253
225
199
177
157
139
124
110
97
86
77
68
60
54
48
1982
1983
1984
1985
1986
1987
1988
1989
1990
1991
1992
1993
1994
1995
1996
286.10
304.43
204.69
188.96
216.89
118.04
495
421
358
304
259
220
187
159
135
115
98
83
71
60
51

グラフB

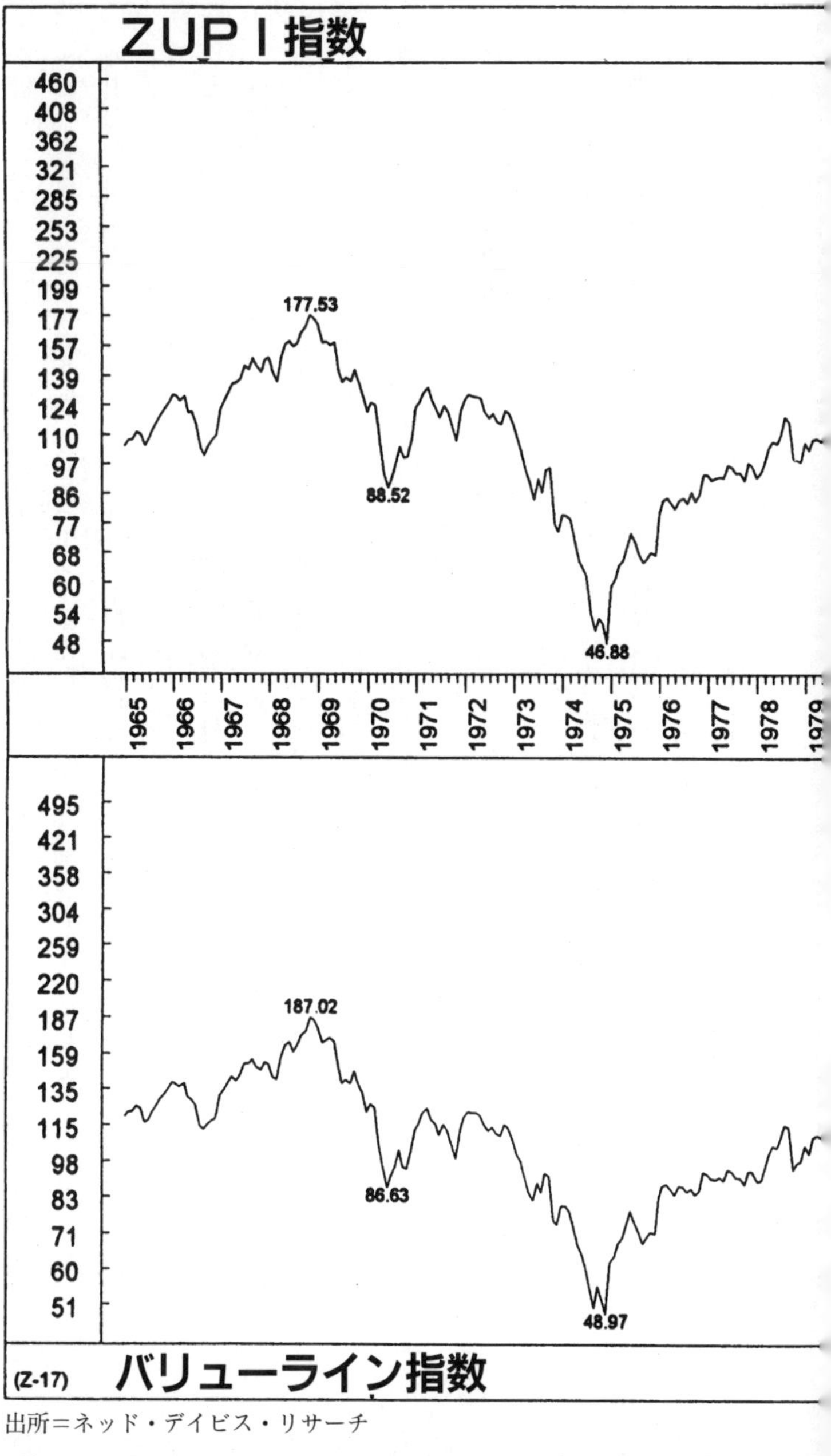
ZUPI指数
460
408
362
321
285
253
225
199
177
157
139
124
110
97
86
77
68
60
54
48
177.53
88.52
46.88
1965
1966
1967
1968
1969
1970
1971
1972
1973
1974
1975
1976
1977
1978
495
421
358
304
259
220
187
159
135
115
98
83
71
60
51
187.02
86.63
48.97
(Z-17)
バリューライン指数

出所＝ネッド・デイビス・リサーチ

S&P五〇〇指数を対象とした指数先物の出来高が最も大きいが、三つの株価指数先物の出来高の合計は、現在ではNYSEでの全銘柄の株式の出来高より大きい。最近の典型的な一週間の出来高は、S&P先物で一一三七億ドル、バリューライン先物で一億六九〇〇万ドル、そしてニューヨーク証券取引所総合指数先物で二八億ドルであり、指数先物合計では一一六七億ドルとなり、NYSEの出来高八〇〇億ドルを優に超えている。明らかに、株価指数先物は数年前に生まれたときから飛躍的に増大し、投資コミュニティーと投機家にとってその重要性を増しつつある。

株価指数先物はそれ自体で大きなテーマであるため、本書においてさらに詳しく扱うことはできない。しかし、後の章で指標やモデルの検証をする際には、これらの検証結果は株価指数先物の近似値となることを念頭においてほしい。そうすることによって、株式取引に伴う取引コストの発生を避け、関連する多様な市場平均の取り扱いをすることができるのである。

インフレの調整

グラフCは、一九二一年以降のダウ・ジョーンズ工業平均の月末値を表示している。これは、ずっと先までさかのぼっていることを除き、**グラフA**のダウと似ている。さらに、価格表示はパーセント表示となっている点に気づいてほしい。したがって、ダウの一〇〇ポイントから二〇〇ポイントへの上昇は一〇〇%の上昇であり、同じ一〇〇%の上昇となる五〇〇ポイントから一〇〇〇ポイントへの上昇もグラフ上では同じ垂直の幅となる。

市場平均を計算する際に名目価格（そのときそのときの価格）をそのまま用いることによる問題は、時間が経過するにつれてインフレや極端なデフレの影響によって、数字にゆがみが生じるということである。短期的なベース、例えば、数日あるいは数週間では、それらは大きな問題とはならない。あるいは、もしインフレ率が「名目的」なほどに小さく、例えば二～四％であっても、一年あるいは二年程度であれば、その影響はさほど大きくない。

しかし、一九七〇年代のある時期に生じたように、インフレ率が一〇％程度になると、あるいは、一九三〇年代の初期に見られたような極端なデフレがあると、名目的な価格平均に大きなゆがみが生じる。

例えば、ダウ平均が一〇〇〇ポイントのときに投資をしたと仮定する。その後の五年間にわたるインフレの累積効果で消費者物価指数が倍になり、年間複利ベースで一五％となったとする。その結果、五年前に一〇〇〇ドルで購入できたものを購入するには二〇〇〇ドルが必要になる。インフレが二倍になり、ダウが一〇〇〇ポイントのままとどまったと仮定してほしい。その期間終了後に投資の結果が損得なしのイーブンであったという結論が出ても、それはナンセンスであろう。資産価値は実際には五〇％下落したのである。インフレ率が大きくなればなるほど、株価平均の調整の必要性は大きくなるのである。

グラフDは、インフレとデフレの影響を調整した一九二一年からの月末値を表示している。これは、

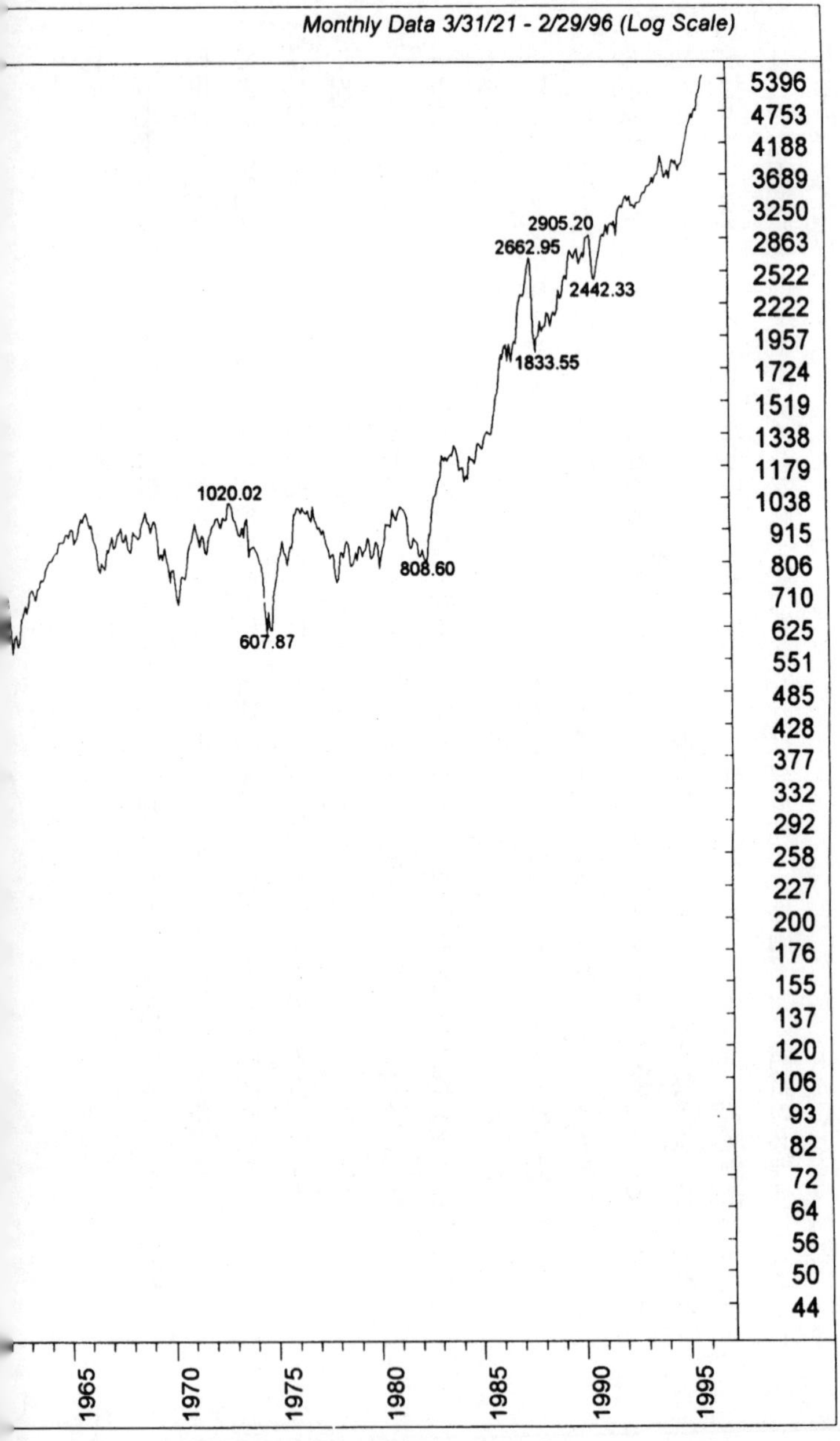

Monthly Data 3/31/21 - 2/29/96 (Log Scale)
2905.20
2662.95
2442.33
1833.55
1020.02
808.60
607.87
5396
4753
4188
3689
3250
2863
2522
2222
1957
1724
1519
1338
1179
1038
915
806
710
625
551
485
428
377
332
292
258
227
200
176
155
137
120
106
93
82
72
64
56
50
44
1965
1970
1975
1980
1985
1990
1995

グラフC

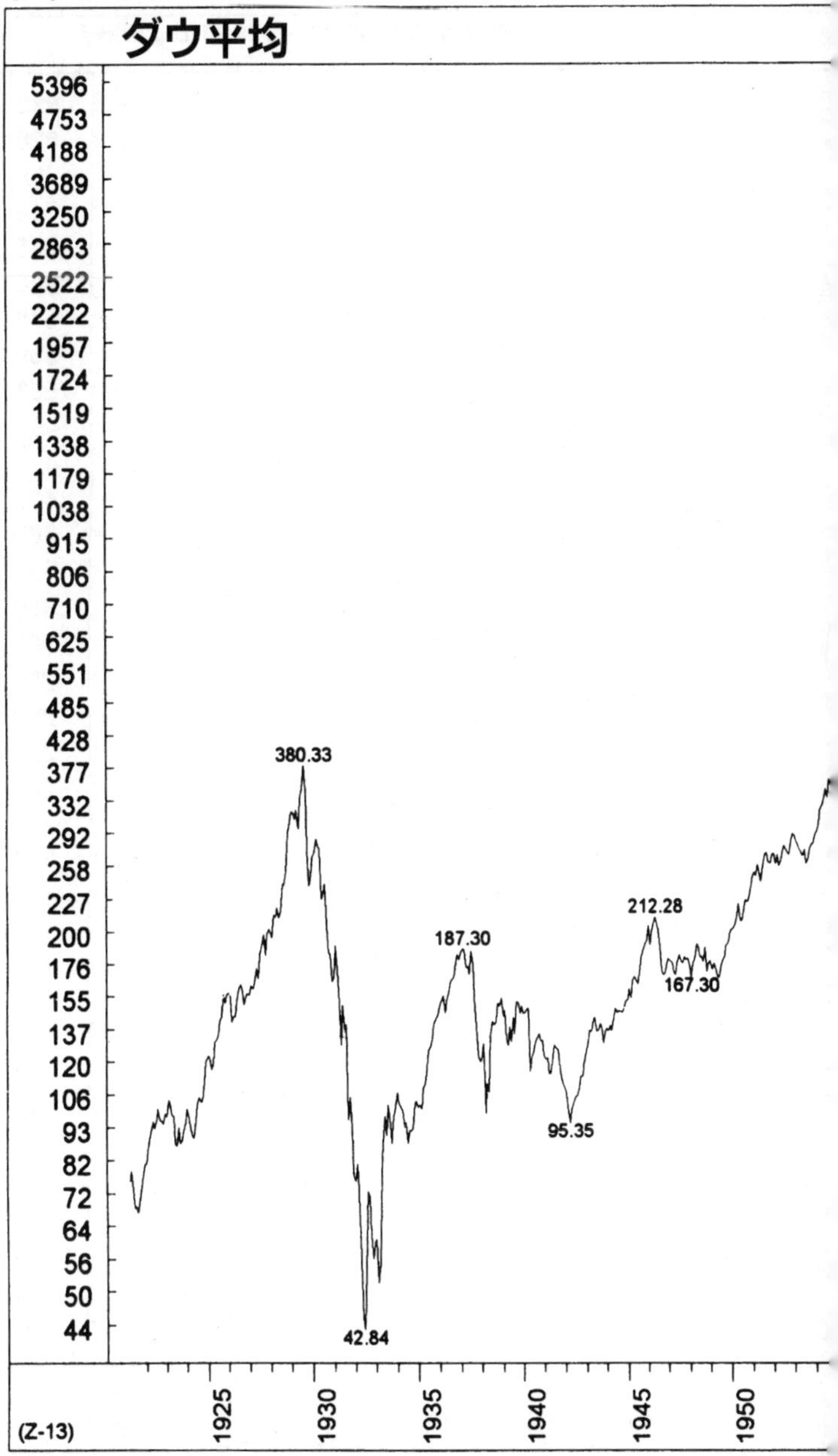

出所＝ネッド・デイビス・リサーチ

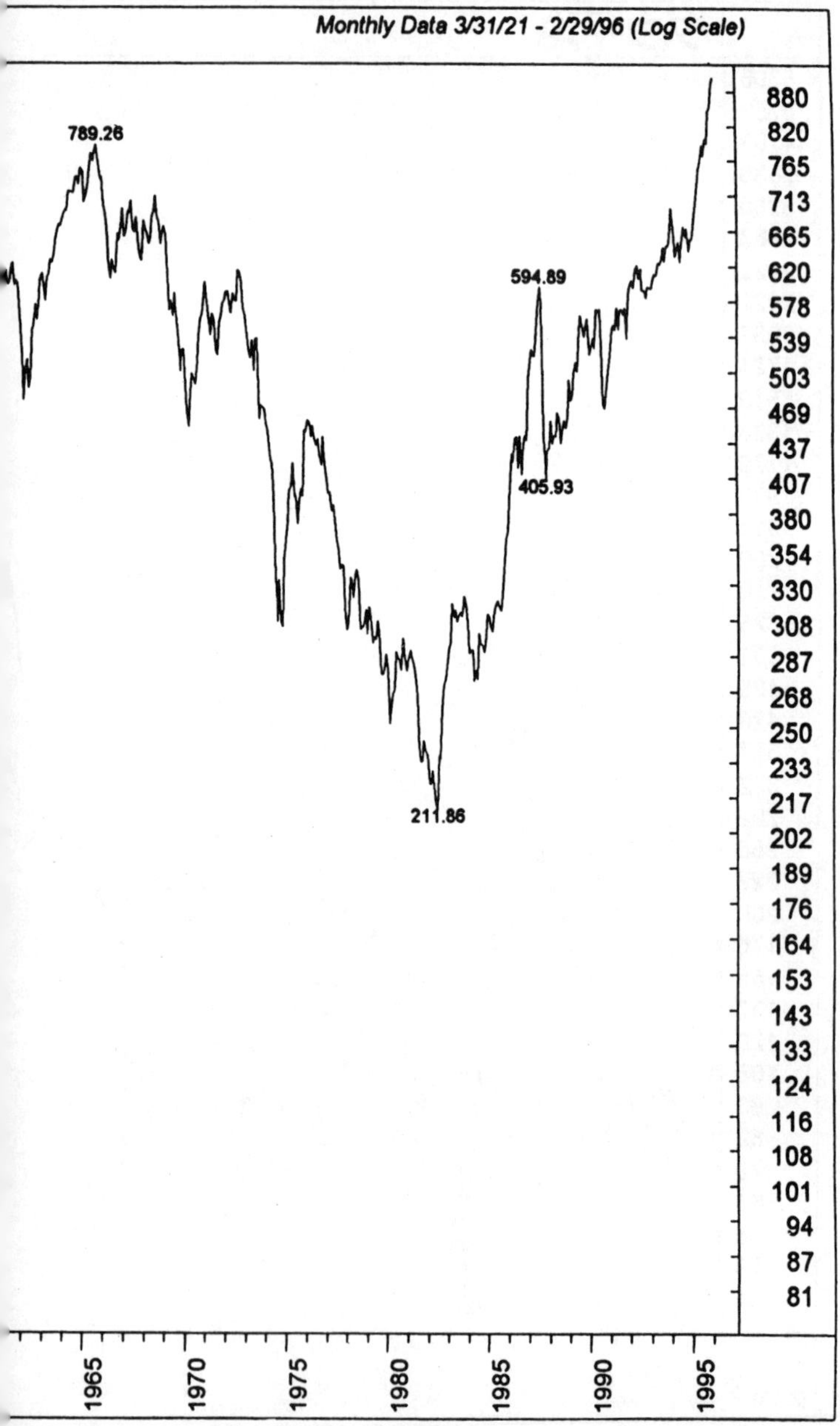
Monthly Data 3/31/21 - 2/29/96 (Log Scale)
789.26
594.89
405.93
211.86
880
820
765
713
665
620
578
539
503
469
437
407
380
354
330
308
287
268
250
233
217
202
189
176
164
153
143
133
124
116
108
101
94
87
81
1965
1970
1975
1980
1985
1990
1995

グラフD

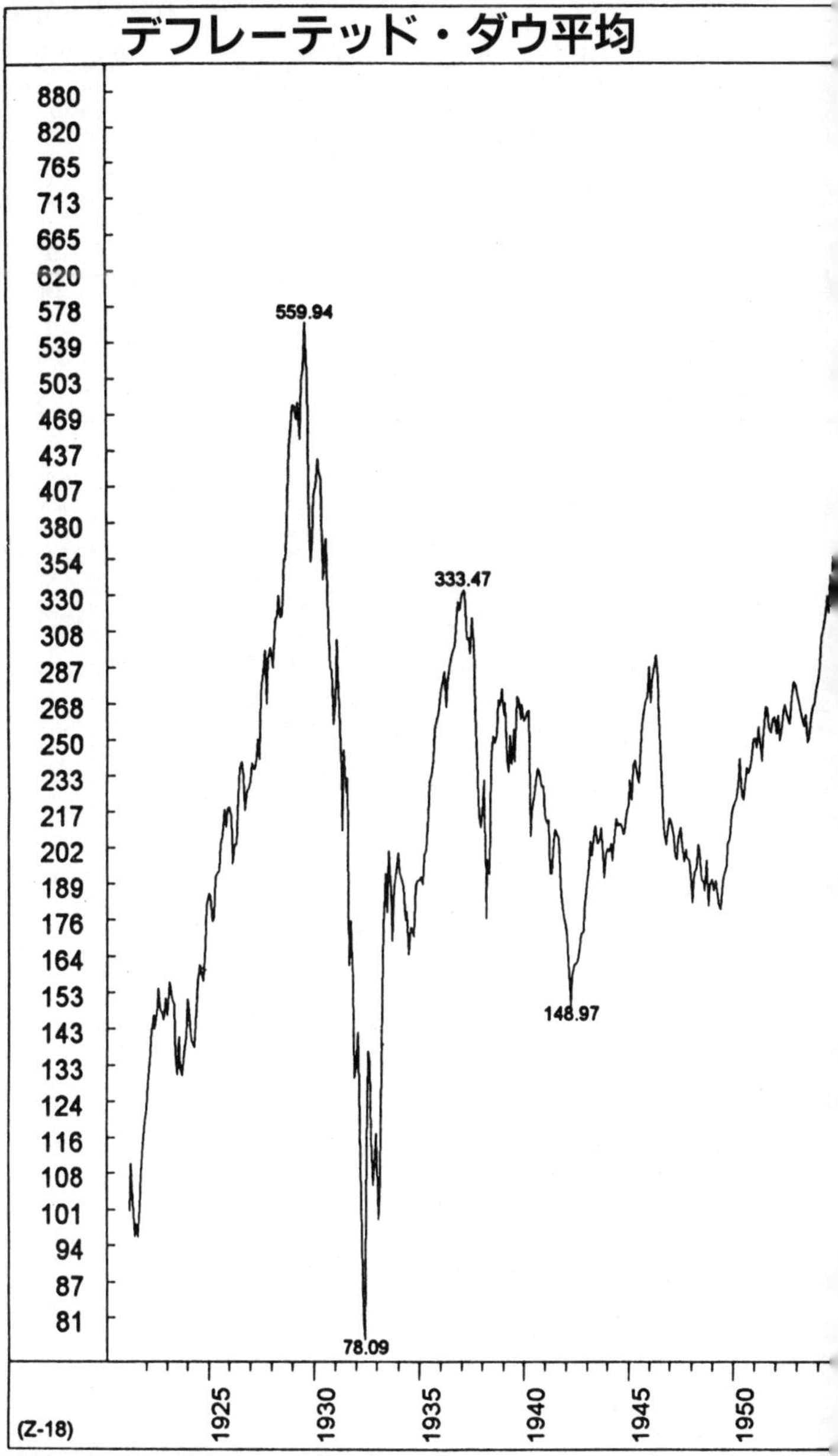

出所＝ネッド・デイビス・リサーチ

「デフレーテッド・ダウ・ジョーンズ工業株」と呼ぶことが適切であろう。これは、市場に投資したであろう資金の実際の購買力である実質価格ベースでダウがどのように推移したのかを表示している。したがって、先の例を使い、五年間にインフレ率が倍増している一方でダウの名目価格が変わらなかったと仮定すると、同期間のデフレーテッド・ダウのグラフは一〇〇〇ポイントから五〇〇ポイントへと徐々に下落し、実質ベースでは、初めの時点からでは半分を失うことになったことが分かる。

今世紀における市場平均の推移を復習するために、**グラフD**のデフレーテッド・ダウを研究してほしい。長期的には、一九二一～二九年にかけて驚異的なブル・マーケットがあった。これはおそらく史上最大のブル・マーケットであったと思われる。興味深いことに、この一九二〇年代の一〇年間では、物価は非常に安定し、目立ったインフレはなかった。

一九二九年に実際に起こったこと

市場は一九二九年のレーバー・デーを前後して天井をつけ、九月中は下げ続けた。一〇月に市場の下げは勢いを増し、その年の一〇月二三日と二八日に株価は文字どおり崩壊した。実際に、一〇月二八日の下げは、証券取引所の歴史において一日の下げとしては最大の下げであった。その日だけで、ダウは二九八・九七ポイントから二六〇・六四ポイントへ下げ、嫌悪感をもよおすほどの一二・八%の暴落であった（一〇月二三日の下げは、非常に大幅な六・三%であった）。一九九六年半ばでダウが五六〇〇ポイント台にあるとき、一九二九年一〇月二八日に起こったような下げが起これば、ダウから驚くなかれ七〇〇ポイントが吹き飛んでしまい、夕方のネットワーク・ニュースで派手な扱いとなってしまうであろう。

　ほとんどの人は、市場が一九二九年一〇月二九日に単純に暴落したと考え、その日の前後に何が起こったかについてほとんど知らない。そのとおりである。その日、株価は崩壊し、ダウは圧倒的な一一・七％の下げとなり、二三〇・〇七ポイントで引けた。しかし、下げは前日よりも幾分かはましだった。出来高は史上最大の一六四〇万株となり、その後、その記録は三五年間も破られることはなかったのである。実際に、一〇月二九日には、市場は取引時間最後の一時間でこれまでの最大の上昇をした。その翌日の一〇月三〇日、ダウは一二・三％の急上昇を見せ、二五八・四七ポイントに上昇した。しかし、上昇相場は短命であり、一一月の半ばにダウは約一九九ポイントで引け、九月三日の高値三八一ポイント強からはほぼ半値も下げたのであった。あの一九二九年の暴落は単に一〇月二九日だけではなく、ある程度短期間ではあったが、これまでに最大の下降局面を示したのである。しかし、それによる大きなダメージは一九三〇年と一九三二年との間に生じたのである。

　一九二九年一一月半ばから一九三〇年四月の二九四ポイントで天井をつけるまで、ダウはきれいな上昇相場を見せた。その動きは、約四八％の上昇を伴ったブル・マーケットを代表するものであった。今日（一九九六年半ば）、同様な上昇があるとすれば、五カ月間でダウが二七〇〇ポイント上昇することを意味する。しかし、その後、大恐慌が始まった。その後、すべては下り坂となった。一九三二年七月には、ダウは四一ポイントで引け、一九三〇年春の高値からは信じられない八六％の下げ、一九二九年の高値からは驚くべき八九％の下げとなったのであった。

三〇年代初期の市場の荒廃の後、市場は反転し、一九三七年まで強力なブル・マーケットが続いた。大不況が再度勢いを増し、株価は再び下げ、真珠湾攻撃のあった数カ月後の一九四二年四月まで実質的に底打ちすることがなかった。その後、大きなブル・マーケットが始まり、一九六六年にダウがほとんど一〇〇〇ポイントの天井をつけるまで上昇したのであった。実質ベースで見ても、一九四二年と一九六六年の天井までの期間でダウ工業株平均は五倍以上の上昇となったのである。

ここで強調したいことがある。名目的には、ダウはベトナム戦争が激しくなりつつあった一九六六年に九九五ポイントをつけた。ベトナム戦争とともに、株価平均を含む多くの経済要素をゆがめた重度のインフレが到来したのである。一九八二年八月、ダウが七七七ポイントでベア・マーケットの底をつけたときには、一六年間に及ぶ期間で、約二二％の名目的下落となった。しかし、その期間でインフレ率はおおよそ三倍になった。実際、一九六六年一月と一九八二年八月との間に、消費者物価指数は九五・四から三〇八・六へと、二二三・五％という驚愕すべき上昇を示したのである。これは一六年以上に及ぶ年率七・三％のインフレ率であった。一九六六年の価格水準を使うと、一九八二年八月に七七七ポイントで取引されていたダウ工業株平均は、単に二四〇ポイントに相当するものでしかなかったのである。換言すれば、ダウは一六年間にわたって、その価値の約四分の三を失ったのである。本書においては、これこそ真のベア・マーケットなのである。

グラフＤは一九六六年から一九八二年にわたるこの長期的ベア・トレンドを明確に示している。もちろん、この全般的な下降サイクルのなかにあっても、幾つかの中期的なブル・マーケットは見られた。これらのブル・マーケットは、一九六七～六八年、一九七〇～七三年、一九七四～七六年、およびそれより小さい規模で一九八〇年に発生した。しかし、いずれのケースでも、ブル・マーケットの天井の高値はそれに先行したブル・マーケットにおける天井の実質的高値を抜くことはなかった。また、その後に続いたベア・マーケットの底値は、それに先行したベア・マーケットの底値の実質的な価格水準を切り下げるものとなった。高値と底値の継続的な切り下がりは、持続するベア・マーケットで発生するものである。

このサイクルは一九八二年に大底を打った後に破られた。一九八三年まで続いたその後の大きな上昇で、「実質」ダウ・ジョーンズ指数はその一九八〇～八一年の天井を抜いた。おおよそ二〇年ぶりに前の高値を抜いたのである。その後に生じた一九八四年までの下げは、一九八二年の実質的な安値よりもかなり高い水準で底打ちしている。そして、一九八五年以降の上昇相場は、「実質」平均株価を一九八三年の高値以上に押し上げたのである。

一九六六年から一九八二年までの七・三％のインフレ率は、実際、長期にわたるベア・マーケット形成の真犯人であった。極度のインフレの期間では、株式は一般的に良好な動きを見せることはできない。極度のインフレは、株式にとって二番目に悪い環境である。最悪の環境は、もちろん、三〇年代初期および再度一九三七～三八年に見られたような極度のデフレである。株式市場は、一九二〇年代のような、あるいは一九六〇年代前半に見られたような物価の安定を好む。六〇年代後半や七〇年代に見られたような高いインフレ率は、人々に株式市場を放棄させ、資金を収集品、金（ゴールド）や不動産に向かわせた。

一九六〇年代の初めから引き続いて、個人投資家は総じて株式の清算人の立場となり、一般投資家が二〇年間で初めて買い手の立場に転じることになる一九八三年まで、容赦なく、売り続けた。しかしその後、一般投資家は一時的にその流れを反転させたが、一九八四年になって結局は売り手サイドに戻った。その期間の大部分において不動産価格がブームとなり、特に家の価格は過度の投機によって高騰した。金（ゴールド）も大きな値動きを示した。一オンス三五ドルから、暴落する一九八〇年初頭に天井をつけた約八七五ドルまで上昇した。絵画、アンティーク、コイン、切手などのすべての収集品の価格もこの時期に高騰した。人々は、これらをインフレに対するヘッジ手段とみなしたのであった。

株式市場との関連でインフレが最も問題であるのは、その治療策が病そのものよりも大きなダメージを与えることにある。インフレが激しくなると、FRBはマネーサプライの伸び率を抑え、それによって金利を上昇させ始める。このことが経済活動を鈍化させ、企業利益を損なう。その結果、しばしばベア・マーケットが生じることになる。

一九七九年にポール・ボルカーがFRB議長に就任したとき、彼はインフレは最大の敵であると言い、これと戦うために金融引き締め策を採用した。一九八一年には彼は戦いに勝利し、インフレ率は急低下した。一九八二年には、株式は大きなトレンドをベースにして、下降を停止した。インフレが収束するにつれて、株価は非常に長期的なブル・マーケットのなかで上昇を開始し、一九八七年の暴落の前二七二二ポイントまでダウを引き上げた。一九八二年の安値からは二五〇％の上昇であった。一九九六年半ば、ダウは五六〇〇ポイント周辺にまで達し、一九八二年からは四三五％の上昇をした。

次章からは、最適のタイミングで市場に参加し、また市場から退出することができるように、どのようにそのタイミングを見つければいいかということを示すつもりである。しかし、これまでの数ページに述べられている教訓を忘れないでほしい。もしインフレが過熱すると、株価に対しては不利な要因となり、名目的な株価平均をゆがめることになる。したがって、インフレやデフレの速度が急激な期間には、役に立たない物差しにこだわることを避けるために、確実に株価平均を適切に調整することが必要である。

第四章

金融諸指標——「FRBに逆らうな」

株式市場では競馬のレースと同様に、地獄の沙汰も金次第である。金融に関する諸条件は株価に多大な影響を及ぼす。実際、主として金利の傾向やＦＲＢ（連邦準備制度理事会）の政策によって代表される金融動向は、株式市場の主要な方向を決定するうえで支配的な要因となる。ひとたび確立されたトレンドは、典型的な場合、一年から三年は持続するのである。

経済における借入金の需要、銀行システムにおける流動性、インフレ、デフレ、さらにもちろんのことだがＦＲＢによる政策決定などが一体となって、金融動向が作り出される。これらの主たる要素によって金利のトレンドが形成される。一般的に、金利の上昇トレンドは株式市場にとっては弱気の材料であり、金利の低下トレンドは強気の材料となる。なぜそうなるのか、見てみよう。

まず、金利の低下は、ほかの金融商品、特に、財務省短期証券、譲渡性預金（ＣＤ）、あるいはマネー・マーケット・ファンド（ＭＭＦ）などの短期金融商品の株式に対する競争力を低下させる。例えば、投資家はＣＤの利回りが七％から三％に下がると、そのＣＤをロールオーバーして再度ＣＤに投資することにあまり熱心ではなくなる。新しくなった金利がさらに低くなることは、単純に言ってあまり好ましいものではない。そこで、株式に魅力を感じ始める。明らかに、その反対に金利が上昇するときにはその逆もまた真となる。

次に、金利が下がるときには、企業の借り入れコストが低下する。特に、これによって、航空会社、公共事業会社、あるいは、貯蓄貸付組合のような借入金の多い企業の経費が削減される。経費が削減されれば、利益は増加する。ウォール街では、将来の利益が増加するであろうという考えは好まれる。

したがって、金利が低下するにつれ、投資家は企業の利益が改善されるだろうという期待感で、株価がさらに高い水準に買い上げられる傾向がある。金利が上昇するときにはその反対の作用が生じる。

理論はその程度でやめにして、実際にはそれがどのように機能するかを見てみよう。読者に三つの異なる金融指標について検討していただきたい。それぞれ、容易に作成でき、簡単に理解もできるものである。私は自分で予測をするうえではもっと広範囲の経済指標を調べるが、この三つの指標は非常に効果的であり、私の全体のシステムよりも複雑ではないので、「より少ないほうがより良い」と言われる考えにも沿うものになっている。

プライムレート指標

プライムレートとは、銀行がその最優良顧客、基本的には、最上級の大企業に課す金利である。銀行ローンのほとんどの利率はプライムレートを基準に設定されている。銀行による貸付金のリスク度合いが高くなるにつれて、利率はプライムレートに応じて上昇する。言い換えると、借主の信用度合いが低下すればするほど、プライムレートに比べてより高い金利を支払わなければならないのである。ダウ・ジョーンズ工業平均と対比したプライムレートの推移を**グラフＥ**に記した。

プライムレートを株式市場の一指標として利用することの利点は、それがほかの金利のように日々変動しないということである。一九九六年までの三二年間において、プライムレートは年平均一〇・

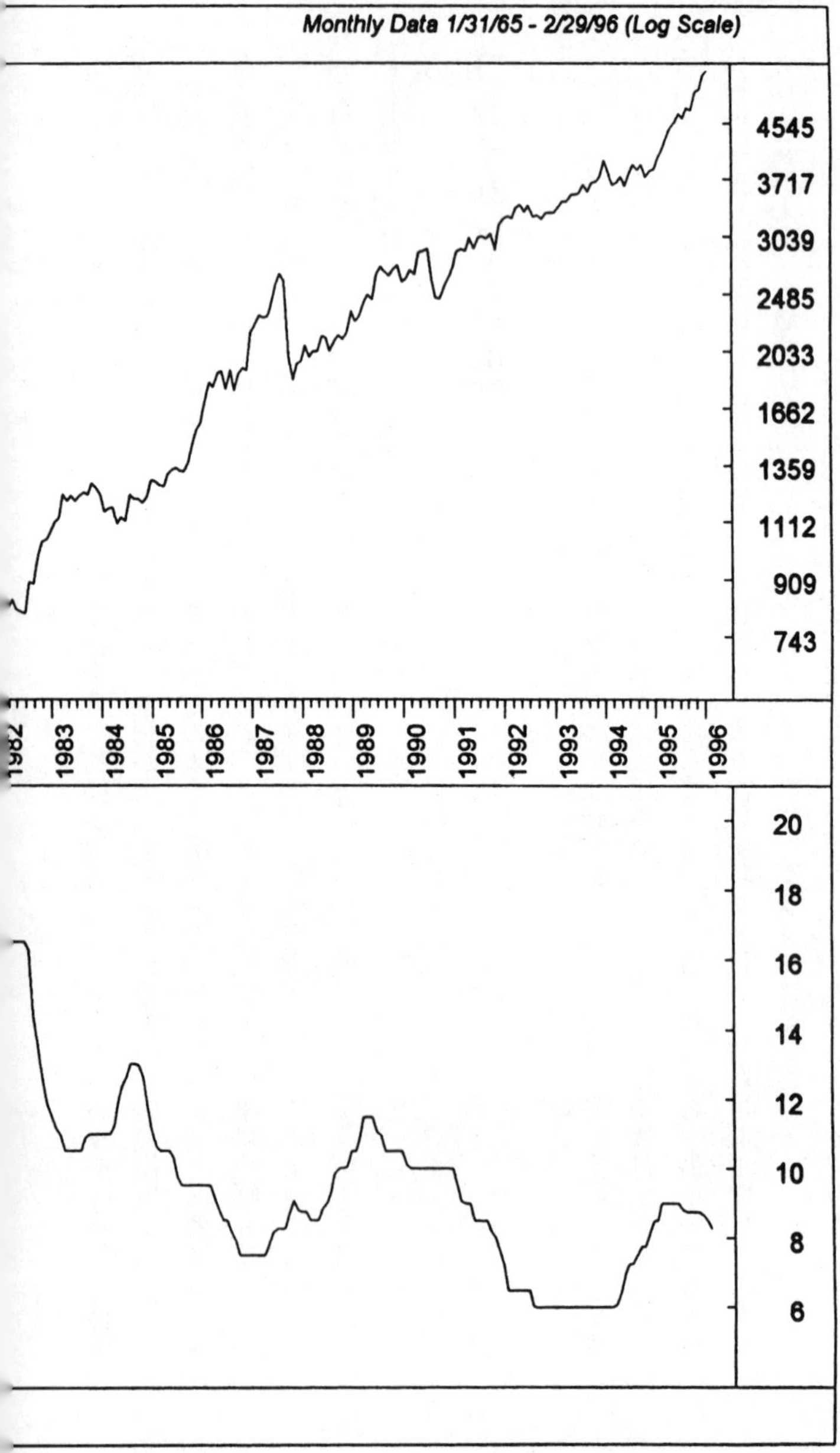
Monthly Data 1/31/65 - 2/29/96 (Log Scale)
4545
3717
3039
2485
2033
1662
1359
1112
909
743
1982
1983
1984
1985
1986
1987
1988
1989
1990
1991
1992
1993
1994
1995
1996
20
18
16
14
12
10
8
6

グラフE

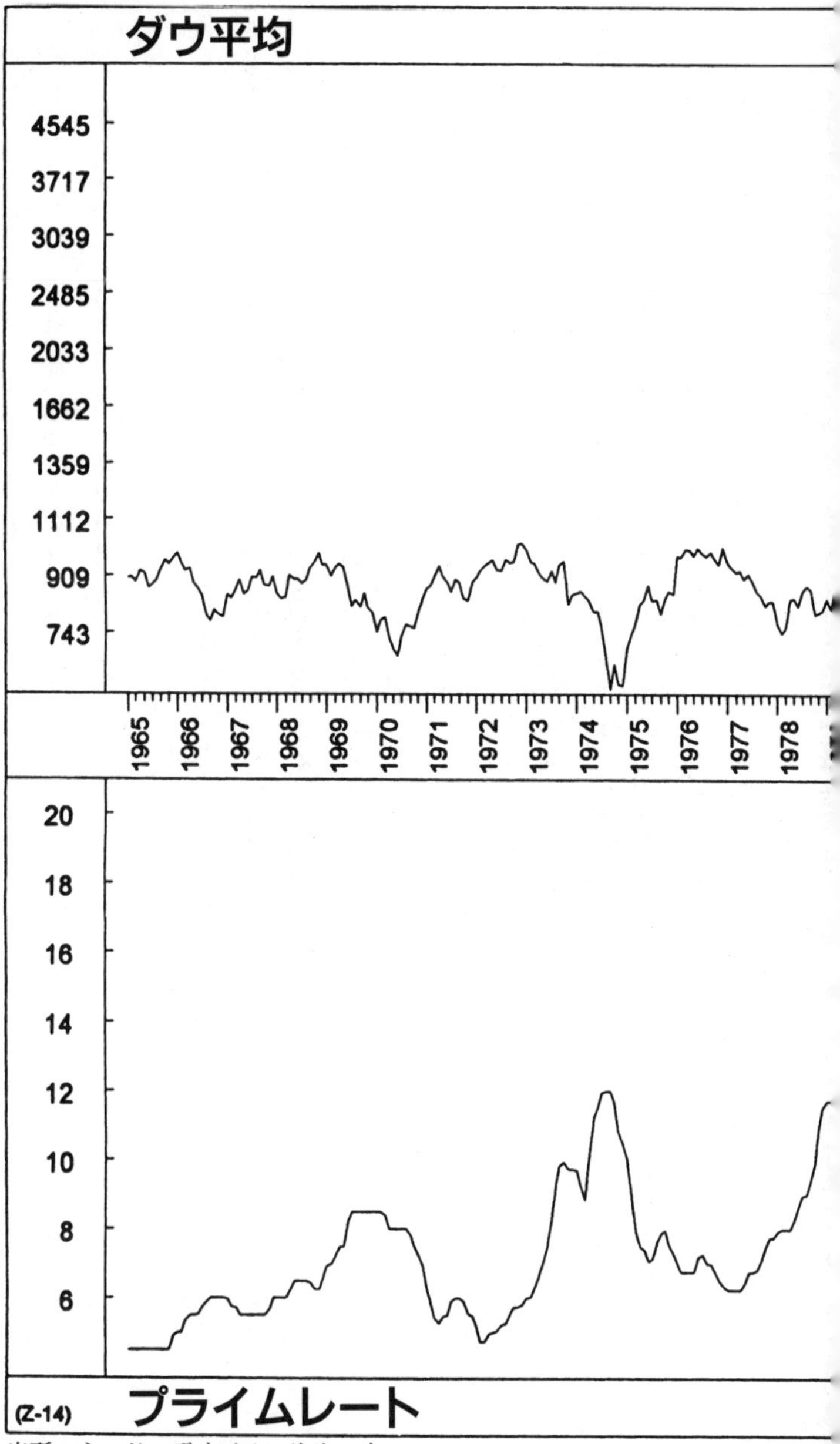

出所＝ネッド・デイビス・リサーチ

七回、大まかに言えば月一回程度、変更された。また、プライムレートの変更は、常に新聞の経済面でのトップ記事になり、通常、夕刊紙のニュースにもなるため、気がつかないということがない。したがって、忙しい投資家にとって、プライムレートの動向をフォローすることは大変に容易である。

プライムレートはもう一つの利点を有している。これは、ほかの金利の動きに遅行するということである。プライムレートは通常フェデラルファンド・レート、あるいはCDもしくはコマーシャル・ペーパーの金利が引き下げられた後にのみ低下する。しかし、これこそ投資家がまさに注視しているものである。なぜなら、これらの金利の変化が一般的に株式市場の変動を主導するからである。その他の金利に若干遅れてプライムレートが変動するときと、株式市場が金利の変化に対して最終的に反応するまさにそのポイントと、しばしば重なることがあるのである。

ルール

まず、私は、八%あるいはそれ以上の金利は相対的に高く、八%以下の金利は相対的に低いという若干独断的な判断をする。したがって、金利が八%**以下**に低下した場合は、小さな低下でも株価にとっては強気のシグナルとして十分であるが、もしその低下が八%以上のところで生じた場合には、強気のシグナルとみなすには幾分大きな下げ幅が必要となる。逆に、金利が〝高い〟八%ゾーンより上の水準で生じた利率の上昇は、小幅であっても十分に株価にとって弱気のシグナルとなる。しかし、八％以下の水準では、弱気なシグナルとするためには、幾分大きな金利の上げ幅が必要である。八％による区分をしたことについての是非は今後議論の余地があるが、明らかに金利の水準とその方向性はともに重要である。もっとも、私の研究では、金利水準それ自体よりは金利のトレンドのほうがより重要であることを示している。いずれにしても、これらのルールには妥当性があり、そして、とりわけ単純さも備えている。

買いシグナル

一．プライムレートの天井が八％以下である場合に行われる最初のプライムレートの引き下げ。**例**——数カ月かけてプライムレートが数回引き上げられ、例えば五％から七％へと上昇した。最終的にそれが六・五％へと引き下げられた。その日は、即時にこの指標に基づいた株式の買いシグナルの日として記録される。

二．もしプライムレートの天井が八％以上である場合、二回目の引き下げのとき、あるいは利率で一％の引き下げが行われたときのいずれかが買いシグナルとなる。**例**——プライムレートは数回引き上げられて、六％から一〇％に上昇した。そして、九・五％に引き下げられた。これだけではシグナルとして十分ではない。その後、再度引き下げがあり、九％になった。これが二回目の引き下げであり、このときに買いシグナルが出たのである。もし最初の引き下げが、一％の幅で九％まで引き下げられていれば、買いシグナルはそのときに有効となったであろう。通常、プライムレートの変化は、〇・二五％あるいは〇・五％という単位で行われる。一度に一％分すべてを変更することは非常にまれであり（約二〇回に一回であろう）、それだけ重要度も大きい。

売りシグナル

一．プライムレートの最も低い水準が八％以上の水準にあるときに行われるプライムレートの最初の引き上げ。**例**――プライムレートは何度か引き下げられ、一二％から一〇％に低下した。その後、一〇・五％に引き上げられた。その日は売りシグナルが出た日となる。

二．プライムレートの最も低い水準が八％よりも低い状態にある場合、二回目の引き上げのとき、あるいは利率で一％の引き上げが行われたときのいずれかは売りシグナルとなる。**例**――プライムレートは何度か引き下げられ、一〇％から六％に低下した。その後、六・五％に引き上げられた。これだけでは、売りのシグナルとしては不十分である。その後、さらに引き上げられ七％となる。これは二回目の引き上げであり、これが売りシグナルを出させる。もし最初の引き上げが一％幅で引き上げられた場合は、売りのシグナルはそのときに出たことになる。

表1は、プライムレート指標を、ニューヨーク証券取引所に上場されているすべての銘柄を等しく加重した市場平均である私のツバイク非加重平均株価指数との対比で検証したものである。この指数

の動きは、それを対象にして株価指数先物を取引することのできるバリューライン指数に非常に類似した動きを示す（ＺＵＰＩ指数については第三章で詳しく説明した）。

例えば、最初の買いシグナルは、ＺＵＰＩ指数が三三・七三ポイントであった一九五四年三月に現れた。その後、表の右側に見られるように、約一九カ月後の一九五五年一〇月に指標は売りシグナルを出した。ＺＵＰＩ指数は、そのときには四八・二九ポイントに上昇していた。買いシグナルによるパーセント表示での上昇は四三・二％であり、「買いシグナル」という欄の下にある「％」に示されている。

一九五五年以降、プライムレート指標の売りシグナルは一九五八年一月まで弱気なままで推移し、表に見られるように、そのとき、二番目の買いシグナルが現れた。その時点では、ＺＵＰＩ指数は四七・六六ポイントという水準まで戻した。これは、一九五五年の売りシグナル時点での水準よりも一・三％低いものである。これは、「売りシグナル」の欄の下の最右端にある「％」という欄に最初に記されている。表のその他の部分は理解しやすいと思われる。

合計で二二回の買いシグナルが指標によって与えられた。買いシグナルの二〇回は利益を生み、成功率は九一％であった。実際、わずか二回の損失は、プライムレートが一週間か二週間で再度引き上げられてしまった一九八一年と一九八二年に生じたほとんど取るに足りない些細なものであった。

利益が生じたものの幾つかには、一九八二年七月の買いシグナルのように驚異的なものがあった。このシグナルは、約一年間で圧倒的な六一・二％という利益を生んだのである。このときのシグナルは、一九八二～八三年の強気相場の上昇全体をとらえたものであった。一九八四年一〇月のシグナルは五六・七％の利益という結果となった。全体的に、この指標は二四年間にわたり、強気のポジション（あるいはムード）にあった。もしツバイク非加重平均株価指数と同様に動く典型的な銘柄のバスケット（あるいはミューチュアル・ファンド）に一万ドル投資すると、それは六一万〇五五四ドルに成長した。これは、年率で一八・七％である。対照的に、ZUPI指数と同様の銘柄あるいはファンドを購入し、継続して三九年間保有したとすると（いわゆる「バイ・アンド・ホールド＝購入してそれを保有する」というアプローチ）、一万ドルは、一四万〇八二六ドルにしかならない。これらの計算は、本書のなかのその他のすべての計算とともに、特に言及されないかぎり、配当金と税金を考慮に入れていない。

さて、買いシグナルに基づき「市場」（ZUPI指数）を買い、その後、売りシグナルで売り、次の買いシグナルが現れるまで平均七％の利回りで短期金融商品（例えばCDなど）に投資しておくと仮定してほしい。この戦略に従うと、一万ドルは四二年間で一九一万三六六〇ドルへと成長したことになる。これは、バイ・アンド・ホールドによる年率六・五％よりはかなり大きく、年率で一三・三％になるのである。

売りシグナルもまた安定した結果を生んだ。しかし、金融指標が一般的にそうであるように、その記録は買いシグナルのケースほどは良い結果にはならなかった。それにもかかわらず、二一回の売りシグナルのうち一三回では〝うまくいった〟。すなわち、株価は下がったのだ（本書を執筆中の最後

表1

プライムレート指標とZUPI指数(1954-1996年)

買いシグナル			売りシグナル		
日付	ZUPI	%	日付	ZUPI	%
3/17/54	33.73	+43.2	10/14/55	48.29	−1.3
1/22/58	47.66	+57.2	5/18/59	74.93	−1.6
8/23/60	73.74	+70.1	3/10/66	125.43	−3.3
1/26/67	121.28	+20.8	4/19/68	146.45	+12.2
9/25/68	164.98	+7.7	12/2/68	177.68	−42.7
9/21/70	101.86	+21.9	7/6/71	124.17	−6.1
10/20/71	116.59	+3.8	6/26/72	121.02	−34.6
1/29/74	79.17	+2.2	3/22/74	80.95	−33.5
10/21/74	53.83	+31.0	7/28/75	70.53	−5.6
11/5/75	66.59	+20.1	6/7/76	79.95	+6.1
8/2/76	84.79	+8.0	5/31/77	91.57	+21.2
12/7/79	110.96	+5.5	2/19/80	117.09	−11.4
5/1/80	103.73	+27.3	8/26/80	132.08	+0.6
12/22/80	132.87	+11.7	4/24/81	148.46	+0.9
6/16/81	149.84	−0.5	6/22/81	149.02	−14.7
9/21/81	127.04	+1.3	2/1/82	128.68	−5.9
3/8/82	121.07	−0.1	3/16/82	120.96	+2.8
7/26/82	124.39	+61.2	8/10/83	200.53	−3.0
10/15/84	194.61	+56.7	5/1/87	304.87	−24.1
11/5/87	231.53	+7.7	5/11/88	249.35	+19.58
7/14/89	298.17	+26.5	4/19/94	377.33	+18.9
12/20/95	448.50	+7.3*			

*96年3月20日現在

投資元本1万ドル	=610,554ドル	2,336ドル
年間リターン	=+18.7%	−7.8%
バイ・アンド・ホールド	=+6.5%	
シグナルの正しさ	=90.9%	61.9%

のシグナルは「買い」で、それは有効である）。これは、六二％の成功率である。（**表1**の最下行参照）。さらに、大不況以降最悪であった一九六九～七〇年、一九七三～七四年のベア・マーケットと一九八七年一〇月の暴落の大部分を回避することができた。確かに、一九六二年の金融状況に問題なかったということで一九六二年の暴落を防ぐことはできなかった（そのとき、その他の多くの要因、特に過度の上昇をしていた株価収益率はひどいものであった）。しかし、もっと最近では、一九八〇年、一九八一年、そして一九八七年の下降転換は確実にとらえた。

もし不幸にも金利上昇による警告を無視して、この「売りモード」（売りシグナルが出た後に買いシグナルが出るまでの間）の期間に株式の保有に固執した場合、一万ドルの投資資金は二三三六ドルに減少してしまうことになる。その年間の損失率は七・八％である。

表2は、プライムレート指標をS&P五〇〇株価指数と対比したものである。第三章で述べたことを思い起こしてほしい。S&P指数はZUPI指数ほど変動が激しくなく、事実上、ZUPI指数ほど良好なリターンをけっして示さない。S&P指数による検証結果は、買いシグナルで年率一五・五％のリターンであり、バイ・アンド・ホールドの場合はたった七・九％であった。買いシグナルに従って投資した一万ドルは、三一万八〇六八ドルに成長した。

その後の売りモードに従って、平均利回り七％のマネー・マーケット商品に資金を投入していれば、その一万ドルは九九万六九〇九ドルに増えていた。この結果は年率一一・六％という素晴らしい利回りであり、バイ・アンド・ホールドよりはかなり良いものであった。

表2

プライムレート指標とS&P500(1954-1996年)

買いシグナル			売りシグナル		
日付	S&P	%	日付	S&P	%
3/17/54	26.62	+54.8	10/14/55	41.22	0
1/22/58	41.20	+41.1	5/18/59	58.15	−0.7
8/2360	57.75	+54.0	3/10/66	88.96	−3.5
1/26/67	85.81	+11.7	4/19/68	95.85	+6.8
9/25/68	102.36	+5.6	12/2/68	108.12	−24.2
9/21/70	81.91	+21.8	7/6/71	99.76	−4.1
10/20/71	95.65	+12.4	6/26/72	107.48	−10.7
1/29/74	96.01	+1.3	3/22/74	97.27	−24.4
10/21/74	73.50	+20.7	7/28/75	88.69	+0.5
11/5/75	89.15	+10.6	6/7/76	98.63	+4.6
8/2/76	103.19	−6.9	5/31/77	96.12	+11.9
12/7/79	107.52	+6.6	2/19/80	114.60	−8.0
5/1/80	105.46	+18.4	8/26/80	124.84	+8.8
12/22/80	135.78	−0.5	4/24/81	135.14	−2.2
6/16/81	132.15	−0.2	6/22/81	131.95	−11.1
9/21/81	117.24	+0.5	2/1/82	117.78	−8.9
3/8/82	107.34	+1.8	3/16/82	109.28	+1.0
7/26/82	110.36	+46.4	8/10/83	161.54	+2.6
10/15/84	165.77	+73.8	5/1/87	288.08	−11.7
11/5/87	254.48	−0.5	5/11/88	253.31	+31.0
7/14/89	331.84	+33.4	4/19/94	442.54	+36.9
12/20/95	605.94	+7.3*			

*96年3月20日現在

投資元本1万ドル	=318,068ドル	7,676ドル
年間リターン	=+15.5	−1.5%
バイ・アンド・ホールド	=+7.9%	
シグナルの正しさ	=81.8%	57.1%

S&P指数での買いシグナルに関しては、二二回のシグナルが出て、一八回上昇した。八一%の成功率であった。売りシグナルについては、S&P指数は一一回下げ、一回は変わらずであり、上昇が九回あった。打率は五割七分であり、悪くない。〝方法を間違えた〟投資家による一万ドルの投資資金は、売りモードの期間中に七六七六ドルに減少し、年率一・五%の損失であった。

FRB指標

FRB(連邦準備制度理事会)が株式市場の脚本を書いているとよく言われている。その理論は証拠によって裏づけされている。FRBは、アメリカの通貨供給量の伸び率を調整し、信用と借り入れの動向を監視し、金利水準に影響を与えるという任務を持っている。FRBは必ずしも、これらの課題すべてに一度に取り組むというわけではないが、何をその目標にしようとも、FRBの行動は金利や最終的には株価に大きな影響を与える。

FRBの手元にある武器で、三つの強力かつ公然たる手段がある。**公定歩合**と**フェデラル・ファンド金利**と**預金準備率**である。公定歩合とは、FRBがその「割引窓口(ディスカウント・ウインドー)」から資金を借り入れることを希望している銀行に対して課す利率である。そのような借り入れは、銀行が必要とされる預金準備率を満たすために行われる。フェデラル・ファンド金利とは、銀行がFRBに積み立てている準備預金をほかの銀行に貸し出すときの金利である。預金準備率とは、その水準を変更することによって、銀行の貸し出し能力を拡大したり、制限することができる。

ＦＲＢは公定歩合を決定し、預金準備率を定めるという二つの権限を有している。ＦＲＢの決定が行われたときは、主要新聞の金融面に大きく取り上げられ、通常はテレビで全国的なニュースとなる。私は、これらの金融指標（加えて、より効果が小さい株式の証拠金所用額に関するもの）の変更に関するモデルを一九七四年に開発し、それをＦＲＢ指標と呼んだ。私は最近このルールを単純化し、さらに改良して計測手段とした。

ＦＲＢ指標を維持するために必要とするデータを更新することは非常に容易である。知らなければならないことのすべては、先の二つのいずれの金融政策手段についても、その変化の方向がどちらにあるかということである。これらの手段の変更回数はこれまで年平均三回であり、これは、本当に、「ものぐさな人にとっての指標」である。

注記

公定歩合とフェデラルファンド・レートは二つとも基本的には同じ機能を果たしているため、私は現在では、ＦＲＢ指標の計算をし、そのパフォーマンスの統計データを編集するに当たってはどちらかの変化を利用することにしている。以下の記述では、混乱を避けるため、公定歩合についてのみ言及することにする。しかし、読者は、私がこれらの指標を改定した一九九五年以降、これらの指標がフェデラルファンド・レートも含んでいることに留意してほしい。

ルール

ＦＲＢ指標を算出するためには、公定歩合と預金準備率とを別々に等級付けする必要がある。その後、それぞれのスコアを合算する。次に示す例では公定歩合について述べるが、ルールは預金準備率についてもまったく同様に適用される（本書執筆時点では、ＦＲＢは一九八一年秋以降、預金準備率に手をつけていない）。

マイナス・ポイント

公定歩合や預金準備率の引き上げはいずれも弱気を示す（思い出してほしい。金利の上昇は通常、株価にとってマイナス要因である）。いずれにおいてもその上昇はＦＲＢ指標の構成要素にとってマイナス一ポイントとなる。そして、そのときに存在しているプラス・ポイントを消去する。マイナス・ポイントは六カ月間存在し、その後は「失効し」、消去される。

例――公定歩合が一月一日に引き上げられたと仮定する。これによって、その要因にはマイナス一の評点が与えられる。もしＦＲＢによってそれ以上の引き上げが行われなければ、公定歩合のスコアは七月一日にゼロに戻る。これに代わり、二回目の公定歩合の引き上げが、例えば、三月一日に実施されれば、スコアはマイナス二に引き下げられる。七月一日に、最初のものの効果がなくなるため、評点はマイナス一になる。その後、九月一日、二回目のマイナス・ポイントも消え、スコアは再度ゼロに戻る。公定歩合の変更は預金準備率のスコアに影響は与えず、その逆もまた真であり、預金準備率の変更は公定歩合のスコアに影響は与えない。スコアの状況を示すと以下のようになる。

一月一日　公定歩合が引き上げられる　マイナス一
七月一日　(追加の動きがなかった)　○
または、
一月一日　公定歩合が引き上げられる　マイナス一
三月一日　公定歩合が再度引き上げられる　マイナス二
七月一日　(追加の動きがない)　マイナス一
九月一日　(追加の動きがない)　○

プラス・ポイント

ＦＲＢの金融緩和の動きは、金融引き締めの動きによって作り出されるマイナスの影響に比べて、株価に対してより大きなプラスの効果を持っている。したがって、二つの政策手段のいずれかが行われる**最初の**引き下げは、その時点までに蓄積されていた可能性のあるどんなマイナス・ポイントをも一掃するだけではなく、**プラス・ポイントを二点**加えるのである。最初の引き下げとは、それまでの動きのなかの引き上げの後に行われる最初のものである。または、過去二年間で初めて引き下げがあった場合は、最初のものになる。最初の引き下げの効果は低下し、六カ月後には二ポイントのうちの一ポイントは消え、残りのもう一ポイントは一年後に消える。

もし公定歩合の二回目の引き下げが行われると、それはもう一ポイントを加えることになり、合計ポイントは三ポイントとなる。三回目、四回目、五回目、あるいはそれ以上の公定歩合の継続的な引き下げは、すべて同様に取り扱う。

例――FRBは過去に一度か、それ以上公定歩合を引き上げている、あるいは少なくとも二年間は変更していないと仮定する。さて、公定歩合が一月一日に引き下げられたとする。これは、最初の引き下げであるので、それまでのマイナス・ポイント（もしあるとすれば）をすべて消して、プラスのポイントを二点加える。公定歩合による構成要素はプラス二での状態で六カ月間続く。七月一日、それはプラス一に下がる。最初の動きの効力が消えるためである。翌年の一月一日以降、評価は最初の引き下げの効果が消え去ったために、ゼロに下がる。スコアの状況は以下のようになる。

一二月三一日　（公定歩合は過去二年間変更がない）　〇

一月一日	公定歩合引き下げ	プラス二
七月一日	（一月以降変更なし）	プラス一
一月一日	（変更なし）	○

一月一日の最初の引き下げ以降、ＦＲＢが四月一日に二回目の公定歩合引き下げを実施したとする。これによって、スコアは一ポイント増え、合計でプラス三ポイントになる。七月一日には最初の引き下げの一ポイントを失うので、二ポイントに下がる。一〇月一日には、四月一日の第二回目の引き下げのポイントが消えるので、評点はプラス一ポイントへと下がる。そして、もちろん翌年一月一日以降は、最後のポイントが消え、評点はゼロとなる。スコアは以下のようになる。

一二月三一日	（公定歩合は過去二年間変更がない）	○
一月一日	公定歩合引き下げ	プラス二
四月一日	公定歩合引き下げ	プラス三
七月一日	（一月の引き下げの効果が消える）	プラス二
一〇月一日	（四月の引き下げの効果が消える）	プラス一
一月一日	（最終ポイントが消える）	○

FRB指標を計算する

ＦＲＢ指標の構成要素である公定歩合と預金準備率のそれぞれに評点がある。一方の変化は他方の変化に何の影響も与えない。ＦＲＢ指標を計算するには、単純に二つの構成要素のスコアを加えればよい。公定歩合のポイントは三あるいは四ポイント以上となることはまれであり、預金準備率のポイントも二あるいは三ポイント以上とはならないであろう。ＦＲＢ指標は通常、最悪の場合でマイナス四からマイナス五ポイント、最も良くてもプラス六からプラス七ポイントとなる。しかし、広範囲に検証した結果、マイナス三以下のスコアはそれ以下のスコアであっても、株価に対して大きな影響がないことが分かった。同様に、プラス三以上のスコアはそれ以上のスコアであっても、それ以上のプラス効果はない。検証の結果、以下のようなＦＲＢ指標の等級付けをした。

非常に強気＝プラス二か、それ以上
中立的　　＝〇か、プラス一
適度に弱気＝マイナス一か、マイナス二
非常に弱気＝マイナス三か、それ以下

プラス二というスコアは非常に素晴らしい株価上昇という結果を示し、プラス一という格付けは平凡な結果を示したため、「適度に強気」という格付けはない。適度に良好な株価上昇という結果を示す継続的に一致するポイント合計を見いだすことができなかった。

グラフＦは、ダウ平均と一九六三年から一九九六年二月二九日までの公定歩合の推移をそれぞれ示している。ＦＲＢが初めて公定歩合を調整するようになった一九一四年以降、公定歩合は七七回引き上げられ、八三回引き下げられた（一九九六年三月まで）。預金準備率は一九三六年に初めて調整されたが、変更はさほど頻繁ではなかった。一五回引き上げられ、三〇回引き下げられた。

一九一四年から一九三六年までは、公定歩合だけがＦＲＢの手中にあった唯一の手段であった。それでも、その唯一の指標はそれ以降の期間においても変わらない結果を示した。一九三六年に預金準備率制度が導入された。そこで、私は、右に記した格付けがどのようにして行われるかを示すために、ＦＲＢ指標の検証を行う対象範囲を一九三六年から一九五七年にした。ルールを設定した後、それを機関投資家によるトレーディングが株式市場において優位となった一九五八年から現在（一九九六年）までの年間に適用した。その結果は、一九五八年から一九九六年までの期間とそれ以前のものと、大きく相違するものではなかった。

私は、ＦＲＢ指標の成績を、ツバイク非加重平均株価指数（ＺＵＰＩ指数）と対比して検証した。**表3**に見るように、ＦＲＢが金融緩和をすると、株価は上昇する。広範な市場（ＺＵＰＩ指数）に投資された一万ドルは、ＦＲＢ指標が「非常に強気」という格付けになったときには、わずか一一・九年という累積期間で一九万九〇六ドルに増加した。これは、年間平均では驚くべき二八・〇％という

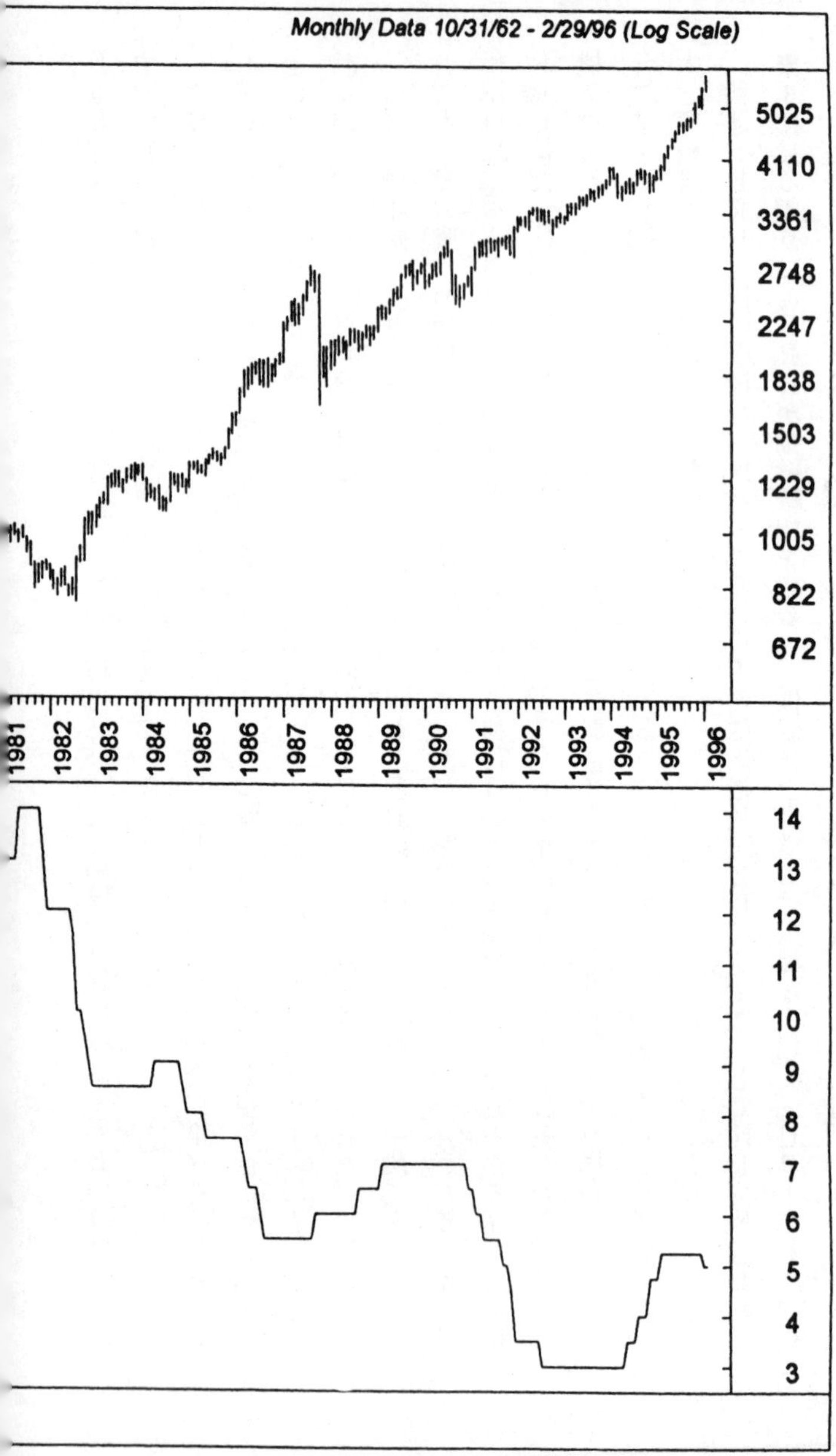

Monthly Data 10/31/62 - 2/29/96 (Log Scale)
5025
4110
3361
2748
2247
1838
1503
1229
1005
822
672
1981
1982
1983
1984
1985
1986
1987
1988
1989
1990
1991
1992
1993
1994
1995
1996
14
13
12
11
10
9
8
7
6
5
4
3

グラフF

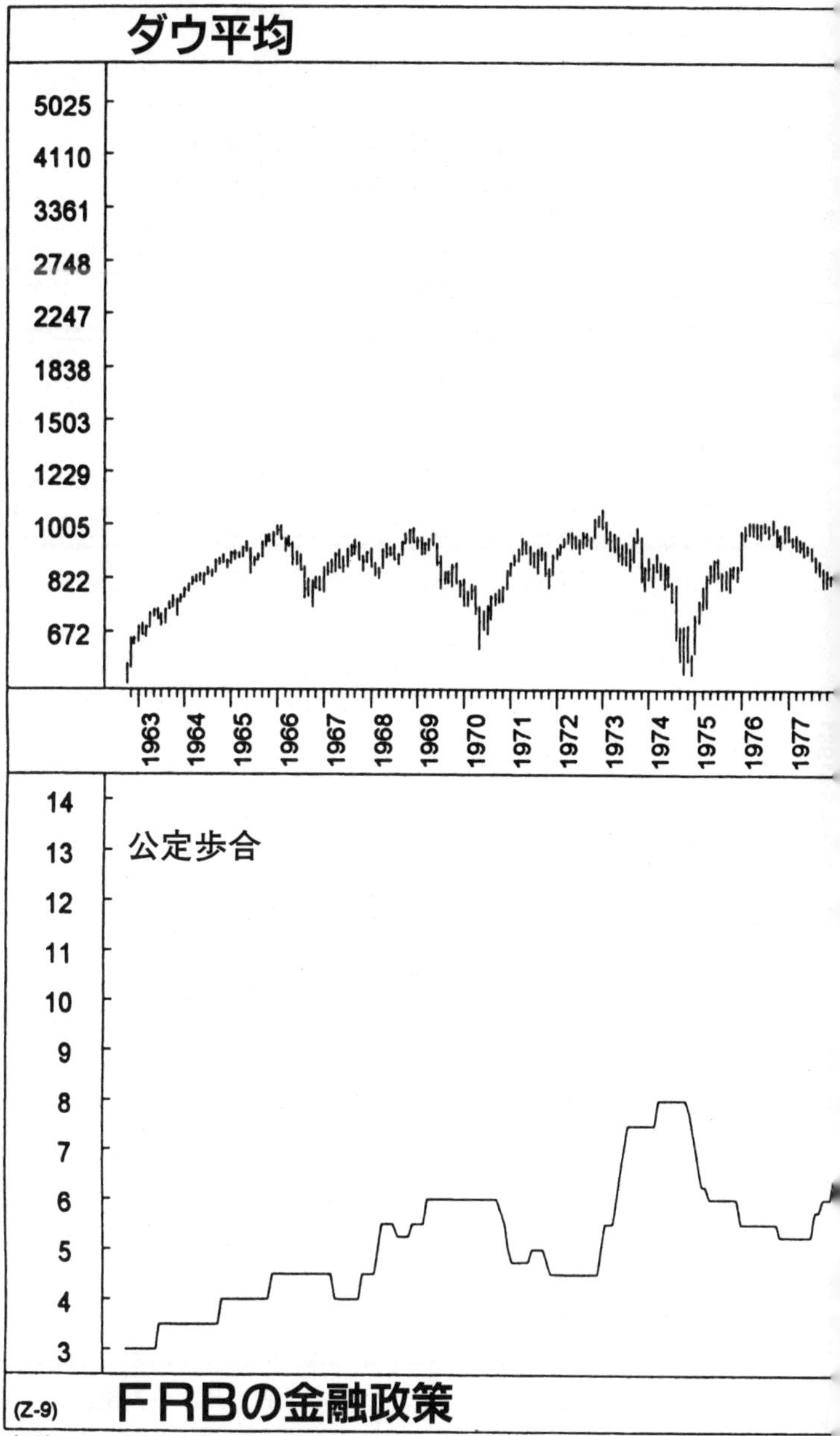

出所＝ネッド・デイビス・リサーチ

表3

FRB指標とZUPI指数
(1958/1/24-1996/3/20)

FRB指標	合計年数	上昇した確率	1万ドルを投資	年間リターン	バイ&ホールド
非常に強気	11.9	88	$190,906	+28.0%	+21.6%
中立的	13.5	52	10,472	+0.3%	−6.8%
やや弱気	10.1	48	6,756	−3.8%	−10.2%
非常に弱気	2.7	30	7,357	−8.1%	−14.5%
合計	38.2	61	106,980ドル	+6.4%	−

表4

FRB指標とS&P500
(1958/1/24-1996/3/20)

FRB指標	合計年数	上昇した確率	1万ドルを投資	年間リターン	バイ&ホールド
非常に強気	11.9	88	$107,262	+22.0%	+14.5%
中立的	13.5	59	17,002	+4.0%	−3.5%
やや弱気	10.1	48	9,684	−0.3%	−7.8%
非常に弱気	2.7	30	8,823	−3.4%	−10.9%
合計	38.2	65	158,485ドル	+7.5%	−

リターンであり、単純なバイ・アンド・ホールドの六・四％よりは数段優れた結果であった。実際、ＦＲＢ指標がとても「非常に強気」とはいえないようなときには、広範な市場では一九五八年以降、二六・三年間で年率二・五％低下した。「非常に強気」という期間での結果は、一九三六年から一九五七年までの間の結果に非常に似ており、ＺＵＰＩ指数は三三・八％の利益となったが、バイ・アンド・ホールドの結果は七・一％にしか過ぎなかった。

「中立的」であった期間では、ＺＵＰＩ指数は年率で〇・三％の下げとなった。一方、「適度に弱気」という期間では、ＺＵＰＩ指数は年率三・八％の下げであった。「非常に弱気」というモードは、年間で八・一％の損失が生じた。バイ・アンド・ホールドと比較しても、一四・五％も悪い結果となった。市場は、最も弱気な領域に九回ほど達したがそのうちでわずかに二回だけ上昇した。

表４は、ＦＲＢ指標によるリターンをＺＵＰＩ指数よりは変動幅の少ないＳ＆Ｐ五〇〇株価指数との対比で示したものである。ここでも、「非常に強気」というモードは、Ｓ＆Ｐ指数が一六回のケースのうち一五回上昇し、二二・〇％という素晴らしい利益をもたらした。これは、バイ・アンド・ホールドよりも一四・五％も良い結果であった。

「中立的」であった期間では、年間四・〇％の利益が得られた。「適度に弱気」であった期間は、年間〇・三％の損失であったが、「非常に弱気」であった期間は、実際それよりはわずかに悪い結果であり、年率三・四％の損失であった（しかし、ＺＵＰＩ指数との対比でみた「非常に弱気」であった期間は、当然のことながら、「適度に弱気」よりはかなり悪い結果であった）。

表5は、一九五八年以降、FRB指標の最も重要な部分である「非常に強気」である期間に何が生じたかを示すものである。金融指標は、一般に強気な局面において最も大きな影響を与え、弱気な局面での影響の度合いはほどほどでしかないということを覚えておいてほしい。

表5の真ん中の縦の欄は、ZUPI指数が一七回の「非常に強気な」局面への過程で、たった一度だけ下がり、一九八一〜八二年の間にわずか一・三%の損失になったことを示している。そして、六週間後の一九八二年七月、市場が四九年間で最大の上昇相場として爆発する直前、この最も強気な局面を示す状態に復帰した。一九八三年五月には、「非常に強気な」格付けは消えたが、ZUPI指数は六四%という驚異的な上昇を示した。これは一二回の二桁の上昇のうちの一〇回目の上昇であった。実際、一六回のZUPI指数の上昇のうち九回は二〇%以上の上昇であった。私がこれを「非常に強気」と呼ぶことになんら不思議はないであろう。

表5の右側の縦の欄には、S&P五〇〇指数がそれぞれの「非常に強気」が示された期間にどれだけのリターンを得たかを示している。S&P指数は一七の期間で八%か、それ以上の上昇をしたが、わずかに二回は若干の減少を示す結果となった。

「非常に強気」というモードによるリターンは非常に良好であるので、辛抱強く、そしてリスクを嫌う投資家にとっては、FRB指標が「非常に強気」以下である場合はいつも株式市場から完全に手を引いた状態でいることが最も利益になるであろう。一九五八年以来、「非常に強気」であった期間は、実際には累積したベースで一二年であった。もし広範な市場(ZUPI指数)にこれらの期間だ

表5

「非常に強気」期間のFRB指標 (1958/1/24-1996/3/20)

非常に強気とされた期間	ZUPIのリターン	S&Pのリターン
1/2/58～10/17/58	＋40.6%	＋27.6%
6/10/60～6/10/61	＋20.5%	＋14.1%
4/7/67～10/7/67	＋16.1%	＋9.1%
8/30/68～12/18/68	＋12.0%	＋8.2%
11/3/70～7/16/71	＋22.9%	＋17.7%
11/19/71～6/17/72	＋12.7%	＋18.0%
11/28/74～12/6/75	＋26.5%	＋24.4%
12/24/75～6/24/76	＋26.2%	＋16.0%
12/17/76～5/19/77	＋5.2%	－4.2%
5/22/80～11/14/80	＋24.8%	＋25.8%
9/21/81～6/4/82	－1.3%	－6.1%
7/19/82～5/19/83	＋64.0%	＋46.3%
11/21/84～11/17/85	＋21.0%	＋20.4%
4/18/86～1/10/87	＋0.3%	＋6.7%
12/4/90～6/21/92	＋36.9%	＋23.6%
7/2/92～8/17/92	＋1.4%	＋2.3%
7/6/95～	＋13.2%	＋17.3%
強気であった合計年数＝12年間		
投資元本１万ドル＝	190,906ドル	107,262ドル
年間リターン＝	＋28.0%	＋22.0%

け投資し、それ以外の二六・二年間は平均利回り六％のキャッシュ・ポジションに戻すということをしたと仮定してほしい。税金と配当はないものと仮定した場合で、一万ドルの投資資金は八八万七八二四ドルに増加し、年間の利回りは一二・五％となる。これは、バイ・アンド・ホールドによる年間利回り六・四％、最終的な金額九万九三八二ドルをはるかに凌駕することになる。さらに、この期間のみしか投資しなかった幸運な投資家は、**時間的には六九％の期間にわたり、資金をリスクにさらさなくて**済んだことになる。この指標に従って投資した投資家は、一九六二～六五年と一九七八年のようなときには、市場が上昇をしているにもかかわらず、様子見を決め込んだことになる。どのような保守的な投資家でも、これ以上良い結果を望むことはできない。もちろん、一九六九～七〇年や一九七三～七四年のような暗い時期には、株式が大きく下落しているときでも彼はぐっすりと寝ていることができたのである。

明らかに、投資戦略を一つの指標のみに頼ることによって決定すべきではない。しかし、これまでの例で分かった結果は、「ＦＲＢに逆らうな」という主張を強力に支持するものとなっている。

割賦債務指標

借入金需要は、金利に重要な影響を及ぼす。借入金に対する需要が大きく増加すると、それは金利を上昇させる圧力となる。借入金に対する需要が大きく減少すると、それは金利を低下させる作用になる。

借入金需要の主たる源泉は幾つかある。連邦、州や地方政府による借り入れ、企業による短期金融市場での借り入れ（コマーシャル・ペーパー、銀行ローン）と長期債券市場での借り入れ、不動産担保負債、そして消費者割賦債務である。この消費者割賦債務は、株式市場の動向を判定するうえで最良の記録を維持している。さらに、これは月一回発表されるため、利用するうえで非常に単純である。さあ、見てみよう。

私は、消費者割賦債務を取り扱うに当たって、個人的には若干複雑なアプローチを用いている。しかし、本書の狙いは「ウイークエンド投資家」が投資決定を容易に行えるようにすることにある。さらに、割賦債務を非常に単純化したモデルであっても非常に役に立つ。

第一に、この債務の月次データは、約六週間前に終了した月のものがＦＲＢによって月央に発表される。つまり、例えば、九月のデータは一一月一五日付近に発表される。われわれの関心は、大きなトレンドにあり、それは非常にゆっくりと変化するものであるため、データの採取の遅れはさほど重要ではない。割賦債務の数字は、ニューヨーク・タイムズ、ウォール・ストリート・ジャーナルをはじめとするほとんどの主要紙に掲載される。ワシントンＤＣのＦＲＢに手紙を出して送付先を登録しておくこともできる。ＦＲＢ統計リリースＧ19宛てに手紙を出しておけばよい。

数字は、季節調整済みベースと非季節調整済みベースの二種類が公表されるが、**非季節調整済みのほうを使う。**

当月の合計数字を前年同月の合計数字で割る。そして一・〇〇〇を差し引く。これによって、割賦債務の対前年ベースのパーセント表示による伸び率が得られる。こうすれば、一月対一月、二月対二月という比較をしていることになるため、季節調整をする必要がない。

例を挙げてみよう。計算機を取り出してやってみよう。一九八四年一一月一五日に、一九八四年九月末の非季節調整済みの消費者割賦債務が四五〇一億三一〇〇万ドルであったという発表があった。G19の数字には、一九八三年九月の非季節調整済みの債務額も含まれている。ここでは、それを三七五二億四六〇〇万ドルと仮定する。さて、前者を後者で割ると、一・二〇〇となる（端数切り上げ）。一・〇〇〇をその数字から引くと、〇・二〇〇が残る。小数点以下を転換すれば、二〇・〇％となる。言い換えれば、一九八四年九月までの一年間で消費者割賦債務は二〇％の伸びとなったのである。

割賦債務の対前年比の変化率（％）のみが、この指標に関して必要となる唯一の計算であり、一カ月のうちで数秒間しか必要としない。

グラフGは、今説明した対前年比ベースの変化率で割賦債務の伸び率を表示したものである。上段はS&P五〇〇指数である。一九六八年や一九七二年末、一九七六年末のように割賦債務の拡大するときは弱気の兆候を示す傾向にあり、一九八三年年央から一九八四年年央についてはわずかに否定的な結果になった。逆に、一九六六年末や、一九七〇年末、一九七四年末、一九八〇年にみられるように、割賦債務が減少する傾向のあるときには、株式市場が強気な局面にあることが分かる。

重要な問題は、株式市場が強気であるか、弱気であるかを示すシグナルとなるためには、この割賦債務が対前年比でどれだけの変化が必要なのかということである。九％が重要な水準であると思われる。九％という水準は少なくとも、良好なシグナルを発する簡単な方法を提供してくれる。

ルール

割賦債務の対前年比伸び率が低下しつつあり、九％以下に下がったときは、買いシグナルとなる。売りシグナルは、この対前年伸び率が上昇しつつあり、九％以上に上昇したときである。ただそれだけである。

例を見てみよう。**表６**は、一九七四～七六年までの三年間の消費者割賦債務の記録である。最初の欄はデータが示す実際の月、二番目の欄は政府が数字を発表したおおよその日付を示している。約六週間の遅れが生じていることを思い出してほしい。三番目の欄は割賦債務の月次合計額（一〇億ドル単位）であり、四番目の欄はその対前年比伸び率である。

一九七四年には、対前年比伸び率は次第に低下しつつあり、一〇月についに九％の水準を切り、八・二％となった。この情報は、六週間遅れの一二月一三日に入手し、その日が買いシグナルの出た日となる。その後、一連の数字は、一・六％で底を打った一九七五年年央まで減少を続けた。そして、数字はそこから再び一九七六年六月に九％台まで上昇し、九・二％で天井をつけた。その六週間後の八月一三日に売りシグナルが出た。

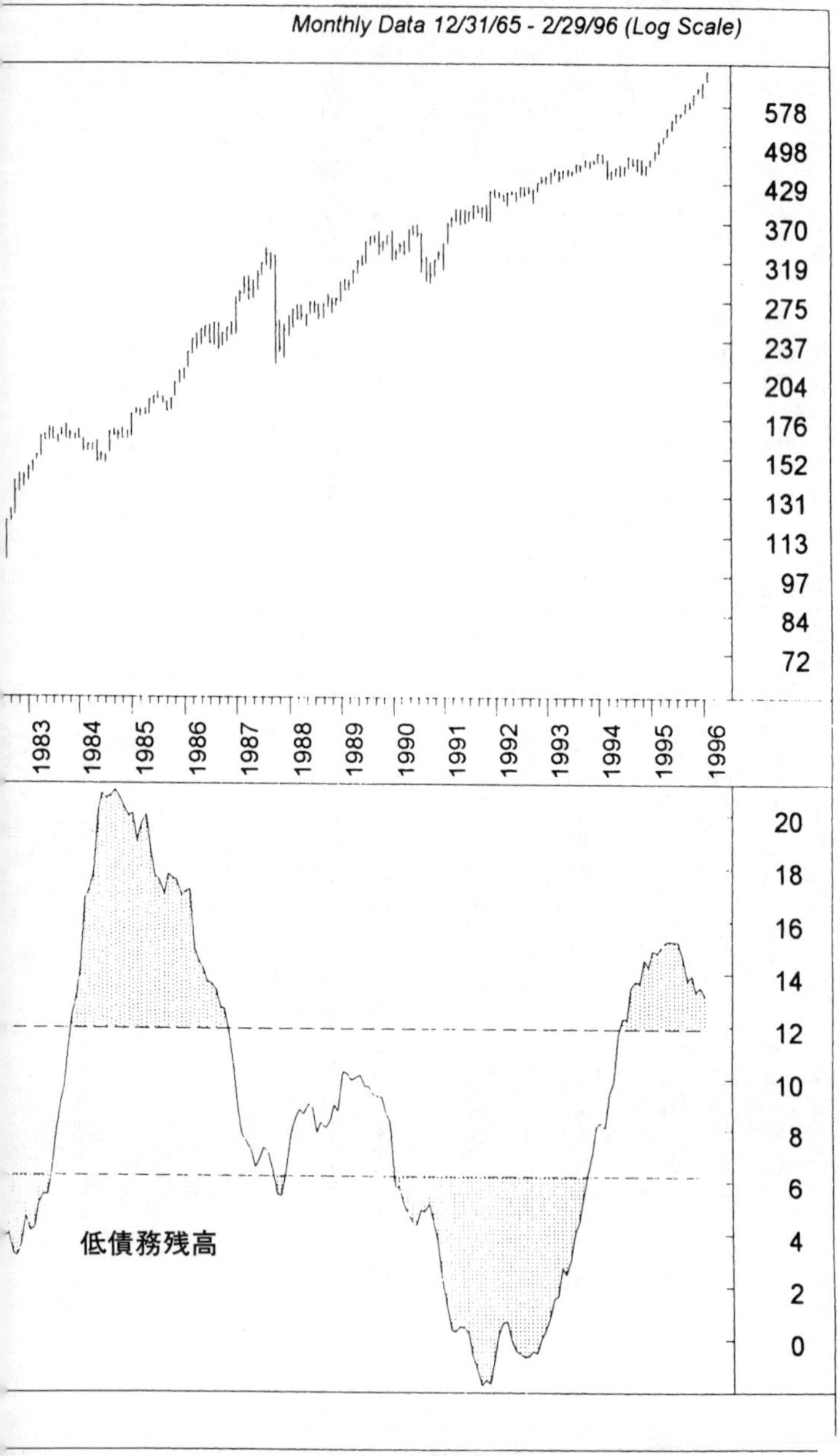

Monthly Data 12/31/65 - 2/29/96 (Log Scale)
578
498
429
370
319
275
237
204
176
152
131
113
97
84
72
1983
1984
1985
1986
1987
1988
1989
1990
1991
1992
1993
1994
1995
1996
20
18
16
14
12
10
8
6
4
2
0
低債務残高

グラフG

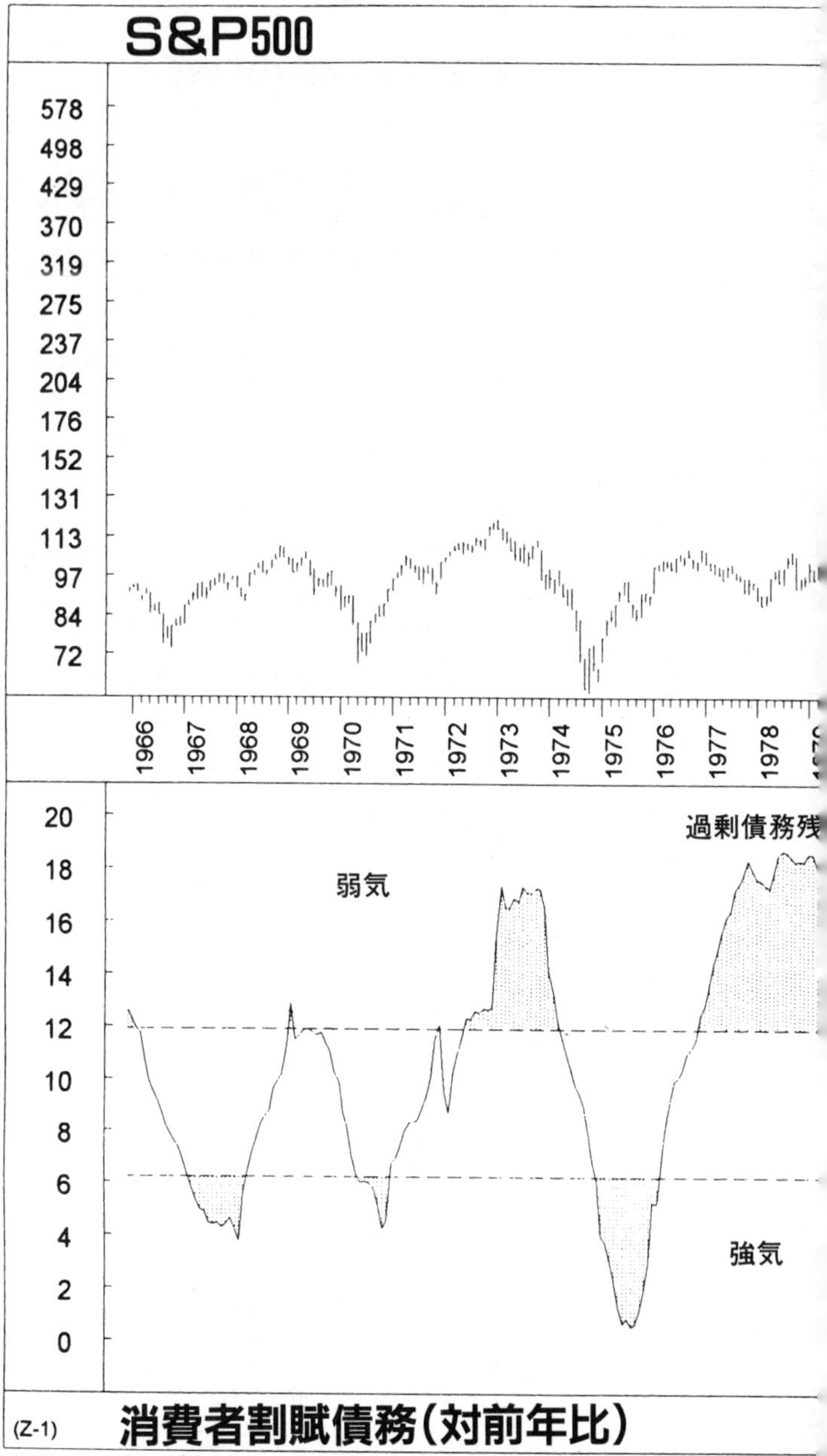

出所＝ネッド・デイビス・リサーチ

表6

割賦債務指標の計算

月	データ発表日	消費者割賦債務額（10億ドル）		対前年同月比
1974				
1月	3/18/74	$145.55		+14.9%
2月	4/18/74	145.29		+14.0%
3月	5/15/74	145.02		+12.6%
4月	6/14/74	146.27		+12.2%
5月	7/16/74	148.13		+11.5%
6月	8/15/74	149.91		+10.7%
7月	9/13/74	151.36		+10.1%
8月	10/15/74	153.71		+9.9%
9月	11/14/74	154.47		+9.4%
10月	12/13/74	154.51	買い	+8.2%
11月	1/17/75	154.36		+6.9%
12月	2/14/75	155.38		+6.1%
1975				
1月	3/18/75	153.36		+5.4%
2月	4/18/75	152.40		+4.9%
3月	5/15/75	151.10		+4.2%
4月	6/13/75	151.12		+3.3%
5月	7/16/75	151.41		+2.2%
6月	8/14/75	152.64		+1.8%
7月	9/15/75	154.52		+2.1%
8月	10/15/75	156.20		+1.6%
9月	11/13/75	157.45		+1.9%
10月	12/15/75	158.19		+2.5%
11月	1/19/76	159.22		+3.1%
12月	2/13/76	162.24		+4.4%
1976				
1月	3/17/76	160.82		+4.9%
2月	4/15/76	160.40		+5.2%
3月	5/13/76	160.73		+6.4%

4月	6/16/76	162.33	+7.4%
5月	7/16/76	164.10	+8.4%
6月	8/13/76	166.66	売り+9.2%
7月	9/15/76	168.67	+9.2%
8月	10/14/76	171.16	+9.6%
9月	11/16/76	172.92	+9.8%
10月	12/16/76	173.93	+10.0%
11月	1/17/77	175.33	+10.1%
12月	2/14/77	178.78	+10.2%

表7

割賦債務指標とZUPI指数(1951-1996年)

買いシグナル			売りシグナル		
日付	ZUPI	%	日付	ZUPI	%
9/14/51	33.60	−4.1	7/10/52	32.21	+11.0
6/16/54	35.75	+41.5	6/16/55	50.58	+8.0
4/17/57	54.64	+30.5	9/15/59	71.31	+18.5
3/17/61	84.47	−16.3	10/15/62	70.70	+53.8
11/16/66	108.75	+59.2	12/31/68	173.15	−44.1
5/14/70	96.78	+34.2	3/16/72	130.26	−63.5
12/13/74	47.49	+79.7	8/13/75	85.36	+37.6
6/16/80	117.46	+78.0	10/13/83	209.04	+54.2
3/20/87	322.33	−21.5	4/15/88	252.98	+4.4
10/21/88	264.07	+2.9	3/20/89	271.78	+6.0
11/15/89	288.22	−1.9	12/18/89	282.62	+0.2
1/18/90	283.08	+33.1	7/12/94	376.70	+27.7
3/20/96*					

投資元本1万ドル　＝107,046ドル　13,376ドル
年間リターン　＝＋12.1%　＋1.2%
バイ・アンド・ホールド＝＋6.2%

*表作成時の最新データ(買いシグナルではない)

表7は一九五一～一九九六年までの間の割賦債務指標をＺＵＰＩ指数に対比させたものである。この表では、買いシグナルはたった一二回、売りシグナルは一一回であった。買いの指示が出た期間にだけに投資された一万ドルは、一〇万七〇四六ドルに増加し、年利回りは一二・一％であった。この期間にバイ・アンド・ホールドを続けた場合には、年率でたった六・二％のリターンでしかなかった。売りモードにおいては、ほとんどの変化が見られず、年間の利益は一・二％であった。

すべてのシグナルが正しかったというわけではないことに注意してほしい。最悪であったのは、その後一〇カ月にわたって株価が下げた一九八三年一〇月の売りシグナルであった。指標は一九八七年三月まで下げモードを継続したが、その間に株価が急上昇をした。株価はその後、一九八六年の間にもう一度ベア・マーケットとなる前の三年間上昇した。そうは言うものの、割賦債務指標は、一九六九～七〇年や一九七三～七四年の大不況以降の二つの最悪のベア・マーケットのほとんどの期間において、正しくベア状態を継続した。また、同指標は、過去数十年間の主要なブル・マーケットによる上昇のほとんどをとらえた。

表8は、割賦債務指標がＳ＆Ｐ五〇〇指数に対比させたときにどのような結果となったかを示している。買いモードは年間利益率が一〇・六％となり、バイ・アンド・ホールドのリターンの七・八％よりはかなり高いものとなった。売りモードは、年間利益率で五・四％であった。しかし、これはバイ・アンド・ホールドの結果と比べ実質的に劣るものであった。売りの指示が出ている期間には、市場から退却し、財務省短期債券で資金を保持していることによって、株式投資よりは良い結果が得ら

表8

割賦債務指標とS&P500(1951-1996年)

買いシグナル 日付	S&P	%	売りシグナル 日付	S&P	%
9/14/51	23.69	+4.7	7/10/52	24.81	+17.0
6/16/54	29.04	+37.6	6/16/55	39.96	+12.8
4/17/57	45.08	+25.7	9/15/59	56.68	+14.0
3/17/61	64.60	−11.3	10/15/62	57.27	+43.8
11/16/66	82.37	+26.1	12/31/68	103.86	−27.4
5/14/70	75.44	+42.5	3/16/72	107.50	−37.6
12/13/74	67.07	+55.4	8/13/76	104.25	+11.4
6/16/80	116.09	+46.3	10/13/83	169.88	+75.5
3/20/87	298.17	−12.9	4/15/88	259.77	+9.2
10/21/88	283.66	+2.2	3/20/89	289.92	+17.5
11/15/89	340.54	+0.9	12/18/89	343.69	−1.6
11/18/90	338.19	+32.5	7/12/94	447.95	+45.1
*3/20/96					

投資元本1万ドル	=74,614ドル	35,112ドル
年間リターン	=+10.6%	+5.4%
バイ・アンド・ホールド	=+7.8%	

*表作成時の最新データ(買いシグナルではない)

れ、リスクを回避することができたということになる。

金融モデル

以上によって、読者にプライムレート、FRB、割賦債務という三つの重要な金融指標に関する簡単な計算をしてもらった。次のステップはこれらを一つのモデルに統合することである。**モデル**という言葉は一種の風変わりな数学上の言葉のように聞こえるかもしれない。そのことについてあまり気を煩わせないようにしよう。この場合のすべての**モデル**は、われわれの指標のそれぞれに得点を与え、その後、金融状況に関する総合判断をするためにそれらを結びつけたものを意味する。それを行った後に、売買の判断をするためのルールを開発する。

最初に開発した指標は、プライムレート指標であった。プライムレートがわれわれの設定したルール（九七ページ参照）のように買いシグナルを生じたときには、それに二のモデル・ポイントを与える。それが売りシグナルのときには、ゼロ・ポイントの配点となる。**表9**は、一九七九年末～一九八八年末までの期間のプライムレートとそれ以外の指標の等級付けを示したワークシートである。この三つの指標のいずれかに変化があった場合に、ワークシートへの入力が行われる。

では、プライムレートの欄を見てほしい。一九七九年一二月三一日（これはワークシートの出発点である）付で、プライムレート指標は買いシグナルだった（この買いシグナルは一九七九年一二月七

FRB指標等級付け

指標ポイント	格付け	モデル・ポイント
＋２か、それ以上	＝非常に強気	＝モデル・ポイント４
ゼロか、＋１	＝中立的	＝モデル・ポイント２
－１か、－２	＝やや弱気	＝モデル・ポイント１
－３か、それ以下	＝非常に弱気	＝モデル・ポイント０

日に得られた）。したがって、スコア二点を得た。一九八〇年二月一九日にプライムレートは弱気に転じ、スコアはゼロになった。一九八〇年五月一日には、指標は買いシグナルになり、スコアは二点に戻った。もし**表１**で提示された売買シグナルを参照するなら、**表９**には二点か、ゼロがワークシートに記入されることになる。

ワークシートの次の欄は、ＦＲＢ指標を等級付けしたものである。過去のパフォーマンスに基づき四種類の等級付けをしたことを思い起こしてほしい。これらの等級付けはそれぞれ指標の一定の数字上のポイントに関連しているが、これを「指標ポイント」と呼ぶこととする。さて、金融モデルを構築するために、これらの等級付けをモデル・ポイントに転換してみよう。上の**表**はいかにこれを行うのかを示している。

さてもう一度、**表９**のワークシートを参照してほしい。ＦＲＢ指標は一九七九年を「非常に弱気」モードで終わった。したがって、等級付けはゼロであった。その後、ナイマス三の「指標ポイント」であった（表には示されていない）。一九八〇年五月六日、ＦＲＢは公定歩合を引き下げ、指標ポイントをプラス一の中立的という格付けまで上昇させた。上記の得点に基づき、一九八〇年五月六日、ワークシートはモデル・ポイント二に上昇した。二週

表9

金融モデル・ワークシート

日付	ZUPI	S&P	ダウ	プライムレート	FRB	割賦債務	金融モデル
12/31/79	112.33	107.94	839	2	0	0	2
2/19/80	117.09	114.60	876	0*	0	0	0
5/1/80	103.73	105.46	809	2*	0	0	2
5/6/80	105.52	106.25	816	2	2*	0	4
5/22/80	110.68	109.01	843	2	4*	0	6(買い)
6/16/80	117.46	116.09	878	2	4	2*	8
8/26/80	132.08	124.84	953	0*	4	2	6
11/14/80	138.18	137.15	986	0	2*	2	4
12/4/80	136.90	136.48	970	0	1*	2	3
12/22/80	132.87	135.78	959	2*	1	2	5
4/24/81	148.46	135.14	1020	0*	1	2	3
6/16/81	149.84	132.15	1003	2*	1	2	5
6/22/81	149.02	131.95	994	0*	1	2	3
9/9/81	128.22	118.40	854	0	2*	2	4
9/21/81	127.04	117.24	847	2*	4*	2	8
2/1/82	128.68	117.78	852	0*	4	2	6
3/8/82	121.07	107.34	795	2*	4	2	8
3/16/82	120.96	109.28	798	0*	4	2	6
6/4/82	125.50	110.09	805	0	2*	2	4
7/19/82	124.03	110.73	826	0	4*	2	6
7/26/82	124.39	110.36	825	2*	4	2	8
5/19/83	203.54	161.99	1191	2	2*	2	6
8/10/83	200.53	161.54	1176	0*	2	2	4
10/13/83	209.04	169.88	1261	0	2	0*	2(売り)
4/6/84	189.74	155.48	1132	0	1*	0	1
10/6/84	192.21	162.13	1178	0	2*	0	2
10/15/84	194.61	165.77	1203	2*	2	0	4
11/21/84	193.94	164.52	1202	2	4*	0	6(買い)

1/17/85	205.40	170.73	1229	2	2*	0	4
4/18/86	288.02	242.38	1840	2	4*	0	6
1/9/87	288.78	258.73	2006	2	2*	0	4
3/20/87	322.33	298.17	2334	2	2	2*	6
5/1/87	304.87	288.03	2280	0*	2	2	4
9/4/87	325.23	316.70	2561	0	1*	2	3
11/5/87	231.53	254.48	1985	2*	1	2	5
3/4/88	255.80	267.30	2058	2	2*	2	6
4/15/88	252.98	259.77	2014	2	2	0*	4
5/11/88	249.35	253.31	1966	0*	2	0	2(売り)
8/9/88	260.07	266.49	2079	0	1*	0	1
10/21/88	264.07	283.66	2184	0	1	2*	3
2/17/89	276.12	299.63	2347	0	2*	2	4
2/24/89	270.45	287.13	2245	0	1*	2	3
3/20/89	271.78	289.92	2262	0	1	0*	1
7/14/89	298.17	331.84	2255	2*	1	0	3
8/24/89	307.51	351.52	2735	2	2*	0	4
11/15/89	288.22	340.54	2633	2	2	2*	6(買い)
12/19/89	281.07	342.46	2696	2	2	0*	4
1/18/90	283.08	338.19	2666	2	2	2*	6
12/4/90	221.14	326.35	2580	2	4*	2	8
6/22/92	302.75	403.40	3281	2	2*	2	6
7/2/92	307.83	411.77	3330	2	4*	2	8
8/18/92	312.05	421.34	3329	2	2*	2	6
4/19/94	377.33	442.54	3620	0	2	2	4
5/17/94	376.97	449.37	3721	0	1*	2	3
7/12/94	376.70	447.95	3703	0	1	0	1(売り)
2/1/95	470.40	373.55	3848	0	0	0	0
2/15/95	484.54	384.95	3986	0	1	0	1
7/6/95	424.92	553.99	4664	0	4*	0	4
12/20/95	448.50	605.94	5059	2	4	0	6(買い)

*変化を示す

間後、FRBは預金準備率の引き下げを行った。これは、指標ポイントをプラス四に引き上げ、「非常に強気」になった。これはまたモデル・ポイント四にも相当する。一九八〇年一一月一四日、公定歩合は引き上げられ、指標ポイントの数字をプラス一の「中立的」という格付けに下げた。そして、ワークシートはモデル・ポイントが二ポイントに下がったことを示した。

金融モデル・ワークシートの得点への転換をすることによって、FRB指標の等級付けは一見紛らわしく思われるかもしれない。しかし、試してみてほしい。非常に単純である。以下のことを覚えていてほしい。預金準備率と公定歩合の変更（一〇八ページ以降で説明したように）が私のいう指標ポイントを生じさせる。指標ポイントの数字が「非常に強気」から「中立的」「やや弱気」を経て、「非常に弱気」までの格付けを決定することになる。FRB指標のいかなるスコアとも一致するやや強気という市場行動の明白なパターンは単純に存在しなかったため、「やや強気」というゾーンはない。

最後に、指標ポイントは、総合的な金融モデルを展開するために、モデル・ポイントに転換する必要がある。

割賦債務指標の等級付けはもっとやさしい。割賦債務指標が買いシグナルを発した場合（一二五ページ参照）、モデル・ポイント二をつける。売りシグナルの場合、モデル・ポイントはゼロである。プライムレート指標と同じ方法である。割賦債務指標が「中立的」格付けとなったときは、モデル・ポイント一が与えられることに留意してほしい。私が自分で用いるこの指標のもう一つのバージョンは、異なる範囲を使う。しかし、本書ではできるかぎり単純さを追求しているので、「中立的」という格付けを無視した。いずれにせよ、それはあまり価値がない。

読者は、**表9**と同様のワークシートを作成すべきである。実際には、読者はそこにある**表9**を単純に更新すればよい。プライムレートはそれほど多く変更されない。したがって、格付けの変更もそれ以上に少なくなる。ＦＲＢは預金準備率や公定歩合をそれほど頻繁には変更しない。割賦債務の数字は月に一回発表される。このワークシートの更新ができないということになれば、どうしようもなく怠惰であるといえよう。これを更新する価値はあり、一カ月に数分しか要しないのだから。

私の金融モデル・ワークシート（**表9**）には、説明用に各種の市場平均（ＺＵＰＩ指数、Ｓ＆Ｐ五〇〇指数、ダウ）を加えている。そして、もしモデルの変化が生じたとき、これらの指標の一つか、それ以上を記入し、継続して記録したいと思うかもしれないが、それは良いことである。しかし、買いシグナルや売りシグナルを意図的に決めることはすべきではない。

買いシグナルと売りシグナル

金融モデルは単純にすべてのモデル・ポイントを加えたものである。最大のスコアは八であり、最小はゼロである。七になる可能性はない。ＦＲＢ指標はけっして三となることはなく、ゼロ、一、二と、四だけである。ほかの二つの指標はゼロか、二となる。

表10

金融モデルとZUPI指数(1954-1996年)

買いシグナル				売りシグナル			
日付	ZUPI	%	月数	日付	ZUPI	%	月数
3/17/54	33.73	+53.4	18	9/9/55	51.75	−12.7	26
11/15/57	45.18	+60.7	22	9/11/59	72.61	+1.6	11
8/23/60	73.74	+70.1	66	3/10/66	125.43	−3.3	11
1/26/67	121.28	+20.8	15	4/19/68	146.45	+8.1	4
8/30/68	158.29	+9.4	4	12/31/68	173.15	−41.2	21
9/21/70	101.86	+18.8	21	6/26/72	121.02	−57.7	29
11/28/74	51.21	+78.8	30	5/31/77	91.57	+20.9	36
5/6/80	110.68	+98.1	41	10/31/83	209.04	−7.2	13
11/21/84	193.94	+28.6	42	5/11/88	249.35	+15.6	18
11/15/89	288.22	+30.7	56	7/12/94	376.70	+19.1	17
12/20/95	448.49	+7.2	3	3/20/96*			

投資元本1万ドル　=392,256ドル(318カ月)　35,112ドル(186カ月)
年間リターン　=+15.0%　−6.2%
バイ・アンド・ホールド=+6.5%

*表作成時の最新データ(売りシグナルではない)

金融モデルは、それ以外の市場のタイミングを計る手段を増やしたい場合などに好きなように利用できる。しかし、私は、長期投資をする投資家のために、株式市場で利用できる単純で首尾一貫した買いシグナルと売りシグナルを決定するルールを考案した。金融モデルが六ポイントとなったときには、買いシグナルが出る。その買いは、モデルが二ポイントに下がるまで有効である。二ポイントまで下がると売りシグナルが出る。売りシグナルはその後、金融モデルが再度六ポイントまで戻り、買いシグナルを発するまでそのまま有効である。繰り返すと、買いシグナルには六ポイントが必要であり、売りシグナルには二ポイントが必要である。それだけである。

表10は、ＺＵＰＩ指数でみた一九五四年以降の買いシグナルと売りシグナルを示している。一九五四年以降、それぞれ買いシグナルは一一回、売りシグナルは一〇回のみであった。買いシグナルの一一回はすべて利益となったが、そのうち五回はそれぞれ五〇％以上の利益率であった。金融モデルが強気を示した（買いシグナルが出た）三四〇カ月間のみに一万ドルを投資した場合、それは三九万二二五六ドルに増え、年率一五％の利益率となっていた。これは、モデルが売りシグナルを出していた期間に短期金融市場（財務省短期証券やＣＤ）に投入されていた資金で得たであろう金利を考慮に入れていない数字である。

この期間の平均金利を六％（それ以前の時期よりは少し低く、一九六〇年代半ば以降よりはかなり高くなっているが）と仮定した場合、株式市場から手を引いていた一八八カ月間の合計の利益率は一六一・八％であった。この合計と株式市場でのリターンを複利合計すると、一万ドルの当初の元本は四二年間で一〇二万六八三六ドルになった。これは、年利ベースで一一・七%に等しい。しかもこれは、株式市場で得た配当を含んでいない。(私のZUPI指数と同様に)ニューヨーク証券取引所の平均でバイ・アンド・ホールドとした場合、配当を無視した年間リターンの平均は六・五%でしかなかった。バイ・アンド・ホールドだった場合、一万ドルは単に一四万二六三六ドルにしかならず、金融モデルの場合の一〇二万六八三六ドルとは比較にならないものであった。

バイ・アンド・ホールドは、もし配当を考慮して計算すれば幾分良い結果を示す。(正確な数字はないが)私の見積もりでは、ZUPI指数の配当は対象期間において年率約三・五%であり、主要な株価平均の動向を左右するより大きなブルーチップ銘柄よりは幾分低いものである。バイ・アンド・ホールドの投資家のキャピタルゲインに配当金が加えられた場合は、リターンは年率一〇・二%に上昇する。つまり、四二年間にわたる検証期間で、一万ドルは六〇万一二二五ドルに増加していたことになる。

しかし金融モデルに対しても、その買いシグナルの期間の配当三・五%を考慮する必要がある(実際、われわれのモデルは、多くの機会で市場が下がったときに買いを指示したために、配当利回りは若干良いものとなったはずである)。これによれば、金融モデルの最終価値は二五二万六四一九ドルとなり、年率一四・三%という素晴らしい結果となっていた。換言すると、もしモデルの買い指標に基づき、平均的なニューヨーク証券取引所の株を買っていたなら、配当を得て、その後、売りシグナルに基づき短期金融商品にスイッチした場合、四二年間以上にわたり、年率一四・三%のリターンを得て、元金は二五〇倍になっていたろう。

取引経費（手数料）は、ポートフォリオがわずか約二年に一回しか回転しなかったので、あまり重要ではない。さらに、ある程度の管理費用を吸収することも可能であったが、ノーロード（手数料なし）のミューチュアル・ファンドを取引することができ、手数料をすべて避けることもできた。しかし、少なくとも金利と配当金の再投資は、わずかに最小のコストで行うことが可能であった。

私はまた、税金を無視した。そのような前提は、個人退職積立年金勘定（ＩＲＡ）および自営業者退職年金制度のキオプランなど読者自身が持っているような年金口座で可能である。もちろん、バイ・アンド・ホールドにした投資家も彼が株式を現金化するときには遅かれ早かれ、いつもこの税金を考えなければならない。彼はまた配当についても税金を支払う必要がある。

表10の右側の欄は、ＺＵＰＩ指数に対するモデル上の売りシグナルの結果を表示している。売りシグナルに対して指数は五回上昇した（うち一回はほんのわずかの上昇であった）。指標は、一九六九～七〇年や一九七二～七四年のベア・マーケットでの激しい二回の下げを含み、予測どおりに五回下がった。もし不運な投資家が売りシグナルの出ていた期間に市場内にとどまって相場を続けていたならば、彼は元手の四分の三を失っており、年間の損失率は六・二％となっていたことであろう。彼が金融モデルに注意を払っていたならば、そのような悲惨なことを回避することができていたであろう。

表11はＳ＆Ｐ指数に対する金融モデルの推移を示している。買いの期間だけで年率一三・一％の利益、売りの期間では年に〇・三％の損失を出している。これと対照的に、バイ・アンド・ホールドで

は年率七・九％の利益となった。一〇回に及ぶすべての買いシグナルは利益をもたらし、そのうちの八回はそれぞれ三〇％以上のリターンとなった。一〇回の売りシグナルのうち五回は市場の下落につながり、売りの指示のあった期間で五回利益が生じたが、そのうちの二回はわずかなものであった。S＆P五〇〇指数に対する金融モデルを**グラフH**に表した。最も強気となるゾ

表11

金融モデルとS&P500(1954-1996年)

買いシグナル				売りシグナル			
日付	S&P	%	月数	日付	S&P	%	月数
3/17/54	26.62	+64.9	18	9/9/55	43.89	−8.9	26
11/15/57	40.37	+42.2	22	9/11/59	57.41	+0.6	11
8/23/60	57.75	+54.0	66	3/10/66	88.96	−3.5	11
1/26/67	85.81	+11.7	15	4/19/68	95.85	+3.1	4
8/30/68	98.86	+5.1	4	12/31/68	103.86	−21.1	21
9/21/70	81.91	+31.2	21	6/26/72	107.48	−34.9	29
11/28/74	69.97	+37.4	30	5/31/77	96.12	+13.4	36
5/6/80	109.01	+59.8	41	10/13/83	169.88	−3.2	13
11/21/84	164.52	+54.0	42	5/11/88	253.31	+34.4	18
11/15/89	340.54	+31.5	56	7/12/94	447.95	+35.3	17
12/20/95	605.94	+7.2	3	3/20/96*			

投資元本1万ドル　=256,862ドル(318カ月)　9,505ドル(186カ月)
年間リターン　=+13.1%　−0.3%
バイ・アンド・ホールド=+7.9%

*表作成時の最新データ(売りシグナルではない)

ーンは上段の点線よりも上の領域であり、最も弱気のゾーンは下段の点線よりも下方の領域である。

読者は、私の買いシグナルと売りシグナル（それぞれ六ポイントと二ポイント）を使う必要はない。重要なマーケット・タイミングで判断するか、市場で部分的な動きをするに当たって、その他の指標と一体的に金融モデルの格付けを利用することができる。例えば、買いシグナルと売りシグナルに頼った一か八かというアプローチを用いるよりも、金融モデルがだんだん良くなるに従って株式投資の額を増やし、モデルが悪化するに従って株式投資の額を減らすことである。モデルが四ポイントで中立のとき、投資額を五〇％にしておく。そしてそれが五ポイントに上昇したとき、投資額を六五％に増やす。六ポイントでは、投資額を八〇％にまで増やし、八ポイントでは一〇〇％買いポジションにしたいと思うであろう。反対に、三ポイントで投資額を四〇％とし、二ポイントで二五％、一ポイントでは一〇％、そしてゼロ・ポイントでは〇％の投資額にする。これらは、大まかな数字であり、厳格なルールではない。

しかし、金融モデルがゼロ・ポイントあるいは八ポイントという両極端に達したとき、どのような結果になったかを見てみると分かりやすい。**表12**は、モデルが考えられる最高ポイントである八ポイントに達した一六のすべてのケースを列挙している。ＺＵＰＩ指数で計測した市場は、一六回のうち一四回上昇し、勝率は八七・五％であった。実際、二回の損失は些細なもので、一九七五年末にモデルが一時的に八ポイント以下に下がったときの二・七％の損失を含んでいる。しかし、三週間後、モデルは八ポイントに回復し、市場は急上昇となった。もう一つの損失は、一九八二年三月の八日間続

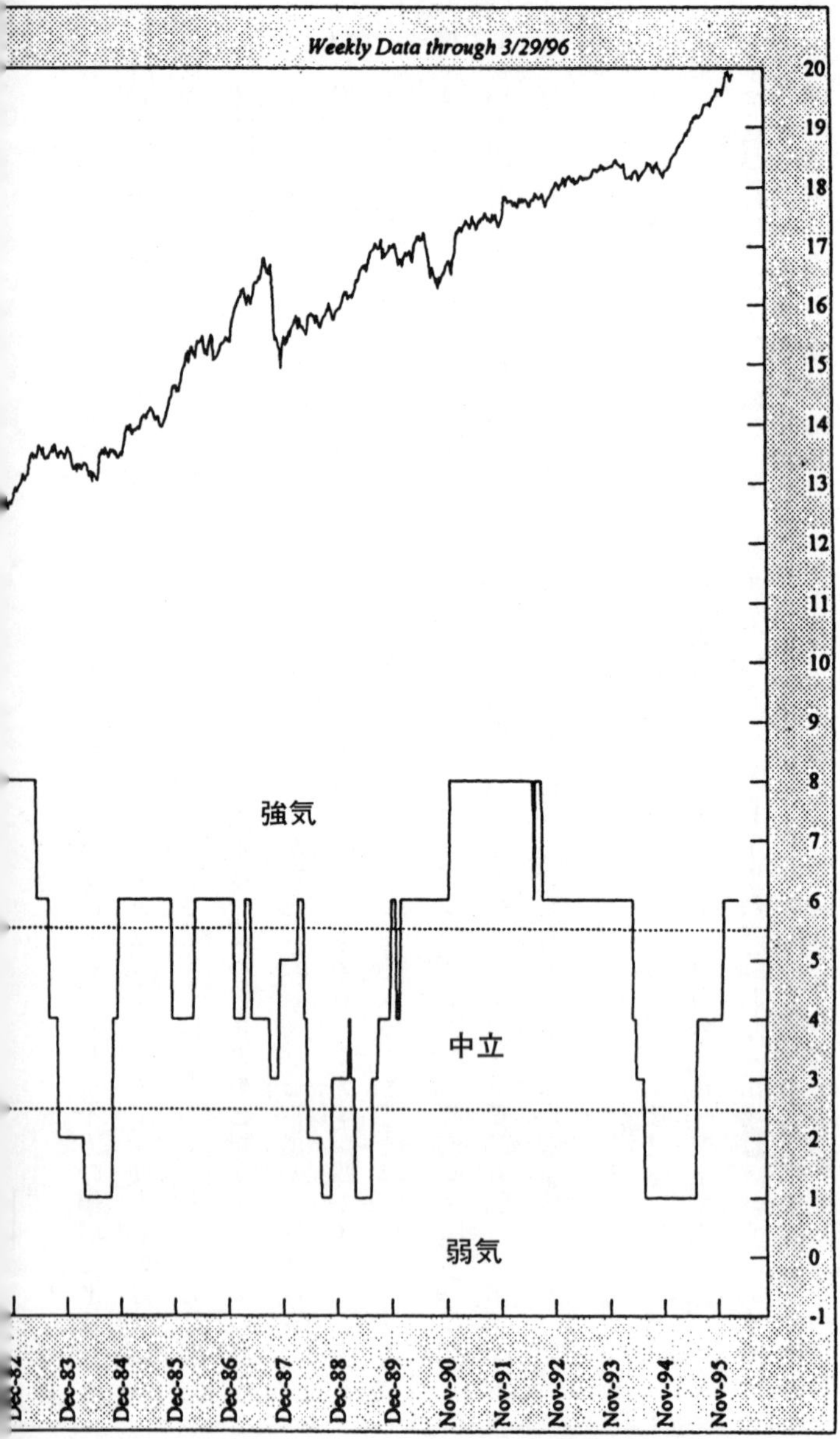
Weekly Data through 3/29/96
20
19
18
17
16
15
14
13
12
11
10
9
8
7
6
5
4
3
2
1
0
-1
強気
中立
弱気
Dec-82
Dec-83
Dec-84
Dec-85
Dec-86
Dec-87
Dec-88
Dec-89
Nov-90
Nov-91
Nov-92
Nov-93
Nov-94
Nov-95

グラフH

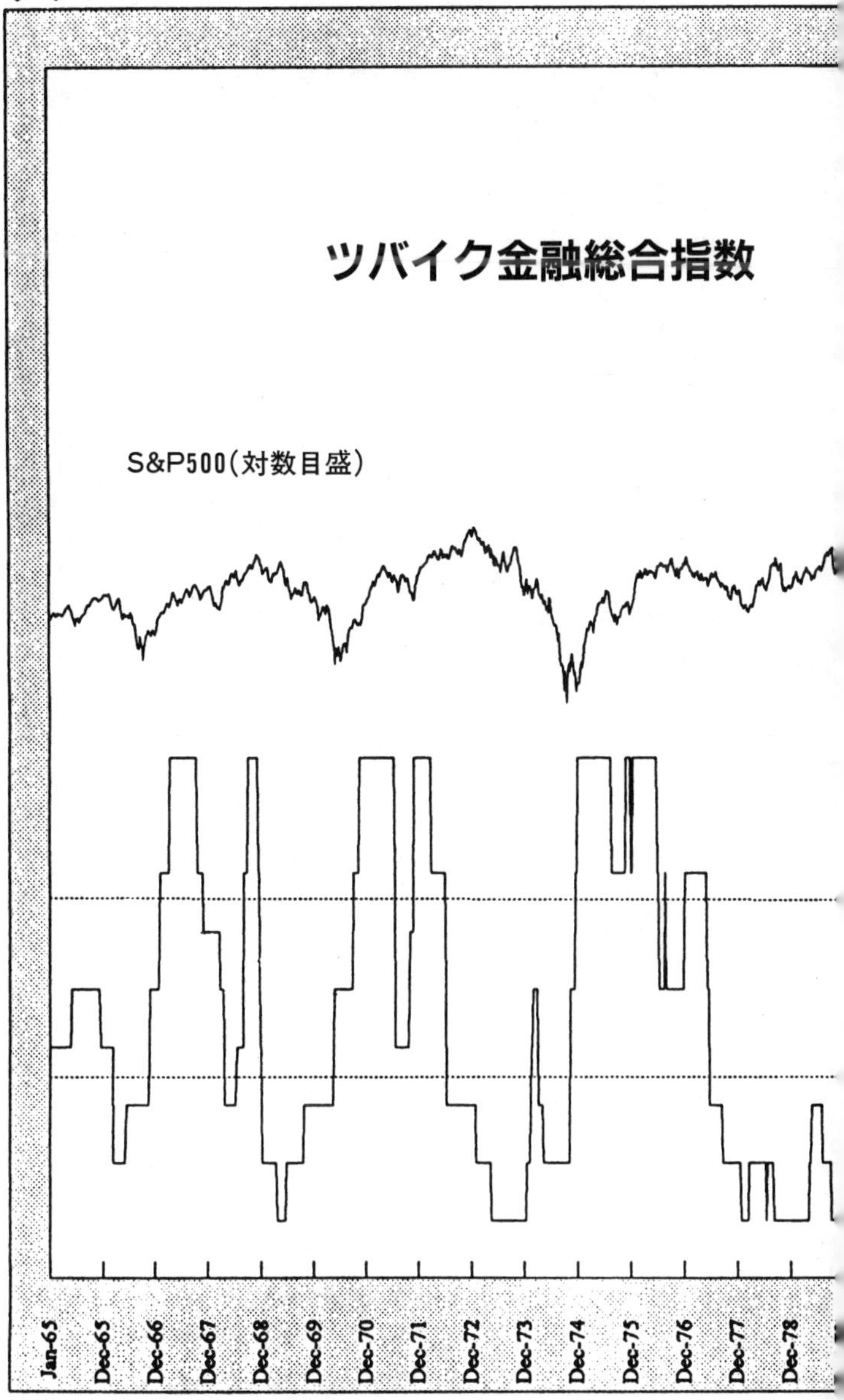

出所＝ネッド・デイビス・リサーチ

いた期間に起こったものであり、わずか〇・一%の損失であった。逆に、一六回のうち九回のケースで市場は一六%以上の上昇となった。

金融モデルがその絶対的な最高水準の格付けである八ポイントであった九〇・五カ月にのみ投資された一万ドルは、一四万五四七一ドルに増加し、なんと年率で四二・六%の利益となったのである。本当に保守的な投資家であれば、その残りの期間は資金をマネー・マーケット・ファンドに避難させ、四二年のうちのたった七年半だけを株式市場のリスクにさらしただけで、株式市場全体をはるかに凌駕する結果を出すことができたことになる。もっと典型的な投資家であれば、先に記した買いシグナルと売りシグナル、あるいは、一四三ページで記したような部分的戦略を選んでいたかもしれない。

表13は、金融モデルが最低のスコアであるゼロにとどまった一〇回のケースについて列挙したものである。株式市場は、これらの一〇回のうち七回下落し、その成功率は七〇%という素晴らしいものであった。株式市場は三回上昇し、それぞれは、〇・六%と二・五%と二・八五%というわずかな上昇であった。モデルは合計二七・六カ月間、その最悪のモードにあった。その期間には、当初の投資元本の約四〇%を失っており、年間の損失率は二〇・三%であり、この期間への投資は自殺行為である。**明らかに、金融環境が敵対的な状況にあるときは株式市場に参加すべきではない。しかし、FRBが金融を緩和し、金利が下がっているときは、株式市場は非常に魅力的となる。要するに「FRBに逆らうな」ということである。**

表12

金融モデル＋8ポイントとZUPI指数（1954-1996年）

＋8ポイントの期間 開始		終了	月数	ZUPI変化率(%)
6/16/54	～	1/19/55	7.0	＋28.4
1/22/58	～	10/17/58	9.0	＋32.0
3/17/61	～	6/10/61	3.0	＋4.0
4/7/67	～	10/7/67	6.0	＋16.1
9/25/68	～	12/2/68	2.5	＋7.7
11/3/70	～	7/6/71	8.0	＋22.9
11/19/71	～	3/16/72	4.0	＋19.7
12/13/74	～	7/28/75	7.5	＋48.5
11/5/75	～	12/6/75	1.0	−2.7
12/24/75	～	6/7/76	5.5	＋20.2
6/16/80	～	8/26/80	2.5	＋12.4
9/21/81	～	2/1/82	4.5	＋1.3
3/8/82	～	3/16/82	0.5	−0.1
7/26/82	～	5/19/83	9.5	＋63.6
12/4/90	～	6/22/92	18.5	＋36.9
7/2/92	～	8/18/92*	1.5	＋1.4

投資元本1万ドル　＝145,471ドル　90.5カ月
年間リターン　＝＋42.6%　（7.5年）

*96年3月20日まで変化なし

表13

金融モデルがゼロ・ポイントとZUPI指数 (1954-1996年)

ゼロ・ポイントの期間 開始		終了	月数	ZUPI変化率(%)
10/14/55	～	10/15/55	0	＋0.6
11/18/55	～	2/5/56	2.5	＋2.5
4/17/69	～	6/18/69	2.0	－6.6
5/4/73	～	1/2/74	8.0	－22.0
1/6/78	～	2/29/78	2.0	－0.9
6/30/78	～	7/6/78	0	－0.9
8/18/78	～	4/16/79	8.0	－8.3
9/18/79	～	12/7/79	2.5	－8.3
2/19/80	～	5/1/80	2.5	－11.4
2/1/95	～	2/15/95*	0.5	＋2.85
投資元本１万ドル		＝5,883ドル		27.6カ月
年間リターン		＝－20.3%		(2.3年)

*96年3月20日まで変化なし

第五章
モメンタムに関する諸指標——「トレンドは友である」

その昔、すべての株式取引は実際にガラスの蓋のついた機械からティッカーテープに印字され打ち出されていた。今日まで、市場が動くことをテープアクションと呼んでいる。もちろん、今日では、電子機器があり、物理的なティッカーテープはほとんど使われていない。しかし、今でも個別取引はすべて、銘柄名、取引価格や出来高が報告されるようになっている。

株価と出来高を用いたどんな計算もテクニカル指標の領域に属する。センチメント・タイプ（心理に関する）の諸指標はテープアクションに非常に近いため、ときどきテクニカル分析に含められることがあるが、実際には、その範疇には属さない。センチメントに関する諸指標は別の章で取り扱うので、ここでは株価と出来高のみについて述べる。

二つの変数のうち、株価のほうが出来高より重要である。しばらく、株価だけに集中しよう。前の章で見たように、市場は、ダウ工業株平均やS&P五〇〇株価指数、ZUPI指数のように株価指数を構成することができる。株価指数の動きを観察し、そこからテープアクションを計測することができるのだ。例えば、ダウ平均の変化を分析することもできる。もしダウ平均がX%上昇すれば、マーケットは強気であり、X%下がれば弱気である。それは、非常に単純なタイプの指標になる。

事を複雑にするのは、もし市場がX%上昇すれば市場は買われ過ぎであり下がる可能性があるため、弱気であるとある人は主張し、逆に、市場がX%下げたときには売られすぎであり、上昇する用意ができたので、強気であるとある人は主張するかもしれないということである。このことはわれわれに基本的な問題を提起する。力強さは力強さを生むのか、それとも力強さは衰え、弱くなるのか？　このことについて科学的に考察してみよう。

各種の市場平均、騰落レシオ、出来高に関する数字、さらにはその他の指標を数年かけて検証をした結果、私は、力強さはまさにさらなる力強さに結びつくという傾向があることを発見した。私が見たブル・マーケットは、すべて非常に大きな上昇を伴って始まっている。上昇は、必ずしもベア・マーケットが終了した後の最初の日にあるとは限らない。市場がどちらの方向に行くかはっきりしない、テクニシャンが言うところの底固めに数週間か、数カ月が必要な場合もある。もし条件が正しければ、最終的には上昇が生じるのである。

激しいブル・マーケットとなるには、金利の低下、おそらく景気後退（これが、ＦＲＢ＝連邦準備制度理事会＝が金利を下げるよう金融緩和をすることに役立つ）、株式市場の外で待機している多額の投資資金、市場が好ましいバリューになっていること──すなわち、ＰＥＲ（株価収益率）が低下していること──そして多くの悲観論が必要である。後ほど見るように、悲観論は多額の現金を意味するからである。これらの条件がすべてそろったとき、市場は非常に強力な上昇をみせ、その強気相場の最初の上昇は絶好の上昇となろう。

その相場が上昇を開始したときには、株価は高値を突き抜けるであろう。私の述べた月に向かってロケットを発射するというたとえを記憶しているだろうか？　ロケットが大気圏を突き抜け、大気圏外に出るには、十分な推力がなければならない。市場も同じような動きをするのである。市場が大きく動くには、最初の上昇が非常に大きいものとなる必要があるのだ。もしそうなれば、それ以上の買い意欲を発生させ、最初の動きに遅れをとった人々が市場に参加してくることになる。また、最初の相場上昇が市場心理を反対方向に転換するため、大きな調整が発生することもない。最初の上昇を見逃した人々は、そこに現金をいっぱい握り締めて座っており、それに参加しようという気持ちを強くしているのである。したがって、市場で小さな押しがあった後に新規投資家がすぐに参加してくるので、急激な調整は発生しない。

ブル・マーケットで最初の相場上昇を見逃した人にとって苛立つことの一つは、大きな押しがその後に起こることを期待して待つが、それはけっして起こらないということである。市場は一直線に上昇を続けてしまう。市場は市場内部のエネルギーによって熱狂的に上昇し、株価を六カ月、場合によっては、それ以上の長期にわたってかなりの高さに持っていってしまうのである。

騰落指標

われわれの最初のモメンタム（騰勢）指標として、NYSE（ニューヨーク証券取引所）での値上がり銘柄数と値下がり銘柄数に関するデータ（騰落銘柄データ）を見てみよう。値上がり銘柄数はある日に値上がりした銘柄数のことであり、値下がり銘柄数はその同じ日に値下がりした銘柄数のことをいう。その日に変わらなかった銘柄については無視する。もしその日に一〇〇〇銘柄が値上がりし、五〇〇銘柄が値下がりした場合、騰落レシオは二対一となる。もちろん、市場が順調なときには値上がり銘柄数が優位となり、市場の動きが弱いときには値下がり銘柄数のほうが優位となる。値上がり銘柄数が一定期間にわたって値下がり銘柄数を超えるときは、非常に力強いモメンタム（騰勢）の兆候を示し、その逆もまた真である。

私は、一〇日間という期間の騰落レシオ（ADレシオ）の推移を見ることが好きである。そのような期間で、値上がり銘柄数のほうが下降銘柄数よりも二対一という比率で上回るということは極めてまれである。そのようなことが起こったときには、市場のモメンタム（騰勢）は強いといってよい。その次には、そのようにまれなことが起こった後の市場のパフォーマンスがどうなった調べてみよう。

一九五三年を起点として、一〇日ベースの騰落レシオ（ADレシオ）が二対一であった期間はわずか一一回しかなかった。それ以外にも幾つかのケースがあったが、私は、それらは最初にシグナルが出た数カ月後に再度生じた繰り返しであるとみなしている。例えば、一九八二年八月に、一〇日ベース騰落レシオ（ADレシオ）が二対一を超え、二カ月後再度起こった。私は二回目は余計なので無視するようにしている。最終的なシグナルは一九九一年二月にあった。本書が出版されるまでに、このシグナルは非常に有効に機能した。

それでは、**表14**で示されているこの指標の推移を見てみよう。最初の欄は、騰落シグナル（ADシグナル）の発生した日付を示している。第二列と第三列は、それぞれS&P五〇〇株価指数とZUPI指数で測った市場の変化率（%）である。最初の騰落シグナルは、一九五四年一月二六日に発生した。その三カ月後、S&P五〇〇株価指数は七・一%、ZUPI指数は五・二%上昇した。列を右方

表14

2：1を超える10日ベース騰落レシオ (1953-1996年)

市場の変化率（%）

	3カ月後		6カ月後	
日付	S&P500	ZUPI	S&P500	ZUPI
1/26/54	+7.1	+5.2	+16.6	+15.2
1/24/58	+3.4	+4.4	+11.8	+15.4
7/11/62	−1.2	−1.3	+12.3	+11.3
1/16/67	+7.3	+11.0	+10.0	+20.7
12/4/70	+9.5	+19.8	+13.2	+21.8
1/10/75	+15.4	+18.2	+30.6	+38.9
1/6/79	+10.5	+19.4	+10.7	+19.0
8/23/82	+14.5	+24.2	+26.4	+38.4
1/23/85	+2.6	+2.9	+8.6	+11.0
1/14/87	+6.3	+3.1	+18.3	+9.6
2/5/91	+7.8	+13.6	+11.2	+13.9
投資元本1万ドル＝	22,068ドル	30,451ドル	47,591ドル	68,953ドル
期間リターン　＝	+7.5%/Q	+10.6%/Q	+15.2%/H	+19.2%/H

（Qは四半期ベース、Hは半年ベース）

向に見ていくと、ほかのシグナルが三カ月後にどのようなパフォーマンスを示したかが分かる。

これらのシグナルが出ていたときにのみ市場の平均的銘柄に一万ドルを投資し、それを三カ月間保有し、その後に売却をしたとすると、S&P五〇〇株価指数の場合には二万二〇六八ドルに、ZUPI指数の場合には三万〇四五一ドルにそれぞれなっている。留意してほしいのは、その期間は累積でたった二年九カ月であり、一一回の三カ月を合計した期間でしかないということである。1四半期当たりのリターン率は、S&P五〇〇株価指数で七・五％、ZUPI指数で一〇・六％であった。複利ベースにした場合、年間のリターンは、四半期ベースのそれの四倍以上になる。**表14**の右側の列はこれらのシグナルが出た後の六カ月後のパフォーマンスを示している。S&P五〇〇株価指数とZUPI指数は事実上、すべてのケースで六カ月後に少なくとも一〇％は上昇していたということに注目してほしい。S&P五〇〇株価指数に投資した資金は四倍以上、ZUPI指数に投資した資金は六倍以上になった。六カ月間のリターンはS&P五〇〇株価指数で一五・二％、ZUPI指数で一九・二％である。このようなリターンは、株式市場では格別に高いリターンであるといえる。

換言するならば、読者が二週間程度以上にわたって株価が「爆発」するのを辛抱強く待って、その後に市場に参入し、そのときに「高値」水準にあると思われるものを買っても、読者はその後に続く数カ月で異常なほどの大きな利益を上げることができたのである。このように、力強いモメンタム（騰勢）は持続する傾向がある。モメンタム（騰勢）はブル・マーケットの初めに最も力強い傾向を示す。実際、**表14**に掲載したうちの七回はブル・マーケットの初めに生じた。その他は、前のブル・

マーケットの二番目に当たる上昇であった。

表14に表示された結果が示すように、市場は地上から離陸するためには多くの火力を必要とする。簡単に言うならば、**テープに火がついていないなら、条件はまだ整っていないということである。**

値上がり銘柄出来高指標

二番目のモメンタム（騰勢）に関する指標は、値上がり銘柄の出来高と値下がり銘柄の出来高の比率を用いるものである。値上がり銘柄の出来高は、ある日の値上がり銘柄の出来高の合計であり、値下がり銘柄の出来高はその日値下がりをした銘柄の出来高の合計である。再びここでも、その日株価に変化がなかった銘柄の出来高は無視する。値上がり銘柄と値下がり銘柄の出来高は日々、ウォール・ストリート・ジャーナルの紙面、相場表示機器、バロンズ誌の週間ベースの統計ページ、さらにはほとんどの主要な新聞の金融ページで手に入れることができる。

私は、その日の九〇％か、それ以上の出来高が値上がり銘柄によって占められているときは（上下変わらずであった銘柄の出来高を無視する）、モメンタム（騰勢）がプラスになっている重要な兆候を示しているということを発見した。換言すれば、日々の値上がり銘柄の出来高が値下がり銘柄の出来高に対して、九対一か、それ以上の比率のときは、株価にとって重要なシグナルになる傾向がある。この比率の重要性は、ローリーズ・レポート社によって数年前に初めて発見されたが、私は、長年かけてこの騰落銘柄の出来高に関する独自の手法を開発した。

一九六〇年以降、値下がり銘柄出来高指数が九対一以上になった日――つまり、値下がり銘柄の出来高が値上がり銘柄の出来高に対して、九対一以上の比率になった日は、わずか一二四日しかなかった。このような貧弱な日は年平均で四日以下であった。その反対に、値上がり銘柄の出来高が値下がり銘柄の出来高に対して、最低限でも九対一以上の比率になった非常に強い日はわずか六八日であった。したがって、九対一の比率で値上がり銘柄の出来高が値下がり銘柄の出来高を超えた日は年平均わずかに二日であったということになる。

値下がり銘柄の出来高が値上がり銘柄の出来高に対し、九対一以上になったということは確かにある程度将来を予見することに役立つが、値上がり銘柄の出来高が値下がり銘柄の出来高に対して、九対一以上になった場合よりも強い指標にはならないので、後者に注目してみたい。なぜ値上がり銘柄の出来高が値下がり銘柄の出来高に対して九対一以上ということが重要なのか？　それは、単純に市場の強力な推進力をはっきりと示しているからである。**歴史上のすべてのブル・マーケットと多くの中期的な市場の上昇は、値上がり銘柄の出来高が値下がり銘柄の出来高に対して九対一以上であった日が一日か数日続き、その買いの殺到によって始まっているのである**（一九六〇年以後の値上がり銘柄出来高対値下がり銘柄出来高についての事実に基づくデータとそれ以前の年についての推計値に基づいている）。

これまでこの比率が最も大きかったのは、一九八二年八月一七日の四二対一であった。偶然ということではなく、その日はほぼ過去五〇年間で最大の強力なブル・マーケットの前触れとなった。そのわずか三日後、私が数字を有している三〇年間で二番目に大きい三二対一という日が続いた。それは、あのブル・マーケットを爆発させることになった非常に強力なモメンタム（騰勢）の存在を完璧に立証したのであった。

しかし、九対一という比率の日であってもときどきは失敗する。つまり、九対一はかなり印象的な前向きのサインではあるが、その後の上昇は保証しない。強気となる確率をもっと高くするためには、もっと多くの推進力が必要である。

しかし、値上がり銘柄の出来高が値下がり銘柄の出来高に対して、九対一以上という日はかなり有望なサインであり、ある程度の短期間にそのような日が二日あれば、非常に強気と考えてよい。私はそのような日が三カ月内に二回生じたときのことを、ダブルの九対一と呼んでいる。この指標は、二種類あるもののうちの一つである。まず初めに最も強気な指標は、値下がり銘柄の出来高が値上がり銘柄の出来高に対して九対一以上の日がその間に存在しない。次は、値下がり銘柄の出来高が値上がり銘柄の出来高に対して九対一以上の日が一回かそれ以上、その間に発生する。後者の条件は前者ほどの推進力を示唆しないが、記録によれば、強気になるうえで多くの安心感を与えてくれる。

表15のとおり、一九六〇年以降、一六回のダブルの九対一のシグナルがあった。一九六二年と一九七五年には、最初の二回が発生してから数週間内に三回目が発生した。一九八二年八月のダブルが発生した後、一〇月にさらに二回のダブルの九対一が生じた（これはシグナルの繰り返しであると私は

表15

ダブル9：1シグナルとダウ平均
(1960/1/1-1996/3/20)

日付	ダウ	3カ月後の%	6カ月後の%	12カ月後の%
11/12/62	624	+8.5	+15.9	+20.2
11/19/63	751	+6.9	+9.1	+16.5
10/12/66	778	+6.9	+8.6	+17.4
5/27/70	663	+14.6	+17.8	+16.5
11/29/71	830	+11.8	+17.0	+22.8
9/19/75	830	+1.7	+18.1	+19.9
11/1/78	828	+1.6	+3.3	−1.0
4/22/80	790	+17.3	+20.9	+27.5
3/22/82	820	−2.4	+13.2	+37.0
8/20/82	869	+15.1	+24.3*	+38.4*
1/6/83	1071	+3.9	+14.0*	+20.2*
8/2/84	1166	+4.4	+10.6	+16.0
11/23/84	1220	+4.7	+6.3*	+20.0*
1/2/87	1927	+20.4	+26.4	+4.6
10/29/87	1938	+1.0	+4.9	+8.4
6/8/88	2103	−1.9	+2.4	+19.8*
投資元本1万ドル＝		29,304ドル	62,737ドル	91,855ドル
複利でのリターン＝		+7.0%/Q	+12.8%/H	+17.2%/Y

(Qは四半期ベース、Hは半年ベース、Yは年ベース)

* 6カ月後と12カ月後の重複を調整した累積リターン

考える)。その後すぐにもう一度ダブルの九対一が起こり、一九八三年一月に完成した驚くべき強さの推進力を示すものであった。一九八四年八月初め、値上がり銘柄の出来高が値下がり銘柄の出来高を九対一か、それ以上の比率で超えた日が前例のない三日間続き、その約一週間後にもう一日ダブルの日が現れるというようなことが起こった。

表15では、ダブルの九対一が発生した後のダウ工業平均指数がいかに上昇したかを示している。三番目の欄の最下段では、三カ月後の四半期間のダウの複利ベースのリターンが平均七・〇%であったことが分かる。次の欄は、六カ月後ダウは平均一二・八%上昇したことを示しており、また、最後の欄は一年後に一七・二%の上昇をしたことを示している。この表は、シグナルが発生してから三カ月後では二回を除いてすべて、また、六カ月後と一二カ月後とでは一回を除いてすべてでダウが上昇したことを示している。

表16のとおり、ZUPI指数の場合は、いつものように数字はさらに顕著なものとなる。ダブルの九対一のシグナルが発生した三カ月後、指数は一〇・三%上昇し、二回を除くすべてで上昇した。六カ月後、ZUPI指数は平均一七・一%の上昇をし、一年後では二一・二%の上昇であった。**表17**の上半分を見てほしい。これは、ダブルの九対一のシグナルが発生した場合のパフォーマンスと、ある投資家が単純にダウ工業株平均を買い、一九九六年にこの研究が終了するまで保有した場合のパフォーマンスとを比べたものである。そのような投資家の場合、元本の値上がりはわずかに年間四・九%でしかなかった(これに、年間四%弱の配当金が加わるが、それは表には現れていない)。

表16

ダブル9：1シグナルとZUPI指数
(1960/1/1-1996/3/20)

日付	ZUPI	3カ月後の%	6カ月後の%	12カ月後の%
11/12/62	72.10	+12.8	+19.2	+22.3
11/19/63	86.95	+5.2	+7.8	+16.2
10/12/66	100.64	+16.0	+28.1	+47.5
5/27/70	89.44	+8.1	+12.4	+40.9
11/29/71	109.13	+18.3	+16.3	+9.6
9/19/75	65.16	+1.0	+28.7	+32.6
11/1/78	99.35	+5.6	+8.5	+3.9
4/22/80	100.76	+25.2	+35.9	+46.2
3/22/82	124.47	−2.0	+12.3	+48.3
8/20/82	126.35	+27.5	+40.7[a]	+61.3[a]
1/6/83	169.91	+8.9	+24.6[a]	+23.8[a]
8/2/84	182.81	+7.8	+17.8	+27.1
11/23/84	195.96	+11.0	+13.5[a]	+21.4[a]
1/2/87	274.78	+16.0	+14.8	−15.4
10/29/87	219.95	+8.6	+16.1	+14.7[a]
6/8/88	260.10	−1.1	−2.3	+13.9[a]

投資元本1万ドル＝ 47,684ドル　110,073ドル　147,045ドル
複利でのリターン＝ +10.3%/Q　+17.1%/H　+21.2%/Y
(Qは四半期ベース、Hは半年ベース、Yは年ベース)

a　6カ月後と12カ月後の重複を調整した累積リターン

上の二行には、**表15**ですでに見たダブルの九対一のシグナルが生じた後のダウの三カ月、六カ月、一二カ月後の結果の要点を示している。上から三行目と四行目は一九六〇年以降、ダブルの九対一のシグナルに従ったものではないすべての期間に及ぶダウのパフォーマンスを示しているが、結果はすべて事実上損失となっている。明らかに、ダウはこれらのダブルの九対一のシグナルの発生した後に、かなり良い結果を出しているのである。

表17の下半分は、ZUPI指数に関する同様な数値を示している。最初の二行は**表16**の要点を再掲したものであり、シグナル後の三カ月、六カ月、一二カ月後のZUPI指数のリターンを示している。その次の二行は、それ以外の期間すべてのリターンを示している。九対一のシグナルが発生した後の一年以内の期間を除くすべての期間にZUPI指数によって買った投資家は、年間八%の損失となっており、これは、彼がシグナルに従って投資して得られたであろう年率二一・二%のリターンと比べると大変な違いである。最後の行は、ZUPI指数によってバイ・アンド・ホールドした場合のリターンであり、年四・七%となっている。

パーセンテージよりも金額ベースで考えたいということであるなら、ダブルの九対一のシグナルが生じた後にZUPI指数を購入した場合、一万ドルの投資資金は一四万七〇四五ドルに増えたことになる。これは、株式市場以外に資金を投じておいたときの金利や株式からの配当金などは含んでいない金額である。対照的に、不幸なことにダブルの九対一のシグナルの出なかった時期に買うことを主張した投資家は、その一万ドルの投資資金を二〇一二ドルに減らす結果となった。シグナルに従って

表17

ダブル9：1とそれ以外の期間の比較
(1960/1/1-1996/3/20)

	3カ月後	6カ月後	12カ月後
ダウの場合			
9：1の期間			
投資元本1万ドル＝	$29,304	$62,737	$91,855
リターン＝	+7.0%/qtr.	+12.8%/half	+17.2%/year
その他の期間			
投資元本1万ドル＝	$16,804	$7,891	$5,361
リターン＝	+0.4%/qtr.	−0.5%/half	−3.2%/year
バイ&ホールド			
投資元本1万ドル＝	$49,243	$49,243	$49,243
リターン＝	+1.2%/qtr.	+2.4%/half	+4.9%/year
ZUPIの場合			
9：1の期間			
投資元本1万ドル＝	$47,684	$110,073	$147,045
リターン＝	+10.3%/qtr.	+17.1%/half	+21.2%/year
その他の期間			
投資元本1万ドル＝	$9,478	$4,106	$2,012
リターン＝	−0.1%/qtr.	−1.7%/half	−8.0%/year
バイ&ホールド			
投資元本1万ドル＝	$45,427	$45,427	$45,427
リターン＝	+1.1%/qtr.	+2.3%/half	+4.7%/year

(qtr.＝四半期ベース、half＝半年ベース、year＝年率)

投資した場合と比較した差は膨大なものである。

四％モデル指標

私は、読者にモメンタム（騰勢）を用いた二つの指標を提示した。一つは騰落銘柄数に関するものであり、もう一つは騰落銘柄の出来高に関するものであった。これらの二つの指標は、これまで見たように、ときどき生じるモメンタム（騰勢）の大きな爆発のみを探すものである。これらの指標は、上昇方向での大きなリターンが期待できるものである。しかし、これらのモデルは、第一に、買いシグナルはまれにしか生じないこと、第二に、もともとそのように設定されていることから売りシグナルは出ないので、限界がある。言い換えるなら、市場はそれほど頻繁に爆発しないので、これらのモデルはほとんどの場合、あまり多くのことを教えてはくれないのである。

われわれが必要としているのは、買いシグナルか、売りシグナルのどちらかなのである。もちろん、そのようなモデルは、最初の二つの指標がもたらしたような華々しいリターンを短期間にもたらすことはないであろう。しかし、それらは、継続的なベースで最も安全なコースを投資家に指示してくれるだろう。しかし、**いかなる指標やモデルも常時正しいということはないということを記憶しておいてほしい。**実際、私が開発しようとしているモデルも五〇％だけ正しいということを知ることになるであろう。しかし、このモデルから発生する利益は素晴らしいものである。

四％モデルは、私の親しい友人で同僚でもあるネッド・デイビスによって開発された。デイビスは、私が発行している二つのマーケットレターの編集者でもある。それらのマーケットレターとは、株価指数先物、金利先物、外国通貨、および貴金属を対象とする「フューチャー・ホットライン」と、各種の債券指標の方向を予測する「ボンド・ファンド・タイマー」である。彼は、この二つのサービスのために、非常に多くのコンピューター・モデルを開発してきた。それらはすべて、トレンドに従うように設計されたものである。トレンドは友であるということを記憶しておいてほしい。

株式市場の四％モデルは次のように使う。第一に、それはバリューライン総合指数を用いる。これは、定期的にクオトロンで表示されており、日刊紙やバロンズ誌でも見ることができる。バリューライン指数は記憶していると思うが、アーノルド・ベルンハルト社が計算しているおよそ一七〇〇銘柄の非加重株価指数であり、私の開発したツバイク非加重平均株価指数と類似している。実際に、この二つの指数は長期的にはほとんど同一の結果を示す。したがって、この四％モデルをＺＵＰＩ指数に適用することは簡単にできる。しかし、バリューラインのデータのほうがより手に入れやすく、追跡するうえでよりやさしいといえる。

このモデルを構築するうえで必要なことは、バリューライン指数の一週間の終値がすべてである。もしお望みであれば、日々の数字は無視して構わない。土曜日か日曜日の新聞で週の終値を探せばよい。あるいは、毎週土曜日の新聞スタンドに出回るバロンズ誌を見ればよい。このトレンドフォロー型モデルは、バリューライン指数が一週間の終値で四％以上の上昇をしたときに買いシグナルとなる。

そして、バリューライン指数の一週間の終値が前の週の終値から四％か、それ以上下げたときは売りシグナルとなる。**注意——あくまで四％であり、四ポイントではないことに留意しておいてほしい。**

例えば、第一週にバリューライン指数が二〇〇で終わったとすると、買いシグナルが発生するためには、最低二〇八にならなければならない。バリューライン指数が二〇九で引けた週に、買いシグナルが発生したと仮定しよう。買いシグナルは、バリューライン指数の一週間の終値が四％か、それ以上下げるまでは継続する。バリューライン指数が上昇を続け、ときどきその間に小さな下げを伴うが、けっして四％以上の下げにならず、その週の終値が二四〇という高値に到達したと仮定する。その時点で、指数が下降し始める。売りシグナルを発生するためには、指数は四％の下げ、すなわち二三〇・四〇以下の水準まで下げる必要がある。バリューライン指数がある週に二二九で引け、売りシグナルが発生したと仮定する。売りのポイントは二二九のときであり、モデルはその後四％あるいはそれ以上の上昇が起こるまで、売りシグナルが継続される。

四％モデル指標ついては、これがすべてである。一週間のなかでわずか一分、計算機を使って（あるいは長除法を思い出すことによって）、四％モデルを計算することができる。

このモデルは、市場のトレンドといっしょにとどまることを強いることを目的に考案されたものである。市場は、この買いシグナルによって買いを指示される前は長期間上昇することはなく、この売りシグナルによって売りを指示される前は大きく下げることはない。もちろん、週間ベースのデータを用いるため、買いシグナルが生じる前に市場が四％以上の動きをすることはある。時折、一週間のうちで大きく動くことがあり、その週の天井の六％か、七％か、八％という高値を買うことがあろう。あるいは、その週の安値よりもさらに安いところで売ることがあろう。しかし、それにもかかわらず、大きなトレンドに従っていることになるのである。

この四％モデルやいかなるトレンドフォロー型モデルも、その利点は、市場が非常に大きな動きをするときに、おおむね正しいサイドにつくことを可能にしてくれるということである。しかし、株式市場にはフリーランチ（無料の昼食）はない。大きな動きのなかの正しいサイドにいるということが保証されても、非常に短期的な値動きにおいて往復ビンタを喰うことがあるかもしれない。もし市場が四％をわずかに超えたジグザグの動きとなっているとき、つまり買うべきときに売り、売るべきときに買ってしまうということがあるかもしれない。これによってある程度のコストを負担することになるが、四％モデルの長期的な結果は、その程度のコストを支払うに値する価値があるということを示している。

表18は、デイビスが行った一九六六年五月から開始された四％モデルの検証のすべてのシグナルを表示している。この表では、売りシグナルによって空売り（空売りについての総合的な論議は第一四章で行う）をし、買いシグナルで買い持ちをすると仮定している。私は、ここでは必ずしも空売りをすること推奨しているわけではない。単に、売りシグナルに基づいて空売りをした場合の利益はどれだけになったかということを示したいだけである。不運な投資家はいつも売りシグナルで買ってしまうということは容易に想像することができる。売るべきところで買った結果は、かなりの損失となる。

表18

4%モデルとバリューライン
(1966/5/6-1996/3/20)

シグナル	日付	バリューライン	利益(%)	日数	1万ドルの累積結果
SELL	5/06/66	133.09	15.9	168	11,591
BUY	10/21/66	111.92	33.6	371	15,488
SELL	10/27/67	149.55	−2.2	63	15,142
BUY	12/29/67	152.89	−4.5	42	14,463
SELL	2/09/68	146.04	0.3	56	14,510
BUY	4/05/68	145.57	12.3	112	16,300
SELL	7/26/68	163.53	−2.9	42	15,831
BUY	9/06/68	168.24	5.2	126	16,653
SELL	1/10/69	176.98	3.1	119	17,172
BUY	5/09/69	171.46	−8.0	35	15,798
SELL	6/13/69	157.74	8.3	126	17,114
BUY	10/17/69	144.60	−3.2	35	16,564
SELL	11/21/69	139.95	8.8	105	18,022
BUY	3/06/70	127.63	−4.6	14	17,192
SELL	3/20/70	121.75	21.7	70	20,918
BUY	5/29/70	95.36	−6.9	28	19,475
SELL	6/26/70	88.78	−1.9	21	19,100
BUY	7/17/70	90.49	−3.7	28	18,458
SELL	8/14/70	87.45	−9.3	14	16,742
BUY	8/28/70	95.58	2.0	56	17,082
SELL	10/23/70	97.52	−1.4	42	16,837
BUY	12/04/70	98.92	19.6	175	20,130
SELL	5/28/71	118.27	3.5	84	20,843
BUY	8/20/71	114.08	−2.2	56	20,381
SELL	10/15/71	111.55	5.1	49	21,410
BUY	12/03/71	105.92	13.2	154	24,236
SELL	5/05/72	119.90	6.2	189	25,741
BUY	11/10/72	112.45	0.6	42	25,899

SELL	12/22/72	113.14	25.3	203	32,460
BUY	7/13/73	84.48	1.6	28	32,986
SELL	8/10/73	85.85	−1.2	28	32,595
BUY	9/07/73	86.87	3.6	56	33,754
SELL	11/02/73	89.96	12.1	63	37,821
BUY	1/04/74	79.12	−0.9	84	37,501
SELL	3/29/74	78.45	9.1	70	40,914
BUY	6/07/74	71.31	−6.5	14	38,263
SELL	6/21/74	66.69	20.2	91	46,003
BUY	9/20/74	53.20	−6.3	14	43,115
SELL	10/04/74	49.86	−11.8	7	38,039
BUY	10/11/74	55.73	−5.5	42	35,957
SELL	11/22/74	52.68	1.1	42	36,340
BUY	1/03/75	52.12	45.2	203	52,766
SELL	7/25/75	75.68	5.8	112	55,813
BUY	11/14/75	71.31	−5.0	21	53,019
SELL	12/05/75	67.74	−5.7	28	49,982
BUY	1/02/76	71.62	19.7	98	59,808
SELL	4/09/76	85.70	−1.4	77	58,992
BUY	6/25/76	86.87	−1.3	56	58,245
SELL	8/20/76	85.77	−2.8	35	56,629
BUY	9/24/76	88.15	−4.1	14	54,309
SELL	10/08/76	84.54	−2.3	49	53,044
BUY	11/26/76	86.51	4.0	133	55,159
SELL	4/08/77	89.96	−5.5	77	52,130
BUY	6/24/77	94.90	−3.1	56	50,493
SELL	8/19/77	91.92	−0.5	84	50,263
BUY	11/11/77	92.34	−1.5	56	49,517
SELL	1/06/78	90.97	−3.4	70	47,813
BUY	3/17/78	94.10	10.6	105	52,899
SELL	6/30/78	104.11	−4.5	28	50,496
BUY	7/28/78	108.84	4.4	56	52,718
SELL	9/22/78	113.63	11.8	77	58,944
BUY	12/08/78	100.21	14.9	308	67,738

シグナル	日付	バリューライン	利益(%)	日数	1万ドルの累積結果
SELL	10/12/79	115.16	1.3	42	68,626
BUY	11/23/79	113.65	9.6	98	75,178
SELL	2/29/80	124.50	11.5	42	83,801
BUY	4/11/80	110.22	29.3	210	108,321
SELL	11/07/80	142.47	−4.1	7	103,926
BUY	11/14/80	148.25	−7.3	28	96,313
SELL	12/12/80	137.39	−5.0	14	91,483
BUY	12/26/80	144.28	4.9	196	96,004
SELL	7/10/81	151.41	12.3	84	107,810
BUY	10/02/81	132.79	−0.8	105	107,007
SELL	1/15/82	131.80	3.1	77	110,278
BUY	4/02/82	127.77	−2.3	56	107,784
SELL	5/28/82	124.88	2.9	84	110,857
BUY	8/20/82	121.32	64.3	343	182,184
SELL	7/29/83	199.38	−1.6	56	179,279
BUY	9/23/83	202.56	−4.2	28	171,791
SELL	10/21/83	194.10	−1.7	35	168,959
BUY	11/25/83	197.30	−4.4	70	161,568
SELL	2/03/84	188.67	6.0	182	171,305
BUY	8/03/84	177.30	−0.9	119	169,837
SELL	11/30/84	175.78	−3.0	42	164,716
BUY	1/11/85	181.08	5.6	112	173,867
SELL	5/03/85	191.14	−4.1	35	166,708
BUY	6/07/85	199.01	−0.6	70	165,628
SELL	8/16/85	197.72	−1.0	84	163,894
BUY	11/08/85	199.79	18.5	245	194,238
SELL	7/11/86	236.78	0.7	42	195,657
BUY	8/22/86	235.05	−6.5	21	183,029

SELL	9/12/86	219.88	−4.5	49	174,747
BUY	10/31/86	229.83	13.5	167	198,264
SELL	4/16/87	260.76	−2.7	57	192,850
BUY	6/12/87	267.88	2.9	98	198,386
SELL	9/18/87	275.57	26.7	91	251,386
BUY	12/18/87	201.95	10.1	154	276,830
SELL	5/20/88	222.39	−5.9	21	260,424
BUY	6/10/88	235.57	−2.4	63	254,111
SELL	8/12/88	229.86	−3.0	56	246,406
BUY	10/07/88	236.83	−4.1	35	236,345
SELL	11/11/88	227.16	−3.9	56	224,856
BUY	1/6/89	236.07	11.8	280	251,389
SELL	10/13/89	263.93	6.7	154	268,232
BUY	3/16/90	246.23	−5.8	42	252,675
SELL	4/27/90	232.04	−4.1	14	242,315
BUY	5/11/90	241.59	−1.2	77	239,407
SELL	7/27/90	238.64	19.7	126	286,570
BUY	11/30/90	191.55	22.3	210	350,475
SELL	6/28/91	234.36	−4.2	56	335,756
BUY	8/23/91	244.21	−4.1	91	321,990
SELL	11/22/91	234.26	−3.3	35	311,364
BUY	12/27/91	242.09	4.5	98	325,375
SELL	4/3/92	253.00	−0.1	119	325,050
BUY	7/31/92	253.36	−4.4	63	310,748
SELL	10/2/92	242.25	−2.9	28	301,736
BUY	10/30/92	249.27	14.2	518	373,873
SELL	4/1/94	284.85	0.0	133	373,873
BUY	8/12/94	284.68	−1.2	91	369,386
SELL	11/11/94	281.14	1.3	49	374,188
BUY	12/30/94	277.52	13.8	301	425,826
SELL	10/27/95	316.04	−4.0	35	408,793
BUY[a]	12/1/95	329.31	4.2	133	425,962

a　1996年3月20日のバリューライン指数は、343.82
BUY＝買い、SELL＝売り

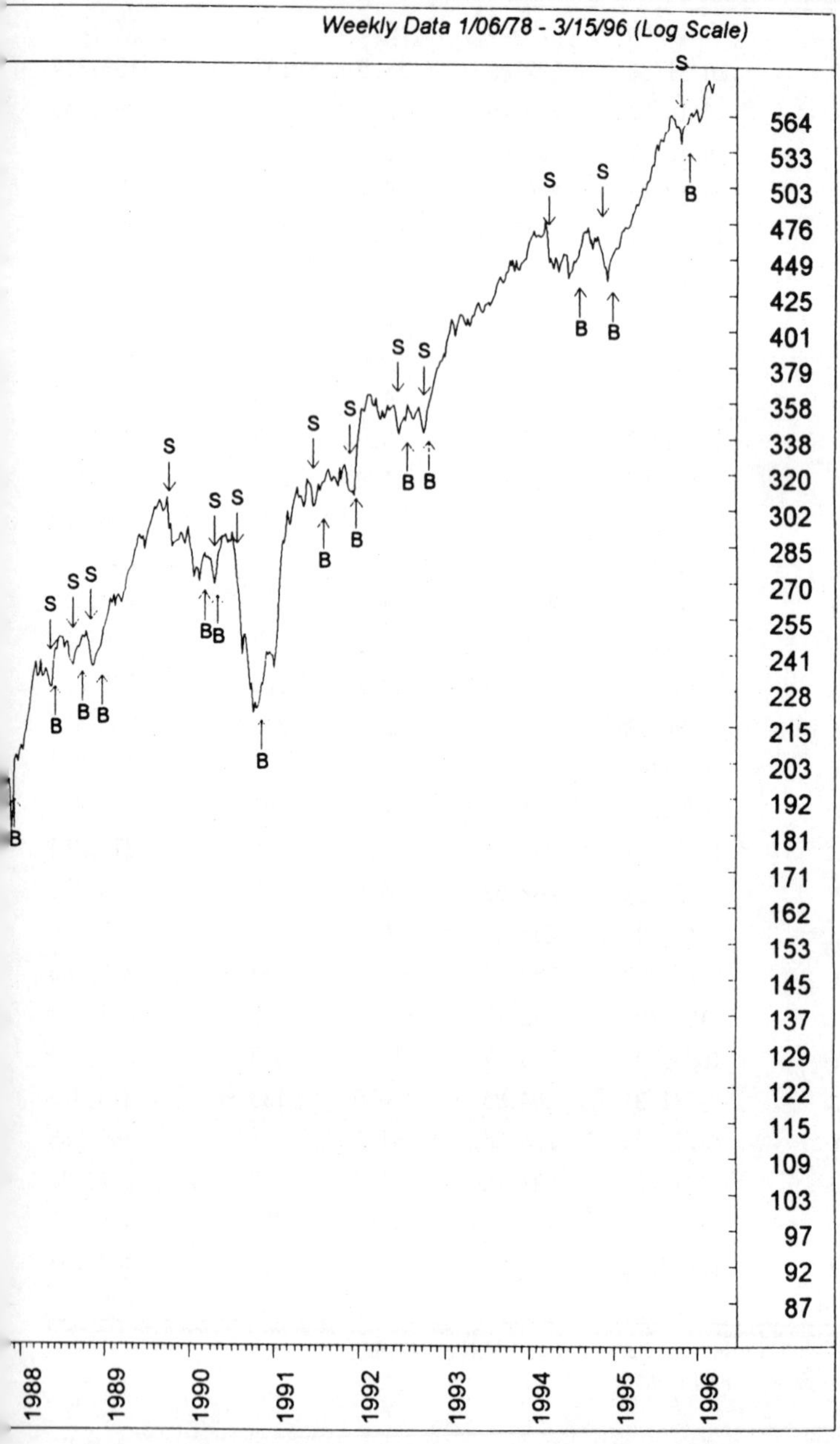

Weekly Data 1/06/78 - 3/15/96 (Log Scale)
564
533
503
476
449
425
401
379
358
338
320
302
285
270
255
241
228
215
203
192
181
171
162
153
145
137
129
122
115
109
103
97
92
87
1988
1989
1990
1991
1992
1993
1994
1995
1996

グラフ1

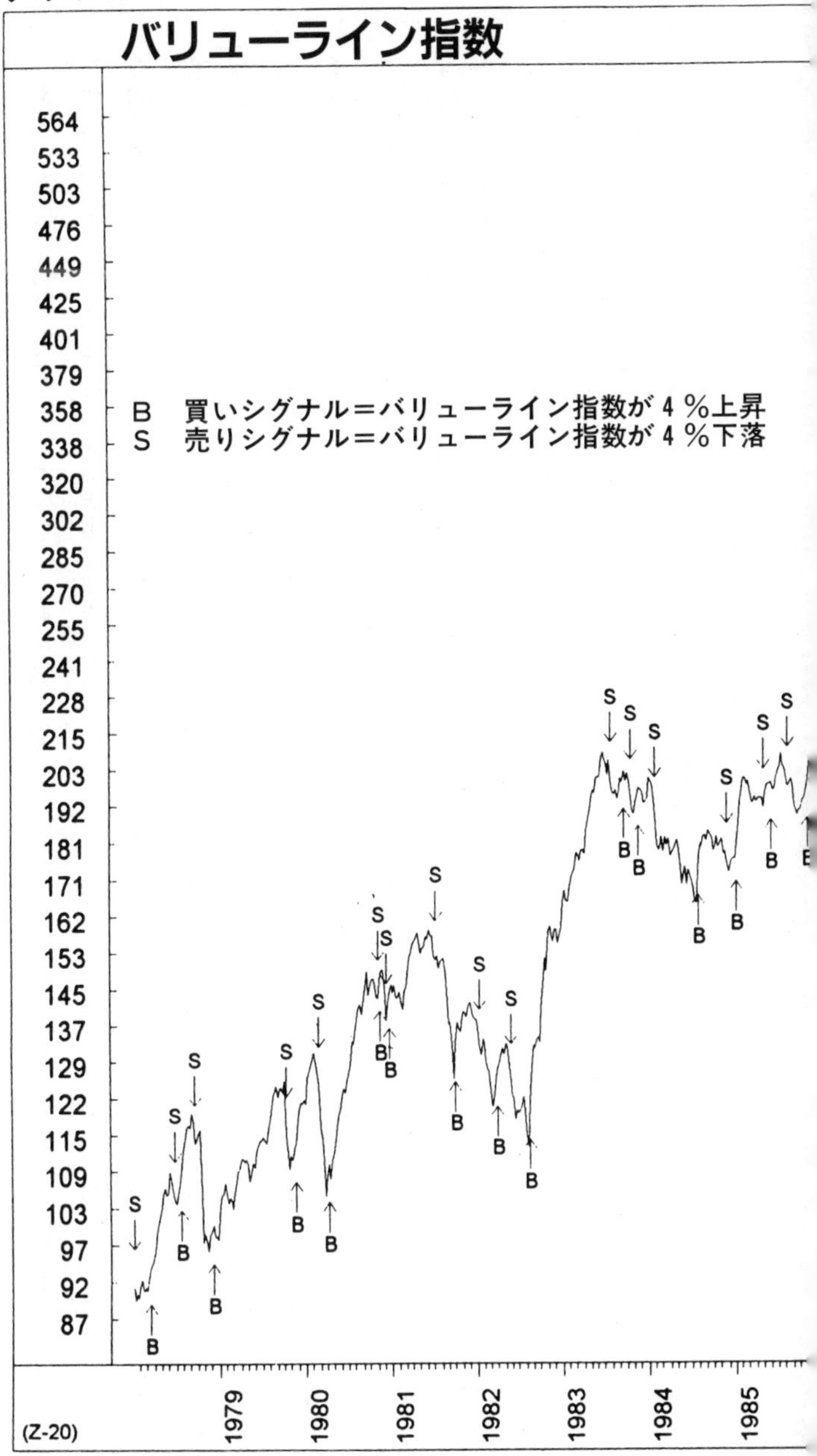

出所＝ネッド・デイビス・リサーチ

しかし、それは、もちろん賢明な投機家であるなら行うであろうこと、すなわち、トレンドに従うということの正反対をしているのである。

表の四番目の列はシグナルのすべて、つまり買いと売りのすべてのシグナルに基づいた利益率を表している。また、それぞれのシグナルが発生した暦年の日付も表示されている。また、右端の列には、当初のポートフォリオ一万ドルの累積結果がどうなったかを示している。実際にはだれもこれらの期間にわたってバリューライン指数を購入したり売却したりできなかったので、ここで示されている結果は、理論的なものである。株価指数先物は、バリューライン指数を用いて一九八二年に取引が開始された。それ以降、われわれは実際のバリューライン指数のリターンの近似値を求めることができるようになったのである。一九六六年以降の期間においては、広範な対象に基づいたポートフォリオを有する分散投資したミューチュアル・ファンド、中規模か小規模な企業のウエートを大きくした分散投資をした株式ポートフォリオを購入することによって、バリューライン指数のリターンの近似値を得ることができる。

グラフIは、一九七八年までさかのぼって、バリューライン指数の上に四％モデルの買いシグナルと売りシグナルを図示したものである。グラフ上のBは買いシグナルを、Sは売りシグナルを意味している。

表19は、四％モデルの結果を総括したものを示している。六一回の買いシグナルが発生した。この六一回のうち、わずか三〇回だけに利益が生じ、勝率はちょうど四九％であった。しかし、これらの

三〇回の利益の生じた買いの一回当たりの平均利益率は一四・一％であった。反対に、損失を被った三一回の取引の損失率は、平均三・五％でしかなかった。**これが損失を少なくし、利益を伸ばすという**、投機家にとっての理想的な戦略の完璧な例であり、これは伝統的な投資家にとっても、さほど悪いアイデアではない。

六一回の買いシグナルを合計すると、一回当たりの平均利益率は四・七％であった。買いシグナルは、一回当たりの取引について平均八〇日間（暦年ベース）、あるいは、一一週間強有効であった。これは実際に多すぎる取引というほどではなかった。手数料とポートフォリオの回転という観点からは妥当な範囲にある。その一回の取引当たりの五％という利益を年率換算すると、一六・二％になる。一九六六年から一九九六年三月二〇日まで、バリューライン指数を購入してそのまま保有した場合、年平均利回りはわずか二・七％にしかすぎない。これらの計算に際しては、バイ・アンド・ホールドとトレーディングを行った場合の双方で配当を無視している。明らかに、配当を加えた場合、双方のケースともリターンは増える。

売り方にとっても、結果は同様である。売りのシグナルによって空売りをしたと仮定すると、六一回の取引において二八回利益を得ることができた。成功率は四六％であった。これは、あまり多くないように思えるかもしれない。しかし、これらの二八回の成功した空売りの取引での平均の利益は九・六％であった（その代わりに、もしこれらの二八回のケースで買いに固執していたならば、平均九・六％の損失となっていた）。これと対照的に、空売りをした投機家が間違えた三三回のケースでは、その平均損失はわずかに三・五％でしかなかった。その結果、空売りによる一取引当たりの平均利益は差し引き二・四％となり、その一回当たりのポジションの平均期間は四八日間、または七週間であった。この空売りによる年率平均の利益は一三・五％であった。これは、この売りシグナルが出ていた期間に、買いを継続していた投資家はこれらの期間で年率一三・五％の損失を被っていたということを意味する。

表19のなかの取引の総合計の欄は、買いシグナルであるか、売りシグナルであるかにかかわりなく、すべての取引を合計している。これらの取引の五二％が損失となったが、平均した損失率はわずかに三・七％でしかない。四八％の取引で利益を出したが、その平均利益率は一一・八％であった。一二二回の取引で一回当たりの平均利益は、四・一％であった。これは、四％モデルによる取引の年間リターンである一三・三％と等しく、三〇年間、単にバイ・アンド・ホールドをして得た利益の二・七％をかなり凌駕するものであった。明らかに、この非常に簡単なモデルはうまく機能しているのである。

時折、生じる損失は私が許容し得るものを超えるときがある。それは、主として、一週間の終値のみを使うことに基づく欠点から生じるものである。しかし、これには、それを上回るプラスの面がある。その単純性とモデルが突然好転するかどうかを気にして、日々、クオトロンの前で右往左往する必要がないということである。ときどきあまりにも多くの木を気にするあまり、森を見失うことがある。これは良いことではない。一九六六年以降、買いと空売りの双方の取引をした場合には、当初の

表19

4％モデルとバリューラインの総括
(1966/5/6-1996/3/20)

取引種類		1売買の損益率	%	1取引の平均日数	年利益率
買い					
損失	31	−3.9%	(51%)		
利益	30	＋14.1%	(49%)		
合計	61	＋4.7%	(100%)	80	＋16.2%
売り(空売り)					
損失	33	−3.5%	(54%)		
利益	28	＋9.6%	(46%)		
合計	61	＋2.4%	(100%)	48	＋13.5%
合計					
損失	64	−3.7%	(52%)		
利益	58	＋11.8%	(48%)		
合計	122	＋4.1%	(100%)	64	＋13.3%

全取引結果
1万ドルは30年間で425,962ドルになった(年率＋13.3%)
バイ・アンド・ホールドは25,727ドルになった(年率＋3.2%)

投資元本の一万ドルは、配当を除いて四二万五九六二ドルに増加した。極端に単純なモデルとしてはそれほど悪くないといえよう。

このモデルはここに提示されたとおりの利用をすることができる。あるいは、読者の好きなように変更して利用することもできる。四%の変化が生じるまで待たなくてはならないという規則はない。例えば、取引回数を少なくし、より少ないシグナルの発生回数を好むなら、例えば四%ルールを五%や六%ルールへと変更しても構わない。そうすることによって、全体的なベースでのリターンがわずかに低いものになるかもしれないが、取引コストを少し減少させ、幾つかのシグナルをやり過ごすことができよう。逆に、もっと短期的な結果を重視するのであれば、例えば、三%や二・五%へとルールを変更してもよいだろう。それによって、取引回数は増加し、おそらくはより高いリターンを得ることができるかもしれない。しかし、取引コストは増えるだろう。私は、四%ルールが一方で過剰な回転売買を避け、他方で堅実なリターンを手にするうえで適度に均衡が取れているものであると感じている。

S&P五〇〇株価指数などのその他の主要な平均指数に、これと同様なルールを応用できるが、バリューライン指数やZUPI指数ほど効果的ではない。これら以外のその他の主要な平均指数はバリューライン指数やZUPI指数ほどには変動が激しくはなく、ブル・マーケットやベア・マーケットでの上下の振れがより小さい。

四%モデルがどのように機能するかについて要約しよう。必要なものは、バリューライン指数の一週間の終値だけである。もし指数が四％か、それ以上上昇した場合は、買いシグナルが出る。もしそれが四％か、それ以上下がった場合は、売りシグナルとなる。シグナルの約半分は利益を生じない可能性がある。しかし、有効であったシグナルによる利益は、失敗したシグナルによる損失を圧倒するものである。**この結果、トレンドに従うことによって長期的で、堅実な利益を実現することができるのである。**

第六章
金融諸指標とモメンタム諸指標の統合——手放すことのできなくなる唯一の投資モデル

第四章では、市場を予測するために金利指標とFRB指標を用いた金融モデルを開発した。その素晴らしい結果が「FRB（連邦準備制度理事会）に逆らうな」というルールの正しさを証明するものとなった。第五章では、モメンタム型の諸指標を開発し、そのうちの一つである四％モデルは継続的に強気や弱気のシグナルを発する。その結果もまた素晴らしいものであり、「テープに逆らうな」というルールを証明した。これらの示唆に富んだ結果を前提として、FRBの動向とテープのトレンドの双方に従うようなより優れたモデルを開発するために、金融の諸指標とモメンタムの諸指標を統合してみようと考えるのは当然の帰結であろう。この章では、そのようなモデルを開発する。

引き続き、モデルはできるだけ単純にするように努めたい。直接、第四章の金融モデルから始め、そこで述べられた等級付けを用いる。モデルはゼロから八ポイントになるということを思い起こしてほしい。金融モデルはモデルが六ポイント以上になったとき買いシグナルを発し、モデルが売りシグナルとなる二ポイントか、それ以下になるまで買いは継続するというものであった。このモデルに、第五章で開発した四％モデルを付け加えてみよう。

四％モデルが買いシグナルを発しているときには、二ポイントを付与する。四％モデルが売りシグナルのときには、ゼロ・ポイントとする。その後、四％モデルのポイントと金融モデルのポイントを加える。理論的には、われわれがスーパー・モデルと称するこの統合したモデルの得点は、ゼロから一〇ポイントの範囲で動くことになる。つまり、金融モデルのなかの三つの指標がすべて強気であり、四％モデルが買いシグナルになっているならば、スーパー・モデルはプラス一〇ポイントとなる。逆に、三つの金融指標がすべて弱気であり、四％モデルが売りシグナルの状態にあるときは、スーパー・モデルのポイントはゼロになる。**表20**はスーパー・モデルの構成を示している。

このモデルを利用するには複雑な規則が幾つかある。一定水準以上では全額株式投資を行い、それ以下のある水準では四分の三だけ投資し、それ以下では半分だけ投資するというようなことである。事柄を単純化するために、ここでは、一〇〇％全額投資するか、一〇〇％現金とするかというシステムを作ることにする。

ルールは次のようになる。スーパー・モデルが六ポイントか、それ以上に達したときには、買いシグナルになる。われわれはこのポイントで、投資家は株式に一〇〇％投資するものと仮定する。買いシグナルは、スーパー・モデルが三ポイントか、それ以下に下落するまで有効であり、その時点で売りシグナルが生じる。売りシグナルが生じた時点で投資家は株式市場から手を引き、現金化された資金は財務省短期証券やＣＤ（譲渡性預金）、マネー・マーケット・ファンドなどの短期金融商品に一〇〇％投資されると仮定する。財務省短期証券の利回りを数年間の金利の代理指標として用いる。

明らかに、二つのモデルに属する指標がすべて強気を示せば、スーパー・モデルは強気となるが、その逆もまた真である。しかし、金融指標とテープ指標を統合することによる利点は、金融指標は相対的に中立な状態にあっても、市場のモメンタムが強ければ、十分に買いシグナルが生じることがあるということである。そのようなときには、キャッシュ・ポジションとしておくよりも株式に投資するほうがより意味があると思われる。

表20

スーパーモデル・ワークシート

日付	ZUPI	S&P	ダウ	プライムレート	FRB	割賦債務	4%モデル	スーパーモデル
12/31/79	112.33	107.94	839	2	0	0	2	4
2/19/80	117.09	114.60	876	0*	0	0	0*	0
4/11/80	100.52	103.79	792	0	0	0	2*	2
5/1/80	103.73	105.46	809	2*	0	0	2	4
5/6/80	105.52	106.25	816	2	2*	0	2	6買い
5/22/80	110.68	109.01	843	2	4*	0	2	8
6/16/80	117.46	116.09	878	2	4	2*	2	10
8/26/80	132.08	124.84	953	0*	4	2	2	8
11/7/80	133.15	129.18	932	0	4	2	0*	6
11/14/80	138.18	137.15	986	0	2*	2	2*	6
12/4/80	136.90	136.48	970	0	1*	2	2	5
12/12/80	128.23	129.23	917	0	1	2	0*	3売り
12/22/80	132.87	135.78	959	2*	1	2	0	5
12/26/80	134.98	136.57	966	2	1	2	2*	7買い
4/24/81	148.46	135.14	1020	0*	1	2	2	5
6/16/81	149.84	132.15	1003	2*	1	2	2	7
6/22/81	149.02	131.95	994	0*	1	2	2	5
7/10/81	144.14	129.37	956	0	1	2	0*	3売り
9/9/81	128.22	118.40	854	0	2*	2	0	4
9/21/81	127.04	117.24	847	2*	4*	2	0	8買い
10/2/81	126.78	119.36	861	2	4	2	2*	10
1/15/82	128.45	116.33	848	2	4	2	0*	8
2/1/82	128.68	117.78	852	0*	4	2	0	6
3/8/82	121.07	107.34	795	2*	4	2	0	8
3/16/82	120.96	109.28	798	0*	4	2	0	6
4/2/82	127.71	115.12	839	0	4	2	2*	8

5/28/82	127.76	111.88	820	0	4	2	0*	6
6/4/82	125.50	110.09	805	0	2*	2	0	4
7/19/82	124.03	110.73	826	0	4*	2	0	6
7/26/82	124.39	110.36	825	2*	4	2	0	8
8/20/82	126.35	113.02	869	2	4	2	2*	10
5/19/83	203.54	161.99	1191	2	2*	2	2	8
7/29/83	205.39	162.56	1199	2	2	2	0*	6
8/10/83	200.53	161.54	1176	0*	2	2	0	4
9/23/83	209.93	169.51	1256	0	2	2	2*	6
10/13/83	209.04	169.88	1261	0	2	0*	2	4
10/21/83	204.43	165.95	1249	0	2	0	0*	2売り
11/25/83	207.01	167.18	1277	0	2	0	2*	4
2/3/84	201.64	160.91	1197	0	2	0	0*	2
4/6/84	189.74	155.48	1132	0	1*	0	0	1
8/3/84	187.22	162.35	1202	0	1	0	2*	3
10/6/84	192.21	162.13	1178	0	2*	0	2	4
10/15/84	194.61	165.77	1203	2*	2	0	2	6買い
11/21/84	193.94	164.52	1202	2	4*	0	2	8
11/30/84	193.25	163.58	1189	2	4	0	0*	6
1/11/85	200.36	167.91	1218	2	4	0	2*	8
1/17/85	205.40	170.73	1229	2	2*	0	2	6
5/3/85	214.71	180.08	1247	2	2	0	0*	4
6/7/85	226.40	189.68	1316	2	2	0	2*	6
8/16/85	227.71	186.10	1313	2	2	0	0*	4
11/8/85	230.66	193.72	1404	2	2	0	2*	6
4/18/86	288.02	242.38	1840	2	4*	0	2	8
7/11/86	278.66	242.22	1821	2	4	0	0*	6
8/22/86	279.39	250.19	1888	2	4	0	2*	8
9/12/86	264.84	230.67	1759	2	4	0	0*	6
10/31/86	276.57	243.98	1878	2	4	0	2*	8
1/9/87	288.78	258.73	2006	2	2*	0	2	6

日付	ZUPI	S&P	ダウ	プライムレート	FRB	割賦債務	4％モデル	スーパーモデル
3/20/87	322.33	298.17	2334	2	2	2*	2	8
4/16/87	309.07	286.91	2276	2	2	2	0*	6
5/1/87	304.87	288.03	2280	0*	2	2	0	4
6/12/87	313.54	301.62	2378	0	2	2	2*	6
9/4/87	325.23	316.70	2561	0	1*	2	2	5
9/18/87	321.70	314.86	2525	0	1	2	0*	3売り
11/5/87	231.53	254.48	1985	2*	1	2	0	5
12/18/87	224.35	249.16	1975	2	1	2	2*	7買い
3/4/88	255.80	267.30	2058	2	2*	2	2	8
4/15/88	252.77	259.77	2014	2	2	0*	2	6
5/11/88	249.35	253.31	1966	0*	2	0	2	4
5/20/88	248.76	253.02	1953	0	2	0	0*	2売り
6/10/88	261.64	271.26	2102	0	2	0	2*	4
8/9/88	260.07	266.49	2079	0	1*	0	2	3
8/12/88	256.38	262.55	2038	0	1	0	0*	1
10/7/88	262.93	278.07	2150	0	1	0	2*	3
10/21/88	264.07	283.66	2184	0	1	2*	2	5
11/11/88	254.70	267.92	2067	0	1	2	0*	3
1/6/89	262.67	280.67	2194	0	1	2	2	5
2/7/89	276.12	299.63	2347	0	2*	2	2	6買い
2/24/89	270.45	287.13	2246	0	1*	2	2	5
3/20/89	271.78	289.92	2263	0	1	0*	2	3売り
7/14/89	298.17	331.84	2555	2*	1	0	2	5
8/24/89	307.51	351.52	2735	2	2	0	2	6買い
10/13/89	293.56	333.65	2569	2	2	0	0*	4
11/15/89	288.22	340.54	2633	2	2	2*	0	6
12/18/89	282.62	343.69	2698	2	2	0*	0	4
1/18/90	283.08	338.19	2666	2	2	2*	0	6
3/16/90	279.34	341.91	2741	2	2	2	2*	8

4/27/90	265.27	329.11	2645	2	2	2	0*	6
5/11/90	273.21	352.00	2802	2	2	2	2*	8
7/27/90	271.05	353.44	2899	2	2	2	0*	6
11/30/90	220.02	322.22	2560	2	2	2	2*	8
12/4/90	221.14	326.35	2580	2	4*	2	2	10
6/28/91	276.95	371.16	2907	2	4	2	0*	8
8/23/91	288.65	394.17	3040	2	4	2	2*	10
11/22/91	281.74	376.14	2903	2	4	2	0*	8
12/27/91	287.61	406.46	3102	2	4	2	2*	10
4/3/92	311.23	401.55	3249	2	4	2	0*	8
6/22/92	302.75	403.40	3281	2	2*	2	0	6
7/2/92	307.83	411.77	3330	2	4*	2	0	8
7/31/92	314.35	424.21	3394	2	4	2	2*	10
8/18/92	312.05	421.34	3329	2	2*	2	2	8
10/2/92	304.95	410.47	3201	2	2	2	0*	6
10/30/92	309.95	418.68	3226	2	2	2	2*	8
4/1/94	384.18	445.76	3637	2	2	2	0	6
4/19/94	377.33	442.54	3620	0	2	2	0	4
5/17/94	376.97	449.37	3721	0	1*	2	0	3売り
7/12/94	376.70	447.95	3703	0	1	0	0	1
8/12/94	385.38	461.95	3769	0	1	0	2	3
11/15/94	375.05	465.03	3826	0	1	0	0	1
12/30/94	368.33	459.27	3834	0	1	0	2	3
2/1/95	373.55	470.40	3848	0	0*	0	2	2
2/15/95	384.95	484.54	3986	0	1*	0	2	3
7/6/95	424.92	553.99	4664	0	4*	0	2	6買い
10/27/95	431.92	579.70	4742	0	4	0	0	4
12/1/95	449.14	606.98	5087	0	4	0	2	6
12/20/95	448.50	605.94	5059	2	4	0	2	8

*変化あり

これに代わって、金融モデルがおおむね中立的であり、テープの状況が芳しくないときに、売りシグナルが出ることは十分にある。それこそ、そのような状況下でわれわれが望むことである。明らかに、われわれが最初に選択すべきことは、金融やモメンタムに関する諸指標がわれわれに有利な側にあるということである。しかし、そのことは常に可能であるということではない。スーパー・モデルは、金融指標とモメンタム指標の間のある程度合理的なトレード・オフを許容しているのである。

表21は、一九六六～一九九六年三月にこの調査を終了するまでの間に、スーパー・モデルがツバイク非加重平均株価指数（ZUPI指数）で見たときにどのような成績を残したかを示したものである。表の左側は、スーパー・モデルの買いシグナルの日付、その時点でのZUPI指数の値、買いシグナルが生じている期間中のZUPI指数の変化率、最後に買いシグナルが有効であったおよその月数が表示されている。例えば、一九六六年一一月一六日に最初の買いシグナルが発生し、ZUPI指数は一〇八・七五ポイントであった。その買いシグナルは二〇・五カ月間有効であって、一九六八年七月二六日にZUPI指数が一五六・三四ポイントとなり、売りシグナルが発生するまで続いた。その間、ZUPI指数は四三・八％の強力な上昇となった。

表の右側はすべての売りシグナルを示しており、その最初は一九六六年三月一〇日のものである。偶然に最初のシグナルは売りシグナルであったため、その前に買いシグナルがない形になっている。一九六五年までさかのぼったどこかの時点で買いシグナルが発生しており、それが一九六六年三月の売りシグナルにつながったと思われる。

表21

スーパーモデルとZUPI指数
(1966-1996年)

買いシグナル				売りシグナル			
日付	ZUPI	%	月数	日付	ZUPI	%	月数
				3/10/66	125.43	−13.3	8.0
11/16/66	108.75	+43.8	20.5	7/26/68	156.34	+1.2	1.2
8/30/68	158.29	+9.4	4.0	12/31/68	173.15	−45.7	17.0
5/29/70	93.96	+32.2	13.5	7/16/71	124.17	−12.4	4.2
11/19/71	108.82	+11.2	7.5	6/26/72	121.02	−37.1	19.5
2/14/74	76.18	+2.4	1.5	3/29/74	78.02	−33.3	7.0
10/25/74	52.03	+76.0	31.0	5/31/77	91.57	+15.2	35.0
5/6/80	105.52	+21.6	7.0	12/12/80	128.32	+5.2	0.5
12/26/80	134.98	+6.8	6.5	7/10/81	144.14	−11.9	2.5
9/21/81	127.04	+60.9	25.0	10/21/83	204.43	−4.8	12.0
10/15/84	194.61	+65.3	35.5	9/18/87	321.70	−30.3	3.0
12/18/87	224.35	+10.9	5.0	5/20/88	248.76	+11.0	8.6
2/7/89	276.12	−1.6	1.3	3/20/89	271.78	+13.1	5.2
8/24/89	307.51	+22.5	5.8	5/17/94	376.96	+12.7	13.8
7/6/95	424.91	+13.2	8.6	3/20/96*			

投資元本1万ドル　=219,564ドル(223.8カ月)　1,746ドル(137.1カ月)
年間リターン　=+18.1%　−14.1%
バイ・アンド・ホールド=+4.6%

*表作成時の最新データ(シグナルではない)

表の売りシグナルの部分においても、指数の変化率と売りのシグナルの持続月数が示されている。例えば、一九六六年三月一〇日に売りシグナルが発生し、それはその後、一九六六年一一月一六日に買いシグナルが発生するまでの八カ月間有効であった。その間にZUPI指数は一三・三%の下落になった。

これまで一四回の売りシグナルと一四回の買いシグナルがあった。表の最下段に、買いシグナルの期間にのみ投資された一万ドルが二二四カ月間、あるいは約一八・五年間に二一万九五六四ドルになったことが示してある。これは、年間リターンでは一八・一%に等しい。ここには、金利、配当、手数料は含まれていない。反対に、売りシグナルの生じている期間にFRBに反抗し、テープに逆らい、愚かにも株式を購入した場合、当初の投資資金一万ドルは累積期間一三七カ月間、あるいは約一〇年間でわずか一七四六ドルになってしまったことになる。これは、年間損失率一四・一%になる。

ZUPI指数を購入し、三〇年間まったく売買することなく全期間にわたって保有した場合、リターンは年率四・六%となった。したがって、買いシグナルは、バイ・アンド・ホールドよりは年間リターンで約一三%以上良好であった。一方で、売りシグナルであった期間における市場では、年率で二〇%以上バイ・アンド・ホールドより貧弱な結果であった。これらのシグナルは比較的単純なモデルであり、特に年平均でわずか一回しか取引をしないものとしては、マーケットとの差は明らかであろう。

表は一四回の買いシグナルのうちの一三回で利益が生じており、一回は一・六%というわずかな損失となったことを示している。売りシグナルの一四回のケースのうち八回は市場が下げ、六回は市場が上昇した。しかし、そのうちの二回の上昇幅は小さかった。売りシグナルによる最悪の損失は、一九七七年五月三一日の売りシグナル後に一五・二％も市場が上昇したことであった。しかし、その売りシグナルは三五カ月間、ほぼ三年間にわたり有効であったことに留意してほしい。その期間中、金利は上昇し、もし財務省短期証券（最も高利回りの短期金融商品ではないが）に資金を投資したと仮定すると、全体のリターンは、その期間におけるキャピタル・ゲインの二倍以上である二七・一％になっていたのである（もっとも、ここでは配当を考慮にいれていない）。

買いシグナルによる利益のほとんどは、非常に大きいものであった。一九六六年初めの四三・八％の利益、一九七〇年五月のシグナルによる三二・二％の利益、一九七四年一〇月の買いシグナルによる七六％の利益、一九八一年九月のシグナルによる六〇・九％の利益、そして一九八四年一〇月の六五・三％の上昇である。大きなブル・マーケットが到来したときには、スーパー・モデルはそれに続く上昇に素早く飛び乗り、その上昇過程の大部分の期間で強気を継続することを可能にしてくれ、その役割を果たしたといえる。

一方、モデルは売りシグナルという面でも非常にうまく機能し、最悪のベア・マーケットの期間に投資家が市場を避けることを可能にしてくれた。特に、スーパー・モデルは一九六八年の最後の日に脅威的な売りシグナルを発し、その日以降、一七週間で株価は四五・七％下落した。スーパー・モデルはまた、一九七二年六月に絶好のタイミングで売りシグナルを発生させ、非常にうまく機能した。

株価は、そのシグナルが生じてから約一年半ほどの間に三七・一％下げたのであった。非常に短期間だけ強気な領域へ突入した後、スーパー・モデルは一九七四年三月二九日に正確な売りシグナルを発して、方向を転換した。一九三〇年代以降、最悪のベア・マーケットの最悪な部分がその後の七カ月間続き、その間に株価はさらに三三・三％下落した。スーパー・モデルは一九八七年九月一八日の売りシグナルで、「ブラック・マンデー」の到来を予知した。そのシグナルの発生後、株価は三〇・三％の急落となった。

グラフJは、一九六六年にさかのぼり、スーパー・モデルをツバイク非加重平均株価指数と対比させて図示したものである。上の点線を上方向に交差しているのが買いシグナル、下の点線を下方向に交差しているのが売りシグナルである。

表22はスーパー・モデルの同様の取引をS&P五〇〇株価指数で行った場合の調査結果を示している。ここでは、一四回の買いシグナルのうち一二回で利益が生じた。損を生じたものは一九八〇～八一年のちょっとした五・三％の下げと、一九八九年の三・二％の下げであった。一四回の売りシグナルのうち八回は市場の下落につながったが、五回のダマシのうちの二回は非常に小さな上昇であった。売りシグナルにもかかわらず市場が上昇したものの最大は、一九九四年五月の二三・三％の上昇であった。**表22**の最下段を見ると、S&P五〇〇株価指数で取引した買いシグナルのリターンが一四・五％であり、バイ・アンド・ホールドではわずかに六・八％にしかすぎなかったことが分かる。反対に、売りシグナルの期間ではS&P五〇〇は年間四・五％の下げとなり、バイ・アンド・ホールドよりは

一一・三％悪い結果であった。

一九六六年以降スーパー・モデルを用いた場合の投資結果はどうなったであろうか？　この質問に対する答えは**表23**にある。そこには、スーパー・モデルによる指示に従って、ツバイク非加重平均株価指数か、それと同様の株式のバスケットを買うという取引を行った結果がどれだけのリターンとなったかを示している。このアプローチは、買いシグナルでZUPI指数か、それと同様のものを買い、売りシグナルが生じたらそれを売却し、その資金の一〇〇％を財務省短期証券に投資するということを前提としている。**ここでは、配当が含まれている。**

最初の二つの欄には日付とシグナルの別が記されている。売りシグナルの場合、その次の三つの欄は不要なので、意図的に空白にしてある。いずれにしても、売りシグナルが生じている期間に株式市場が実際どのようになったかについては、すでに**表21**および**表23**で示した。次の、右側から二番目の欄は、売りシグナルが出ている期間に株式市場から手を引き、資金を財務省短期証券に投資したことによって得た利子を示している。右端はスーパー・モデルの指示に従ったときの投資元本一万ドルの変化を示している。

例えば、一九六六年三月一〇日に発生した売りシグナルに従い、財務省短期証券を購入し、その後の八カ月間、すなわち一九六六年一一月一六日に買いシグナルが発生するまでに三・二％の利子を得る。これは、右端の欄の最上段の行が示すように、当初の投資元本一万ドルがその間に一万〇三二〇ドルに成長したことを意味する。

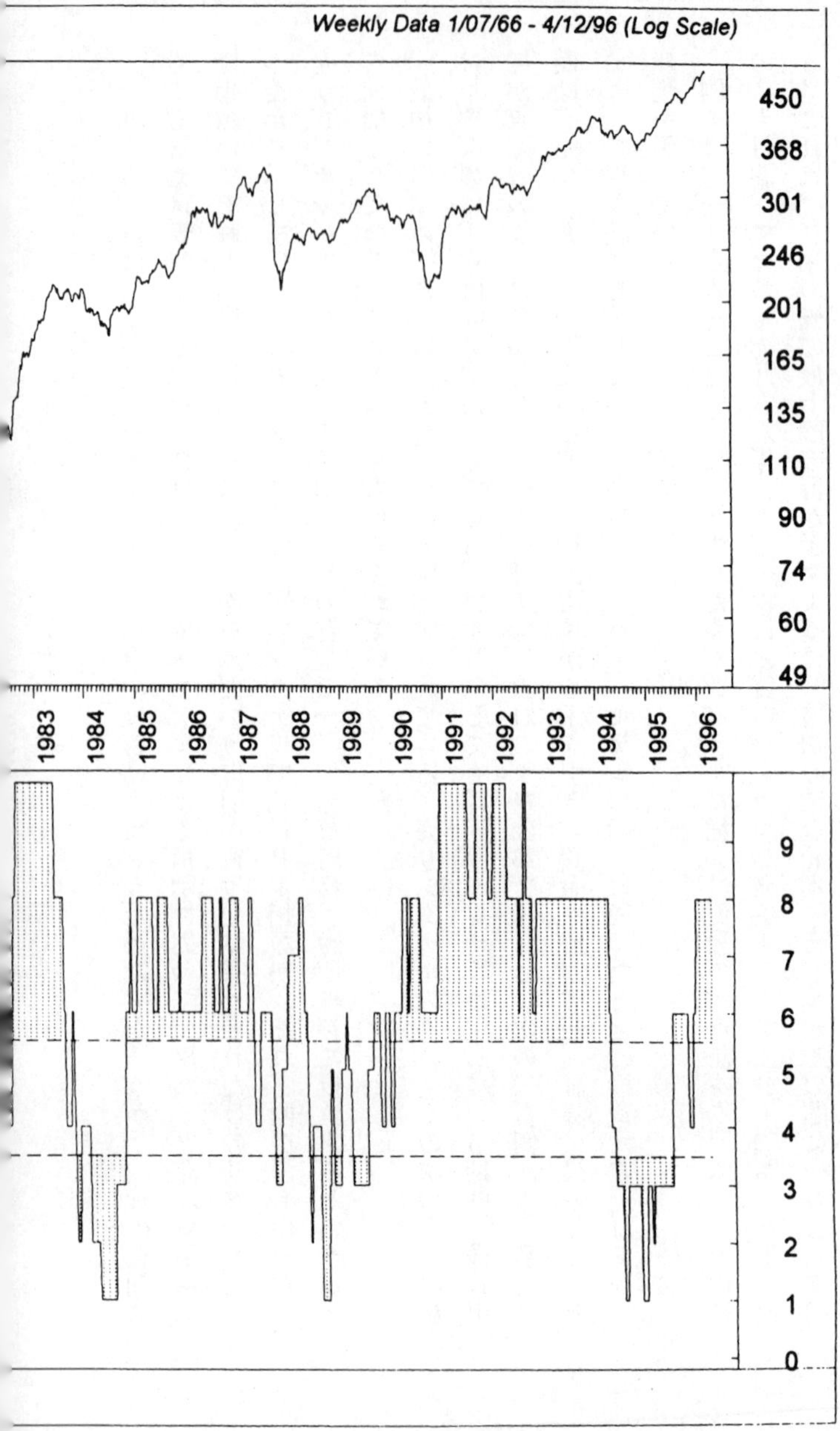
Weekly Data 1/07/66 - 4/12/96 (Log Scale)
450
368
301
246
201
165
135
110
90
74
60
49
1983
1984
1985
1986
1987
1988
1989
1990
1991
1992
1993
1994
1995
1996
9
8
7
6
5
4
3
2
1
0

グラフJ

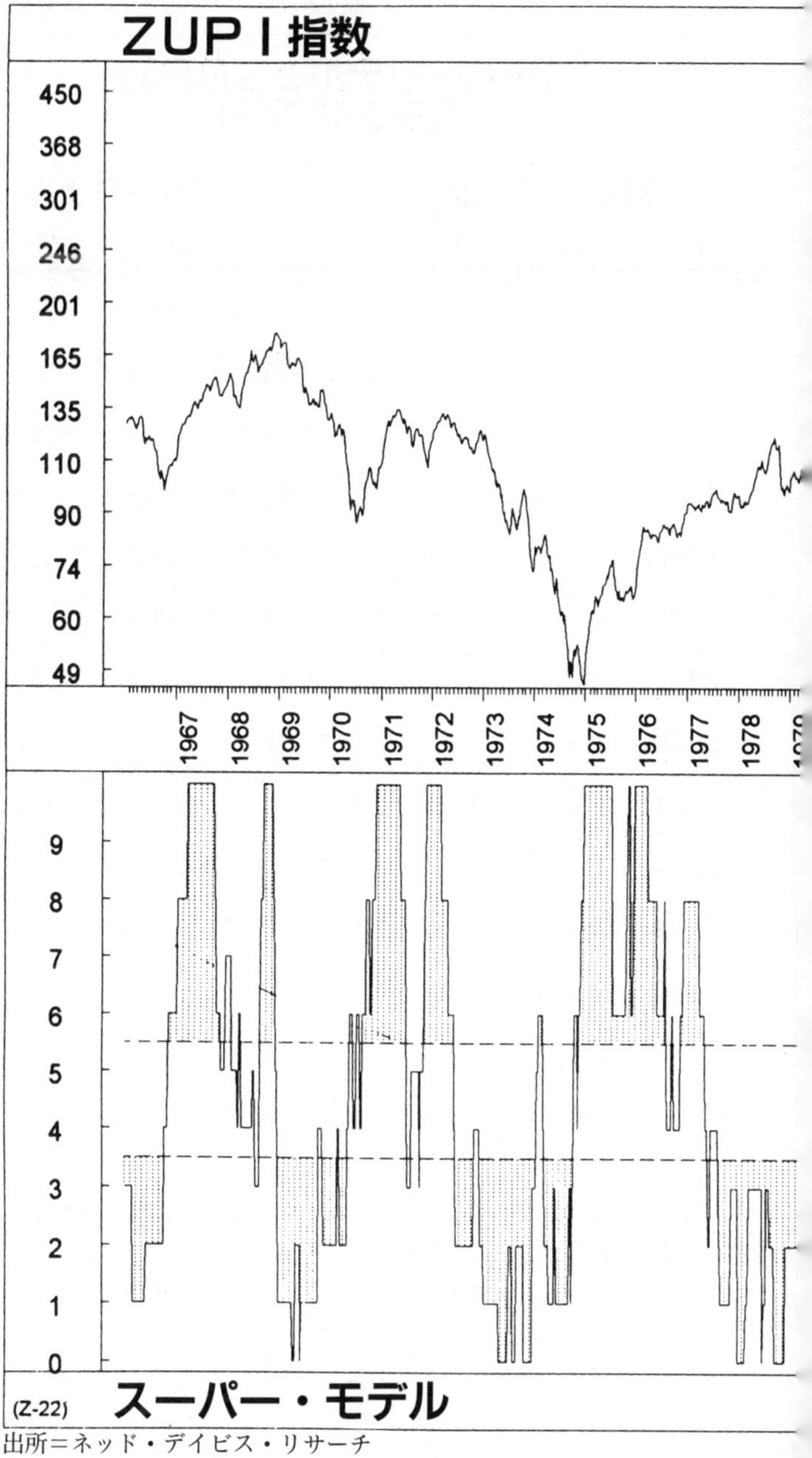

出所＝ネッド・デイビス・リサーチ

表22

スーパーモデルとS&P500 (1966-1996年)

買いシグナル				売りシグナル			
日付	S&P	%	月数	日付	S&P	%	月数
				3/10/66	88.96	−7.4	8.0
11/16/66	82.37	＋19.4	20.5	7/26/68	98.34	＋0.5	2.0
8/30/68	98.86	＋5.1	4.0	12/31/68	103.86	−26.3	17.0
5/29/70	76.55	＋29.5	13.5	7/16/71	99.11	−7.6	3.0
11/19/71	91.61	＋17.3	7.5	6/26/72	107.48	−15.4	19.5
2/14/74	90.95	＋3.3	1.5	3/29/74	93.98	−25.4	7.0
10/25/74	70.12	＋37.1	31.0	5/31/77	96.12	＋10.6	35.0
5/6/80	106.25	＋21.6	7.0	12/12/80	129.23	＋5.7	0.5
12/26/80	136.57	−5.3	6.5	7/10/81	129.37	−9.4	2.5
9/21/81	117.24	＋41.5	25.0	10/21/83	165.95	−0.1	12.0
10/15/84	165.77	＋89.9	35.5	9/18/87	314.86	−20.9	3.0
12/18/87	249.16	＋1.5	5.0	5/20/88	253.02	＋9.4	8.6
2/7/89	299.63	−3.2	1.3	3/20/89	289.92	＋21.2	5.2
8/24/89	351.52	＋27.8	58.0	5/17/94	499.37	＋23.3	13.8
7/6/95	553.99	＋17.3	8.6	3/20/96*			

投資元本1万ドル　＝123,196ドル(223.8カ月)　5,930ドル(137.1カ月)
年間リターン　＝＋14.5%　−4.5%
バイ・アンド・ホールド＝＋6.8%

*表作成時の最新データ(シグナルではない)

次に**表23**の二番目の欄は、一九六六年一一月一六日の買いシグナル後に何が起こったかを示している。三番目の欄はその後一九六八年七月二六日の売りシグナルが生じるまでの二〇カ月程度の期間に、ＺＵＰＩ指数が四三・八％の上昇をしたことを示している。四番目の欄では、この期間内に株式には四・三％の配当が予想されていることが示されている。五番目の欄は、三番目の欄の値上がり合計と四番目の欄の予想配当を合算した総合リターンを示している。この場合、素晴らしい四八・一％という数字が表示されている。このリターンは、最初のシグナル後に得られた一万〇三二〇ドルを元に計算すると、ポートフォリオの価値を一万五二八九ドルに増加させる。その後、すべてのシグナルが表の残りで生じることになる。

五番目の欄では、買いシグナルの合計リターンは事実上、すべてのケースで利益になっていることに留意されたい。六番目の欄の売りシグナルの生じていた期間に財務省短期証券で得た利子は常に利益となっている。したがって、この調査対象期間の二七年間で、投資家は、一九八九年における短期間を除き、お金を稼ぎ続けていたのである。もちろん、買いシグナルの生じていた期間内にもしばらくは市場が下げた短い期間があったであろうが、シグナルが終わりとなるまでには市場は常により高くなっており、また、配当が追加的な利益となっていたのである。

表の最下段部には、ポートフォリオ合計額がちょうど二九年間で一万ドルから七一万九九四七ドルに増加したことが示されている。これは、年間リターンでは一五・三％に相当する。これではなく、もしＺＵＰＩ指数を購入し、それを二九年間保有し、その期間の配当を再投資した場合、投資元本の

表23

スーパーモデルとZUPI指数の合計リターン（1966-1996年）

日付	シグナル	買いの値上率（%）	買い期間の推定配当率	買いのリターン	売り期間の金利	元本の伸び
3/10/66	売り				＋3.2	$10,320
11/16/66	買い	＋43.8	＋4.3	＋48.1		15,289
7/26/68	売り				＋0.9	15,421
8/30/68	買い	＋9.4	＋0.7	＋10.1		16,979
12/31/68	売り				＋9.8	18,643
5/29/70	買い	＋32.2	＋3.7	＋35.9		25,336
7/16/71	売り				＋1.4	25,690
11/19/71	買い	＋11.2	＋1.5	＋12.7		28,953
6/26/72	売り				＋10.0	31,849
2/14/74	買い	＋2.4	＋0.3	＋2.7		32,708
3/29/74	売り				＋4.2	34,082
10/15/74	買い	＋76.0	＋11.2	＋87.2		63,802
5/31/77	売り				＋27.1	81,092
5/6/80	買い	＋21.6	＋2.6	＋24.2		100,717
12/12/80	売り				＋0.7	101,422
12/26/80	買い	＋6.8	＋1.9	＋8.7		110,245
7/10/81	売り				＋3.1	113,663
9/21/81	買い	＋60.9	＋9.8	＋70.7		194,022
10/21/83	売り				＋9.2	211,872
10/15/84	買い	＋65.3	＋7.1	＋72.4		365,267
9/18/87	売り				＋1.6	371,112
12/18/87	買い	＋10.9	＋1.0	＋11.9		415,274
5/20/88	売り				＋3.6	430,224
2/7/89	買い	−1.6	＋0.3	−1.3		424,631
3/20/89	売り				＋3.5	439,493
8/24/89	買い	＋22.5	＋12.4	＋34.9		592,876
5/17/94	売り				＋5.87	627,678
7/6/95	買い	＋13.2	＋1.5	＋14.7		719,947

スーパーモデルの合計リターン	**719,947ドル**
スーパーモデルの年率リターン	**＋15.3%**
バイ・アンド・ホールド(含配当)	**85,474ドル**
バイ・アンド・ホールドの年率リターン	**＋7.4%**

一万ドルはわずかに八万五四七四ドルにしか増加しておらず、年間リターンでわずかに七・四％にしかすぎなかった。このようにして、モデルに従って投資した結果は、単純にバイ・アンド・ホールドにした場合のリターンよりも二倍以上の年間リターンを実現したのである。さらに、市場から手を引いていた期間にも同様の利益を生じ、またその三分の一の期間ではリスクはゼロであった。したがって、**リスク調整後のベースでは、バイ・アンド・ホールドの場合の三分の二のリスクだけしか負っていないのに、二・一倍の年間リターンを得たことになるので、リターンはさらに良好なものとなるのである。**

読者は、**表23**のスーパー・モデルによる合計リターンの七一万九九四七ドルと、**表21**の買いシグナルによる場合の二一万九五六四ドルとを比較したいと思われるかもしれない。後者の金額は、**表23**の三番目の欄に表示された買いシグナルに基づいた値上がりを表わしているため、同表の合計に含まれている。利益のその他の部分は、四番目の欄で得たすべての配当と六番目の欄で得たすべての利子を合算した複利計算の効果によるもので構成されている。

表24は、スーパー・モデルをS&P五〇〇指数で取引した結果を示している。投資家は、一四回のうち一二回の買いシグナルで利益を得ている。そして、一九八〇年一二月二六日の買いシグナルで合計五・三%という小さな損失、一九八九年二月七日の買いシグナルで三・二%の損失を、それぞれ被っている。もちろん、売りシグナルの期間では常にプラスの金利収入があった。表の最下部に見られるように、二九年後に、一万ドルは四九万〇九一九ドルに増え、年間利回りは一三・九%であった。S&Pをバイ・アンド・ホールドした場合、一万ドルは配当を含み二三万二八一六ドルとなり、年間リターンは約一〇%にしかすぎなかった。したがって、非常に変動幅の少ないS&P五〇〇指数であっても、投資家はベンチマークを二九年間という期間において年率四%も打ち負かしているということであり、絶対額ではバイ・アンド・ホールドであった投資家に比べ最終的にほぼ二倍のポートフォリオを有することになったのである。

思い起こしてほしいのだが、スーパー・モデルでのこれらのテストでは、ゼロから一〇ポイントという基準において、六ポイント以上で買い、三ポイントで売りというルールを用いた。お好みであれば、いかなる単一のシグナルのみによってはポートフォリオ全体は必ずしも動かないというようにするために、これらの取引ルールを変更することもできる。例えば、もしモデルが七ポイントか、それ以上の場合は株式に全額投資する。モデルがその後に五か、六ポイントに下がった場合、ポートフォリオの三分の一を売却し、残りの三分の二は株式投資を継続する。スーパー・モデルがさらに三～四ポイントという範囲に下がったなら、ポートフォリオのもう一つの三分の一を売却し、株式投資は三分の一とし、残りの三分の二は財務省短期証券に投資することにする。最後に、スーパー・モデルが二ポイントか、それ以下に下がった場合は、全額をキャッシュ化し、短期金融商品に投入し、株式市場からは資金を全額回収することにする。

同じ枠組みで、〇％、五〇％、一〇〇％というような投資比率に替えたものを考案することもできる。または、〇％、二五％、五〇％、一〇〇％というような投資比率のもっと複雑なものも可能である。ポイントは、〇％の投資比率から一〇〇％の投資比率へと一挙に動く必要はないということである。最も快適と感じる方法でモデルを利用すべきである。モデルが最高水準にあるときには勝算が**最も高く、モデルが最低の水準にあるときには勝算は最も低いということを記憶しておいてほしい。**

スーパー・モデルが六ポイントか、それ以上のポイントによって始まった買いシグナルであったが、その後、四か五ポイントに下がった場合、買いシグナルはまだ有効である。しかし、リスクを嫌う投資家は、モデルが中立的な領域に下がっているときには一〇〇％投資した状態を継続することに不安を感じるかもしれない。もしそうであれば、少し売るということをすべきである。古いことわざに、「休止ポイントまで売り下がるべきである」というものがある。そのような状況では、それも悪い考えではないかもしれない。

一方で、例えば、スーパー・モデルが三ポイントで売りシグナルであったが、ある程度の期間を経

表24

スーパーモデルとS&P500の合計リターン（1966-1996年）

日付	シグナル	買いの値上率（%）	買い期間の推定配当率	買いのリターン	売り期間の金利	元本の伸び
3/10/66	売り				＋3.2	$10,320
11/16/66	買い	＋19.4	＋6.1	＋25.5		12,952
7/26/68	売り				＋0.9	13,068
8/30/68	買い	＋5.1	＋1.0	＋6.1		13,865
12/31/68	売り				＋9.8	15,224
5/29/70	買い	＋29.5	＋4.9	＋34.4		20,461
7/16/71	売り				＋1.4	20,748
11/19/71	買い	＋17.3	＋2.1	＋19.4		24,733
6/26/72	売り				＋10.0	27,250
2/14/74	買い	＋3.3	＋0.5	＋3.8		28,286
3/29/74	売り				＋4.2	29,473
10/15/74	買い	＋37.1	＋14.0	＋51.1		44,534
5/31/77	売り				＋27.1	56,603
5/6/80	買い	＋21.6	＋3.2	＋24.8		70,641
12/12/80	売り				＋0.7	71,135
12/26/80	買い	－5.3	＋2.4	－2.9		69,072
7/10/81	売り				＋3.1	71,214
9/21/81	買い	＋41.5	＋12.0	＋53.5		109,313
10/21/83	売り				＋9.2	119,370
10/15/84	買い	＋89.9	＋12.2	＋102.1		241,247
9/18/87	売り				＋1.6	245,107
12/18/87	買い	＋1.5	＋1.6	＋3.1		252,705
5/20/88	売り				＋3.6	261,802
2/7/89	買い	－3.2	＋0.4	－2.8		254,472

3/20/89	売り				+3.5	263,378
8/24/89	買い	+27.8	+19.9	+47.7		389,010
5/17/94	売り				+5.87	411,845
7/6/95	買い	+17.3	+1.9	+19.2		490,919
3/20/96*						

スーパーモデルの合計リターン	**490,919ドル**
スーパーモデルの年率リターン	**+13.9%**
バイ・アンド・ホールド(含配当)	**222,816ドル**
バイ・アンド・ホールドの年率リターン	**+10.9%**

*表作成の最終日（シグナルはない）

て四か、五ポイントに上昇し、改善を見せたとする。そのようなときには、投資家のなかには一〇〇%財務省短期証券に投資したままでいることに不安を感じ、株式市場に一部投資したいと理性的に考える人がいるかもしれない。そのようなときには、もちろん一〇〇%の投資をするということはお勧めしないが、三分の一か、二分の一だけ投資するということには意味があるだろうと私は考えている。**再び述べるが、スーパー・モデルに従い、それが合理的である場合にかぎり、読者が快適と感じる方法を選択すべきである。**

第七章
テープに逆らう——大惨事に至る道

テープの状況に歩調を合わせ、大きな動きに逆らうことなく、マーケットのトレンドとともにあり続けることの重要性は、いくら強調しても強調しすぎるということはない。テープに逆らうことは、大惨事へと至る道である。一例を示そう。私は、投資アドバイザー業者の一人として、ガラス張りの家に住んでいるので、自分の競合者のだれに対しても非難はしない。したがって、私以外のどんなアドバイザーの名前にも言及するつもりはない。単に、彼をサムとだけ呼ぶことにする。サムはマーケットレターを書いており、一九六〇年代と一九七〇年代初期に何回か、大きなブル・マーケットとベア・マーケットそれぞれに逆行し、書いていることが支離滅裂となったことがあった。しかし、われわれのような多くのアドバイザーと同様に、成功体験を共有したこともあり、一九七五年をはじめとして、勝ち続けた。サムは、数年間にわたり、市場の多くの方向転換を正しく指摘した。それらの転換の多くは中期的な方向転換であった。彼は多くの支持者を獲得し、彼のビジネスは繁盛した。

八〇年代初期、サムは相場の見通しを弱気に転じた。一九八一年夏、ダウは約二〇〇ポイント下落し、サムは天才のように思われた。株価が下がるにつれて、サムはますます弱気となった。一九八二年初めのある金融関係の刊行物のインタビューで、彼はダウ工業株平均と市場の大幅な下落を予測した。レポーターは、サムに彼の予測が間違っていないかどうかをどうやって判断するのかを質問した。「もしダウが一〇〇ポイント上昇すれば私の判断が間違っていたことになるので、私は予測を変えます」とサムは答えた。

実際、サムの判断は、そのときはかなり正しかった。当時ダウの一〇〇ポイントの上昇は約一二％

の上昇率であった。それは、われわれの四％ルールよりも非常に高かった。しかし、サムは大きなトレンドを探しており、今後、生じるであろうブル・マーケットでそれだけの大幅な上昇が生じる可能性を見限ることは、けっして悪くないことであったろう。サムは、底から一〇〇ポイント上昇して強気な見方に転じることができ、正確な底値を告げることがなくとも、テープに歩調を合わせるであろう。「市場は列車のようなものであり、私はその列車の後尾に連結されている車掌車である」と、著名なトレンドフォロワーであるサムはいろんな機会に発言している。再び、素晴らしいアドバイスである。

一九八二年八月、金利が急低下し、八月一七日市場が突然急騰し、三八ポイントほどの上昇となった。わずか六営業日で、一九八二年八月一二日の七七七ドルという底値からダウは八九一ドルまで急騰した。とてつもない一一四ポイントの上昇であった。それは、サムにとって自分のアドバイスに従うサインであった。そうしていたならば、ベア・マーケットが底を打ったちょうど六日後に強気な見方に転じたと、世界に向かって告げることができたであろう。実際には、彼は最初の一〇〇ポイント前後を見逃した。しかし、それはその後に起こったことに比べれば、取るに足りないものであった。

一四カ月足らずの一九八三年一〇月までに、ダウは一時、一二八五ドルという高値をつけた。サムは、かつて計画していたようにそのトレンドに従っていれば、ダウで約四〇〇ポイントの上昇をものにしていたはずであった。さらに、その期間に平均株価はダウよりも大きく上昇した。実際、一九八二年八月以降の一年程度の間に、株価は一九三二年と一九三三年までさかのぼって最もベアであった市場で見られた二つの底以来、短期間で最大の上昇率を見せたのであった。しかし、サムは自分自身の健全なアドバイスに従わなかったのである。株価が上昇しても、サムは弱気な見方をまだ継続していた。彼はテープに逆らい、市場は列車であり、自分が列車の後尾に連結されている車掌車であることを思い出さなかったのである。それで、サムは、列車の軌道から姿を消すことになった。

このケースでサムが犯した致命的な過ちは、サムは、市場がどちらの方向に動いていくのかということに関して先入観を持っており、それが一時的には正しかったということにあった。市場の条件が変わったとき――それらはしばしば急に変わるのだが――、サムは新しい事実を受け入れ、自分の見解を新しい事態に応じて変更することを拒否したのである。そしてその代わりに、自分の弱気な見方を支持するわずかな証拠を探し始めたのである。これは、株式市場における投資家によく見られる特質である。心理学者はそれを「選択的認知（selective perception）」と呼ぶ。つまり、人は自分が見たいと欲するものしか見ないというものである。

不幸なことに、株式市場には常に幾つかの弱気の材料と強気の材料が混在している。自分の見解を支える手掛かりを見いだすことが難しいということはない。一〇〇の株式市場に関する指標がそこにあったと仮定した場合、そのうちの八〇が同時に強気な見方を示すということは大変異常であろう。実際、すべての指標の八〇％が同時に強気な見方を示唆するものであれば、それは圧倒的に相場が強いケースであろう。しかし、弱気な見方をする人は、それでも否定的なサインを出している二〇の指標の幾つかを、すべての頼りにする。サムは、後者を選び、すべての株式市場における参加者が生涯で一度ならず犯す過ちを犯したのである。

この種の過ちは一度犯したら、それ以上繰り返すべきではない。私もかつて一九七四年のベア・マーケットを背景にして、まさにその反対の過ちを犯した。私は、ほとんどの銘柄にとって事実上のブル・マーケットの天井であった一九七二年春に、弱気に転じていた。その後の二年間のほとんどの期間、私は弱気を継続した。ときどき何度かの反騰相場の機会をとらえ、短期的なベースでのみ強気となった。しかし、一九七四年六月、私はいかなる理由があったにせよ、完全な強気に転じた。

私は、私が強気に転じた一年後、市場が上昇したと主張することもできた。あるいは、私は間違えてはおらず、「少し早かっただけである」ということもできた。私が正しく、市場が間違っていたと頑固に言い張ることもできたであろう。しかし、これらの言葉はすべて間違いを犯した者の間での共通の言い訳でしかない。真実は、私は単純に間違っていたということである。その後の数週間、私は自分が間違ったということが分かった。直感で私は間違っていたと分かっていた。しかし、私のエゴは私を打ち負かし、いずれにせよ、底は手に届くほどの近さにまで来ていると確信したのであった。テープに歩調を合わせ、弱気サイドに急いで戻る代わりに、私は、自分の強気な姿勢を支持する指標を探し求めた。そのとき、そのような材料はたくさんあった。そして、私はそれらにこだわった。しかし、それでも証拠は弱気なものが多く、私はそれを呪った。

そのときの私の犯した過ちは、その当時、非常に弱気であった金融指標を無視したことであった。その道を二度とたどらないと決心し、その後、幾つかの新たな金融指標を構築した。それらの指標はそれ以来大変に役立っている。そのようにしたが、私は再度その一年半後の一九七六年一月にもう一度大きな間違いをした。今度は、テープが上昇傾向を示していることに逆らったのだ。数カ月間市場がきれいに上昇している間に、私は中立的ポジションにとどまり、一〇〇%をキャッシュ・ポジションにしていたのだった。ここでの過ちは、市場の強力なモメンタム（騰勢）を無視したことにあった。そして、その直後、私は何らかの手を打った。詳細な調査の後、私はモメンタム（騰勢）とテープを読む指標の改良版を開発した。最初はそれぞれ別々であったが、一九七八年にはそれらをいっしょにすることによって一つのモデルとして開発したのである。

これらの日以降、私は絶対的かつ完全に市場にある大きなトレンドに逆らうことはしていない。私は、それが時折ウイップソー（保ち合い相場）を意味したとしても、単純にテープとともに動くようにしている。その結果、それ以来、主要な市場の動きを取り逃がしたことはない。気をつけてほしい。私は自慢話をしているのではない。ときどき間違えることがあるということを、私は自覚している。私は、テープに従っていれば、大きな動きを取り逃がすことはないということを知っているのだ。つまり、私も間違った経験をし、その教訓からテープと歩調を合わせることの価値を学んだのである。

これに比べ、サム――そしておそらく数百万人のその他の投資家――は、これらの過ちを一度ならず犯し、それにもかかわらずトレンドに逆らうという同じ落とし穴に陥ってしまうということを続けている。市場は、そのような過ちを犯すことを続けることは許してくれず、そのようなことを続ければ、資金力は壊滅的打撃を受けることになる。最初や二回目までならば、無知（そう、私は自分の初めのころの過ちを無知ゆえに正当化した）がトレンドに逆らう原因になることがある。しかし、三回目や四回目もそうすることは、その結果の悪影響を被っており、もはや無知であるというだけでは済まされない。

失敗を引き続いて起こす原因はエゴにある。自分は正しく、市場が間違っている、あるいはテープが何を示していても、あらかじめ持っていた判断は正しいに違いないという態度を取るときは、大きなトラブルに向かって進んでいるのである。市場はいかなるときでも、また、だれのものであっても、われわれすべての高慢な鼻を折ることができる。最善の安全策はテープに歩調を合わせることである。**言い換えるなら、テープに逆らうなということである。**

第八章
センチメントに関する諸指標——大衆に別れを告げるとき

天才的な興行師であるP・T・バーナムに関する古くからの話がある。彼は有名な余興の舞台に立っていたが、観客は増え続け、ついには比較的小さいテントの収容の限界を超えそうになった。彼は、単純に人々に去ってくれと頼むことはできなかった。そのようなことをするのは、レストランでウエーターがお客にテーブルを空けてくれと頼むことと同じで、大変なエチケット違反となろう。彼の明晰な頭脳には、最後に解決策が浮かんだ。それは、矢印で「出口はこちら」と書いた標識を出すことだった。群衆の多くは、出口を見ようと思ったが、突然自分たちがテントの外に出てしまったことに気づいた。ショーをもっと楽しもうと思っていたのに、出口から出てしまった人たちは、外から中をのぞき込むだけという結果になってしまったのである。

これは、大衆があまりにも多くなりすぎたときに株式市場で起こることとほぼ同じである。大衆は、市場の天井と底の近くで誤った兆候に従ってしまうことがある。その結果、市場が彼らに驚いて方向転換をし、多くの投資家はその外側からただ眺めるだけになってしまうのである。

どうにしてそうなるかを説明しよう。ベア・マーケットの底から始めることにしよう。景気は通常リセッションか、それよりも悪い状態にあり、企業の業績は低迷し、投資家は株価の下落によってここ一、二年で巨額の損失を被って痛めつけられている。悪いニュースが新聞の見出しを飾っている。この時点では、良いニュースなどは夢にも思うことはできない。状況は長期にわたって非常に悪いため、ほとんどの人々は相場の下落トレンドが継続するということは意外とは思えなくなっている。そのような悲観的見通しの真っただ中で、ベア・マーケットが底を打ち、ブル・マーケットが開始し、大多数の人々はまさにその底において誤るのである。

なぜか？　経済が崩壊しつつあるなかでＦＲＢ（連邦準備制度理事会）は金融の緩和に着手して、金利は急激に低下し始めるであろう。これによって、キャッシュと同様の短期金融商品の利回りの競争力が低下するため、株式に追加的な価値を付与することになる。しかし普通はさらに、六カ月以上は景気減速が続くことになるだろう。そして、その先には、最悪の企業業績が待ち受けているのである。

たとえウォール街がこれらの企業業績の悪化を正しく予想していたとしても、そのことと株価の上昇とを同一視することはけっしてできない。**ウォール街には、良い業績は高い株価を意味するという迷信のようなものがある。しかし、このことは、全体に当てはめた場合、必ずしも単純に正しいとはいえない。**第五章で見たように、ブル・マーケットで得ることのできる最良の儲けは、新たに発生したブル・マーケットの最初の六カ月の間に実現する傾向にあり、そのときは通常、業績が悪化しつつある場合である。したがって、一般投資家は、企業業績の見通しが極めて悪いと目をこらしているときに、楽観的になることは難しいのである。

この時点では、投資家と投機家は、ベア・サイクルの間は金利が高いということや見通しが非常に暗いために、株式に投資するよりもキャッシュで保有することを好むので、様子見を決め込んでいる。そのためにキャッシュで多額の準備資金を蓄えている。個人と機関投資家は高い水準のキャッシュを保有し、株式を購入するというつもりはほとんどない。悲観論が支配的となっているのだ。しかし、金利が低下し始めると、低い金利とキャッシュという組み合わせは高い金利とキャッシュという組み合わせよりは魅力がなくなるため、株式を購入しようというパワーが発生するのである。さらに、金利の急激な低下は通常、その後は六カ月から一二カ月ほどの間に景気を刺激することになる。株式市場にはさまざまなものを織り込むというメカニズムがあり、常に将来をにらんでいる。したがって、

現在の利益の見通しは、将来の利益見通しほど重要ではないのである。

金利低下を通常の刺激として、新たなブル・マーケットが生まれ、株価が回復し始める。この最初の株価回復の前には途方もなく悲観的な見方が蔓延しているだけでなく、この最初の株価回復も伝統的には信頼されることがない。先行していたベア・マーケットでは、株価の回復する銘柄もあったが、結局は失敗し、その後に徐々に安値を更新している。そこで、特に相場サイクルのなかで最も精力的な株価回復になる傾向のある、新たなブル・マーケットにおける上昇であると信じるに足る理由があるのか？　この考えでは、もし株価が短気間に通常以上に回復するようであれば、さらにそれ以上上がる可能性があると考えるのである。そこで、大衆の行動とは反対に動く洞察力を持った投資家は、ベア・マーケットの底の近辺で、二つの手掛かりを手にするのである。最初は、相場の底にあって異常なほどの悲観的な見方が大衆にあるということ。そして第二に、ブル・マーケットに生じた最初の株価急回復の間で、懐疑心と悲観的見方がまだ継続しているということである。ベア・マーケットでの株価回復の場面では、投資家はかつてのブル・マーケットが再来することを希望し、株価回復を信じたいと強く思うため、悲観的な見方は普通は急速に勢いを失う。しかしベア・マーケットの底では、

大衆は数多くの痛手を被っているため、新たなブル・マーケットで発生した本当の上昇を売りのチャンスとみなしてしまうのである。大衆は、まさに悪いタイミングで間違える傾向にあるのである。

ブル・マーケットが進行し、株価の上昇が大きな下げに取って代わられることがなくなるにつれて、多くの投資家は自分たちが締め出されていると感じるようになる。遅ればせながら、彼らはそのような動きは真実であるかもしれないと感じ始める。そして、「次に押したときに買おう」と考える。しかし、問題は、そこで生じる押しは人々が安心して買うことができるほどに大きく下げることはけっしてないということなのである。それは、参加しようと意を強くして様子見をしていた非常に多くの弱気論者がいるからである。

株価が数％押すと、これらの弱気論者のうちの幾人かが買いを開始する。それによって値下がりは止まり、多くの弱気論者がより低い株価で買いを入れる機会を与えない。このトレンドは継続し、市場は一段と上昇し、押すことがあっても、その幅は小さい。ついに、強気論者の数が弱気論者の数を上回り、大衆の行動を研究している人にとっては、それが売りのシグナルになるのである。

この考えは、逆張り投資思考を用いるなら、大衆の動きの反対を行く必要があるというものである。しかし、それはあまりにも単純化しすぎであり、ブル・マーケットの真っただ中では、明らかに真実ではない。単に大衆の五一％が強気であり、四九％が弱気であるということが、市場がもう上昇しないということの理由ではない。実際には、市場はその時点では上昇するであろう。大衆の心理を警戒しなくてはならないときとは、大衆が異常なまでに一方的になったときである。

ブル・マーケットが上昇を継続するにつれて、より多くの人々が強気に転じる。真の転換ポイントとなるのは大衆が非常に楽観的になり、そのキャッシュのほとんどをつぎ込んでしまうときである。株式市場では、キャッシュがそのエネルギーの目安となっている。キャッシュが枯渇したとき、株価を爆発させる弾薬は尽きてしまう。この時点で市場ができることは、せいぜい現状を維持するということだけである。キャッシュの水準が低くなっているときに、金利が上昇するか、それ以外の何らかの好ましくないファンダメンタルズ要因が生じた場合、市場は深刻なトラブルに見舞われることになろう。

相場の天井付近では、一、二年かけて価格の上昇を見てきたため、投資家は異常なほどに楽観的になる。その期間に見られた価格下落は、通常は短期間で終わってしまっている。たとえそれらが、厳しい下げであったとしても、相場は、急速に回復し、常に以前よりも高い水準まで上昇する。大衆はさらに株価が上昇することを予想し、たとえ「価格下落」があっても、それは買い場が到来しただけであって、最終的にはさらに値上がりするものと考える。

天井では、楽観主義が王様となり、投機熱が激化し、ＰＥＲ（株価収益率）は高くなり、流動性が枯渇する。その時点では、金利の小幅な上昇でさえもベア・マーケットの引き金を引く役割を果たすことになる。最初の下げでは、悲観的見方はそれほど力を得ていない。ブル・マーケットの教訓を覚えているため、価格は新高値を目指してまた戻すであろうと考え、人々は相場が下がると買いに走る。しかし、最初の回復相場からつまづき、それは長続きはせず、新高値をつけることに失敗する。次の下げが生じ、株価をさらに下落させる。

ここで人々は少し悩み始め、悲観的な見方がゆっくりと生じてくる。悲観的見方が本当にスピードを加速するまでには、数カ月にわたって数多くの下げが生じることが必要である。ベア・マーケットの真っただ中のある時点で、景気が悪化し悲観的な見方がだんだんに増えてくる。景気が最悪の状態になったとき、最終的に悲観的見方の最深部に到達するのである。そして、悲観的な見方が頂点に達したとき、ベア・マーケットの底でサイクルの開始地点へと立ち返るのである。

人々は、大衆を観察し、その動きと反対に動くことを逆張り投資思考の技法と呼んでいる。その言葉を使うことに反対ではない。しかし、大衆の動きすべてに反対して動くのではなく、大衆が極端に一方的になったときにのみ、そうするのだということだけは記憶しておいてほしい。**極端に**ということを定義することはやさしくはない。大衆のセンチメントを測る数多くの手法があるが、いかなる単一の指標でも、買いシグナルあるいは売りシグナルを発するに必要な強気な人々と弱気な人々の正確な割合は、それぞれのサイクルにおいてかなり程度が異なるのである。正確なシグナルを発する楽観論・悲観論の魔法の水準というものはないのである。そのようなことを聞くことによって、失望したかもしれないが、それが人生での真実というものである。

それにもかかわらず、個人投資家や機関投資家のキャッシュ・ポジション、空売り、オプション取引、新規発行株式の購入などによる投機的活動の額、大衆のセンチメントに関する重要なサンプルを計測することによって、市場を支配している楽観論か、悲観論の程度を大まかに判断することができる。大衆が極端に走るときには、少なくとも警戒する必要がある。センチメントに関する諸指標をできるかぎりありのままに金融やテープに関する諸指標と統合し、株式市場の主要な方向についてのかなり正確な感覚を持つことができる。

ミューチュアル・ファンドのキャッシュ資産比率

大衆行動の最初のサンプルから始めよう。機関投資家は、その取引の大半を市場で行っており、優位性を有していることから、今日最も重要な投資家である。株式を取り扱うミューチュアル・ファンドは、一〇〇〇億ドルを優に超える額の資産をコントロールしている。その程度の金額はこれらの機関によって所有されている全資産額の非常に小さな割合にしかすぎないが、金額的には大きいサンプルである。より重要なことは、ミューチュアル・ファンドのキャッシュと保有資産に関する正確なデータが一九五四年以来入手可能となったことである。

ミューチュアル・ファンドが楽観的になっているか悲観的になっているかは、単純にキャッシュを資産で割った比率を求めることによって判断することができる。もしファンドが非常に楽観的であるなら、彼らは自分たちのキャッシュを株式の購入に充て、キャッシュの資産に対する比率が低下する。もしファンドが悲観的であるなら、株式を売り、キャッシュ保有額は急増し、キャッシュ資産比率は上昇する。

確かに、どの程度低ければ「低い」比率で、どの程度高ければ「高い」比率となるかを決定するという問題が存在している。過去に起こったことを観察した結果、キャッシュ資産比率は過去三〇年間で、どのようなときにそれぞれ天井と底をつけているのかが分かった。この比率が天井をつけたときは過度の悲観論を表わしており、底となっているときは極端な楽観論を示唆していると覚えておいてほしい。

表25は、一九五四年以降のミューチュアル・ファンドの「予測」記録を示している。二番目の欄はキャッシュ資産比率が低下していることによって示されるように、ファンドが極端な楽観主義に至っている時期を示している。例えば、一九五六年七月には、キャッシュ資産比率は四・七％という低い比率で底をつけた。三番目の欄は、キャッシュ資産比率が高くなることによって計算される悲観主義の極を示している。一九五六年七月に楽観主義が極に達した後、ミューチュアル・ファンドは株価が下がるにつれて、より悲観的となった。

一九五八年六月には、キャッシュ資産比率は、そのサイクルでは最も高い七・二％という最大の比率まで最終的には上昇した。四番目の欄に見られるように、楽観主義がピークに達したとき、ダウ工業株平均は五一六ドルであった。一方、約二年後、悲観主義がそのピークに達したとき、ダウは四八七ドルであり、その高値から二九ポイントも下がっていた。換言すれば、一九五六年七月の極端な楽観主義は、正当化されなかった。株価は、ファンドが期待していたように上昇する代わりに、実際には下がったのであった。

表25

ミューチュアル・ファンドのキャッシュ資産比率による「つもり売買結果」(1956-1996年)

日付		キャッシュ資産比率 極端な楽観主義	キャッシュ資産比率 極端な悲観主義	ダウ	次の極端までのダウの変化	ファンドの予測 正	ファンドの予測 誤
7月	1956	4.7%		516	−29		×
6月	1958		7.2%	487	+148		×
4月	1959	4.4%		635	−57		×
9月	1960		6.6%	578	+123		×
12月	1961	4.3%		701	−128		×
9月	1962		7.0%	573	+296		×
11月	1964	4.5%		869	−60		×
10月	1966		9.7%	809	+70		×
9月	1967	5.2%		897	+1	×	
3月	1968		9.2%	898	+38		×
12月	1968	6.1%		936	−191		×
6月	1970		11.8%	745	+217		×
4月	1972	4.6%		962	−307		×
9月	1974		13.5%	655	+282		×
9月	1976	4.9%		937	−124		×
3月	1978		11.3%	813	+25		×
9月	1978	6.9%		838	+32	×	
5月	1980		10.4%	870	+136		×
3月	1981	8.0%		1006	−177		×
6月	1982		11.7%	829	+430		×
12月	1983	7.5%		1259	−158		×
6月	1984		10.3%	1101	+166		×
3月	1985	8.1%		1267	+168		×
10月	1985		10.4%	1435	+334		×
2月	1986	8.4%		1769	+68	×	
9月	1986		10.2%	1837	+439		×
3月	1987	8.6%		2276	−323		×
4月	1988		10.9%	1953	+198		×

1月	1989	10.9%		2289	+415	×	
2月	1990		12.5%	2704	+279		×
6月	1991	8.0%		2983	+430	×	
4月	1993		10.3%	3413	+1570		×
11月	1995	7.8%		4983	+653	×	
3月	1996*			5636			

ファンドの予測に従ったときのダウの上昇ポイント　+1,767
ファンドの予測に従ったときのダウの下落ポイント　−6,305
ファンドの予測に従ったときのダウの差引ポイント　−4,538

*ダウの価格はキャッシュ資産比率のデータを入手する翌月の第3金曜日のもの

ファンドがそれまでの数年間で最も悲観的な状態にあった一九五八年年央に、市場はまさに底打ちしようとしていた。一年も経過しないうちに、一九五九年春にはダウは一四八ポイント上昇し、六三五ドルに達した。その当時、一九五九年四月のデータは、キャッシュ資産比率が四・四%に下がって、ファンドが再度楽観主義のピークに来たことを示した。かくして、ファンドは一九五八年に極端な楽観主義になることによって、間違えたのである。

表はこのような方法を継続して記録することによって、ダウがキャッシュ資産比率による楽観主義と悲観主義の両極間をどのように推移したかを示している。今日までの四二年間で、そのような両極端は三四回生じた。これらのうち二六のケースで、ダウは、ファンドが期待した方向とは反対の方向に動いた。

一九六七年九月における楽観主義のピークの後、

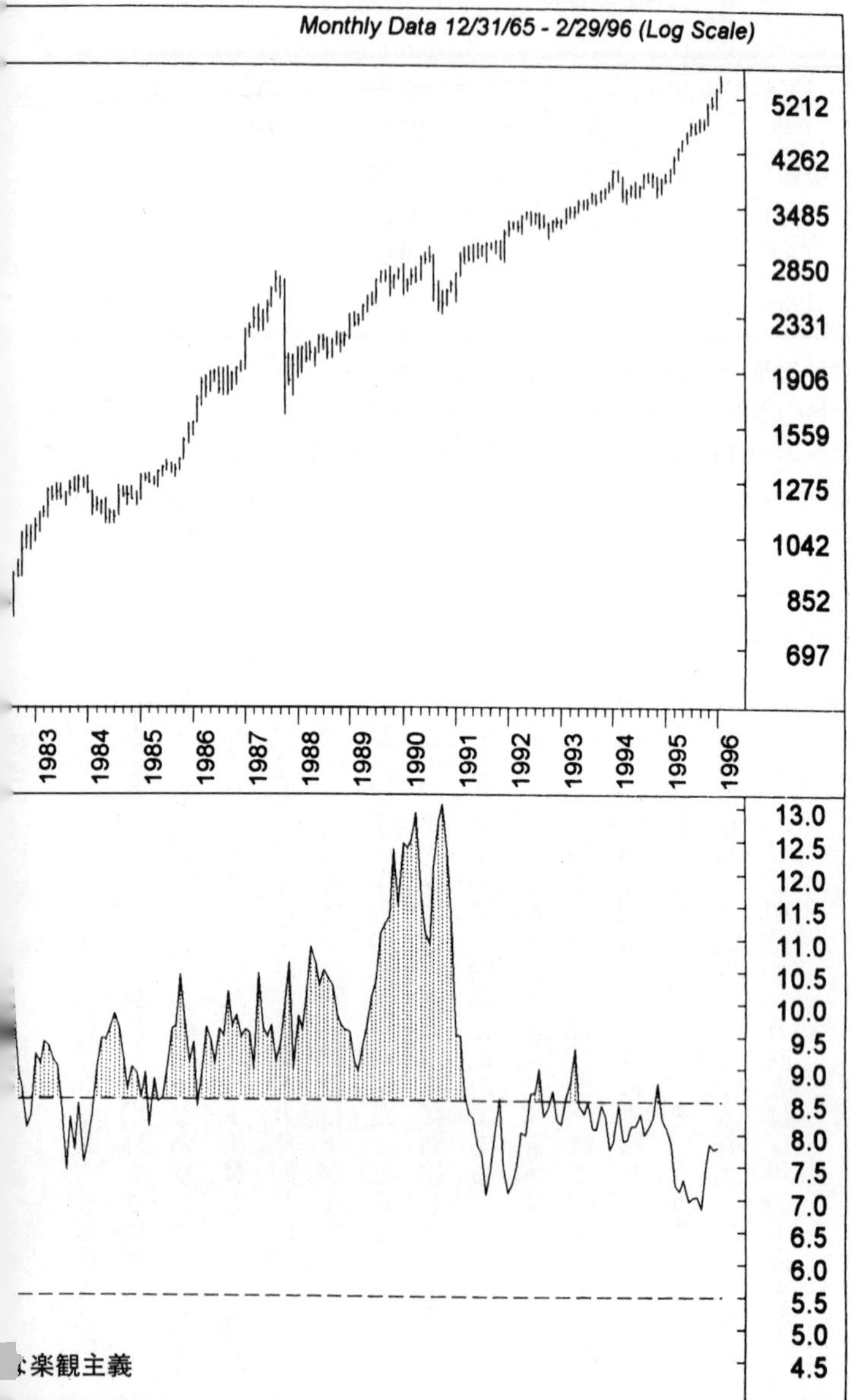

資産比率 出所＝インベストメント・カンパニー・インスティチュート

グラフK

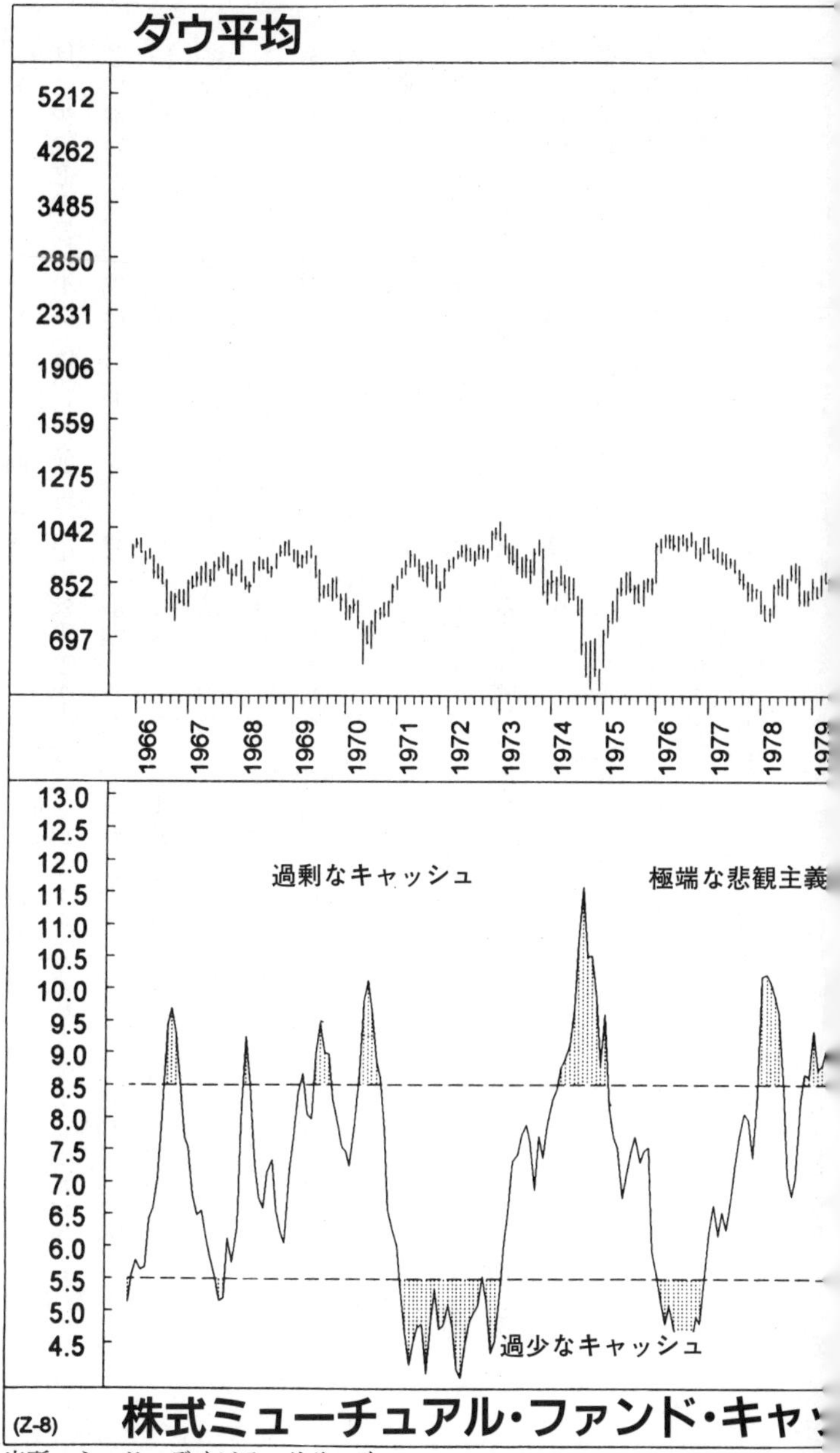
ダウ平均
5212
4262
3485
2850
2331
1906
1559
1275
1042
852
697
1966
1967
1968
1969
1970
1971
1972
1973
1974
1975
1976
1977
1978
13.0
12.5
12.0
11.5
11.0
10.5
10.0
9.5
9.0
8.5
8.0
7.5
7.0
6.5
6.0
5.5
5.0
4.5
過剰なキャッシュ
極端な悲観主義
過少なキャッシュ
(Z-8)
株式ミューチュアル・ファンド・キャッ

出所＝ネッド・デイビス・リサーチ

ダウは一九六八年三月の悲観主義のピークに達する前に一ポイントの上昇をかろうじて見せた。ファンドにとっては、非常に小さな勝利であった。一九七八年九月の楽観主義のピーク後、一九八〇年五月に悲観主義のピークに転じる前に、市場は再び小さな三二ポイントの上昇をすることができた。ここにおいても、市場は一九七八年一〇月に崩壊したため、それは非常に疑わしい勝利であった。しかし、ダウはその後に何とか上昇することができ、一九八〇年五月には、次の悲観主義のピーク時の水準は一九七八年の水準より幾分かは上の水準となった。

ファンドによる七回の「正しかった」予測は、ダウ・ジョーンズ指数で一七六七ポイントの純利益を生み出した。対照的に、ファンドによる「誤った」予測は二六回あったが、その損失の合計額はダウで六三〇五ポイントに達した。その結果、ファンドの予測は差し引きで、ダウで四五三八ポイントの純損失であった！

ミューチュアル・ファンド事業についてのデータは、ワシントンD・Cの「インベストメント・カンパニー・インスティチュート」と呼ばれる業界団体で手に入る。毎月末の約三週間後に、その機関から各種のファンドのキャッシュと資産に関するレポートが発表される。**表25**のダウ・ジョーンズ工業株指数には、データを取得するうえで生じている遅れが反映されていることに留意してほしい。これらの価格は、データが発表された翌月の第三金曜日のものである。もし発表されたデータに対応する当月末の価格を用いたならば、ファンドの成績はさらに悪いものとなっていたであろう。しかし、大衆は、そのおおよそ三週間後までキャッシュ資産比率について知らない状態であったので、その遅れを許容することにした。

グラフKは、一九六六年までさかのぼってキャッシュ資産比率を表示したものである。比率が非常に高いので株価が上昇したり、あるいは低いので株価が下落するということを示唆するような特に目立つ魔法の数字というものはない。しかし、グラフを一目見れば、高い比率は相場の底と符合し、低い比率はそうでないときよりもよくトラブルに巻き込まれるという傾向にあることを明確にみてとることができる。例えば、一九六六年、一九七〇年、一九七四年、一九七八年、一九八〇年春、一九八二年、そして一九九〇年のベア・マーケットの底付近では、比率は過去数年間における標準よりはかなり高いものになっており、株価は実際、底をつけている。逆に、一九六七年、一九七一～七二年、そして一九七六年にキャッシュ資産比率が低下したときに株価は低下した。

キャッシュ資産比率の一つの問題点は、キャッシュは金利が上昇するとさらに価値が高くなるため、金利の上昇とともに比率が高くなる傾向にあるということである。また、この比率は、金利が低下するにつれて下がる傾向にある。一九七〇年代後半に、金利が非常に高い高原状況を目指して上昇を開始したが、その時期には、ご覧のように、キャッシュ資産比率は約七％から一二％という範囲へ上昇した。金利が非常に低かった七〇年代後半に先立つ時期では、キャッシュ資産比率はしばしば四％台に低下した。

好みによって、金利水準のより細かな調整をすることができる。実際、私は自分自身のためにそのような調整を行った。しかし、そのような調整をしてもそれがけっして確実であるとは言えない。ここでのポイントは、その他のセンチメント指標と同様に、過度の悲観主義が見えるとき――だれもがそれを見ることができるとき――が、ブル・マーケットについて考え始めるときであると言うことである。あるいは、楽観主義が過熱したとき――そして、そのことを市場内で容易にみることができるとき――は、悲観主義に対する備えを始めるべきである。**ここでの教訓とは、大衆があまりにも一方的になったときには気をつけろ、ということである。**

投資アドバイザー

株式市場の参加者として、機関投資家に次いで大きいグループは一般大衆である。多くの個人投資家は投資アドバイザーのアドバイスに依存している。したがって、アドバイザーの意見がしばしば影響力を持つことがある。さらに、彼らの意見は従われることがない場合でも、アドバイザーによるある意見がまさに大衆一般の一面を代表することがあるということで重要である。

ニューヨーク州ラーチモントにある「インベスター・インテリジェンス」と呼ばれる投資アドバイス・サービス機関が一九六三年以降、サービス機関をモニターしている。現在、彼らは週間ベースで最低約一四〇のアドバイザー・サービスを格付けしている。書いてあることがあいまいなために困難もあるが、アドバイザーが強気、弱気、あるいは中立のいずれであるかを調べている。中立というカテゴリーは、短期的な下げを予想しているが長期には強気だという見方、あるいはさらにその他のあいまいな見方を含んでいる可能性もある。私は、中立は単純に無視したほうがよいと考えている。

私は、強気を強気と弱気を合計したもので割るという計算をする。例えば、すべてのアドバイザーたちのうち六〇％が強気であり、二〇％が弱気、残りの二〇％が中立であったとすると、私の計算では、六〇％（強気）を八〇％（六〇％の強気プラス二〇％の弱気）で割るが、その結果、得られた答えは七五％となる。換言するならば、明確に意見を表明しているアドバイザーたち（全体の八〇％）のうちで、七五％は強気であるとなる。

表26は、一九六五～一九九六年までの三一年間に投資アドバイザーたちの「予測」記録を示している。この表は、ミューチュアル・ファンドに関する**表25**と同様の方法で用意されたものである。二番目の欄はアドバイザーたちによって到達した楽観論が結果的にピークに達していたものを調べたものである。三番目の欄は、同様に悲観論のピークを示している。

例えば、一九六五年四月二三日、アドバイザーたちの八九・七％が強気となったとき、楽観主義がピークに達した。四番目の欄はダウ工業株平均がそのとき九一一ドルであったことを示している。市場はその後トレンドが下げに転じ、表上で二番目に記入されている一九六五年七月三〇日には八六三ドルまで下げた。その日、まだ強気であったアドバイザーたちはわずか四一・四％であり、悲観主義が強くなり、そのピークに達した。アドバイザーのほぼ九〇％が強気であった一九六五年四月から三カ月後、ダウは四八ポイント下げた。

最も右の欄に「X」で示されているように、アドバイザーたちは誤っていた。一九六五年七月の悲

表26

アドバイザーによる「つもり売買結果」(1965-1996年)

日付	強気なアドバイザーの割合 極端な楽観主義	強気なアドバイザーの割合 極端な悲観主義	ダウ	次の極端までのダウの変化	アドバイザーの予測 正	アドバイザーの予測 誤
4/23/65	89.7		911	−48		×
7/30/65		41.4	863	＋125		×
1/26/66	90.9		988	−217		×
10/19/66		28.0	771	＋158		×
9/20/67	70.6		933	−93		×
4/3/67		13.7	840	＋74		×

観主義のピークから、市場は回復し始め、一九六六年一月には九八八ドルに上昇した。その時点で、アドバイザーたちの九〇・九％は楽観主義に転じた。それは歴史上、最も高い記録であった。一月二六日、ダウはそのブル・マーケットのピークからはわずか七ポイント下にあったが、六カ月前の悲観主義のピークから一二五ポイント上昇した。アドバイザーたちは、一九六五年年央で悲観主義となったことで誤ったが、一九六六年年初においても楽観主義のピークに至ることによって過ちを犯そうとしていた。その後、ベア・マーケットが展開するにつれて、ダウは二〇〇ポイント以上の下げとなった。

同表は、過去の三一年間においてアドバイザーたちが六六回にわたって楽観主義か、悲観主義のピークに達したことを示している。市場が次のセンチメントのピークに達する前に予測した方向と同一の動きをしたのは、一九七五年二月、一九八五年三月、

6/12/68	69.8		914	−18		×
9/4/68		31.6	896	+70		×
12/25/68	68.8		966	−62		×
3/21/69		25.7	904	+57		×
5/16/69	61.0		961	−143		×
8/1/69		19.6	818	+42		×
11/14/69	63.1		860	−142		×
5/15/70		31.2	718	+195		×
3/26/71	85.0		913	−55		×
8/6/71		50.0	858	+55		×
9/10/71	82.1		913	−96		×
11/26/71		50.0	817	+167		×
12/15/72	85.0		1027	−127		×
6/8/73		38.8	920	+59		×
10/12/73	69.4		979	−157		×
11/30/73		35.9	822	+56		×
3/22/74	64.4		878	−191		×
8/23/74		29.1	687	+63		×
2/21/75	79.1		750	+76	×	
8/15/75		46.4	826	+146		×
1/14/77	94.6		972	−196		×
2/10/78		27.6	776	+121		×
8/13/78	79.7		897	−74		×
11/3/78		29.2	823	+57		×
8/24/79	60.3		880	−74		×
11/9/79		22.1	806	+75		×
2/1/80	62.1		881	−69		×
3/14/80		27.1	812	+128		×
9/26/80	67.6		940	−4		×
2/20/80		35.9	936	+71		×
4/3/81	61.0		1007	−171		×
9/18/81		28.7	836	+20		×
11/13/81	59.7		856	−51		×
6/4/82		27.0	805	+437		×
6/24/83	82.9		1242	−118		×
6/1/84		36.6	1124	+175		×
3/1/85	82.0		1299	+30	×	

日付	強気なアドバイザーの割合 極端な楽観主義	強気なアドバイザーの割合 極端な悲観主義	ダウ	次の極端までのダウの変化	アドバイザーの予測 正	アドバイザーの予測 誤
10/4/85		47.7	1329	+410		×
4/4/86	86.6		1739	+31	×	
9/26/86		46.8	1770	+454		×
2/27/87	83.1		2224	−230		×
10/30/87		37.2	1994	+93		×
3/18/88	55.9		2087	−131		×
5/27/88		35.2	1956	+228		×
10/21/88	51.5		2184	−92		×
12/2/88		27.6	2092	+421		×
6/9/89	62.9		2513	−25		×
7/7/89		50.5	2488	+194		×
9/22/89	67.1		2682	−56		×
11/10/89		53.6	2626	+85		×
11/22/89	68.5		2711	−63		×
2/9/90		34.3	2648	+313		×
7/20/90	59.4		2961	−449		×
9/21/90		33.4	2512	+400		×
4/26/91	70.6		2912	−26		×
12/6/91		48.2	2886	+347		×
1/24/92	75.4		3233	−59		×
10/16/92		46.4	3174	+139		×
12/18/92	62.8		3313	+346	×	
7/8/94		30.7	3709	+933		×
7/21/95	59.0		4612	+407	×	
11/14/95		44.5	5049	+493		×
2/8/96	64.7		5542	+45	×	

アドバイザーの予測に従ったときのダウの上昇ポイント	+985
アドバイザーの予測に従ったときのダウの下落ポイント	−10,672
アドバイザーの予測に従ったときのダウの差引ポイント	−9,687

出所＝インベスターズ・インテリジェンス

一九八六年四月、一九九二年一二月、一九九五年七月、一九九六年二月のわずか六回のみであった。アドバイザーたちの「予測」全体を事後的に見てみると、彼らは六九のケースのうち六三のケースで間違っていた。成功率はたった九％、すなわち失敗率は九一％であった。もし読者が、アドバイザーのセンチメントがそれぞれのピークに至ったそのときにそのことを知って、彼らのアドバイスに従っていたなら、三一年間に、ダウで一万〇六七二ポイントを失っていたであろう。

グラフLは、一九六六年までさかのぼって強気対強気プラス弱気の比率を示している。このグラフでは、センチメントの三カ月（一三週）平均を用いた。そうすることによって、数字は平滑化され、より長期的な姿を見ることができるようになる。一三週平均の計算は、直近の一三週間の比率を単純に加え、それを一三で割ることによって得られる。ただそれだけである。

グラフは、ほぼ**表26**で示したものを表示している。つまり、強気の比率があまりにも高くなったとき、市場はトラブルに向かって進む傾向があり、悲観主義が台頭し、その比率が下がりすぎたときは、しばしば株式を購入する好機となるというものである。強気の比率の三カ月平均が四〇％以下に下がったときは、しばしば格好の長期的な買い場となる。これは、一九六六年、一九七〇年、一九七四年、一九七八年、一九八〇年春、そして一九八二年のベア・マーケットの底の付近で生じている。

この比率は、一九六八年年初、一九七八年年末、一九七九年年末、一九八一年九月、一九八四年年央、そして一九九〇年末に中期タイプの底の時期に、四〇％か、その近辺にまで達した。一方で、強気の比率が上昇し、七五％か、その近辺にまで達したときには、しばしば警告となる。これは、一九

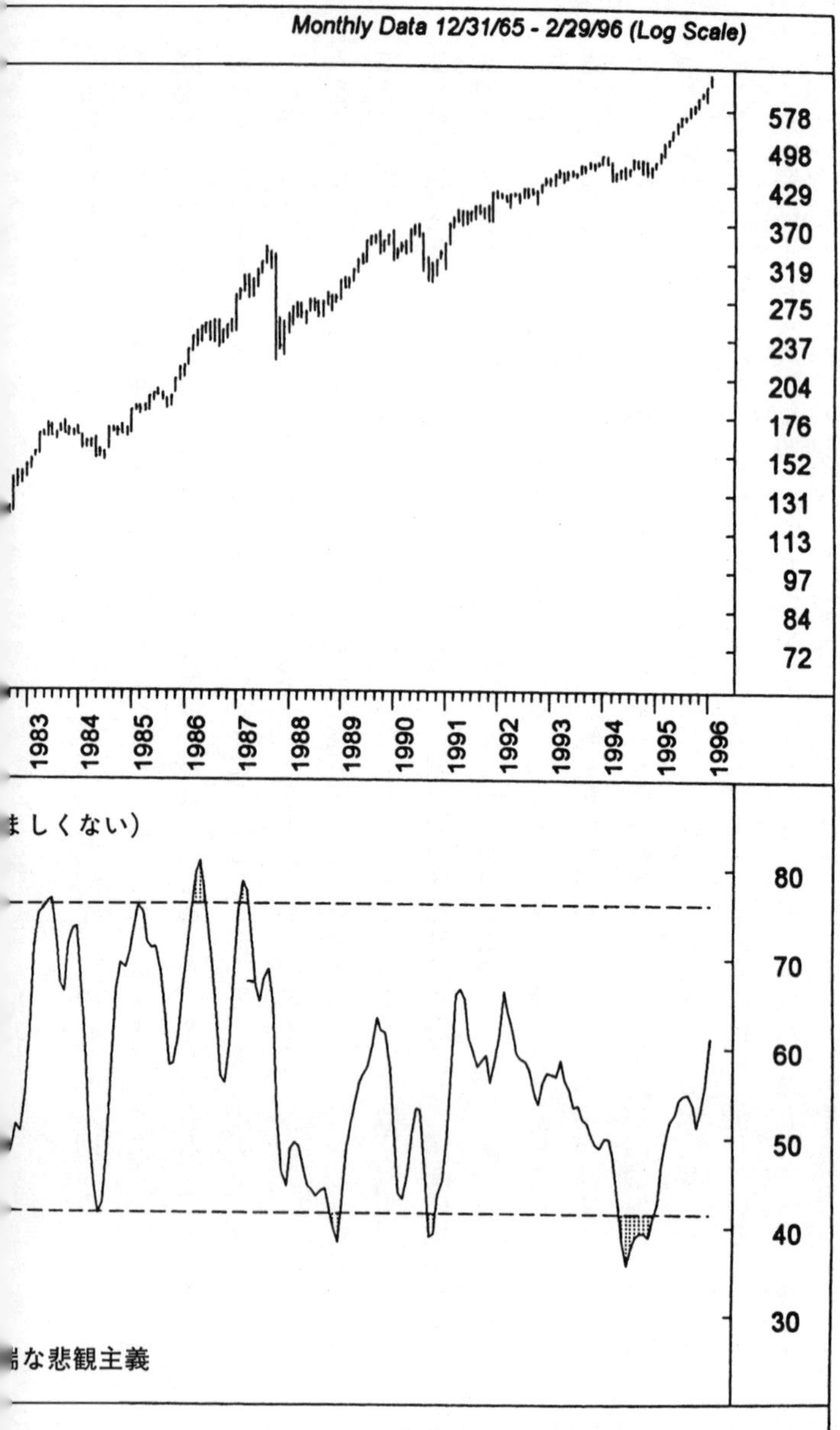

出所＝インベスターズ・インテリジェンス

グラフL

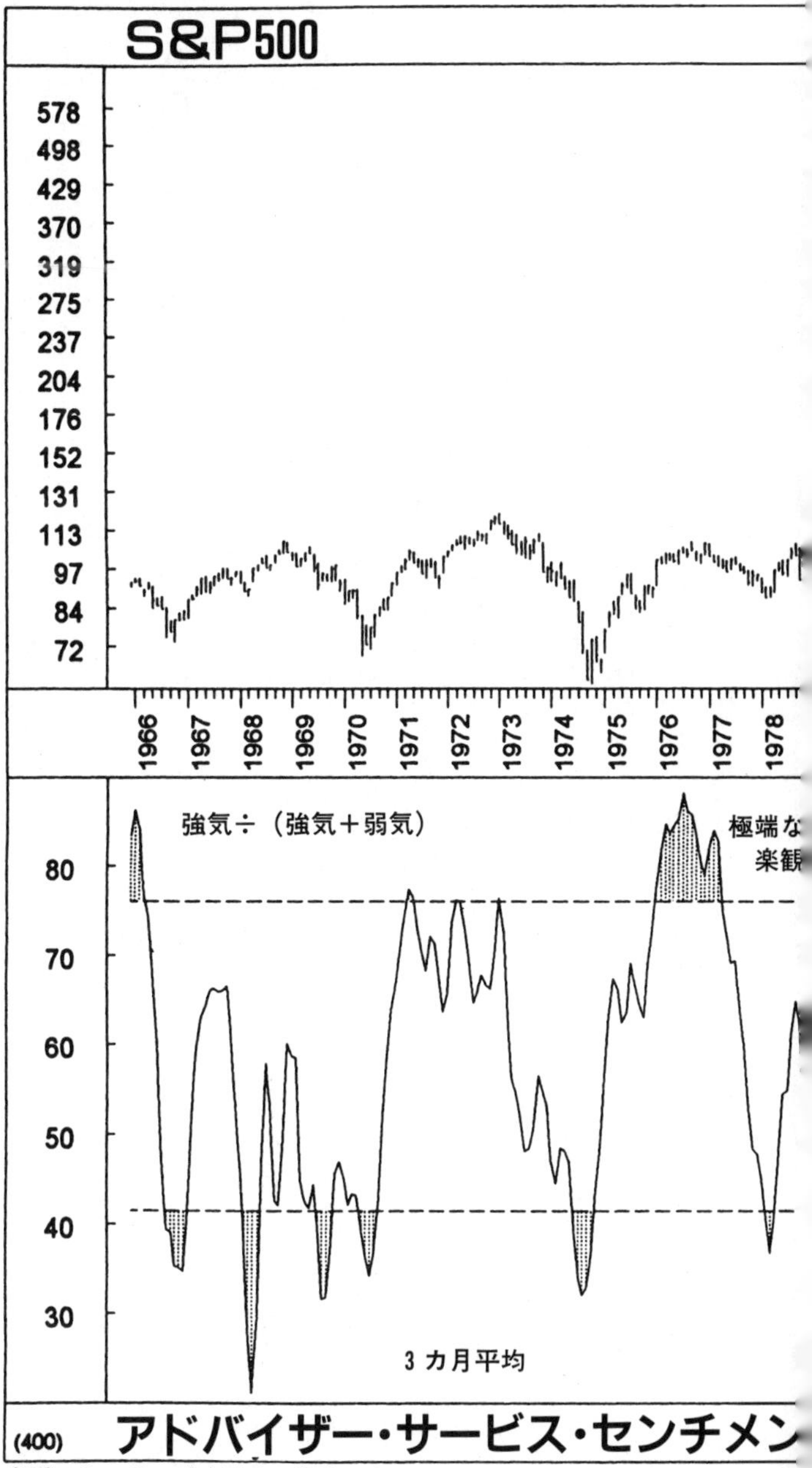

出所＝ネッド・デイビス・リサーチ

六六年早々、一九七一～一九七三年にかけて、一九七六年、一九八三年に生じた。中期的な下げか、ベア・マーケットによる反落がその後に生じたのである。一九八五年と一九八六年の高い比率は大きな差が生じなかったように見える。しかし、楽観主義が一九八七年に過度になった数カ月後、株式市場は崩壊した。

バロンズの広告

一九七〇年代初期に、私はアドバイザーのセンチメントに類似した新しい指標を開発した。投資アドバイスに関する最も人気の高い媒体であるバロンズ誌上に週間ベースで掲載される強気および弱気な広告の数に基づくものである。活況なブル・マーケットでは、バロンズ誌上に通常以上に多くの強気な広告を見ることができる。これには二つの理由がある。最初の理由は、アドバイザーたちは前節で見たように、トレンドフォロワーとなる傾向にあるということである。したがって、しばらく株価の上昇が続いているときには、アドバイザーたちの間での楽観主義が台頭するのである。そしてそれは、彼らが掲載する広告という形となって姿を現すのである。換言すれば、非常に多数の強気な広告は、アドバイザーたち自身の間における多くの楽観主義を反映しているのである。そして、前節で注目したように、このことは、株式にとっては死への接吻になりかねない。第二に、アドバイザーたちは、ビジネスをしている人々である。彼らは、最善の結果を得られる広告を打つ傾向にあり、強力なブル・マーケットでは、アドバイザーたちは強気の広告が有効であり、弱気の広告はそうではないと考えるのである。

これは、そのようなアドバイザーのサービスに申し込む大衆の間に生じる楽観主義の反映である。アドバイザーたちは、おカネを失うような広告を打つことは好まない。したがって、アドバイザーたちは、大衆が市場の力強い側面を聞きたいと欲していると感じたときには、強気の広告を打つ傾向にあるのである。かくして、強気な広告の数は、アドバイザーたち自身の好みに加え、全体としての大衆のセンチメントを反映しているのである。

ベア・マーケットの真っただ中では、その反対が真実となる。そのような悲観的なときには、強気の広告が掲載されることはほとんどない。第一に、それは、アドバイザーたち自身がさらに弱気になっているということを示しているのである。第二に、大衆も悲観的になってきたことの証拠でもある。一般的に、ベア・マーケットが確立されたという事実を大衆がひとたび受け入れると、投資家のほとんどは、市場は下がるだけであると確信しているため、強気な広告を読むことに格別の関心を持たなくなる。もちろん、悲観主義があまりにも強くなりすぎた場合に、彼らのその否定的な見通しは間違う傾向にある。

私は、強気な広告と弱気な広告の数の双方を数える。しかし、私は、弱気な広告は数が少ないという傾向があることと、標本のサイズとして十分でないため、強気な広告の数のほうがより有効な指標になることに気づいた。**グラフM**は、一九七四年以降、バロンズ誌に掲載された強気の広告数の四週

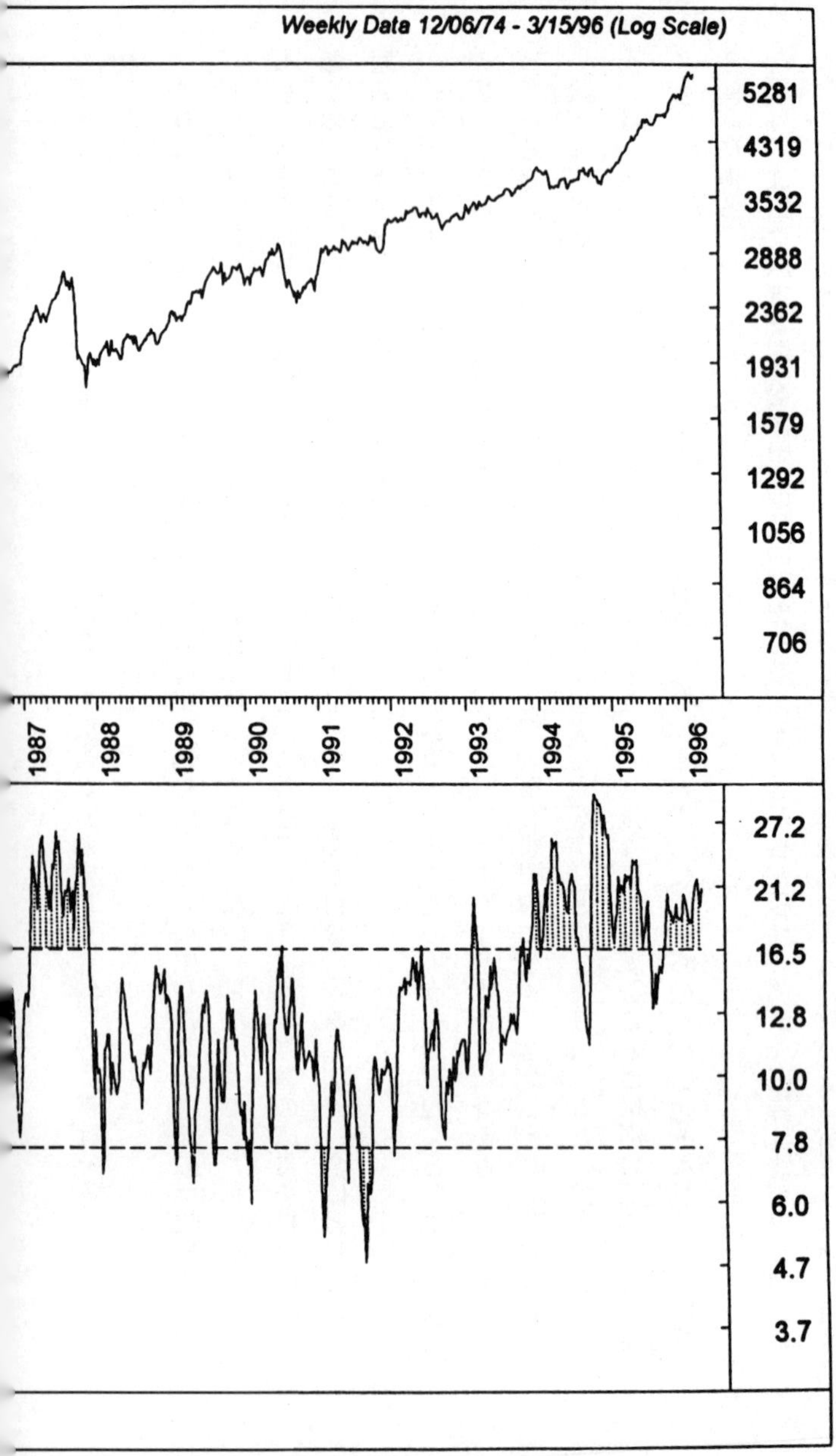
Weekly Data 12/06/74 - 3/15/96 (Log Scale)
5281
4319
3532
2888
2362
1931
1579
1292
1056
864
706
1987
1988
1989
1990
1991
1992
1993
1994
1995
1996
27.2
21.2
16.5
12.8
10.0
7.8
6.0
4.7
3.7

グラフM

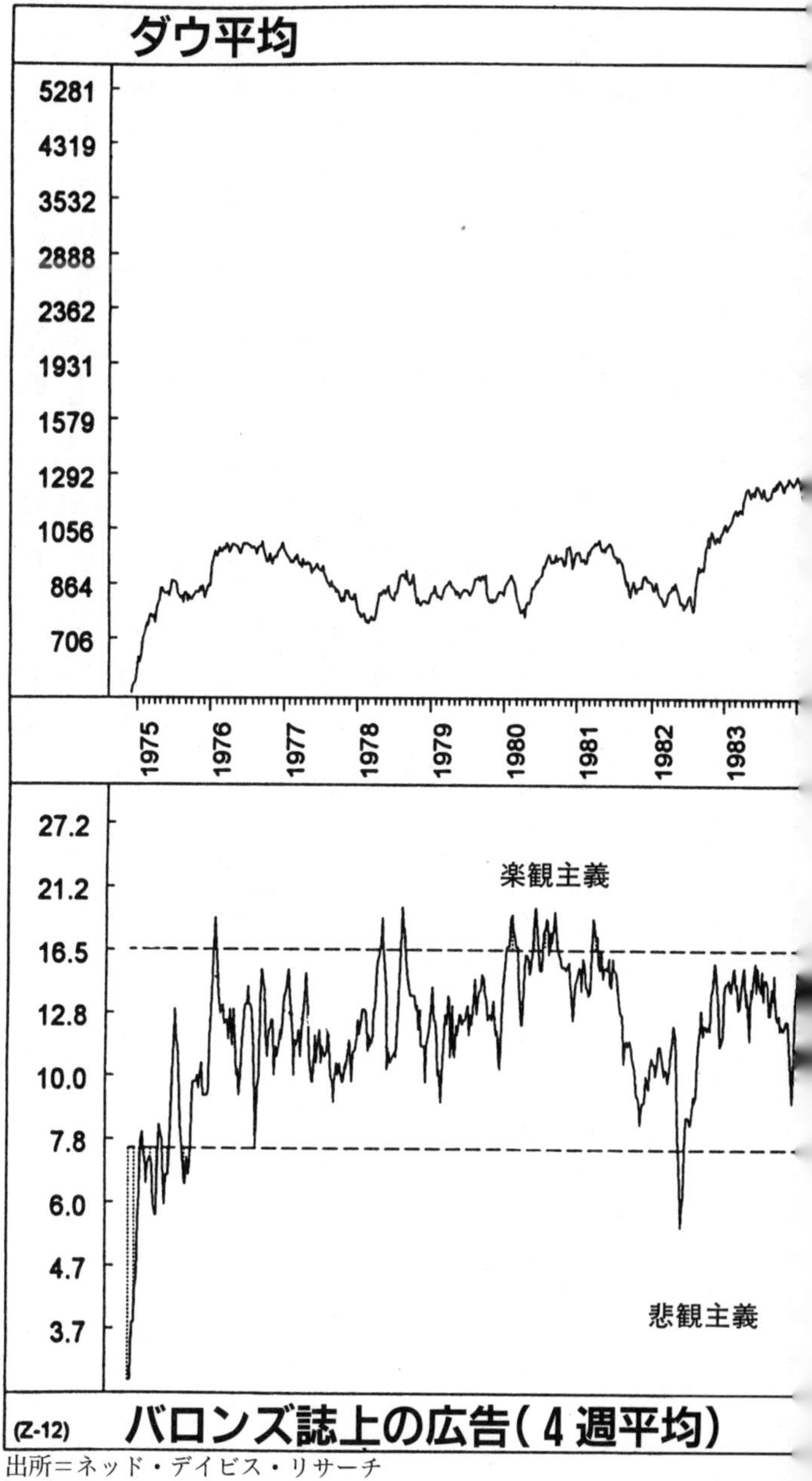

出所＝ネッド・デイビス・リサーチ

平均を示している。最も驚くべき事実は、一九七四年以前には実際に強気な広告がまったくないという時期があったということである。その時期は、また、大恐慌以来で最悪のベア・マーケットの底でもあった。これとは対照的に一九七六年、一九七八年、一九八〇年年初と一九八一年に見られたブル・マーケットの天井付近では、強気な広告は増加し、四週平均で一週間に約二〇件となった。一九七六年には、年間を通して横ばいであったが、その他の三回のケースでは市場は急落した。一九八〇年年央と一九九三年年初に、指標は二〇という領域に達したが、市場は数カ月さらに上昇した。これは部分的には、金融に関する状況がまだ良好であったためである。

一九八三年に市場が中期的な下落を見せる前、バロンズ誌上の広告の強気のピークは四週平均ベースで約一六であった。これはかなり高いものではあったが、それ以前に見られたほど異常に高いというものではなかった。もちろん、この範囲は、その前では一九八二年末に到達された範囲でもあったが、市場は上昇を続けた。金融に関する状況は抜群であり、その他の要因の多くもまったく好ましい状態であったからである。しかし、一九八三年年央には、その他の要因がより否定的なものに転じたため、株式はそのトレンドをそれ以上長く支えることができず、活気がなくなった。一九八七年には、強気な広告の数は記録的な比率に達し、一〇月の暴落の警告を発していた。一九八七年年末には、株式市場は安定を取り戻したが、強気な広告の数はかなり控えめな水準まで減少した。

ほかの指標同様、バロンズ誌上の広告も幾つかのツールを入れてあるバッグの一部として利用すべきであるということに注意してほしい。一つの指標が常に正しいと期待するのは期待しすぎである。

探求しているものは傾向である。十分な数の指標が同じ方向への傾向を示しているときは、それらが一体的に作用している指標は正しいと信じてもよいのである。

では、**グラフM**をもう一度見てほしい。そして、バロンズ誌上の強気の広告の四週平均が七件か、あるいはそれ以下に下がったケースを検討してみてほしい。これは、一九七五年秋、一九八二年年央、一九八四年年央、そして一九八四年末にみられた。一九八二年には、過去五〇年で最大のブル・マーケットが始まった。その他の三回のケースでは、中期的な反落が終了し、ブル・マーケットの上昇が始まっている。

大まかな目安として、私はバロンズ誌上の強気の広告の数が四週平均でおよそ一三に達したとき、警戒し始めることを勧める。そして、その数がおよそ七に減少したとき、より強気になる傾向がある。もし第四章で検討したわれわれのモデルに従って金融に関する状況が強気を示しているときには、私は警戒すべき水準の範囲をおよそ一六に上昇させ、積極的となるべき水準をおよそ一〇に上昇させる。金融に関する状況が弱気を示しているときには、その範囲を数ポイント下げるようにしている。そのようなケースでは、一〇か、一一近辺は危険な水準とみなし、四か、それ以下では積極的になってもよいだろう。再度述べておくが、これらは大まかなガイドラインであり、絶対ではない。

データに関しては、私は一九七二年からこれらの広告を数えており、実際にこれらの広告を数えるのに時間を費やし、努力しているのは私だけである。また私は、これらの広告の数があまりにも極端になったときはいつでも私のアドバイサリー・サービスであるツバイク・フォーカストで言及している。私のマーケットレターの購読者になる以外でこれらの数字を手に入れる方法は、読者自身でバロンズ誌のこれらの広告を数えるしかない。もし読者が自分で数えた場合には、私が数えた数字とは若干異なった数字を得ることになるだろう。その理由は、幾つかの広告は表現が明確でなく、強気であるか、中立的であるか、あるいは弱気であるかを判断するうえで解釈を必要とするものがあるからである。ところで、私は中立的な広告は無視している。私がいかなるバイアスを持っていようとも、私はこの数字を一三年間数えてきており、私はその間、一貫性を保っている。

いかなるバイアスであろうとも、その一貫性というものはこのような指標にとっては重要である。例えば、もし読者が数字を新たに数え始めるとすると、私が数えるよりも強気の広告の平均数字が三件多くなるかもしれない。それによって、読者は楽観主義があまりにも強くなりすぎているという考えになり、一方で私は同じ結論に至るのにもっと時間が要するということになるかもしれない。これらの広告の数を数える人はだれであろうともバイアスを持っているということが、人生では真実なのである。

同様なことはアドバイザー・サービスに関する「インベスター・インテリジェンス」の調査に関してもまた真実である。これに関しては、故アビー・コーヘンと現在の編集長であるマイケル・バークの二人だけが数えていたのである。ここでもまた、彼らのバイアスは一貫していた。もし私が一四〇人か、それ以上のアドバイザーたちのセンチメントを数えようとしたならば、私の結論は彼らの得た結論とは必ず一致していなかったであろう。したがって、重要なのは、絶対的な数字ではなく、正常

郵便はがき

料金受取人払

新宿局承認

767

差出有効期間
平成17年3月
31日まで

1 6 0 - 8 7 9 0

6 1 1

東京都新宿区
西新宿 7-21-3-1001

パンローリング㈱ 行

ファンダメンタルズ分析入門セミナー
ビデオ・DVD 注文用紙

ファンダメンタルズ分析入門セミナービデオ

講師/山本 潤　　収録時間278分 39.900円（税込み）

希望の商品に印を御付け下さい。　□ DVD □ ビデオ

フリガナ 名前	性別
	年齢
〒	
電話番号	E-mail

電話・FAX でもご注文承ります。 いますぐどうぞ！

TEL03-5386-7391 FAX03-5386-7393

商品は代金引換にてお送りいたします。 （代金引換手数料・送料無料）

なものが何であれ、それから逸脱しているものが重要なのである。そして、正常なものには数える人のバイアスが含まれているのである。

第二次分売（セカンダリー・オファリング）

私は、読者に対して各種のセンチメント指標の香りをお届けするように努めている。そして、本書ではできるだけそうしようと努めているように、それを単純な方法で示したいと考えている。そこで、例えば、空売りの統計やプットやコールのオプション取引を取り扱う指標は避けている。なぜなら、それらはあまりにも複雑であり、また、最近の数年において、いろんな理由により大きくゆがんでしまったからである。特に、それらの原因としては、一九七〇年代のオプション取引と一九八二年における株価指数先物の取引開始が挙げられる。

それに加え、これらを用いた特定のセンチメント指標は通常、多くの計算を必要としている。私はむしろ、ほとんど計算を必要としない指標を取り上げたい。そのような点において、市場の天井を言い当てるうえで価値のある指標とは、第二次分売、すなわちセカンダリー・オファリングの数である。

第二次分売とは、すでに公開されている会社が追加的に株式を発行することである。それは、IPO（新規株式公開）とか、よく言われている新規発行ではない。すでに株式が発行されているため、追加的株式をその後に流通させることは「第二次（セカンダリー）」として区分されるのである。もう一つの第二次分売は、内部者（インサイダー）、あるいはほかの会社によって所有されている非常に大量の株式が証券取引所のフロア上で売りに出されるよりも容易になることから、ある証券会社を経由して第二次分売の形で売りに出される場合である。そのような分売においては、多くの異なった証券会社がそのブローカーの全ネットワークを通して、新規株式公開と同様に、その分売に対する投資家の関心を募るのである。第二次分売が、発行会社それ自身によって、あるいは個人、さらにはその株式を所有しているそれ以外の会社によって行われるのかどうか、ということによって差異はない。第二次分売は第二次分売である。これらのリストは、毎週、バロンズ誌の後ろのほうのページで見つけることができる。

ベア・マーケットがいったん始まると、第二次分売は極端に少なくなる。そのような時期に追加して株式を購入しようという人の数は減少するからである。さらに、株価が低迷している場合、株式を所有している企業や個人が大量に売却することに対する関心は薄くなる。しかし、ブル・マーケットが過熱化し、投機熱が漂うようになると、第二次分売の件数が著しく増加する。

これは二つの理由からそうなる。第一に、市場が活況なときには、大衆の投機的な欲求が刺激され、容易に食いついてくるので、そのような大量の株式を売却することが非常に簡単になるからである。ブル・マーケットでは、新規公開株を売却するのと同じように、第二次分売の株式を売却することは容易である。第二に、株価が高いときに大量に処分できるほうが、売り手たる個人や企業にとってもより妙味がある。つまり、だれもが株価が安いときよりは高いときに株を売りたいのである。

私は、第二次分売の件数とその取引金額の双方の推移を追跡している。金額に関する数字はあまりにも複雑なものとなるが、分売の件数の絶対数値は、より単純であり、金額よりうまく機能する。**グラフN**は、一九五八年までさかのぼった第二次分売の三カ月平均を示している。第二次分売の件数が月間で三件あるいはそれ以下に減少したときには、投機的な活動が非常に少なくなっており、株式の供給はさほど過剰ではない。これは、相対的に強気な状態であることを示唆している。

そのような低い件数は、一九六〇年、一九七〇年、一九七四年、一九八〇年年初、そして一九八二年年央のベア・マーケットの底や底近辺で見られた。それ以外の低い記録は一九八四年と一九八七年の絶好の買い場でも見られた。一九七三～七四年の圧倒的なベア・マーケットの後に、第二次分売の件数がほぼゼロに減少したことは興味深い。その後、第二次分売の件数が一九六〇年代や一九七〇年代の標準に回復するまでに多くの年月を要した。

一般に第二次分売の件数が三カ月平均ベースで月に一〇件よりも低いときは、そして金融状況が好ましい状態にあれば、強気になってよい。しかし、金融状況が芳しくないときには、第二次分売の件数は、市場がより前向きに転じる前に、月に三件からゼロに減少するであろう。

第二次分売の件数は、投機が行き過ぎとなり、天井が形成されたことを示唆するうえでさらに貴重なものである。グラフに見られるように、第二次分売の件数は、一九五九年、一九六一年、一九六五年、一九六八～六九年、一九七一～七二年、一九八三年、一九八六年、一九八七年、一九九一年、一九九二年、一九九三年、一九九四年と一九九六年に月二五件以上に上昇した。その後にベア・マーケ

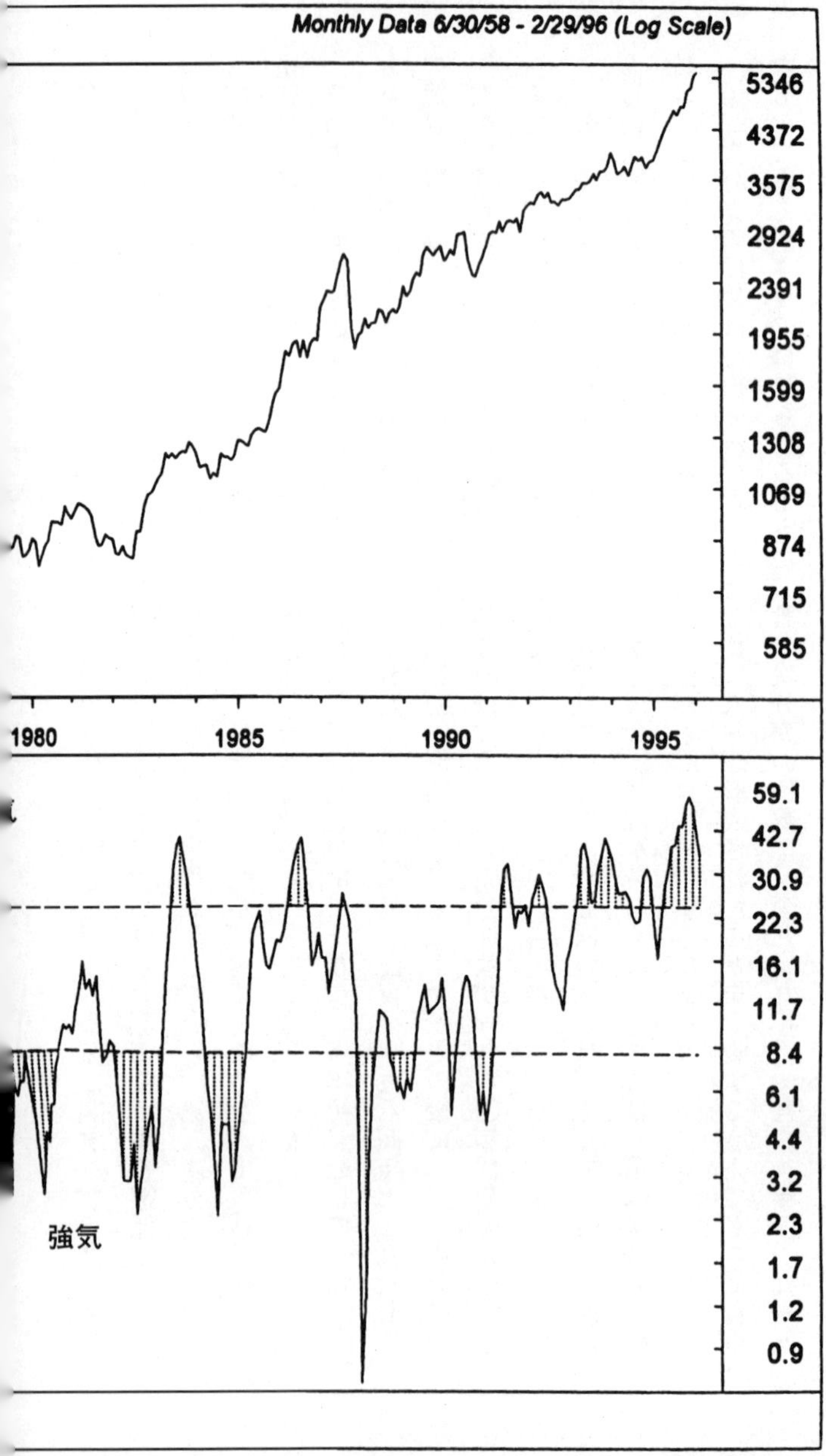

Monthly Data 6/30/58 - 2/29/96 (Log Scale)
5346
4372
3575
2924
2391
1955
1599
1308
1069
874
715
585
1980
1985
1990
1995
59.1
42.7
30.9
22.3
16.1
11.7
8.4
6.1
4.4
3.2
2.3
1.7
1.2
0.9
強気

グラフN

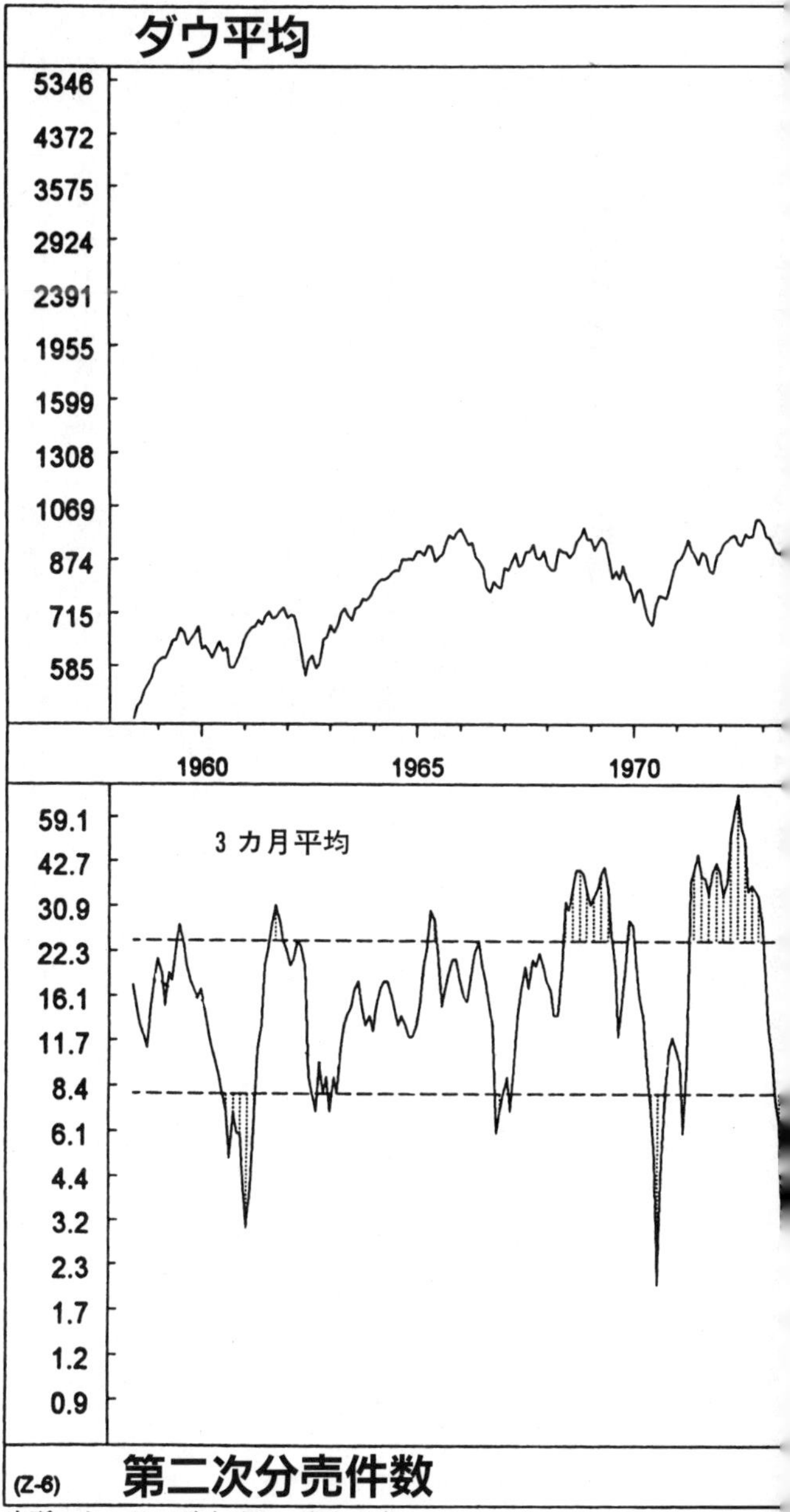

出所＝ネッド・デイビス・リサーチ

ットが生じたのは、これらのケースで五回あった。一九六五年には、三年間で最悪の下げとなった中期的な市場の反落があった。数カ月間の回復相場の後、株価は最終的に崩れ、一九六六年には穏やかなベア・マーケットに突入した。一九八三年のケースでは、株価は年央に天井をつけ、中期的な下げ相場に突入し、一年以内にダウ工業株平均で二〇〇ポイント下げた。一九八六年においては、急速に反騰する前に穏やかな修正があった。

概して、金融状況が非常に好ましい状況のときは、私は第二次分売の件数が三カ月平均ベースで月間件数がおよそ三〇件に上昇するまではあまり神経質にならないようにしている。しかし、金融状況が弱気を示しているときは、一五件程度の数字であったとしても好ましいものではないとみなす。

要するに、第二次分売の件数の数字が極めて高いものになったときには、相場の天井付近に発生した過度な投機の絶好のバロメーターである。この指標は、そのような天井を判定することに最も役立つ。しかし、第二次分売の件数が極端に低い件数にまで減少したならば、それは市場では投機的な熱気がなくなったことのサインであり、悲観主義を暗示している。そして、それはしばしば、市場の底を暗示するものとなる。

ツバイクのセンチメント指数

私の開発したセンチメント指数を、読者自身で計算することは難しい。しかし、いかに大衆心理に関する多数の計測手段をうまく機能する単一の指標に結びつけることができるかを理解することができるように、ここにそれを提示することにする。読者は、時間をかけることができるなら、本章の前の部分で触れた四つの単純な指標を用いることによって、読者自身の指数を構築することができる。もちろん、読者はもっと多くの自分自身の指標を加えることもできる。

私は、約三〇のセンチメント指標のリストを規則的に更新している。それらのうちの幾つかは三つか、四つの構成要素からなる一つの指標を作るうえで重複するものもある。この指数に含まれているものは、ミューチュアル・ファンドのキャッシュ資産比率、アドバイザー・センチメント、バロンズ誌の強気の広告の数、そして第二次分売の数である。これらのすべてはこの章ですでに説明した。その他に使うモニターとしては、私が発明し、一九七〇～七一年に最初にバロンズ誌上に書いたプット・コール・レシオや、半ダースほどに及ぶ空売り活動に関する異なった指標、端株の売買、内部者（インサイダー）取引、証拠金取引負債のトレンド、ＩＰＯ（新規株式公開）、そしてＡＭＥＸ（アメリカン証券取引所）やＯＴＣ（店頭取引）市場での投機的取引の出来高などである。

私は、これらの指標がプラス二ポイントのときは非常に強気、プラス一は適度に強気、ゼロは中立、マイナス一は適度に弱気、マイナス二は非常に弱気と等級付けしている。幾つかの指標では尺度がプラス一からマイナス一という範囲のみでしか変動しないものもある。アドバイザー・センチメントなどの幾つかの指標では、ほかのものよりもより多くを伝えることができるため、尺度がプラス三からマイナス三という範囲で変動するものもある。私は、その後、これらの等級付けをしたものを一〇〇が完全に中立となる私のセンチメント指数という集合的な判断手段に変換した。

センチメント指数は、理論的には、非常に強気である「プラス二〇〇（すべての単一の構成要素が極端な強気を暗示している状態である）」から非常に弱気である「ゼロ（すべての単一の構成要素が極端に弱気である状態である）」までの間で変動する。これまで両極端の判断に至ったことはない。強気の最高記録は一九七〇年年央のベア・マーケットの底でつけた一八三であった。弱気の極は、一九七六年春に生じた二六という数値であった。そのときのダウはその高値から数ポイント下がった状態であった。その後、ダウは数カ月横ばいのトレンドだったが、最終的にベア・マーケットに向かって下げた。その結果、ダウは一九七八年二月に底打ちする前に約二五〇ポイントの下げとなった。

グラフOは私のセンチメント指数を、それを開発した当時の一九六五年までさかのぼって示している。一四〇以上の数値は過剰な悲観主義を示しており、格付けは非常に強気となる。一二〇～一三九の数値は強気である。一〇〇～一一九は中立から若干強気という判断である。センチメント指数が七六～九九の間を推移することは適度に弱気を暗示している。

最後に、センチメント指数が七五か、それ以下の場合には、市場があまりに楽観的になりすぎていることを意味し、その解釈は非常に弱気とすべきである。

もちろん、私が先に示したように、センチメント指数は金融環境に関する背景と関連づけて用いなければならない。金融環境が好ましい状態のときに天井を目指すには、通常より低い数字が必要となる。しかし、金融環境が芳しくない状態のときは、適度に低い数字であっても株価がピークをつける可能性がある。逆に、金融環境が好ましくないときには、正確に底を狙うためには一九六六年、一九七〇年、一九七四年のように極端に高い数値が必要となる。一九七五年の中期的な底か、一九八五年一月の活気づいた相場回復の前の一九八四年年末の買い場のときのように、金融環境が芳しい状態のときは、一二〇～一三〇という適度に強気な範囲の数値が出れば、それが十分に絶好の買いチャンスを予告することになるといえよう。

センチメントを測ることに関して重要なことは、幾つかの手段を用い、数字が相対的に中立的なときにはあまりそれを過重に評価しないことである。しかし、多くの指標が過剰な悲観主義を示し、指数が極端に高くなっているときは、悲観主義が過剰となっており、株価はおそらくは底近辺にあるということを示す絶好のサインであろう。同様に、あまりにも多くの人が楽観的であり、指標の多くがそのようなことを示している場合は、株式を売却することを考慮し始めるべき時であろう。大衆の見方が極端に一方的になったときを知ることは非常に有益である。五五％が強気で、四五％が弱気であるということを知ることはさほど役に立たない。極端に至っているかどうかが本当に重要なのである。

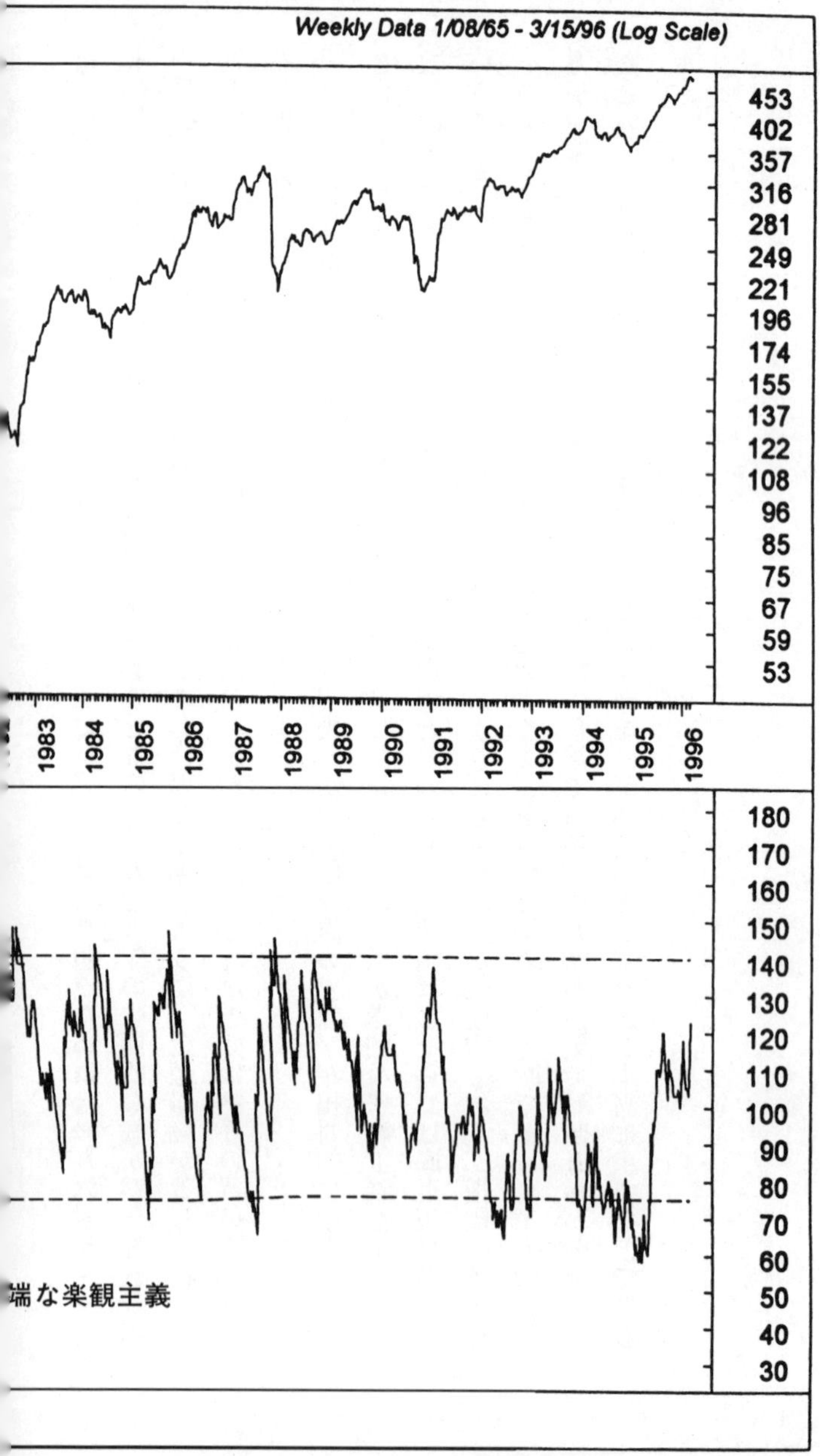

Weekly Data 1/08/65 - 3/15/96 (Log Scale)
453
402
357
316
281
249
221
196
174
155
137
122
108
96
85
75
67
59
53
1983
1984
1985
1986
1987
1988
1989
1990
1991
1992
1993
1994
1995
1996
180
170
160
150
140
130
120
110
100
90
80
70
60
50
40
30
端な楽観主義

グラフO

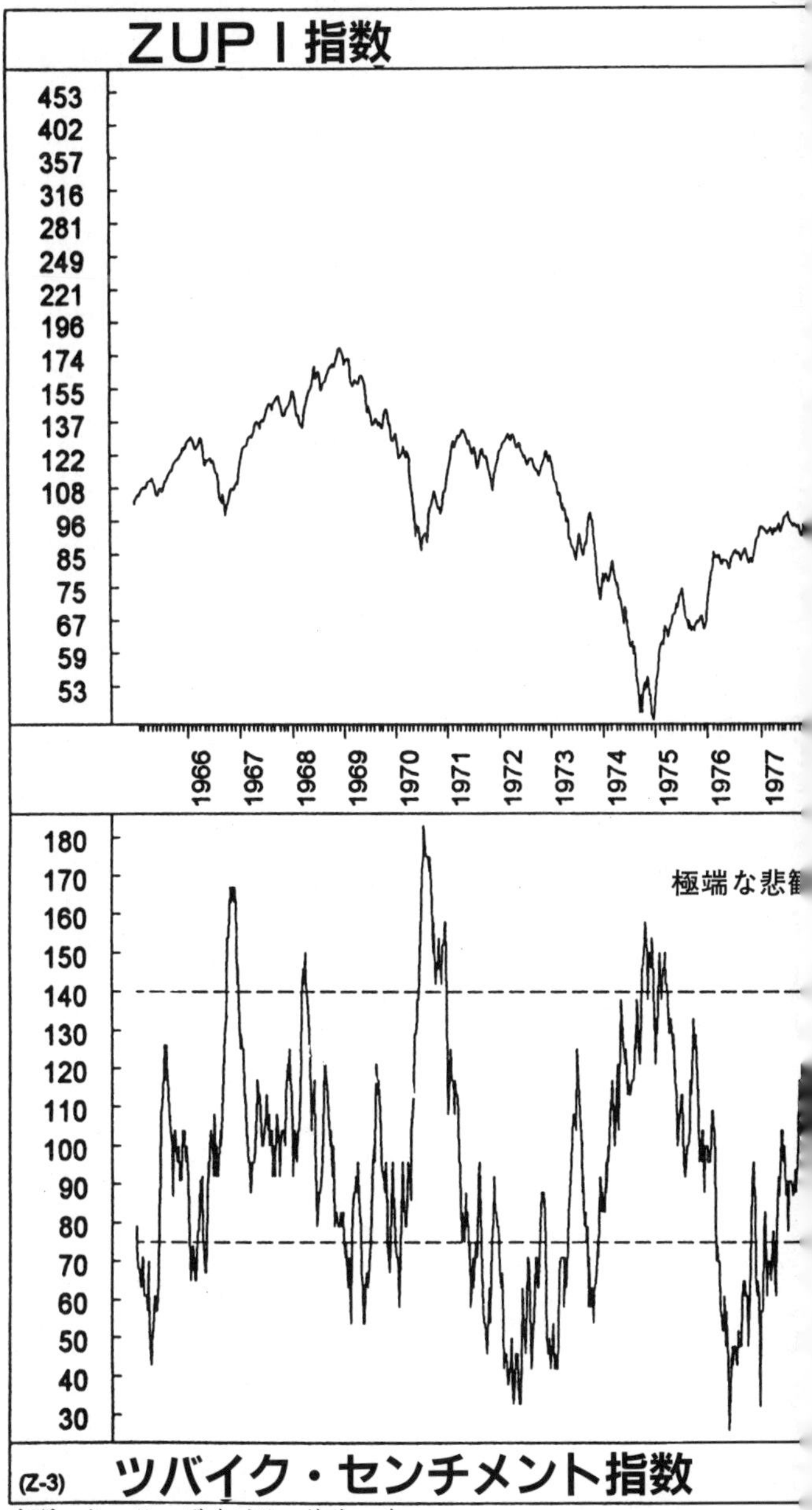

出所＝ネッド・デイビス・リサーチ

第九章

季節性指標——一年を通した相場予測案内

私は株式市場の季節的傾向をとらえることに関心を持つように運命づけられていたと思う。末の息子はイースターの週末に生まれ、長男はメモリアル・デーの週末に生まれた。私の誕生日は七月四日の週末であり、妻の誕生日はレーバー・デーの近くである。さらに、母は、パールハーバー・デーの一九四一年一二月七日に妊娠していることが判明した。確かに、一二月七日は正確には休日ではない。しかし、その日に私の個人的歴史が絡んでいたということは、私がカレンダーに、さらに正確にはカレンダーがいかに株価に影響を及ぼすかということに興味を抱くことになった理由の一つである。

私はこの章で、六種類のカレンダーの傾向を取り上げる。まず、初めに最も興味深いものである祝日前後の市場の動きを取り上げる。その後に、一週間のうちの何曜日か、何月か、月末それぞれの日々の特徴や、大統領選挙のサイクル、そして最後に年末の税金対策用の売却に関して取り上げる。

もし株式市場が本当に感情によって左右されないメカニズムを持っているならば、祝日の前後で異常な動きが生じることを期待する理由はないであろう（本当に経済的な目的で税金が理由として行われ、ある程度の効果があると考えられるクリスマスから年末や新年を除いて）。しかし、それら年末年始以外の祝日周辺で生じる異常な取引パターンを説明できる経済的な理由はない。私は、一九五二年までさかのぼって祝日の期間の前後における市場の動きを調べた。それぞれの祝日を、三三～三四回調査した。これらの時期に取引が通常どおりであったなら、市場が上昇した日数は、長期的な市場平均である二分の一より若干多いものであったろう。しかし、私が見いだしたことは、とても通常どおりといえるものではなかった。むしろ、株価は祝日が近づくと異常に強気で、多くの学者によって信奉されている株価の動きはランダム（不規則的）であるという神話を打ち砕くものになっている。さらに、これらの動きのパターンは投資家の感情に左右されたものであることは確実である。

一年間には、株式市場が休場となる七回の大きな祝日があり、それ以外にも二回あるが、それらは忘れていい。まずただちに、エレクション・デー（選挙日）を外そう。選挙日は二年に一回しかなく、これらの年には上下院の選挙の結果がかかっているだけであり、株式市場は開いている。証券取引所はかつて、大統領選挙のときに閉鎖されたことがあったが、そのような伝統も一九八四年でなくなった。したがって、株式市場に関しては、現在はエレクション・ホリデーはない。きわどいのは二月のいわゆるプレジデンシャル・ホリデー（大統領の誕生日）と言われるものであり、月曜日に行われるワシントン大統領とリンカーン大統領の誕生日を統合したものである。数年前、証券取引所はときどき双方の大統領の誕生日を休場にし、それ以外はどちらか一方の大統領の誕生日のみを休場にしていた。一九六九年初めに、新しい祝日の形が採用された。

実際、市場は大統領誕生日（**訳注**　ジョージ・ワシントンとアブラハム・リンカーンの二人の大統領の誕生日を記念した法定休日で二月の第三月曜日）の直前の取引日にかなり良い動きを見せた。この「新しい」祝日の機会は一七回あったが、ツバイク非加重平均株価指数（ZUPI指数）は祝日前に一二回上昇し、三回下落し、二回は変わらずであった。変わらずであった日を無視すると、成功率は八〇％になる。ZUPI指数は、それぞれの祝日の時期に平均〇・一七％の上昇を示し、年間利益率に換算すると二八・三％になった。これは、後でみるようにほかの祝日ほどは良くないが、ランダム（不規則）であるとはいえない。さらに、この祝日の歴史は比較的短いのでこれを以降の議論では無視することにした。

われわれは、残った七つの祝日に焦点を当てることにする。イースター、メモリアル・デー、七月四日（独立記念日）、レーバー・デー、感謝祭、クリスマス、そしてニューイヤーである。すべてのケースで、私はツバイク非加重平均株価指数を用いてホリデーシーズンの前後の市場活動を計測した。最も驚くべき観察結果は、どのような祝日であるかにかかわりなく、祝日の前の最後の取引日に市場は上昇するという例外的な傾向があるということであった。

表27は、七つの祝日期間の前の取引日の株価の動きを示している。例えば、三四回あるイースターの前日は二六回上昇し、わずか五回だけ下げ、三回は変わらずであった。ZUPI指数は一日平均では〇・二六％の上昇、年率ベースに換算すると六八％の上昇であった。中央の欄に見られるように、過去三四年間にイースター・ホリデーの取引日前にのみ一万ドルを投資したとすると、その資金は一万〇九六〇ドルになった。その他の祝日についても、同様なデータが続いている。

最も強気な傾向である祝日はレーバー・デーとニューイヤーである。レーバー・デーは、最高の上昇率を示し、ZUPI指数は一日で〇・六四％、年率ではとてつもない一八〇・四％の上昇率であった。レーバー・デーの直前の取引日に市場が上昇したのは、三一回で、下落はわずか二回だけだった。ニューイヤーは勝率では最高を誇った。三一回上昇し、わずか一回だけ下げ、もう一回は変わらずであった。ZUPI指数はその日、〇・五三％の上昇を示し、年率では一四六％であった。

表27

祝日前後の株価動向とZUPI指数 (1952/1-1985/6)

祝日	市場の方向 上昇	下降	変わらず	投資元本1万ドル	日率	年率
祝日前						
イースター	26	5	3	$10,906	+0.26%	+68.0%
メモリアル・デー	25	4	5	$11,402	+0.39%	+111.7%
7月4日	28	5	0	$11,644	+0.46%	+127.0%
レーバー・デー	31	2	0	$12,335	+0.64%	+180.4%
感謝祭	27	4	2	$11,325	+0.38%	+102.4%
クリスマス	25	7	1	$11,302	+0.37%	+100.6%
新年	31	1	1	$11,893	+0.53%	+146.3%
祝日後						
感謝祭	30	2	1	$12,286	+0.63%	+176.6%
クリスマス	22	10	1	$10,967	+0.28%	+74.7%
7祝日の前のみの結果	193 (83%)	28 (12%)	12 (5%)	27,188ドル	+0.43%	+189.7%
祝日前後の9日間合計	245 (82%)	40 (13%)	14 (5%)	36,633ドル	+0.44%	+179.6%

表27の概要の最上部に見られるように、私が表に示した三三年間を対象にすると、祝日前に合計で二三三日の取引日があった。これらの取引日のうち市場が上昇したのは一九三回、すなわち回数ベースでは八三％であった。わずか、二八回、すなわち一二％の確率で市場は下げた。市場が変わらなかったのは一二回で、全体の五％であった。市場が動かなかったこれら一二回のケースを無視した場合には、市場は二二一回のうち一九三回上昇したことになり、成功率は八七％ということになる。再度市場が動かなかったケースを無視すると、祝日の直前の取引日に市場が上昇する確率は、およそ八回に七回であるということである。これらの計算は一九八五年六月に行われたものであるが、それ以降も基本的に同様な市場パターンが持続している。

もし一九五二年までさかのぼって、祝日直前の取引日に投資するという戦略で一万ドルを投資したならば、一九八五年六月にはその金額は二万七一八八ドルとなっていたであろう（その間にマーケットは全部でわずか二三三日間しか開いておらず、実際、一年間の取引日数――通常の暦年で二五五取引日――より少なかった）。その結果は、広範囲な市場平均であるＺＵＰＩ指数で見たこれらの祝日すべての直前の取引日の平均上昇率は、〇・四三％を示した。これは年間リターンに換算すると、脅威的な一八九・七％の利益率である。**実際、ホリデー・トレーディングの欠点は、十分な数の祝日がないということである！　もし読者が年間の取引日に関し、何らかの手段で祝日を一日生み出せれば、一年間で資金をおよそ三倍に増やすことができ、数年すれば引退できるであろう。もちろん、もし毎日が祝日であったなら、市場はまったく開かれることがなくなってしまう！**

私は、二つの祝日に関する第二の事実を発見した。すなわち、感謝祭とクリスマスの後の日は同じように非常に強気であるというバイアスがあったということである。**表27**で分かるように、市場は感謝祭の後、三〇回上昇し、二回下落し、一回は変わらずだった。年間上昇率の一七六・六％は、すべての祝日で二番目に高い上昇率である。クリスマスの後の市場は二二回上昇し、一〇回下落し、変わらなかったのは一回であった。これは最悪のケースであったが、それでも年率で七四・七％という素晴らしい上昇を示した。

二九九回のホリデー・トレードに対して、市場は二四五回上昇し、四〇回下落し、変わらなかったのは一四回であった。変わらなかった例を無視すると、二八五日のうち市場が上昇した日は二四五日であり、成功率は八六％であったことを意味している。一万ドルの投資は三万六六三三ドルに増加し、一日当たり〇・四四％、すなわち年間ベースで一七九・六％の上昇率であった。もし読者が数年間にわたって、これらの祝日の周辺での取引をしたとすると、年間で九日間だけ市場に参加したことになり、この九日間で読者は三・九九％の利益を上げたことになる。換言するなら、全取引日のわずか四％の日数だけ市場に参加して、元本の約四％の値上がりを得ることになるのである。このように、市場全体のリスクのわずか四％を負うだけで、読者は、通常の財務省短気証券あるいはマネー・マーケットのポートフォリオに対して年率でおよそ四％以上のリターンを得ることができたことになる。もちろん、これは取引費用を想定していないので、必ずしも普通のケースとは言えないかもしれない。

すると、次の質問は、取引費用によってほとんどの利益を食いつぶすことなく、いかにして祝日前後の取引をすべきかということになる。一つの方法は、ノーロード（手数料なし）のミューチュアル・ファンドを買うことである。特にファンドの場合は、事前にいつ売買するかを告げることができるからである。欠点は、そのような売買をすることが可能なファンドの数が非常に少ないということにある。

もう一つの方法は、株価指数先物の取引をすることである。バリューライン指数はツバイク非加重平均株価指数とほぼ同じなので、カンザスシティー証券取引所でバリューラインの先物を取引することを選べる。取引費用はあまりかからない。しかし欠点は、先物は実際のマーケット・インデックスに対してさまざまなプレミアムをつけて割高、あるいは、時にはディスカウントで割安に取引されることがあるということである。もしプレミアムが取引する日に相対的に同一水準にとどまるのであれば、問題はない。しかし、プレミアムが縮小し、本質的に利益をゼロにしてしまうようながっかりする事態に陥ることがあり得るのである。

例えば、ある祝日の前日にバリューライン指数が二〇〇で、先物は二〇四、すなわち四ポイントのプレミアムで取引されていたと仮定してみよう。上昇する可能性の高い祝日にバリューラインが一ポイント、つまり〇・五％相当上昇し、二〇一で終了したとする。先物はその日には動かず、二〇四で終わり、プレミアムが四ポイントから三ポイントに縮小し、どんな利益ももたらさないということになるかもしれない。もちろん、先物が実際の指数と軌を一にして上昇すれば、二〇五ポイントに上昇し、利益を出すことができたであろう。

長期的に見れば、先物が現物とほぼ同じ額の変化をするということはあり得るが、その保証はない。さらに、幾つかのケースではプレミアムの変化の悪影響を感じることを余儀なくされることがあり、また、反対に、プレミアムの変化が好都合なものとなる場合もあろう。先物は、ニューヨーク総合指数、Ｓ＆Ｐ五〇〇指数、あるいはＡＭＥＸで取引されているブルーチップ二〇銘柄から構成されているメジャー・マーケット指数でも取引することができる。

これ以外にも祝日の傾向から利益を得る方法がある。**もしいずれにしても株式を購入するというつもりであるならば、出足を良くする確率を高めるために、祝日の一日前に購入するという考えは悪いことではないだろう。もし売却を考えているならば、祝日の前に売るべきでない。**むしろ、祝日前日の大引けまで待つべきである。あるいは、祝日期間中は保有し、その祝日終了の翌日の寄り付きで売るべきである。ただし、もちろん、感謝祭とクリスマスの場合を除くべきである。これらの場合は、少なくとももう一日待つべきである。

これに加え、もし取引費用と多様化ができないということのリスクをかけても構わないということであれば、祝日期間の前後で幾つかの市場連動タイプの大きな銘柄を取引してみたいと思うかもしれない。ＩＢＭ、デジタル・エクイップメント、メリルリンチ、あるいはテキサス・インスツルメンツなどの活発な市場先導銘柄は、そのようなときには格好の取引対象となろう。しかし、これらの銘柄の価格の傾向は、私の開発したより広範囲な銘柄を対象としているツバイク非加重平均株価指数と同様な動きを見せることにはならない可能性があることにも留意すべきである。

このような季節的な傾向に関連しての質問は、なぜそれらが生じるのかということである。先に記したように、クリスマスやニューイヤー・ホリデーの前後に税金対策のための取引によって引き起こされるバイアスを除き、何ら経済的な関連性はない。最も説得力のある説明と思われるものは、人々は、祝日が近づくと感情的な影響を受けるということである。われわれの多くは、祝日の前に気分良く感じる。なぜそうなってはいけないのだろうか?

三日から四日にも及ぶ祝日が間近になっている。緊張からの解放、家族との時間、故郷への帰郷、またその他の何であれ、楽しい気分になる。そのような状況で、人々はより楽観的になり、株式を売るよりも買う傾向になりがちであり、それによって株価に上昇バイアスを作り出すということは非合理なことではないだろう。もし祝日の前のこのような傾向が正しいとするならば、それはまた、金曜日についても正しいはずである。すなわち、定期的に週末が近づくにつれ、人々はそうでない普通のときよりは一層、陽気になるはずである。実際、これがそうであるかどうかを検討しよう。

二三回の勝ちと八回の負け

祝日の前日には、株価が上昇する傾向が非常に強いことを見てきた。感謝祭の翌日も非常に強い上昇傾向があった。おそらくそれは、ほとんどの人にとって、四日間の祝日期間の一部だからであると思われる。その日は常に金曜日であるが、それでも人々にはさらに楽しみにしている週末がある。クリスマスの翌日は特徴づけることがより難しい。その理由のひとつに、週の何曜日になるのかが異なるからである。しかし、クリスマスはすべての祝日のなかで最も楽しいものでもあるので、祝日の後でもその陽気な気分が残っている。しかし、それでも指摘したように、クリスマスの翌日の傾向は、祝日前日や感謝祭の翌日ほど強いものではない。

これらの祝日の傾向を前提にしたうえで、私はさらに強力なトレーディング戦略を考案するために、少し知恵を絞った。それは、前述した祝日の期間、市場は上昇するということを前提にしている。実際、市場は八分の七は上昇しているのである。しかし、市場が祝日の前に（あるいは感謝祭とクリスマスの直後に）期待されていたとおりとならない場合は、そのこと自体が否定的な兆候を示しているのであり、株価は間もなく下がるであろうという可能性が高くなっているのである。つまり、一般的なトレーディング戦略は祝日に入る前の期間の株価を観察し、通常の傾向に反してその大引けで株価が変わらないか下げた場合には、祝日の翌日に空売りすべきであるということである。このルールは、イースター、メモリアル・デー、七月四日、レーバー・デー、そしてニューイヤーに当てはまる。

明らかに、感謝祭とクリスマスの周辺での戦略は幾分異なったものになる。これらの二つの祝日の後では、ロング（買い持ち）とすべきだからである。しかしクリスマスに関しては、われわれはほかの祝日と同じルールを採用する。もしクリスマスの翌日、市場が変わらずであったか下げた場合、その日の大引けで、つまりクリスマスの後の二日目の市場に狙いをつけて空売りするのである。

表28

最適祝日戦略とZUPI指数
(1952/1-1985/6)

祝日	投資日数*	市場の方向 上昇	下降	変わらず	投資元本1万ドル	日率	年率
イースター	42	33	0	1	$11,634	+0.45%	+99.2%
メモリアル・デー	43	32	2	0	$11,767	+0.48%	+104.8%
7月4日	43	33	0	0	$12,481	+0.67%	+147.1%
レーバー・デー	35	33	0	0	$12,657	+0.72%	+193.6%
感謝祭	72	33	0	0	$14,564	+1.15%	+161.6%
クリスマス	77	27	5	1	$12,680	+0.72%	+88.8%
新年	35	32	1	0	$11,857	+0.52%	+135.3%
合計	347	223 (96%)	8 (3%)	2 (1%)	47,353ドル	+0.45% +0.67% (1期間当たり)	+184.5%

*投資日数は感謝祭とクリスマスの後の日と、先に記述した公式に基づいて空売り

感謝祭についてのルールは若干異なる。総合すると、感謝祭をはさむ前後一日――すなわち、水曜日と金曜日――は、非常に強い季節的傾向を持っている。市場が、二日を合算して少なくとも〇・五％以上昇することに失敗したのは、三三年間のうちのわずか六回であった。したがって、私は二日間合算した期間に〇・五％しか上昇しないのは「弱い」と判断する。もしZUPI指数が感謝祭の水曜日と金曜日を合わせた期間で〇・五％以下しか上昇しないならば、われわれは金曜日の大引けで空売りをし、そのショート・ポジション（空売りポジション）をもう一日持続するであろう。

表28は、普通、上昇傾向の強い祝日期間に標準以下のパフォーマンスしか示さなかった日の翌日に空売り――あるいはネガティブ・ベット（否定的なほうに賭ける）――をするという拡大トレーディング戦略の結果を示している。例えば、最初の欄は、イースターに関する一九五二年以来の三四回のケースを示している。**表27**で先に示したように、イースターの前に市場が下落したのは五回、変わらなかったのは三回であった。これらの八年間に、グッドフライデーの前日の大引けで空売りし、イースター・ホリデーの終了した月曜日の大引けまでそのポジションを持続したとする。そうすると、八回のケースすべてで儲けたことになる。

空売りをした者にとって、これら月曜日の好成績は、三四年間のうち三三回のイースター期間でトレーディング利益を発生させたことになる。投資をした読者はけっして損失を被らず、一度たりとも失敗はなかった。これ以上に良好な成績を上げることはできないだろう。総計四二日の取引日において（そのうち八日は空売りサイドであったが）、一万ドルの投資は一万一六三四ドルに増加し、一回の祝日での利益率は〇・四五％、年率換算では九九・二％の利益率となった。

それ以外の祝日の結果も同様であった。メモリアル・デー周辺で九回の空売りを追加した結果では、三四年間で三二回の取引で利益が生じる結果となった。損失となった期間はわずか二回のみであった。七月四日、レーバー・デー、そして感謝祭に関するリターンは本当に驚異的な結果をもたらし、それぞれの祝日の勝敗の記録は三三対ゼロという完璧なものであった。つまり、これらの三つの祝日を合計した九九回の祝日期間において、投資家は九九回の勝利を収め、一度も負けなかったのである！クリスマスの時期には、二七回勝利し、五回負け、一回が引き分けであった。しかし、それでも、クリスマス・ホリデーの周辺での年率の利益率は素晴らしい八八・八％という結果となったのである。ニューイヤーは、三二回の勝利と一回の損失であった。

年率ベースで一番の成績を示したのはレーバー・デーであり、年間の利益率は一九三・六％であった。しかし、祝日一回当たりの最大の利益は感謝祭で、市場は一回の感謝祭で一・一五％の上昇を示した。これは、感謝祭は休日が通常より二日長いという事実に基づくのだろう。しかし、感謝祭の年間の利益率は〝わずか〟一六一・六％であった。

一九五二年一月から一九八五年六月までの間に、祝日前後で取引ができた日は三四七日あったが、祝日の期間後の市場が標準以下のパフォーマンスしか示さなかった四八日は空売りの日だった。この期間では、一万ドルの投資元本は四万七三五三ドルに増え、投資したそれぞれの日で〇・四五％、それぞれの祝日期間当たりでは〇・六七％の利益率であった（そのような祝日期間は二三三回あった）。

これは、年間の利益率に換算すると一八四・五％になる。これはまた一年間で四・七八％増えたことに相当する。換言すると、もしこの祝日取引戦略を三三年間にわたって採用するなら、時間的にはわずか四％の時間を費やしただけであるのにもかかわらず、年率平均で約四・七五％の利益を上げたということになる。**損をした年は一度もないという結果になった！**

二三三回のホリデー期間のうち、二二三回は勝ち、八回は負け、引き分けが二回であった。引き分けを除外すると、成功率は九七％であった。これらのリターンは理論上のものであって実際にこれを実現するのは難しいと指摘する人がいるかもしれない。もし適当なタイミングで空売りを利用し全体の祝日戦略の効果を高めようと努力したなら、この目的のためにノーロードのミューチュアル・ファンドを利用することはできなかったであろう。しかし、株価指数先物を取引することができた。しかし、再度、原資産となる株式指数に対比した先物のプレミアムの予測不可能な動きという問題に直面するであろう。**しかし、祝日周辺で活発な株取引をしなくとも、これらの時期での価格の動きは本当に異常であり、けっしてランダム（不規則的）ではないということは認識するべきである。**

週の曜日

曜日の効果についての初期の研究の一つは、アート・メリル（Merrill Analysis, Box 228, Chappaqua, NY 10514）によって行われた。彼は、一九五二年から一九七四年の間、ダウ・ジョーンズ工業株三〇種平均が上昇か、下降する曜日の割合を見ようと調査した。すべての曜日を合計して、ダウは五二・五％の確率で上昇した。週の中間の曜日には、大きな差がなかった。火曜日は五一・八％、水曜日は五五・五％、木曜日は五三・五％の確率でそれぞれ上昇した。しかし、月曜日は、通常の傾向からはかなり悪く、その四一・五％で上昇しただけである。一方、金曜日は五九・八％が上昇した。上昇傾向の強い金曜日というのは、ホリデーのウイークエンドの前に見られた株価の動きと一致している。

換言するならば、投資家はウイークエンド前には通常よりも良いムードにあるということである。もっとも、実際にロング・ホリデーの前にも強くなるが、それほど強くはならない。これに比べ、もし感情が週の曜日に対してある程度の影響を及ぼすことがあるとすれば、「ブルーマンデー症候群」と言われるように週の初めの日であろう。もしわれわれが不機嫌になるとすれば、大体月曜日にそうなりやすいといっても誤りでないだろう。

フランク・クロス（Financial Analyst Journal, 1973/11-12）によるもう一つの研究は、強い金曜日と弱い月曜日というメリルの著作の結果を確認した。クロスはS&P五〇〇を市場の指標として用い、一九五三年から一九七〇年の間に金曜日は六二％の割合で上昇し、月曜日はわずか三九・五％しか上昇しなかったということを発見した。金曜日の上昇率の平均はプラス〇・一二％であり、月曜日はマイナス〇・一八％であった。

マイケル・ギブソンとパトリック・ヘスによるもう少し最近の研究（Journal of Business, 1981

vol.54, no.4）によると、彼らは一九六二年から一九七八年まで週の曜日によるリターンをチェックした。S&P五〇〇は月曜日には〇・一三％下落し、金曜日には〇・〇八％の上昇となっていることを発見した。さらに、彼らは、非加重株価指数（私のツバイク非加重平均株価指数と類似したもの）は月曜日に平均〇・一一％下落したが、金曜日には大きく〇・二二％上昇したことを発見した。

したがって、金曜日と月曜日の株価に与える効果は興味深いものがあるが、おそらく、その取引費用のゆえに、大きな利益を与えてくれる機会を提供することにはならないであろう。**しかし、その他のことが変わらないと仮定した場合、週の遅くになって売ろうというときは、おそらく金曜日の大引けか、月曜日の寄り付きまで待ちたいと思うであろう。もし買いたいのであれば、金曜日の遅い時間か、月曜日の昼間にそうすべきではない。おそらく火曜日まで待ったほうが良い結果を得られよう。**もちろん、これらの傾向は、前の各章で見てきたようなもっと重要な指標によって覆されることがあろう。

月による差異

表29はアート・メリルのもう一つの研究結果を示している。彼の研究は一八九七年から一九七四年までの各月の季節的傾向を調べたものであるが、われわれはこれを一九九六年まで更新した。同表は、各月でダウ工業株平均が上昇した割合を表示している。月別で最も成績の良かった二つの重要な時期

がみられる。年末には、一一月は成功率六〇・四％、一二月は最も良かった月でその成功率は七〇・八％、さらに一月は六四・六％であった。そして、夏の間では、七月が上昇した率は六一・五％、八月は六四・六％であった。対照的に、すべての月を平均した上昇率はわずか五六・八％であった。その反対に、九月は最も悪い傾向があり、わずか四〇・六％の月で上昇したのみであり、二月がそれに次いで悪く、わずか四八・九％の月で上昇しただけだった。

デラフィールド・ハーベイ・タベル社のアンソニー・タベルによる最近の研究は、前述のメリルの発見を立証している。タベルは、一九二六年から一九八二年までの期間を対象としたが、再度、一二月がほかの月よりも良いということを確認した。その研究の対象を、われわれが一九九六年三月まで更新した結果も同じであった。一二月には、S&P五〇〇は五二回上昇し、下げたのはわずか一八回であった。一月は二番目に良い結果となり、四五回上昇し、その後に三月、四月、七月、そして八月が続いた。

表30の右端の欄に、各月間のS&Pの実際の変化率（パーセント）に関するタベルの計算をわれわれが更新したものがある。これをベースにすると、平均一・八五％の上昇をした七月が最良の結果を示した。一月がその次となり、上昇率は一・六二％であった。その次に、一二月が一・四四％、八月が〇・九九％と続く。先の研究と同じく、九月は最悪の月であり、二九回上昇し四〇回下落して、全体の平均リターンがマイナス一・三二％であった。

再び、これらのリターンの大きな部分を人間の感情によっておそらく説明できるであろう。実際、

表29

ダウ平均の月別傾向性
（1897-1996年）

月	当月にダウが上昇した比率（%）
1月	65.6
2月	49.5
3月	59.6
4月	54.5
5月	52.5
6月	51.5
7月	61.6
8月	64.6
9月	40.4
10月	54.5
11月	59.6
12月	71.7

99年間のすべての月の平均　　57.0%

出所＝アーサー・A・メリルーメリル・アナリシス・インク

表30

S&P500と月別季節的傾向性
(1928/1-1996/3/30)

月	S&Pの方向 上昇	下落	S&P平均変化率(%)
1月	45	23	+1.62
2月	37	32	−0.02
3月	43	27	+0.28
4月	42	28	+1.00
5月	39	30	−0.20
6月	37	32	+0.99
7月	41	28	+1.85
8月	41	29	+1.20
9月	29	40	−1.32
10月	40	30	+0.09
11月	38	32	+0.34
12月	52	18	+1.44
合計	**482**	**349**	**+0.61**

出所＝アンソニー・W・タベル－デラフィールド・ハーベイ・タベル

クリスマス前後の日とニューイヤーの前日が、一二月の一・三七％という平均リターンのほとんどすべてを説明しているものとなっている。一月の上昇は、本章の最後の節で説明しているように、税制上の理由による売却の終了によるものである。七月の素晴らしい成果の一部は、七月四日の祝日の前日というパターンによって説明することができる。七～八月期のその他の堅実な結果は、本書では、全体として人々は一年で夏の休暇の期間にはほかの期間よりも陽気な気分になりやすいという事実を理由として述べておこう。これは、全国のいたる場所で、ややもすれば雪で立ち往生し、それと格闘しながら移動しなければならない冬の憂鬱で昼が短い日々とは著しい違いがある。

タベルとメリルは、九月は年間で最悪の月であることを発見したが、もし気分に揺れがあることが分かれば、驚くべきことではない。九月という月はバケーションが終わり、人々は目前に迫ってくる冬について考え始める時期である。九月はまた、あの現実に戻るという退屈さがあり、休日の数は少なくなり、仕事の量が増えるという時期でもある。

年間の月別取引戦略にとって、最良なのは五月末に株式を購入し、六月、七月、そして八月という期間はそれを保有し、レーバー・デーの祝日の後で売却することである。これによって、S&P指数は八月とレーバー・デーの祝日前の九月の最初の日々を加えた期間で三・五％の平均上昇率を生み出すこととなろう。しかし、夏に生じるそのような相当なリターンも、より伝統的な金融、センチメント、そしてモメンタムに関する指標によって打ち負かされる可能性はある。しかし、もしこれらの指標が強気を示し、カレンダーで夏が近づくなら、いつもよりは少し攻撃的に買ってみてもよいかもしれない。

月末のパターン

アート・メリルは、もう一つ別の研究で、市場は月の最後の三日間とそれに続く月の最初の六日間で通常よりは強含む傾向にあり、それ以外の期間では市場はその平均以下の成績にしかならなかったことを発見した。そのおよそ一〇年程度前、さらにより広範な研究において、アナリストのノーマン・フォスバック(Institute of Econometric Research, Ft. Lauderdale, Florida)は、それよりも幾分狭い範囲の月末の傾向を発見した。それによると、市場は月の最後の取引日とそれに続く月の最初の四取引日、すなわち全体で五日間の季節日において通常以上の成績を上げたのであった。

これらの良好なリターンは、常にこれらの五日間のパターンに属する七月四日の祝日とニューイヤー・ホリデーの前と、通常は五日間のパターンに属することになるレーバー・デーの祝日前の取引によって説明される。ときどき、イースターとメモリアル・デーも同様に季節的に強い日でこの五日間のパターンに貢献するときがある。しかし、この五日間の季節的傾向における上昇方向のバイアスは、幾つかの祝日の存在によって説明されるものをはるかに超えるものである。

フォスバックは、一九二八年から一九七五年四月までの五六八のそのような月末の期間を研究した。月末のこれらの五日間のみS&P五〇〇に一万ドルを投資した場合、五六万九一三五ドルに増え、各取引期間の利益率は〇・七一％、年間の利益率は四三・八％であった。これと対照的に、「非季節日」――すなわち、月の五日目から月の最後の日の前日までの期間――に投資された一万ドルは、わずか八四四ドルに縮小してしまい、年間の損失率は六・六％であった。

私は、フォスバックのアイデアを一九七五年四月から一九八五年六月まで更新した。S&P五〇〇で検証された上昇方向のバイアスは、直近の一〇年間ではそれほど強いものではなかったが、そのような傾向は存在していた。過去一〇年間に月末の季節性のある期間に投資された一万ドルは、一万三三二二ドルに増え、各期間当たり〇・二四％、年率一二・八％の利益率であり、その前の三七年間にフォスバックが検証した利益率のわずか三分の一程度であった。

私はその次に、フォスバックが始めた一九二八年にまでさかのぼりその後一九八五年六月まで、私のツバイク非加重平均株価指数で月末の傾向を検証した。その結果は、ある程度一貫性があったが、再度、近年ではさほど良い結果ではなかった。一九二八年から一九八五年半ばまでの全五七年六カ月において、月末の季節性に基づいた期間に投資された一万ドルは、四九万五三〇〇ドルに増え、各期間当たり〇・五七％、あるいは年率では三三・四％の利益率であった。これは、年間六〇日間のみの投資をしたという前提で、それぞれの暦年で七％以上の利益を出したことになる。

月末の季節性という傾向に基づいて取引できる日が六〇日しかないので、三三・四％の年間の利益率は暦年全体を通して完全に稼動したうえで稼いだものではないということは残念である。それにもかかわらず、その年間七％の利益率はすべての取引日の四分の一に満たない日数での利益であり、それ以外の期間はそのときどきの水準の金利で現金を自由に運用できるのである。さらに、すべての取引費用の発生を避けることができるなら、必ずしも季節性のない日々に株式に投資することを欲しないであろう。一九七五年四月から一九八五年六月までの一〇年間の月末の期間に、ZUPI指数に一万ドルが投資された場合、一万七六五九ドルに増え、各月末の期間当たりでは〇・四六%、年率では二六・三%の利益率であった。

再び触れるが、もし月末だけ投資するには、取引費用の問題がある。しかしここでは、年間に一二回だけのミューチュアル・ファンドへの切り替えが必要なだけであるので、月末の最後の取引日の前にノーロード・ファンドを購入するという戦略がむしろ適している。幾つかのミューチュアル・ファンドはその水準での取引を受け入れている。また、祝日の期間、月末の期間、あるいは強力な金曜日の傾向などを結びつけることもできる。

例えば、もし月の五番目の取引日が祝日の前日――例えば、イースター前の木曜日――である場合、もう一日余分に株式の保有をすることができる。同様に、月末の最後の取引日の翌日が祝日か、金曜日であったなら、月末期間の一日前に買うことができよう。長期的には、この方法でリターンを増大させ、さらに多くの利益を発生させるために少しだけより長めに市場にとどまることを可能にすることができる。

祝日効果と月末という季節的な効果が重なる一二月のような月以外に、この月末時の動きに関する合理的な説明を思い浮かべることはできない。これらの動きは何らかの経済的な起源を元にして生じたと考えることはできず、また、私はこれを感情や「気分」を根拠にしては説明することはできない。私は、人々が月末や月初にそれ以外のときよりも気分が「高揚」するということを疑問に思う。したがって、これらの効果についての原因は神秘的なままである。しかし、近年におけるそのインパクトはかつての時期よりは強くはなくなったが、この市場のパターンは数十年にわたって持続していることは事実なのである。

大統領選挙サイクル

大統領選挙があるかどうかということは、その候補者も株式市場に大きな影響を与えるが、その候補者がだれであるかということ以上に大きな違いを生じさせるという理論がある。この理論は、権力にある政党は権力にとどまるために経済的にできることを何でも実施しようと努力するという前提に基づいている。その意味するところは、現職にある大統領は、選挙の前の一年か、二年前に積極的な経済施策を行い、そのことは通常、株式にとっては平均よりも良いリターンをもたらすと解釈されるということである。もちろん、そのツケは最終的には支払わされるということになり、選挙後の市場は一年から二年、やや貧弱な成績になる。この理論に何らかの正当性があるかどうかを見るために、実際の結果を検証してみよう。

私は、一八七二年までさかのぼって株式市場と選挙サイクルを突き合わせてみた。選挙自体は一一月初めなので、一〇月の平均株価を用いて一〇月から翌年の一〇月というベースでの年間パフォーマンスを測った。つまり、一九八四年に関しては、市場のパフォーマンスは一九八三年一〇月の平均株価に対して一九八四年一〇月の平均株価をベースに測定されるのである。一九二六年以降は、S&P五〇〇が用いられた。それ以前は、コールズ・コミッションによって編集されたような適宜入手可能な指数を用いた。

表31は、基本的に大統領選挙に関するサイクル理論を支持している。大統領選挙の二年前に始まり一年前に終了する選挙前年は、最大の利益を生じ、年間の平均リターンは七%であった。市場は二一回の上昇、九回の下落で、七〇%の確率で上昇した。投資家は、選挙前年に投資した一万ドルの投資元本を七倍に増やすことができたのである。

次の良好なリターンは、選挙の年そのもの、すなわち選挙の日の前月で終了した年に生じた。市場は二二回の上昇をし、九回は下落し成功率は七一%であった。年間の利益率は四・八%であった。これは、一九九二年までの一二〇年間の市場全体のリターンの三・八%よりも若干高かった。

選挙が終了すると、実際、市場は通常のケースよりは若干パフォーマンスが悪化した。選挙後の年では、株式は年間わずか三・三%しか上昇しておらず、バイ・アンド・ホールドよりは〇・五%以上も悪い結果であった。年ごとの結果は互角であり、一六回上昇し、一四回下げた。

最終的に、選挙後の一年後に始まり選挙後の二年後に終了する中間の年では、市場は若干上昇し、年率では〇・三%の上昇となった。株価は一六回上昇し、一四回下落し、五三・三%の勝率だった。

表31

株式市場と選挙サイクル（1872-1992年）

年	回数	1万ドルの投資元本	年率	市場の方向 上昇	市場の方向 下降	上昇した年の比率（%）
選挙前年	30	76,545	+7.0	21	9	70.0
選挙の年	31	42,969	+4.8	22	9	71.0
選挙後の年	30	26,345	+3.3	16	14	53.3
中間の年	30	10,976	+0.3	16	14	53.3
すべての年	**121**	**943,355ドル**	**+3.8%**	**75**	**46**	**62.0%**

注　市場は10月から10月までの間の変化で計測されており、10月の価格はＳ＆Ｐかコールズの平均を使用

このように、調査結果は選挙サイクルには何かがあるが、明確に戦略を左右するほど十分なものではないということである。例えば、選挙前年は四年サイクルでは最良の年であるが、ときどき結果がとうてい満足できるものではないときがある。一九〇三年の株価は二六・九％下がり、一九〇七年には三三・四％も下がった。そして、一九三一年、市場は四二・八％の下げで台無しとなった。もう一つ強い年とされている選挙の年そのものにおいても、市場は、一九二〇年に一六・八％、一九三二年に三〇・五％、一九四〇年に一六・八％も下げている。より最近では、

一九八四年の選挙年には、市場は一・九％という小さな下げとなった。明らかに、幾らかの小さな勝算があったとしても、選挙前年か、選挙の年に、市場が上昇するということに一切を賭けるというようなことをすべきではない。

逆に、単に選挙が終わったからといって、市場の反対に賭けることもすべきではない。一九三三年、選挙のすぐ後で市場は三一・四％上昇した。一九四五年には二七・八％上昇し、一九六一年には二六・六％、そして一九八九年には二九・三％の上昇となった。同様に、その中間の年では、株価は平均して最悪の状態を記録したが、例外的に大きな上昇をした多くのケースがあった。一九五〇年の二五％、一九五四年の三四・三％、そして一九五八年の二三・五％という上昇である。最近の二回の中間の年では、株価はそれほど悪くはならず、一九七八年には五・八％の上昇、一九八二年には八・九％の上昇であった。

年末における税金対策による売り

年末近くになって、株価の低迷した銘柄を抱えている投資家はしばしば税制上の損金の恩恵を利用するために、それらの銘柄を売却することがある。その年が終了する前に損失を確定することによって、投資家がそれ以外の銘柄や、不動産、それ以外の何らかの資産から得たキャピタルゲインを相殺することができるためだ。このため、一二月の初めの数週間はしばしばこの税金対策の売りによって下げを強いられることがある。これは、年間のパフォーマンスが良くなかった銘柄を中心とした売りとなる。動きの良かった銘柄ではほとんどの投資家が損を抱えていないので、税金対策の売りが出ることは少ない。しかし、一二月には、その年の底値近辺で低迷しているような銘柄は、税金対策の売りの主たるターゲットとなる。もっとも、クリスマス近辺ではこれらの銘柄も反騰する傾向がある。

ベン・ブランチ（Jounal of Business, 1977/4）は、一九六五年から一九七五年を含む一一年間の年末について調査した。彼の目的は、それぞれの年の取引可能な最後の週で新安値をつけた銘柄を購入することであった。これらの銘柄は一月末の四週間後に適当に売却する。彼はその結果、これらの低迷していた銘柄は約一カ月の間に平均して九％の反騰を示し、一方で、NYSE（ニューヨーク証券取引所）の約一七〇〇銘柄の加重平均した指標であるニューヨーク証券取引所総合指数はわずか二・六％のみの上昇であったということを発見した。

ロバート・マッケナリー（University of North Carolina, 1969）の博士論文での同様の研究では、一九四六年から一九五九年までの税金対策の売りの効果について調査が行われた。六五〇銘柄のサンプルから着手して、彼は暦年で最もパフォーマンスが悪かった銘柄の一〇％を購入しようと計画した。これらの六五銘柄を年末に購入し、一カ月間持続し、一月末に売却した。全銘柄を表わすサンプル（市場全体）はわずか二・八％しか上昇しなかったことに比べて、低迷を余儀なくされていた銘柄の株価は、その翌月で五・九％上昇した。

近年でのそれ以外の研究でも、一二月に最安値をつけた銘柄やその近辺の値段にあった銘柄は、その後の数週間に市場を上回る傾向にあることを確認した。ところで、このアプローチ法は、一二月に市場が全体として相対的にその底近くにあり、多くの銘柄がそれぞれに安値をつけつつあることを示唆しているような年に最もうまく作用する。多くの銘柄が事実上、その天井で年を終えたような一九七六年や一九八二年のような非常に強い年には、その底値にあるような個別銘柄をあまり多く見つけることはできない。これらの年では、税金対策で売るというゲームをする価値はないであろう。特に、まったく無力となった一握りの銘柄は、本当に深刻な問題を抱えている可能性があるからである。

もし読者が、この税金対策の売りというゲームをしようと思うなら、一二月のバロンズ誌や日刊新聞の一つを検討し、一二月の遅い時期になって新安値をつけた銘柄を探すべきである。少なくとも数十種類の銘柄があるのであれば、幾つかの銘柄を均等な額で購入することをお勧めする。それらを買って数週間保有する。売却日はまったく自由である。しかし、一月の市場の反応が良ければ、私はそれらの銘柄の保有を一月末まで持続するであろう。もし一月の第二週までの株式市場の反応が概して良くならなければ、それらを投げるであろう。

第一〇章
主要なブル・マーケットとベア・マーケット——いかにして早くそれを見つけるか

ほとんどの激しいブル・マーケットとベア・マーケットの期間では、巨額な儲けと損失が発生する。行動を起こそうと渇望している人々にとってありがたくない話は、市場はそれほど頻繁に大きくは動かないということである。主要なブル・マーケットにおける上昇の途中であっても、小康状態となる期間がある。私の推測では、ブル・トレンドで株価が最も活発に上昇しているのはその約二〇%でしかない。また、主要なベア・マーケットでも厳しい下げの期間は約一〇%しかない。残りの約七〇%の時間は、株式は中立的なトレーディングの範囲内で上げ下げするか、小幅な上昇や下降をしているのである。この七〇%の期間――これを中立領域と呼ぶこととする――では、総合的な市場戦略はあまり重要ではない。この期間は、一〇〇%を株式に投資することも可能であるし、部分的に投資してもよいし、あるいは全額キャッシュ・ポジションとしていてもよい。これらの中立的な範囲で市場がうろついているかぎり、その期間に広範に分散投資したポートフォリオを保有しても、多額の利益を得ることや多額の損失をする可能性は低い。

時間的には残りの三〇%、すなわち、主要なブル・マーケットやベア・マーケットがダイナミックに動いているときはまた別の話となる。そして、これらの期間の主たる特徴を検討することは、価値があるといえよう。

ここでの耳寄りな話は、素晴らしいブル・マーケットの最良の部分をつかまえ、主要なベア・マーケットの最悪の局面の荒廃を避けるのに非常に高い可能性を持った幾つかのシグナルを紹介できるということである。この章の前半部分では、ブル・マーケットのシグナルに焦点を当て、後半では弱気を示す指標に焦点を当てる。

ブル・マーケットにとっての基本的な二つの構成要素

史上最大のブル・マーケットを定義したり、測定する公式な方法はない。物事を単純化するため、私は一九二六年以降、一八カ月以内にS&P五〇〇株価指数が最大の上昇率を記録した一一回の機会を任意に選択した。一九二六年はS&P指数が開始された年なので、その年を基準年とした。

多くのケースで株価は一八カ月にわたって上昇を続けた。本当に堅牢なブル・マーケットであるかどうかを判断するには一年半という期間が必要であると、私は判断したのだ――特に上昇の最大部分はそのようなマーケットの初めに生じるからである。S&Pはときに一八カ月よりもかなり前に天井をつけることがある。例えば、市場が一二カ月後には一〇〇%上昇したが、ブル・サイクルが始まったときから一八カ月後には五〇%の上昇しかしていなかった場合、一〇〇%の上昇を基準とした。

表32は、一九二六年から一九九三年までに生じた最大のブル・マーケットを年代順に記したものである。しかし、一九二〇年代の主要なブル・マーケットはここに入れていない。それは、まず一九二〇年代の最後の期間である一九二六年（この調査の開始基準年）から一九二九年では、ここにリストアップするほど大きく上昇した一八カ月間がなかったからである。次に、一九二一年から一九二六年の間におけるどんなダイナミックな上昇も、この調査よりも前に始まったからであった。

表32

S&P500の最大の上昇率
(1926-1996年)

安値の日	安値から18カ月以内での上昇率
6/1/32	+154.5
2/27/33	+120.6
3/31/38	+62.2
4/28/42	+60.2
6/13/49	+50.0
9/14/53	+65.2
10/22/57	+49.2
5/26/70	+51.2
10/3/74	+66.1
8/12/82	+68.6
12/13/84	+53.3
10/11/90	+52.1

表の最初にあるのが、一九三二年六月一日に始まった過去最大の上昇である。このとき、S&Pが九月に四・四〇から九・三一へという一五四・五％もの素晴らしい上昇を示した。しかし、この桁違いの上昇は、S&Pが単に一九三一年の株価水準へ回復したにすぎなかったということを記憶しておくべきである。不幸なことに、当時の投資家にとって、一九三二年のブル・マーケットは短命でしかなかった。一九三三年二月には、S&Pは五・五三ポイントに下げ、四一・六％の下落となった。その数日後、フランクリン・D・ルーズベルト新大統領が銀行休業日（バンク・ホリデー）の命令を出した（大恐慌の間に五〇〇〇以上の銀行が倒産をした）。株式市場は約二週間閉鎖され、人々に状況を熟考する時間を与えた。

バンク・ホリデー後の最初の取引日である三月一五日、S&Pはその前取引日の終値に対して一六・六％もの急上昇を示した。その後の数週間は上げたり下げたりしたが、それは一九三〇年代の二番目に大きいブル・マーケットの始まりであった。二月の底のちょうど四カ月半後の七月一八日までに、S&Pは一二〇・六％という驚異的な上昇をした。一九三〇年代初期の二つのブル・マーケットのようなブル・マーケットはもうけっして見ることができない。これらのブル・マーケットは、一九二九年から一九三二年までの史上最悪の暴落を終焉させたのであった。

（本書執筆中の現時点で）最も新しいブル・マーケットは、一九九〇年一〇月に始まった。一八カ月間での最大の上昇率は、五二・一％であった。

悲しいかな、天才だけが底で買いを入れ、それが上昇する期間中保有することができる。われわれのような単なる凡人は、市場の大きな動きの大部分をとらえることのできる指標を開発することを希望することぐらいしかできない。そして、戦うチャンスをものにするためには、モメンタムの章で述べた二対一の騰落レシオによって発生する買い場のように、買いを安全にするテープ・モメンタムのタイプを見いだすために、最初の時点での幾つかの買い場をあきらめることを甘受するしかない。実際、それが良き出発点となるであろう。

騰落指標は、**表32**に記されたブル・マーケットの上昇を判断するに当たって、統合して利用すれば素晴らしい記録を残す二つの構成要素のうちの一つである。第五章で述べた一〇日間にわたり値上がり銘柄数が値下がり銘柄数を二対一という比率でリードする場合はかなりまれだが、非常に強気を示しているとしたことを思い起こしてほしい。そのようなケースが生じた三カ月後、ツバイク非加重平均株価指数（ZUPI指数）はさらに一〇・六％の上昇をした。騰落指標が（一〇日間にわたり）二対一という数字になるということは、大きいブル・マーケットが開始されることの第一の必要条件なのである。説明のために、この要因をスーパー騰落レシオと呼ぶことにしよう。

第二の条件は、第四章で説明したFRB指標にかかわるものである。FRB指標は、FRB（連邦準備制度理事会）が公定歩合か預金準備率のいずれかを引き下げた場合にポイントが増え、その反対をしたときにポイントを失うものである。強力なブル・マーケットの初期段階を確認するためには、FRB指標はゼロ・ポイント以下から、プラス三ポイント以上に上昇する必要がある（FRB指数で「非常に強気」という評価を得るためには、ちょうどプラス二が必要だが、ここでの条件はもっと厳しくしてある）。もしFRB指数がプラス三か、それ以上であり、その後、プラス二か、プラス一に下がり、その後に再度プラス三に戻った場合は、われわれが求めているシグナルを発したことには**ならない**。われわれが必要としているのは、マイナスか、ゼロの状態から非常に積極的な状態へ動く指標である。これは通常、公定歩合や預金準備率のいずれかが少なくとも二回続けて引き下げられる必要がある。このような条件に合ったものを、スーパーブルFRB指標と呼ぼう。

われわれが見つけだしたいのは、スーパー騰落レシオとスーパーブルFRB指標が同時に出現している状態である。もし両者が相対的に短い間隔で生じたものであっても構わない。検証の結果では、三カ月の時間的フレームが最適であった。さて、それではこの二つ――FRBとテープ――を結びつけ、ショットガンに弾を込めよう。私は、この一対を二連発式ショットガン買いシグナルと呼ぶ。

表33は一九二六年以降すべての二連発式ショットガン買いシグナルを列挙した。一九三二年以降、そのような強いサインはわずか一二回しかなかった。二連発式ショットガン買いシグナルの日付を注意深く調べ、それらを一九二六年以降の一〇回の最大のブル・マーケットの開始を示した**表32**の日付と比較してほしい。それぞれの対になった日付は非常に近い。例えば、最初の二連発式ショットガン買いシグナルは一九三二年七月二一日にあったが、それは、ダウ工業株平均が底を打ったわずか二週間後、そしてS&P五〇〇が最安値をつけた六週間後であった。**例外なしに、すべての二連発式ショットガン買いシグナルはそれぞれのブル・マーケットで、その後の上昇の重要な部分をとらえるのに十分に間に合う早い時期に生じているのである。**

表33

二連発式ショットガン買いシグナルとS&P500 (1926-1996年)

買いの日付	S&P500の変化率(%) 1カ月後	3カ月後	6カ月後	12カ月後	18カ月後
7/21/32	+48.7	+35.0	+40.6	+85.5*	+85.0*
5/26/33	+16.4	+20.8	+7.5	+4.4	+1.9
4/16/38	−5.1	+14.1	+25.0	+4.1	+20.0
9/14/42	+10.3	+10.2	+29.4	+39.1	+42.9
7/13/49	+3.7	+8.1	+12.8	+12.9	+42.8
2/15/54	+2.0	+10.6	+18.0	+41.7	+61.9
1/24/58	−2.5	+3.4	+11.8	+34.3	+43.0
12/4/70	+1.9	+9.5	+13.2	+8.5	+22.7
1/10/75	+7.9	+15.4	+30.6	+30.8	+44.6
8/23/82	+6.6	+14.5	+26.4	+40.2	+32.9
1/23/85	+1.2	+2.6	+8.6	+15.2	+34.6
2/5/91	+7.0	+7.8	+11.2	+17.0	+19.4
1万ドル	23,590ドル	39,538ドル	75,598ドル	161,144ドル	405,004ドル
期間リターン	+7.4%	+12.1%	18.4%	+26.1%	+36.1%

*1932年の12カ月と18カ月のリターンは、1933年5月26日の買いシグナルとの重複を避けるため、同日付けで計算している

表33の二番目の欄は、二連発式ショットガン買いシグナルのあった日付の一カ月後のS&P五〇〇指数がどのようなパフォーマンスであったかを示している。一九三二年のケースでは、S&Pはわずか一カ月で衝撃的な四八・七％の上昇を見せた。もちろん、これが再び繰り返される可能性は小さい。しかし、一九九二年までのそれ以外の一二のケースのうち一〇回で市場は上昇し、S&Pの複利ベースでのリターンは二連発式ショットガン買いのちょうど一カ月後で七・四％の利益であった。

表33のその他の欄は、S&Pでシグナルが発生してから三カ月後、六カ月後、一二カ月後、および一八カ月後にどうなったかを示している。S&Pの複利ベースのリターンは、三カ月後では一二・一％、六カ月後では一八・四％、一二カ月後では二六・一％の上昇であり、一年半後では確固たる三六・一％の上昇となった。

次に、一二回の二連発式ショットガン買いシグナルに続く一八カ月後のパフォーマンスを考察してみよう。S&P五〇〇に投資した一万ドルは、合計一七・二年間（一九三二～一九三三年の重複した保有期間を調整してある）で、四〇万五〇〇四ドルに増加した。各一八カ月当たり三六・一％のリターンは、年率換算した利益率では非常に素晴らしい二二・四％となる。これとは対照的に、この調査を開始した一九二六年一月から一九九三年一月までバイ・アンド・ホールドした投資家の一万ドルは、わずか三三万九八三六ドルにしか増えなかった。そして、バイ・アンド・ホールドした投資家の場合、資金は丸六七年間投資され続けていたので、彼の年率リターンは（配当を考慮しないで）わずか五・四％にしかすぎず、二連発式ショットガン買いシグナルに従った買いの年率リターンの四分の一にも満たなかった。さらに、二連発式ショットガン買いに続いた一八カ月に属さなかった残りの四九・八年間では、投資された一万ドルは、実際には八三九一ドルに減少し、年率の損失率は〇・三%であった。**つまり、一九二六年以降の市場から得た利益のすべてとそれ以外の幾分かは二連発式ショットガン買いシグナルの後の一八カ月間に生じ、それ以外の期間に株式市場に投資をした人々は実際には損をしているということになる。**

表34は、二連発式ショットガン買いの後にZUPI指数がどのようなパフォーマンスを見せたかを示している。同表の最下段の行には、ZUPI指数が一カ月後に一一・二%、三カ月後に一八%、六カ月後に二四・五%、一二カ月後に四〇・九%の上昇を示し、さらに一八カ月後には五三・八%という大きな上昇をしたことが示されている。上記のアプローチに従ってZUPI指数（あるいはそれと類似したもの）に一万ドルを投資し、これらの強力なシグナルの後の一八カ月間保有を継続した場合、資金は一七五万七一一八ドルに増加し、その年率リターンは最高の五三・八%となった。

これとは逆に、ZUPI指数を購入し六七年間それを保有し続けた場合、一万ドルは、わずか六〇万三一三四ドルにしかならず、年率の利益率は六・三%であった。二連発式ショットガン買いよって生じた年率リターンのおよそ八分の一である。二連発式ショットガン買いに続く一八カ月に属しなかった四九・八年の間、ZUPI指数に投資された一万ドルは、三四三二ドルに減少し、年率の損失率は二・一%であった。

さて、一九三二年以降、歴史上、二連発式ショットガン買いシグナルはわずか一二回しかなかった。

表34

二連発式ショットガン買いシグナルとZUPI指数（1926-1996年）

	ZUPIの変化率（%）				
買いの日付	1カ月後	3カ月後	6カ月後	12カ月後	18カ月後
7/21/32	＋64.3	＋54.5	＋39.6	＋189.6*	＋189.6*
5/26/33	＋27.1	＋31.2	＋4.3	＋48.9	＋22.4
4/16/38	−2.6	＋28.8	＋37.9	＋10.3	＋49.8
9/14/42	＋12.5	＋12.3	＋57.4	＋77.1	＋96.1
7/13/49	＋5.7	＋12.5	＋20.2	＋18.5	＋58.3
2/15/54	＋0.8	＋5.5	＋19.2	＋44.2	＋49.3
1/24/58	−1.4	＋4.4	＋15.4	＋48.9	＋58.2
12/4/70	＋4.8	＋19.8	＋21.8	＋7.6	＋19.6
1/10/75	＋12.1	＋18.2	＋38.9	＋34.6	＋59.6
8/23/82	＋8.1	＋24.2	＋38.4	＋57.1	＋47.1
1/23/85	＋3.7	＋2.9	＋11.0	＋17.1	＋29.0
2/5/91	＋10.8	＋13.6	＋13.9	＋27.2	＋24.6
1万ドル	35,631ドル	72,583ドル	139,359ドル	612,018ドル	1,757,118ドル
期間リターン	+11.2%	+18.0%	+24.5%	+40.9%	+53.8%

*1932年の12カ月と18カ月のリターンは、1933年5月26日の買いシグナルとの重複を避けるため、同日付けで計算している

そして、信じられないことであるが、そのそれぞれが過去六〇年間で一一回の最も強力なブル・マーケットの初動段階と対応しているのである。二連発式ショットガン買いシグナルは驚異的な利益を生み出し、S&P五〇〇とZUPI指数はすべての保有期間で、三カ月から一八カ月間上昇を続けたのである。

ベア・マーケットを判断するための三条件

これまで二つの指標を用い、主要なブル・マーケットを判断するうえで役立つ方法を読者に提示してきた。次は、ベア・マーケットについてお話ししよう。まず、混乱を避けるため、ベア・マーケットの定義をしておく。ベア・マーケットとは、ダウ工業株平均、S&P五〇〇株価指数やZUPI指数（好みによってはバリューライン指数でもよい）という三つの重要な株価平均指数がそれぞれ最低で一五％下がったものと定義する。これらの三つの指数がすべてではなく、一つか、二つだけが一五％下がるときがある。これらは境界線上にあるベア・マーケット、中期的な下げ相場、または一定の分野には弱気なトレンドがあり、それ以外の分野では強気なトレンドがあるという単なる混迷した相場であるかもしれない。しかし、本節では、私は本当に重要なベア・マーケットのみに関心を集中することにする。したがって、市場がわれわれの定義しているベンチマークに到達し、ベア・マーケットと呼ばれるためには、三つすべての市場平均が大きく下がる必要があることを強調しておきたい。

私の定義に一つの小さな例外がある。それは、一九二〇年代半ばから一九三〇年代半ばである。その期間は極端なほどに不安定であり、当時の通常の取引で一五％の下落はそんなに大きな出来事ではなかった。例えば、一九三三年七月一八日から七月二一日までのわずか三日間で、ダウは一〇八・六七ドルから八八・七一ドルに下落し、一八・四％も急落した。

この厄介な下げが生じる前、市場は異常に強かった。その当時、いわゆるアルコール銘柄や禁酒法時代の終焉による恩恵を享受すると考えられた農業関連銘柄によって、巨大な投機に油が注がれていたのである。全国の州議会は、アメリカ連邦内でのアルコールや酒類の販売を禁止していた合衆国憲法第一八修正条項（**訳注**　いわゆる禁酒法）の廃止に向けて、一つ一つ投票を進めていた。廃止の決議がだんだんに増加するにつれて、酒類およびそれに関連する会社は莫大な利益を得るであろうという期待から株価が上昇した。

一九三三年七月、南部の二つの州がこの地域における強力な酒類製造販売禁止論者の意向に打ち勝ち、廃止を決議した。そのことは禁酒法時代の終焉にとっては好ましいことであったが、すでに株式市場には織り込み済みであったため、株式市場はその発表前に異常なまでに高騰していた。「好材料」が発表になったとき、投機家は利食いのために株式を売却した（ウォール街の専門家は、しばしば、「噂で買って、ニュースで売れ」という古くからのことわざに基づいて売買をする）。市場を先導していた投機的銘柄――アルコール銘柄――が崩れるとともに、その他のほとんどの銘柄も値を下げた。同時に、投機家が禁酒法時代の終焉から利益を得ると思われたライ麦、コーン、その他の穀物の利食いをしようとしたため、商品市場も崩壊した。

それでも、二月には、ダウは五〇・一六ドル――七月半ばの半値以下――であったということや、数週間以内に下げのほとんどは回復したということを考慮すると、七月の下げは大きいものではなかった。その期間には、このような急激な大量の売りによって下落した幾つかのもう少し極端ではない例があった。

一九一九年以降、先に記した基準に合ったベア・マーケットは一五回あった。それらは**表35**に列記してある。それらのすべての間にいかなる単一で共通なつながりはないが、それぞれのベア・マーケットの初めか、その相当の部分に、三つの重要な条件うちの少なくとも一つは存在していた。これらの三つの条件はすべて、市場にとって非常に否定的な意味を持っている。どんな単一の条件の存在も、それで必ずベア・マーケットがすぐに始まるということを保証しているわけではない。**しかし、過去の七〇年間で少なくともこれらの条件が一つもないベア・マーケットはなかった。**

最初は**極端なデフレ**である。私は、極端なデフレを政府が毎月発表する生産者物価指数（Producer Price Index）によって測定し、その大きな低下があるかどうかをチェックする。それは、六カ月平均で見て、前年同月比の年率で生産者価格が一〇%下落するかどうかということである。

これは少し長すぎる表現と思われるかもしれないが、これをどのように計算するかを示そう。比較的単純にしてみる。一月の生産者物価指数が一〇〇で、二月が九九であったとする。これは月間で一%の下落であり、（複利に換算する煩わしさを考慮に入れなければ）年率ではマイナス一二%となろ

表35

主要なベア・マーケット（1919-1996年）

ベア・マーケット	極端なデフレ	高PER	利回り曲線の逆転	ダウの下落率（%）
1919-1921	イエス		イエス	−47.6
1923			イエス	−18.6
1929-1932	イエス	イエス	イエス	−89.2
1933	イエス			−37.2
1937-1938	イエス			−49.1
1939-1942		イエス		−41.3
1946-1949		イエス		−24.0
1956-1957			イエス	−19.4
1962		イエス		−27.1
1966		イエス	イエス	−25.2
1969-1970		イエス	イエス	−36.1
1973-1974		イエス	イエス	−45.1
1978-1980			イエス	−16.4
1981-1982			イエス	−24.1
1987*		イエス		−36.1
平均　（15ケース）				**−35.8%**

*1996年3月20日の時点で変化なし

う。つまり、月間の変化率を一二倍すればよい（複利で考えた場合にはこの方法では正確ではないが、われわれの目的からはこれで十分である）。その後、そのような変化の直近六カ月の数字をとり、それを合計して六で割れば六カ月の平均の変化を得ることができる。もしその数字がマイナス一〇％か、それよりも悪い場合は、極端なデフレである。この条件は数十年間出現したことはない。

極端なデフレは、経済が大変に困難な状態にあることの兆候であると書いた第三章を思い起こしてほしい。製造業者や小売業者が商品を売ることができないときは、価格を引き下げる。価格引き下げさえも販売を刺激しない場合には、さらに価格を引き下げる。最終的な結果は、価格の崩壊と販売不振であり、典型的な不況である。もちろん、不況の間、株価は好調とはいえない。極端なデフレの間は株価も不調である。**グラフP**は一九四八年までさかのぼった生産者物価指数を示している。

グラフ上で見られるように、一九一九〜二一年、一九二九〜三二年、一九三三年、そして一九三七〜三八年という四回のベア・マーケットの間に極端なデフレがあった。これらのうちの最初のものは、一九二〇年の不況と同時期であり、残りの三つは三〇年代の大不況と同時期であった。この三〇年代の大不況は、実際には三〇年代の初期（二つのベア・マーケットにまたがっていた）のものと、一九三七年に再発したものとの二つの経済局面に分かれる。

株価にとっての第二番目に弱気な条件とは、**極端に高いＰＥＲ（株価収益率）**である。ＰＥＲは株式の時価を過去一二カ月間の一株当たり利益で割ったものである。市場平均のＰＥＲは、その平均に含まれている銘柄の平均利益でその市場平均を割った価値となる。ダウ・ジョーンズとＳ＆Ｐは、それぞれの平均指数のＰＥＲを定期的に計算している。市場全体では、大まかに言って、一〇～一四倍のＰＥＲが正常である。六～八倍という非常に低いＰＥＲは、長期的に見れば強い相場となる傾向にある。一方、一〇倍台の後半か、二〇倍台というＰＥＲは過度の投機、全般的な過剰評価（オーバー・バリュエーション）および先行き相場の不安定さを反映している。

グラフQは、一九二六年までさかのぼったＳ＆Ｐ五〇〇のＰＥＲを示したものである。Ｓ＆Ｐ五〇〇のＰＥＲが一八倍か、それ以上、またダウ工業株平均のＰＥＲが二〇倍か、それ以上となると、十分に弱気の指標となるということを私は発見した。このルールに対する例外は厳しい景気悪化の期間である。この期間の企業利益は非常に低くなり、利益が小さくなったという理由のみでＰＥＲが高くなるのである。

例えば、ベア・マーケットの間にある主要な株価平均が一〇〇から五〇へ、五〇％下落したと仮定してほしい。ブル・マーケットの天井か、天井の付近で、株価平均が一〇〇でその株価平均の一株当たり利益が五ドルであったとする。そのときのＰＥＲは二〇倍であり、それらの株式にとっては警戒シグナルとなっている。しかし、そのベア・マーケットの期間に経済が崩壊し、その株価平均の利益が異常なほどに減少し一ドルになったと仮定してほしい。その時点では、ＰＥＲは五〇倍になる。

しかしこれは、利益が水面以下に下がっているため、非常に安定した、あるいは意味のあるＰＥＲとはいえない。もし先行した数年間の利益を標準化したならば、それらの利益は景気後退によって侵食された利益よりはもっと大きなものとなろう。換言するならば、利益が異常なほどに減少したこれ

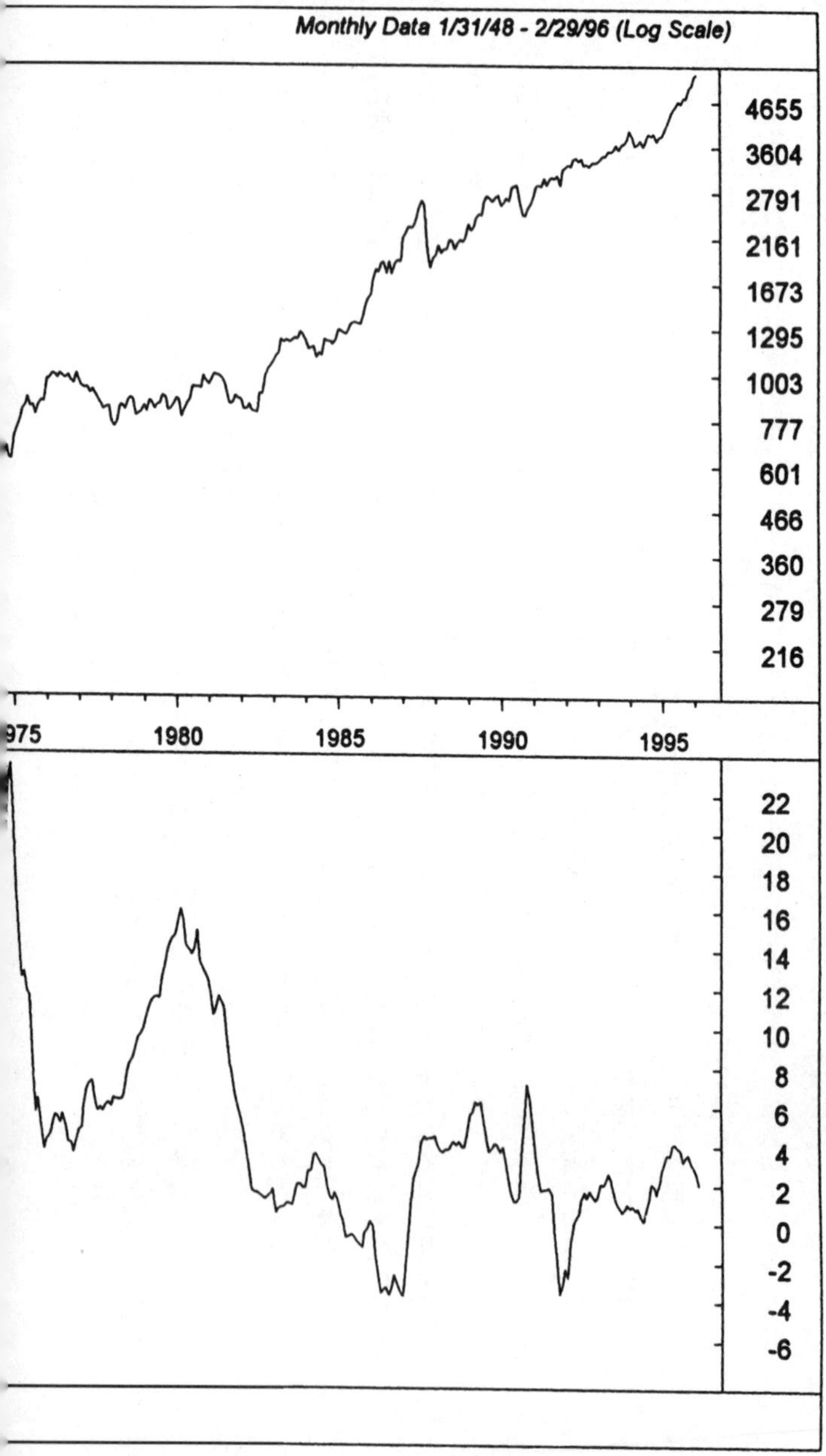

Monthly Data 1/31/48 - 2/29/96 (Log Scale)
4655
3604
2791
2161
1673
1295
1003
777
601
466
360
279
216
975
1980
1985
1990
1995
22
20
18
16
14
12
10
8
6
4
2
0
-2
-4
-6

グラフP

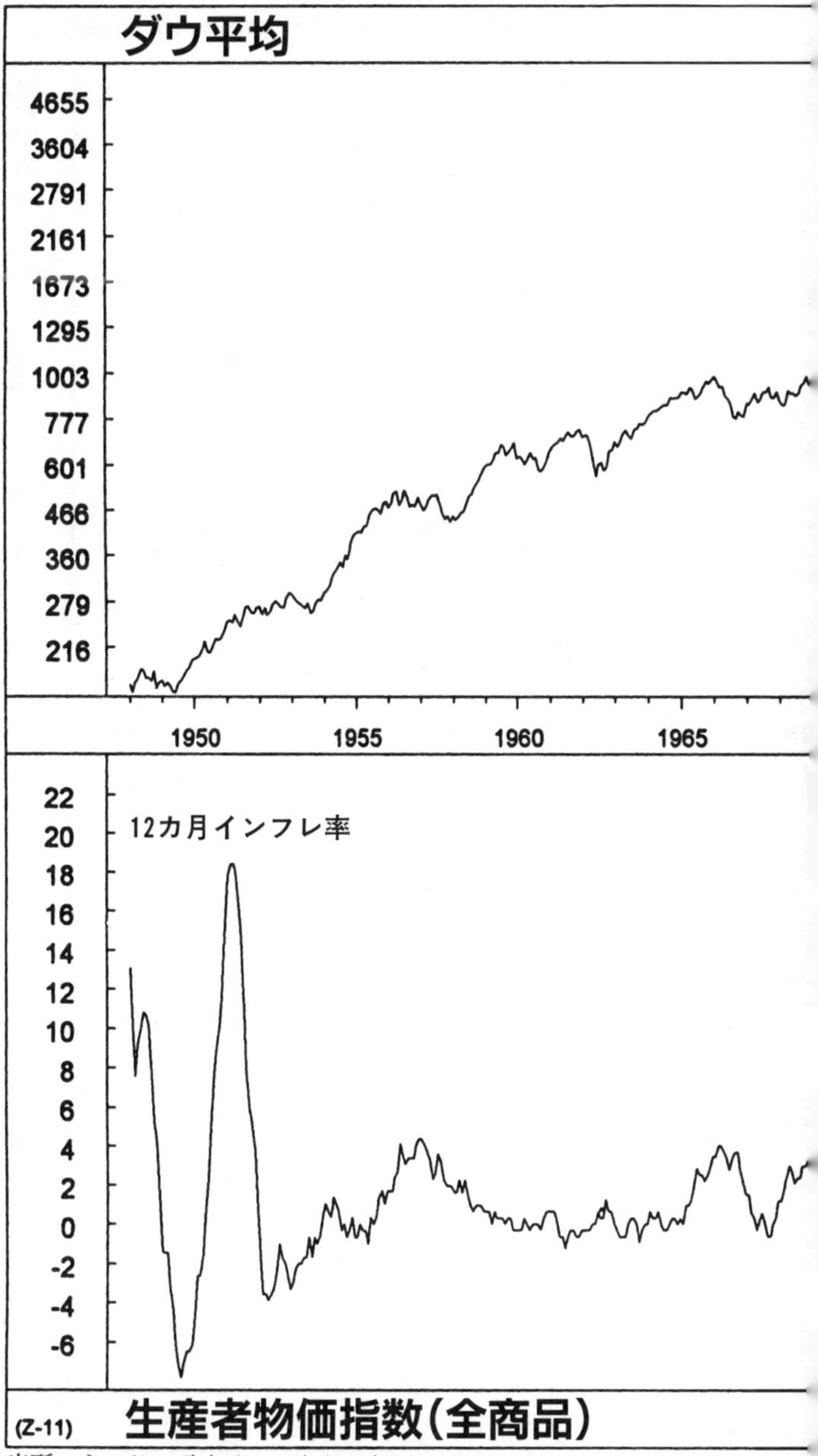

出所＝ネッド・デイビス・リサーチ

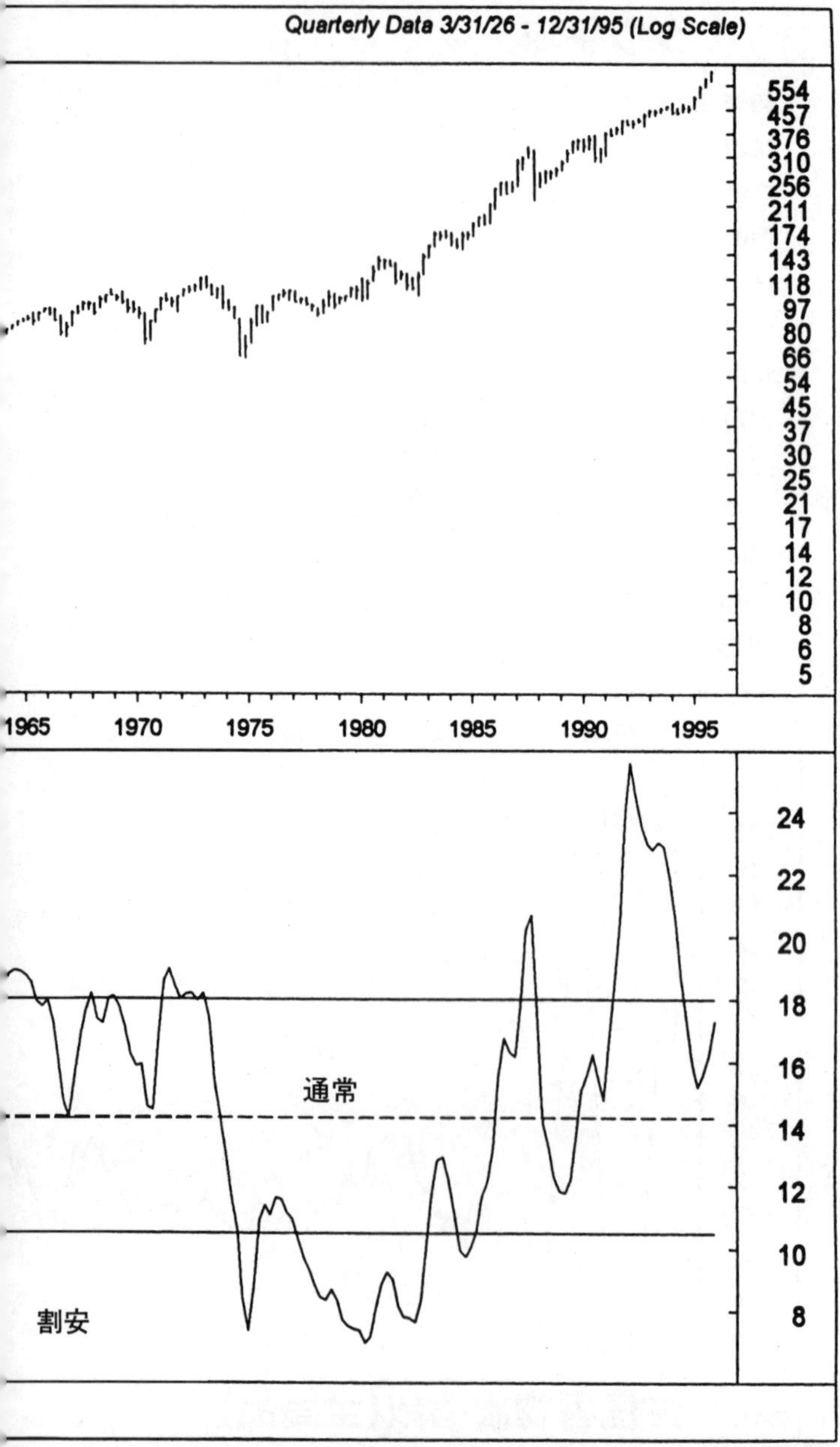
Quarterly Data 3/31/26 - 12/31/95 (Log Scale)
554
457
376
310
256
211
174
143
118
97
80
66
54
45
37
30
25
21
17
14
12
10
8
6
5
1965
1970
1975
1980
1985
1990
1995
24
22
20
18
16
14
12
10
8
通常
割安

グラフQ

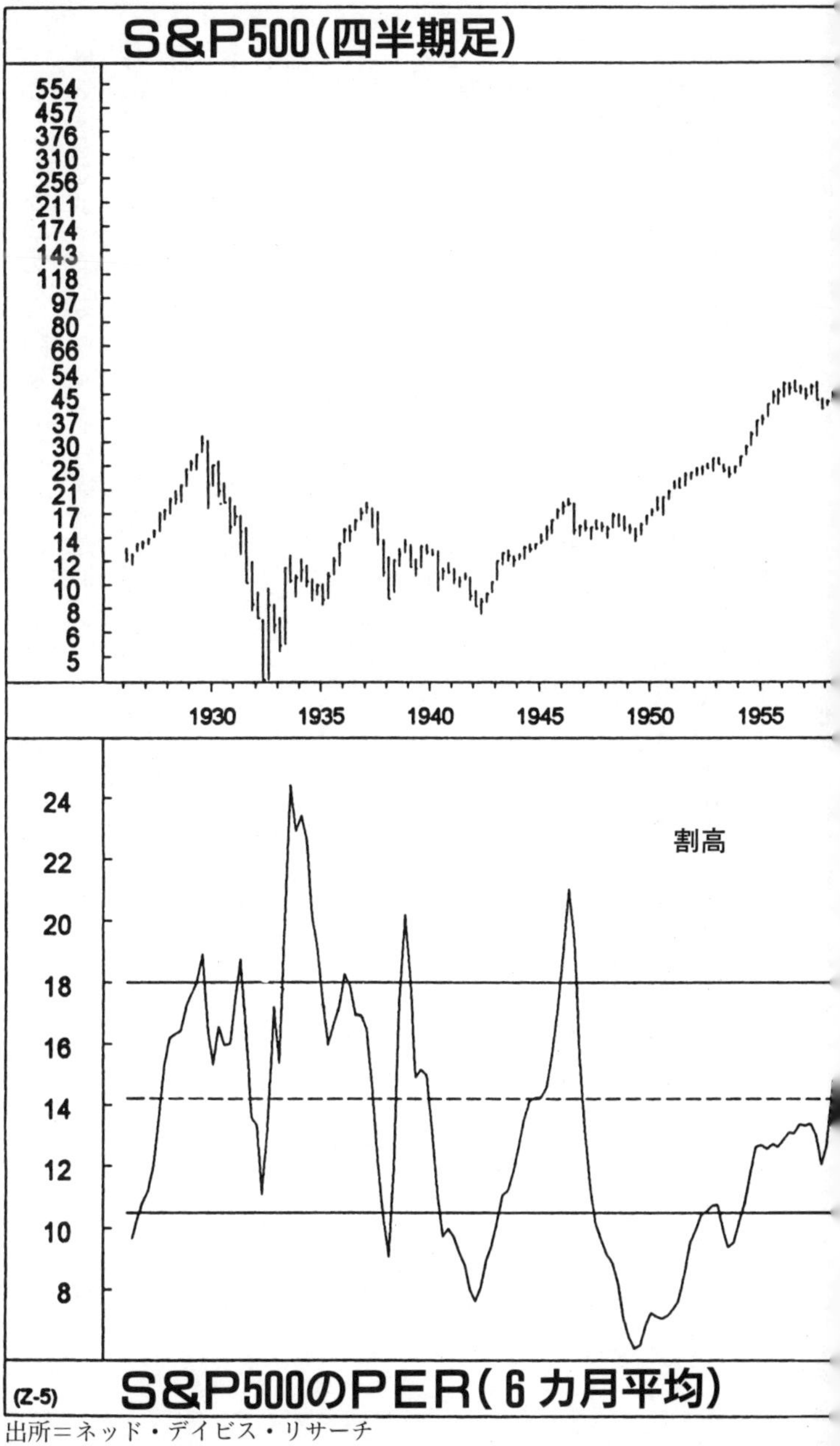

出所＝ネッド・デイビス・リサーチ

らの期間についてのPERの算出には、数年間の平均利益のほうがより意味のあるものとなる。

このような状況が実際に一九八三年のダウ・ジョーンズ工業株平均で生じた。その直前に終了した景気後退によって、ダウの主要な構成銘柄となっている企業の利益は打撃を受けた。なかでも製鉄会社の打撃は大きかった。これらの企業の幾つかが巨額の償却を行い、一時、それによってダウの全体の利益は一株当たり一〇ドルとなった。ダウ工業株平均は一二〇〇ドル以上であって、そのときのPERは一時、一三〇倍以上であった。もちろん、これはバカげている。これは全体的な投機によるものではなく、一時的に非常に小さくなった利益によるためである。利益が一九八四年により通常のレベルに戻ったため、ダウのPERは通常の範囲である一一倍から一四倍に落ち着いた。同様の状況が一九三二年に生じた。そのとき、全国の企業業績は赤字であり、ダウ・ジョーンズ工業平均の一株当たり利益はかろうじて黒字でしかなかった。

表35の第三番目の欄に見るように、八つのベア・マーケットは非常に高いPERを経験した。これらのうちで最も目立つものは一九六二年であり、このときの金融状況と経済状況はかなり良好なものであった。このときの市場で本当に問題であったのは、唯一、市場の動きそれ自体であった。すなわち、そのとき投機家は株価を異常な高さにまで上昇させ、ダウ工業株平均は一九六一年末には記録的なPER二三倍というものになったのであった（もちろん、ダウの収益が圧迫された時期を除く）。

第三の極端に弱気な要因は**イールド・カーブ（利回り曲線）**の逆転である。これは、短期金利が長期金利の水準以上に上昇し、通常とは逆転した状態にあることをいう。長期金利――例えば、満期が一五～三〇年――である債券利回りは通常、債券のほうがリスクは高いため、財務省短期証券やマネー・マーケット・ファンドなどの短期金融商品よりも高い金利となっている。投資家は通常、債券を買うことによる付加的なリスクを受け入れることで、金利のプレミアムを要求するのである。

しかし、FRBが金融を引き締めている金融逼迫時には、または金融危機が生じているようなときには、短期金利が急上昇することがあり、時には長期金利よりはるか上に上昇し、イールド・カーブの逆転を引き起こすことがある。イールド・カーブをチェックするために、私は長期金利にはムーディーズのAaa普通社債イールド、短期金利には六カ月コマーシャル・ペーパー金利を用いる。これらの数字は政府刊行物、バロンズ誌やその他の金融関係定期刊行物で見ることができる。

グラフRは、一九六〇年までさかのぼったイールド・カーブを示している。ゼロ・ラインより下の網掛けの部分は、イールド・カーブが逆転した時期を示している。例えば、一九八〇年年末には短期金利は長期金利よりも四％高かった。逆に、一九七一～七二年、一九七五～七六年、そして一九八〇年代初期には、イールド・カーブは三～四％程度、長期金利が高くなっていた。月次ベース（グラフは月次ベースで記されている）でイールド・カーブが逆転しているときは、株式にとっては極端に不利な条件であると私は判断する。

ときどき逆転したイールド・カーブは一、二カ月しか続かず、ベア・マーケットが展開することがないこともある。しかし、コマーシャル・ペーパーと債券利回りのスプレッド（差異）が拡大し、逆転している場合、株式の勝率はだんだん悪くなる。**表35**は、かつての一五回のベア・マーケットのう

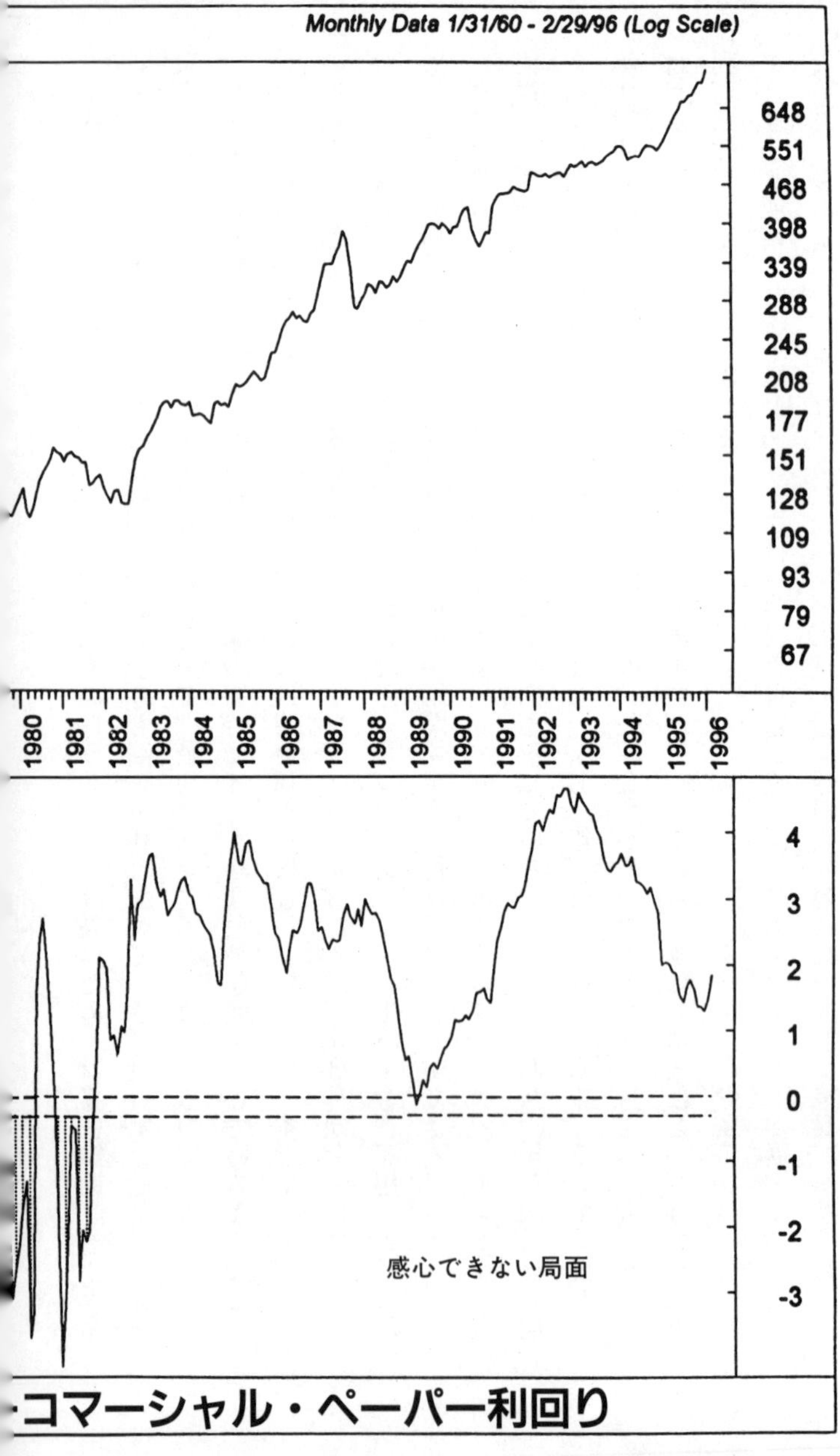
Monthly Data 1/31/60 - 2/29/96 (Log Scale)
648
551
468
398
339
288
245
208
177
151
128
109
93
79
67
1980
1981
1982
1983
1984
1985
1986
1987
1988
1989
1990
1991
1992
1993
1994
1995
1996
4
3
2
1
0
-1
-2
-3
感心できない局面
コマーシャル・ペーパー利回り

グラフR

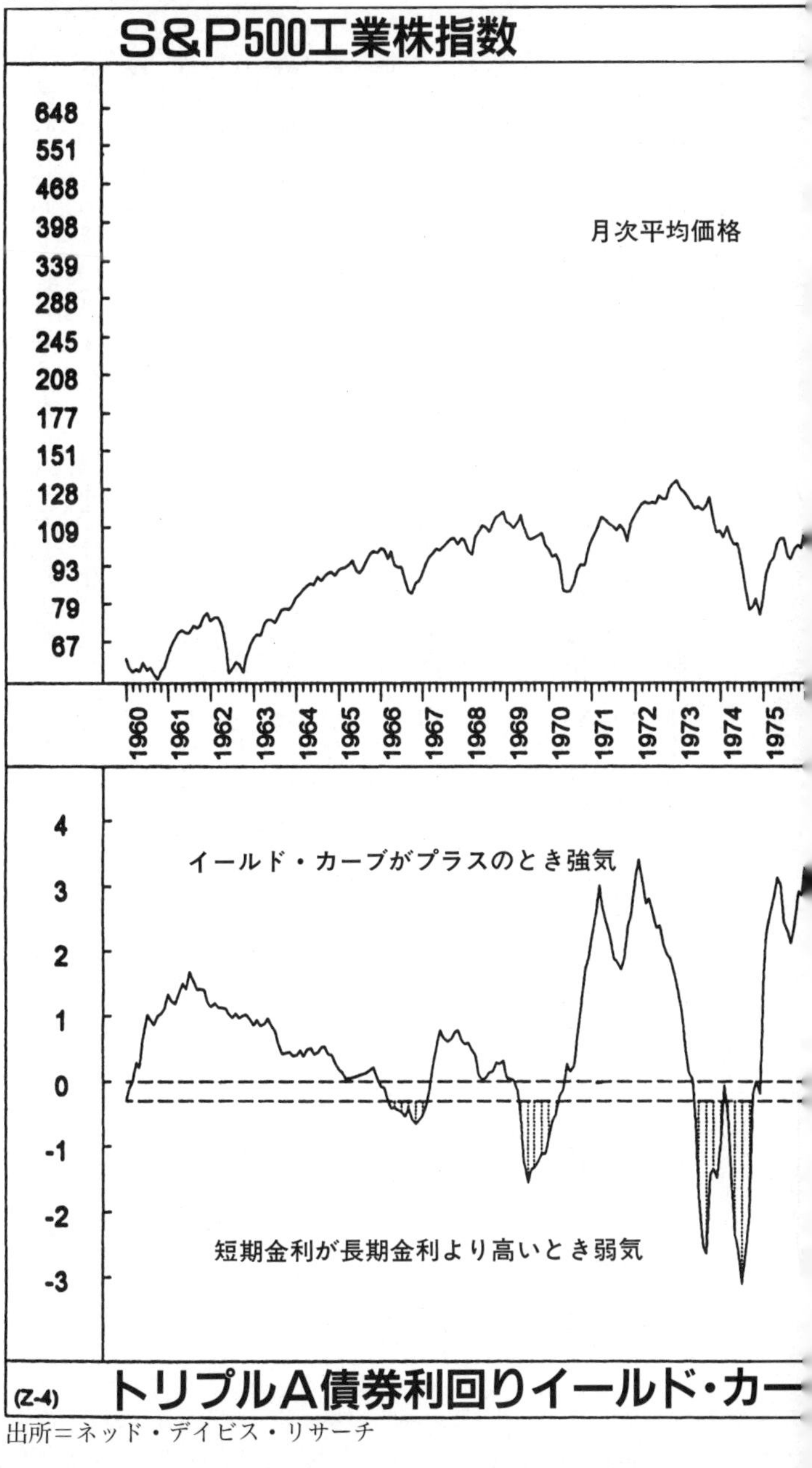

S&P500工業株指数
648
551
468
398
339
288
245
208
177
151
128
109
93
79
67
月次平均価格
1960
1961
1962
1963
1964
1965
1966
1967
1968
1969
1970
1971
1972
1973
1974
1975
4
3
2
1
0
-1
-2
-3
イールド・カーブがプラスのとき強気
短期金利が長期金利より高いとき弱気
(Z-4)
トリプルA債券利回りイールド・カー

出所＝ネッド・デイビス・リサーチ

ち九回は、少なくともその下落の大きな部分か、あるいはその前のブル・マーケットの天井の近くでイールド・カーブが逆転していたときに生じたことを示している。

表35で分かるように、一九二九～三二年の唯一のベア・マーケットで、極端に弱気な三つの条件すべてがそろっていた。そして、偶然ではなく、そのときが史上最大のベア・マーケットであった。それ以外の四回のベア・マーケットはこれらの三つの条件のうちの二つを備えていた。そして、そのうちの三回のベア・マーケットは圧倒的であった。一九一九～二一年に、ダウは四七・六％下落した。一九六九～七〇年に、ダウは三六・一％急落した。そして一九七三～七四年に、ダウは四五・一％下落した。それ以外のケースでは、一九六六年の下落は二五・二％でそこそこだった。しかし、それはより大きい長期的なベア・マーケットの始まりであった。そのベア・マーケットで、ダウは第三章の株式市場平均で記したように、実質価格ベースでは一九八二年まで長い下落を続けたのだった。これらの四回のベア・マーケットの平均はダウ工業株平均で三八・五％の下落であり、三つの弱気の条件の一つだけを有した一〇回のベア・マーケットは二九・四％の下落であったが、それよりははるかに大きい下落であったことが分かる。

要するに、ここに記した三つの極端に弱気な市場の条件の一つが最初に現れただけでは、ベア・マーケットが開始することを保証するものではないということである。しかし、そのような条件が長く存在し続ければ、あるいは、その状況がもっと厳しくなれば、あるいは第二、第三の条件が第一の条件に加われば、ベア・マーケットとなる確率はより高くなる。一方で、主要な株価平均指数がこれらの三つの否定的な条件がいずれも存在しないで、例えば一〇％か、それ以上の下落を経験した場合は、その下落が主要なベア・マーケットに発展する確率は非常に小さい。

三つの大きな否定的条件が存在していないということを前提にした場合、三つすべての株価平均指数が一〇％の下落をした後に株式の買いを始めることは、一般的には利益につながるといえよう。その下落が一五％になる可能性は薄く、そして、一九二〇年代半ばから一九三〇年代半ばまでの極端に変動の激しかった時期の幾つかの意味のないケースを除き、そのようなことは、少なくとも七〇年間生じていない。**したがって、背景にある環境がそれなりに順調であるならば、つまり、極端なデフレがなく、ＰＥＲが通常の水準にあって、イールド・カーブが正常な状態にあるならば、一〇％の下落は、市場が反騰する前に五％以上は損をしないという確率が圧倒的に大きい買い場の始まりであるといえよう。**

第一一章
いかにして勝ち銘柄を選び出すか――
ショットガン・アプローチとライフル・アプローチ

株式市場でプレーをするにあたり、誤った方法は明らかに数多くある。しかし、これしかないという唯一の正しい方法はない。多くのアプローチを用いることが可能である。用いることが可能という意味は、それによって市場のパフォーマンスよりも良い収益率を長期的に得ることができるという意味である。もちろん、収益率は、キャピタルゲインと配当を含むものである。

われわれは銘柄選択法を極端な二つの範疇に分けることができる。最初は、「ショットガン・アプローチ」であり、これはたくさんの銘柄を公に入手可能なデータで体系的に編集する。そして、事前に設定した基準に基づきこの大量のデータを精査し、好みの銘柄をほぼ機械的に選び出すというものである。この広く適用されているアプローチを使うことによって、いかなる個別銘柄についてもさほど時間を費やさずに、ほとんどすべての銘柄をカバーすることができる。ポートフォリオを多様化すること――例えば、一〇銘柄、二〇銘柄、あるいは三〇銘柄を購入すること――によって、通常よく犯す誤りから自分自身を守ることができるのである。この方法の欠点は、いかなる会社についても深く調査することがないので、それによって好ましくない結果に至ることがあるかもしれないということである。

第二の広く用いられている方法は、「ライフル・アプローチ」であり、この方法では非常に限られた数の企業を念入りに、そして完全に調査する。この方法では、公に入手可能なデータの表面的な価値に頼ることはない。各種の会計手法、経営陣の交代、その企業の属する業界の動向、税制改正、または企業に影響を及ぼすあらゆる経済的な諸変数を深く吟味する。そして、これらの多様な情報をすべて統合することができれば、市場に打ち勝つことのできる銘柄を選択することができるのである。

これは、実際、企業のアンダーライイング・バリュー（基底的価値）に大きく頼った投資アプローチである。この方法の不便な点は、フルタイムの調査が必要であり、パートタイム投資家には適していないということである。ウォール街の多くのアナリストやマネー・マネジャーがこの手法に頼っている。とはいえ、このライフル・メソッドによる投資リターンは、実践する人の分析能力によって大きく異なる。

私は、このライフル・メソッドは、本書のほとんどの読者には適していないとは思う。率直に言って、私自身この方法に満足していない。私はショットガン方式のほうが好きである。この方法だと数千もの会社を体系的に調査することができる。このアプローチによる固有のエラー率は約八分の三である。すなわち、私が選んだ八銘柄のうちの三銘柄、あるいは三八％が市場全体よりもパフォーマンスが悪い。逆に言うと、八回のうち五回が正しく、打率としてはけっして悪くない。ライフル・アプローチではこれより良い結果は出せないだろうと思う。

しかし、両方の銘柄選択法はそれぞれ幾つかの利点を有している。そして、ジョー・ディメンナとともに私が運用しているクローズド・エンド・ファンド（ツバイク・ファンドおよびツバイク・トータル・リターン・ファンド）では両方のアプローチを統合している。基本的に、私は広範な市場予測を行う。ディメンナはライフル・アプローチを好むので、銘柄発掘を担当し、財務諸表やアナリストや企業担当者と話すことに多くの時間をかける。したがって、チームとして働いているので、両方の方法の最善の部分を生かすことができるのである。しかし、私が自分自身で厳格な運用をする場合、私はこの章で概要を説明するショットガン・メソッドを用いるであろう。

私の銘柄選択手順には、以下の諸変数の調査が含まれている。企業利益と売り上げの力強い成長、企業の成長率を前提にした妥当な水準のＰＥＲ（株価収益率）、企業の内部者（インサイダー）による自社株買い、あるいは少なくとも内部者による売却がないこと、そして、その株価の相対的に力強い値動きである。つまり、私は強きを買い、弱きを売ることを好む傾向にある。これらの一般的な領域のそれぞれについて詳細に触れ、私が推奨した銘柄についての個別の例を提示し、読者が必要とするデータをどこで入手するかを正確に説明することにする。これらの方法に必要な情報は、公に入手可能なデータである。

以下のページに取り上げた例はもともと本書の旧版に掲載したものであるが、これを書いている現在でも、まだ十分に通用する。数年かけて数々の試みと過ちを経て、念入りに開発されたこれらの使いやすい単純な銘柄選択方法は、保守的な投資家と同時にもっと活発な取引を希望する投資家の双方に非常によく適している。

本章で書く方法は非常にうまく機能するが、私の現在の銘柄選択法は主としてコンピューター・テクノロジーの最新の技術に基づいているということを率直に述べておく必要がある。無数のテクニカルおよびファンダメンタルな諸変数（それらは私の独自の公式によるウエート付けをしてある）から得たコンピューターによる見通しは、その後の六カ月か、一年で銘柄がどのように推移するかということを示す。私が銘柄選択に用いているすべての変数をここで列挙することはできない。それはあまりにも複雑すぎるからである。しかし、この方法によって選択された多くの銘柄は、私の刊行物、ツバイク・パフォーマンス・レーティング・レポートに月二回掲載されている。このサンプル・コピーは（P.O. Box 360, Bellmore, New York, 11710-0751）で入手可能である。

金融記事を一読する

最初の第一歩は、企業の売上高と利益に関する一番新しい数字を手に入れることであるが、その最良の入手先はウォール・ストリート・ジャーナルやニューヨーク・タイムズ、すべての企業業績を日々掲載しているその他の新聞の金融面である。私はニューヨーク・タイムズのほうを好む。どちらを購読しようとかまわないが、どちらか一紙に決めるべきである。なぜなら、ある企業の業績が月曜日にウォール・ストリート・ジャーナルで報じられ、ニューヨーク・タイムズでは火曜日まで報じられないということがあるかもしれないし、あるいは、その反対の可能性もある。したがって、もし新聞を替えてしまうと、業績報告を見逃してしまうことがある。ところで、新聞の業績報告を使うことに関する一つの大きな利点は、それによって発表されるすべての報告を一読することができる点にある。１四半期が終わるまでに、四〇〇〇社以上の業績を見ることになる。それは思うほど大変な仕事ではない。ほとんどのケースでは報告を一瞥し、それを即座に却下することになるからである。

ニューヨーク・タイムズの典型的な１日（1985年6月18日火曜日）

COMPANY EARNINGS

For periods shown. (N) indicates stock is listed on the New York Stock Exchange, (A) the American Stock Exchange and (O) Over-the-Counter.

AMCAST INDUSTRIAL CORP. (O)

Qtr to June 2	1985	1984
Sales $	67,084,000	69,676,000
Net inc	3,312,000	3,490,000
Share earns	.50	.53
9mo sales	182,770,000	212,483,000
Net inc	6,830,000	6,938,000
Share earns	1.03	1.05

BRINKMAN (L.D.)

Qtr to April 30	1985	1984
Revenue $	60,695,000	66,798,000
Net loss	b3,062,000	cd2,528,000
Share earns	—	.37
9mo rev	188,126,000	194,279,000
Net inc	b1,870,000	c7,361,000
Share earns	.22	1.08

b-Reflects losses from discontinued operations of $4,267,000 for the quarter and $4,551,000 for the nine months.
c-Includes income from discontinued operations of $11,000 for the quarter and $348,000 for the nine months.
d-Net income.

CAMBRIAN SYSTEMS INC.

Qtr to April 30	1985	1984
Revenue $	1,103,300	1,704,300
Net loss	495,800	133,600
9mo rev	3,346,000	4,428,900
Net loss	1,470,100	270,500

CLABIR CORP. (N)

Qtr to April 30	1985	1984
Revenue $	10,937,000	7,599,000
Net inc	b204,000	c796,000
Share earns	.02	—

b-After a tax credit of $531,000.
c-Net loss.

COGENIC ENERGY SYSTEMS (O)

Qtr to April 30	1985	1984
Revenue $	1,319,088	1,122,116
Net loss	766,954	367,630

CONTINENTAL HEALTHCARE SYS.(O)

Qtr to March 31	1985	1984
Revenue $	3,728,000	2,218,000
Net inc	486,000	261,000
Share earns	.16	.08
6mo rev	6,869,000	4,019,000
Net inc	575,000	b403,000
Share earns	.19	.13

b-Includes a gain of $30,000 from the cumulative effect of an accounting change.

CULLINET SOFTWARE INC. (N)

Qtr to April 30	1985	1984
Revenue $	52,728,000	35,149,000
Net inc	6,856,000	4,812,000
Share earns	.22	.16
Yr rev	184,100,000	120,036,000
Net inc	24,688,000	16,494,000
Share earns	.81	.54

The share earnings reflect a 2-for-1 stock split paid Jan. 21.

DATAPOWER INC. (O)

Year to March 31	1985	1984
Sales $	15,231,000	15,042,000
Net loss	b968,000	c506,000
Share earns	—	.24

b-After a gain of $258,000 from the cumulative effect of an accounting change.
c-Net income

DIGITECH INC.

Qtr to April 30	1985	1984
Revenue $	4,522,000	5,817,000
Net loss	331,000	392,000
6mo rev	9,018,000	10,706,000
Net loss	750,000	1,243,000

DIVI HOTELS

Qtr to April 30	1985	1984
Revenue $	12,702,953	8,363,826
Net inc	3,683,294	3,064,925
Share earns	1.98	2.52
Shares outst	1,858,338	1,219,862
Yr rev	29,098,500	20,155,485
Net inc	2,117,162	1,908,283
Share earns	1.38	1.59
Shares outst	1,530,595	1,200,949

EAGLE-PICHER INDUSTRIES (N)

Qtr to May 31	1985	1984
Sales $	174,646,965	180,866,737
Net inc	7,330,899	7,747,486
Share earns	.77	.80
6mo sales	329,358,506	335,415,217
Net inc	11,780,920	12,881,936
Share earns	1.23	1.33

ENNIS BUSINESS FORMS INC. (N)

Qtr to May 31	1985	1984
Sales $	27,255,000	25,305,000
Net inc	2,162,000	1,806,000
Share earns	.63	.51

EQUION CORP.

Qtr to April 30	1985	1984
Sales $	9,974,873	10,767,728
Net inc	b882,201	c1,438,948
Share earns	.16	.34
9mo sales	35,665,147	29,983,289
Net inc	b4,624,193	c2,928,918
Share earns	.90	.69

b-After tax credits of $436,419 for the quarter and $2,286,007 for the nine months.
c-After losses from discontinued operations of $195,305 for the quarter and $518,381 for the nine months and tax credits of $686,566 for the quarter and $1,397,051 for the nine months.

FEDERATED GROUP INC. (O)

Qtr to June 2	1985	1984
Sales $	74,320,000	40,537,000
Net inc	2,758,000	1,706,000
Share earns	.25	.19

Share earnings reflect a 3-for-2 stock split.
Results for the lates' ..riod are for 78 weeks.

GENERAL AUTOMATION

Qtr to April 27	1985	1984
Sales $	13,406,000	19,856,000
Net loss	4,542,000	b1,364,000
9mo sales	43,657,000	55,616,000
Net loss	6,742,000	c859,000

b-Reflects a loss of $50,000 from the reversal of a tax credit.
c-After a tax credit of $80,000.

KETTLE RESTAURANTS INC.

Qtr to April 30	1985	1984
Revenue $	11,556,000	12,578,000
Net loss	35,000	b703,000
Share earns	—	.30
6mo rev	23,156,000	25,915,000
Net inc	539,000	1,469,000
Share earns	.23	.62

b-Net income.

LEVI STRAUSS & CO. (N)

Qtr to March 31	1985	1984
Sales $	615,686,000	659,824,000
Net inc	32,859,000	b6,358,000
Share earns	.86	.17
6mo sales	1,133,855,000	1,193,677,000
Net inc	45,641,000	17,246,000
Share earns	1.23	.43

b-Reflects a charge of $24,500,000 for plant closings.

LEXICON CORP. (O)

Qtr to May 31	1985	1984
Revenue $	2,477,414	1,202,827
Net inc	457,852	315,125
Share earns	.04	.03
9mo rev	5,780,483	3,069,144
Net inc	686,847	366,282
Share earns	.06	.04

MCCORMICK & CO. (Q)

Qtr to May 31	1985	1984
Sales $	209,222,000	186,872,000
Net inc	3,454,000	b7,696,000
Share earns	.28	.62
6mo sales	400,108,000	358,857,000
Net inc	7,070,000	c34,062,000
Share earns	.58	2.72

b-Includes a gain of $1,000,000, or 8 cents a share, on the sale of property.
c-Includes a gain of $22,200,000, or $1.77 a share, on the sale of property.

MEDICAL ELECTRONICS CORP.

Qtr to April 30	1985	1984
Revenue $	1,749,995	948,824
Net inc	239,642	b304,515
Share earns	.04	—
6mo rev	3,346,031	1,638,893
Net inc	380,454	b443,484
Share earns	.07	—

b-Net loss

NEWBERY ENERGY CORP. (A)

Qtr to March 31	1985	1984
Revenue $	21,895,000	21,214,000
Net inc	785,000	1,030,000
Share earns	.47	.61

右ページはニューヨーク・タイムズの典型的な一日（一九八五年六月一八日）に見られる幾つかの業績報告を示している。ペンで囲んだ四つの報告を見てほしい。それが私の言う最初のステップである。私が探しているものは、売上高（収益）と一株当たり利益が適度に上昇している会社である。当日の業績欄に掲載されている最初の会社であるアムキャスト・インダストリアル・コープ社を例に見てみよう。同社の名前の後ろにある括弧内の小さな「O」は、その銘柄が取引されている店頭市場を意味する。括弧内の「N」はその会社がニューヨーク証券取引所に上場されていることを、「A」はAMEX（アメリカン証券取引所）に上場されていることを意味している。何もない場合は、その企業の普通株式は通常の店頭取引市場で取引されていないか、上場もされていないことを意味する。

アムキャストの場合、一九八五年六月二日に終了した四半期の業績が分かる。六七〇〇万ドルより若干多い売上高は、前年の四半期よりは二五〇万ドル少なくなっており、成長を暗示していない。同様に、一株当たり利益は前年同期の五三セントに対して五〇セントであった。これも、同じように最近は成長がないことを示している。成長は基本的な変数であるので、私はアムキャストを除外した。

次に、NYSEに上場しているクラバー・コープを見てみよう。一〇九〇万ドルの売上高は一年前よりも約四三％増加している。プラスである。不幸なことに、一株当たり利益欄にまで下がって見ると、前年は赤字であったが、わずかに二セントの利益となっていることが分かる。これは明らかに改善であるが、ここでの利益はさほど重要なものではなく、おそらく、むしろ本当の成長よりも潜在的な方向転換を暗示している。しかし、それは私が探しているものではない。それに加えて、一九八五年四月三〇日に終了した四半期の純利益の前につけられた一段下がった「b」に気づいてほしい。報告の下にある脚注によれば、純利益は五三万一〇〇〇ドルの税額控除後となっている。つまりこれは、その特別項目がなかった場合、クラバーはその四半期に三〇万ドル以上の損失を計上していたはずである。したがって、同社についても忘れてしまおう。

次の銘柄はコジェニック・エナジー・システムであるが、純損失を計上した。したがって、この銘柄も線を引いて消してしまう。やっと私がマルで囲った最初の銘柄であるコンチネンタル・ヘルスケア・システムズに到達した。同社は店頭市場で取引されている。三月三一日に終了した期の売上高は六八％上昇し、三七〇万ドルに達した。良いサインである。次に、一株当たり利益は同四半期において八セントから一六セントへと倍増した。素晴らしいトレンドである。しかし、さらによく読むと、否定的要素がある。

ある企業の会計年度の最初の四半期を除き、残りの3四半期の報告はその会計年度の売上高と利益の累積した合計数字も持っている。コンチネンタル・ヘルスケアの場合、三月期はその会計年度では二期目なので、六カ月間の数字が同時に示される。同社の報告の最後の行に六カ月間の一株当たり利益が前年の一三セントに対して一九セントであったことが分かる。簡単な引き算（六カ月間の数字から第2四半期の数字を引く）をし、現会計年度の一二月三一日に終了した第1四半期の利益はどれだけであったかを計算することができる。その計算結果は、前年の第1四半期は五セント（一三セント－八セント）であったのに対し、今期は三セント（一九セント－一六セント）であった。明らかに、この期はそれほど素晴らしいものではなかった。私は、現在の四半期の成長のみを期待するのではなく、より長期的な時間的枠組みでのより確実な成長を好む。コンチネンタル・ヘルスケアは現在の会計年度の第1四半期において、それを示すことに失敗したのである。したがって、私はその日の新聞に単純に×をしてその銘柄を消去した。

次の銘柄、ニューヨーク証券取引所のカリネット・ソフトウエアをマルで囲った。売上高は素晴らしい五〇％の増加で、五二〇〇万ドル強となり、一株当たり利益も一六セントから二二セントと三七％の上昇であった。これまでのところは、まあまあである。この四月三〇日に終わった四半期はカリネットの会計年度の第4四半期で最終四半期であることが分かる。年度全体の数字が下にあるので、それが分かる。売上高は一億八四〇〇万ドルで、前年から五三％の増加であり、一株当たり利益は八一セントで、前年対比五〇％の伸びである。カリネットの第4四半期の売上高の増加は、一年間全体の伸びよりわずかに小さく、普通だったが、一株当たり利益の伸びは第4四半期はわずか三七％であった。差し引くことによって、当該年度の最初の3四半期で、カリネットは前年度の三八セントに対し五九セントの一株当たり利益を実現し、五五％の伸びであったことが分かる。したがって、その四半期の利益の伸びは鈍化しており、われわれに若干の懸念を持たせるものであった。それでも、これは非常に力強い成長率であって、もし三〇％周辺での成長を今後も続けるのであれば、われわれにとって良い銘柄となる可能性を秘めている。この時点では、私はカリネットにマルをつけたままにしておき、リストのなかにあるその他の銘柄に移る。

後にPERついて見ると、カリネットは非常に高すぎる約三〇倍になっていることを知り、私はそれを根拠にリストから消すことになる。しかし、利益報告それ自体に関しては、唯一の否定的要因は直近の四半期の成長の伸びが低下してきていることだけであって、この時点ではこの銘柄をリストから消去する理由はない。

次の興味深い銘柄はニューヨーク証券取引所に上場しているエニス・ビジネス・フォームズである。エニスは、五月三一日に終了した期に売上高が二七〇〇万ドル以上となり、その伸び率は約八％であった。それはさておき、六カ月、九カ月、あるいは一年間全体の累積の数字が四半期の数字の下に記載されていないので、このことからエニスにとってこの期は、会計年度の第1四半期であることが分かる。八％の売上高の伸びはさほど強力ではない。しかし、一株当たり利益はその四半期に二三％増加して六三セントとなった。これはけっして悪くはなく、もう一度よく見てみる価値がある。後になって分かったが、エニスは、私がいつの時点でも一〇〇銘柄以上をリストアップしている購入候補銘柄リストにすでに載っていた。このリストは業績の悪かった報告を発表した銘柄やその他の否定的な銘柄をそこから外し、あるいはその後に判明する新規銘柄を追加するなどして絶えず更新されている。

私は、この購入候補銘柄リストを比較的に簡単に手書きで更新し続けることができるように、インデックス・カードを使っている（アプローチのこの部分では私はコンピューターを使わないし、読者も必要はない）。私は、カードを三つのグループに分けており、それぞれ一つずつそれぞれの取引所（NYSE、AMEX、OTC）に割り振っている。その後、私はそれらの各グループをアルファベ

著者が情報を保存するカードの例

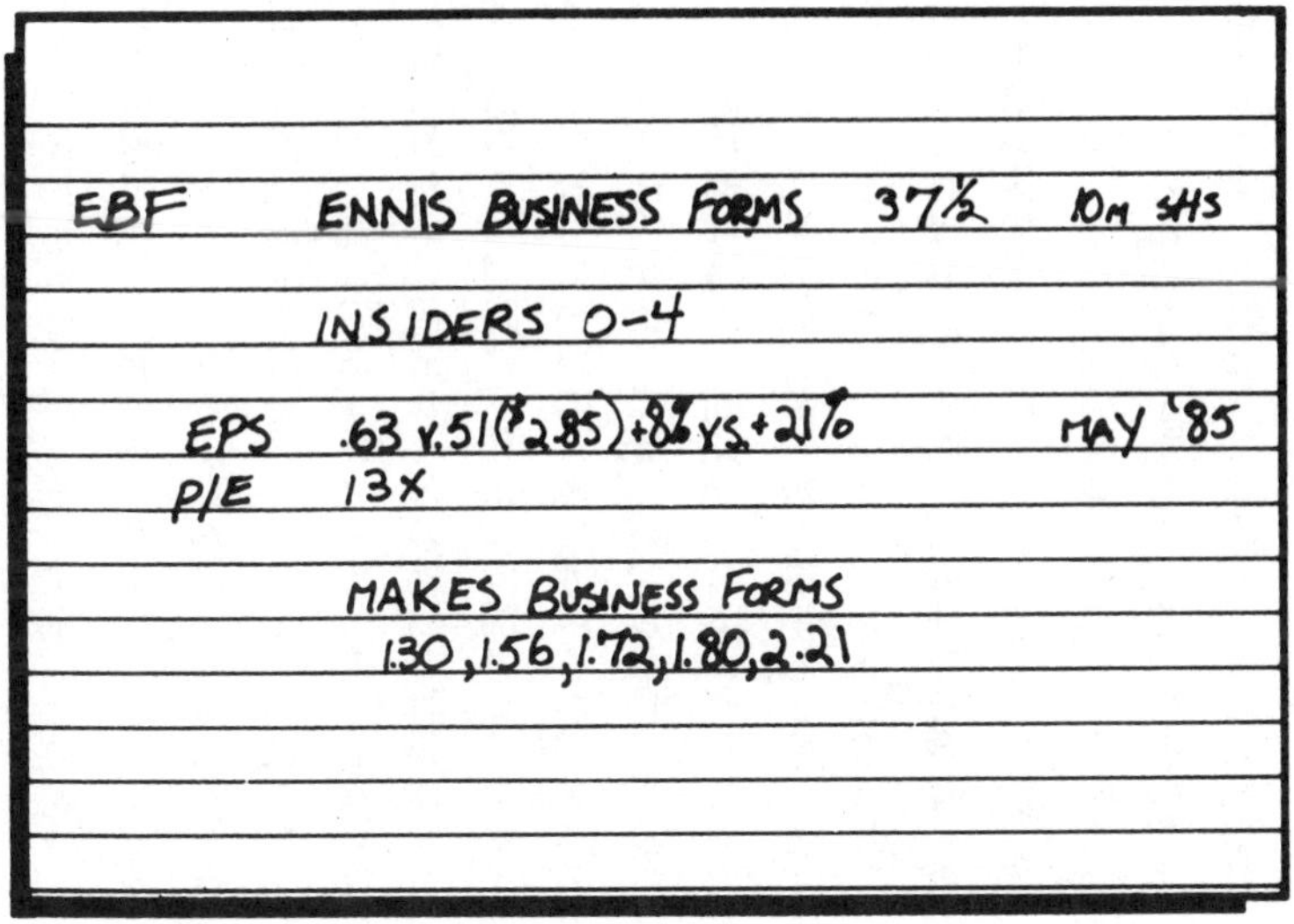

ット順に並べる。すでに読者が作成したリストの銘柄の報告を新聞紙上で見たとき、読者はおそらくその会社の名前を思い起こすであろう。ときどき思い出すことができないときもあるであろう。いずれにしても、疑わしいときには、私がエニスでしたように、その銘柄がすでにそのリストにあるかどうかカードをめくってみればよい。

エニスをサンプルに使い、私が情報を保存するカードをここに示そう。

私が最初に書き留めるのは、ティッカー・シンボルである。

この場合はＥＢＦとなるが、そうすることによって、私がその銘柄の時価を知りたいときにはクオートロンの機械ですぐに銘柄を呼び出すことができる。次に、その会社名であるエニス・ビジネス・フォームズを書き出し、さらに私が最後に更新した株価を記入する。この場合、エニスの業績報告のあった日の株価三七ドル二分の一である。私はまた、おおよその出来高――エニスの場合は一万株――も記入する。これは、あまりにも出来高が少ない銘柄は推奨したくはないからである。しかし、もし読者が自分のために通常サイズの銘柄を対象に取引をしているのであれば、それは大きな問題とはならないであろう。同時に、私は、内部者（インサイダー）取引についても記録をつける。内部者（インサイダー）取引については後に述べるが、エニスのケースでは買い手は全然おらず、四人が売っている。あまり良いサインではない。しかし、この点は時間が経過するにつれて変化があると思われるので、この銘柄は購入候補銘柄リストに残しておいた。

次に、古い四半期の利益の数字を消し（常にカードは鉛筆で更新する）、新しい四半期と比較したものを記入する。すなわち、五一セントと六三セントになる。その後の括弧内に二・八五ドルと書いてあるが、これは過去の4四半期の利益を合計したものである（その数字をどこで見つけるかについては、本章の後で示す）。括弧の後にプラス八％が見えるが、それは、その四半期の売上高の伸び率であり、ニューヨーク・タイムズから拾ったものである。その後ろにプラス二一％がある。私が三カ月前にエニスの報告を選んだとき、その後者の数字（プラス二一％）が前期の売上高の伸び率であった。つまり、エニスにとって、売り上げの成長率は二一％から八％に下がり、あまり良い材料ではなかった。

かったのである。次に、PERを書き込んだ。一三倍である。また、同社の業務内容について簡単な記述とその前の数年間の年間一株当たり利益を記入している。

最後に、月についての記述がある。このケースは五月であるが、それは最新の四半期報告が出された月を示している。私はこの記録を付け続けている。銘柄を探してカードをめくるとき、そうしておけば、業績報告を更新したのか、古いものをまだ使っているのかを判断できるからである。もしすでに六月であるのに、一番最近の報告が一二月であったら、おそらく第1四半期の報告を見逃したと判断し、その記録を更新するために財務記録をチェックするであろう。つまり、最後の報告の日付を記入することは、自分をチェックすることになるのである。したがって、その日の業績報告に基づき、エニスは目先的に購入する対象ではないが、私のインデクス・ファイルの場所を占め続けている銘柄でもあるのだ。

その日にマルで囲んだ銘柄の最後は、店頭市場で取引されているフェデレーテッド・グループである。売上高は約四〇〇〇万ドルから七四〇〇万ドル強に増加し、八三％の増加率であった。しかし、一株当たり利益は三二％上昇したが、売上高の増加と同一のペースを保てなかった。業界によっては、売上高と同様の速さで利益の成長ができなかったのは激しい競争と価格引き下げによって、利益率がだんだん薄くなっていることを意味している。それ以外のケースでは、新製品の導入に伴って発生した経費を反映しているかもしれない。その場合は、売上高の急増は将来の利益がより大きく増加する土台を築いているといえるかもしれない。われわれは単純にこの銘柄をリストから除去するのに十分な情報を持っていない。したがって、この日はさらに調査が必要な候補銘柄として残した。

われわれがこれまで見てきたことを復習してみよう。われわれは、売上高と一株当たり利益の両方とも理にかなった成長を期待しつつ、その日の業績報告を調査した。ほとんどの銘柄がそのテストに合格できなかった。そのなかで、四銘柄が少なくとも再考する価値があると判断され、マル印をつけられた。コンチネンタル・ヘルスケアはちょっとした引き算の結果、すぐに消去された。同社の前期の業績は赤字であって、われわれの目標である長期にわたる成長という目標にかなっていなかったからである。それ以外の三銘柄は、次のステップまで残された。

いったん要領さえつかんでしまうと、決算発表の集中する約二週間から四週間の期間を除けば、不適格な銘柄と買い銘柄の候補を選別することに、一日のうちの数分しか要しなくなる。その時期には、多数の企業が業績を発表するため、チェックするのに時間がかかってしまうのである。しかし、経験を積みさえすれば、そのような決算発表の集中している時期でも、報告を精査するのに一日で一五分以上かかることはない。

経験は何ものにも代えがたいということを分かっていただきたい。最初は時間がかかるかもしれない。しかし、徐々にスピードが速くなり、比較的短期間のうちに決算報告を素早くチェックするエキスパートになれるだろう。ところで、売上高や利益の変化率をすぐに計算できるように、あるいは前四半期、六カ月前、そして九カ月前の利益から該当する四半期の利益を区別するための引き算をすることができるように、常に電卓を手元に置いておくべきであろう。

われわれはこの日、三銘柄にマル印をつけた。しかし、これまでのところは、これらの銘柄の価格さえ分かっていない。そこで、次のステップは前日の終値を知るために、株価表をチェックすることである。カリネットとエニスはニューヨーク証券取引所の上場銘柄のなかにある。フェデレーテッド・グループはナスダック店頭市場銘柄のなかにある。NYSEとAMEXに上場されている銘柄の株価表にはPER（直近の四半期の数字を含んでいない場合もある）が掲載されているので、これらの数字も書いておくことができる。私は、株価とPERを株価表のこれらの銘柄に近いところにある余白に走り書きすることにしている。

これに加え、私は常にその日の株価の変化に注目をする。これらの業績報告のほとんどは、当日の市場が開始される前か、取引時間中に発表される。市場が終了する午後四時以降に発表される報告の数はあまり多くない。それゆえ、当日の株価の動きはしばしば、特定の企業の業績報告のニュースを市場がどのように受け止めたかを反映するものとなる。

業績発表のニュースによって株価に起こる最悪のことは、株価の急落である。これは通常、市場がその業績報告に失望したこと――予想していた範囲よりも悪い結果であったということを示している。学問的な研究によれば、利益の水準が市場の期待よりもかなり悪かった場合、そのような銘柄は平均して、その後の三カ月から六カ月間は市場全体のパフォーマンスを下回るという結果になったということが分かっている。

したがって、私は急速に下げた銘柄については、そのような値動きを悲観的にとらえ、その銘柄をリストからすぐに除去する。それは、三〇ドル以上の銘柄ならば一ポイント以上の下げ、一五～三〇ドル程度の銘柄ならば四分の三ポイントか、一ポイント以上の下げがあった場合である。**テープは読者の最高の味方であるということを覚えておいてほしい。業績報告の後に疑わしいテープの動きがあるときは、いかに業績が良いように思われても、しばしば死への接吻（災いの種）である。**後で後悔するよりも安全策をとったほうがよい。

この日、マルで囲んだ四銘柄はさほど重要な価格の変化を示さなかった。最も大きな価格の変化でも八分の三だけであった。日々の価格変化があまり重要でなければ、あえて書き残すことはしていない。実際、空売りの対象銘柄でも探しているのでなければ、下げた銘柄に関してもほとんど気にする必要はないであろう。私は単純に銘柄にバツをつけて消してしまう。一方、その銘柄が業績発表直後に急上昇した場合、例えば一・五ポイントか、二ポイントの上昇をした場合、それは非常に有望なサインであり、市場がその報告に驚き、好感していることを意味している。同じ学問的な研究の結果によれば、市場の期待を超える良い業績を発表した銘柄は、その後の三カ月から六カ月間に市場全体よりも良好な結果となる傾向にあることが分かっている。したがって、業績発表の日に株価が急上昇した銘柄を発見したなら、自分のために積極的に書き留めておくべきである。

業績発表の日に値動きの悪かった銘柄についてはメモから消去して構わない。次の消去の対象は、非合理なほどに高いＰＥＲとなっている銘柄である。ＰＥＲは、単純に株価（それは新聞で知ることができる）を過去の４四半期の利益の合計で割ったものである。カリネットの場合のように、発表された四半期が年度の最後のものでないと、ＰＥＲを新聞のなかで見つけることはできない。カリネットはその会計年度の一株当たり利益が八一セントであることを発表した。その日の株価の二四ドル八分の七を利益八一セントで割ると、ＰＥＲは三一倍という高さになることが分かった。それだけ高い倍率は、私にとっては高すぎると感じられる。カリネットを消去しなければならない。われわれは、エニスやフェデレーテッドの直近4四半期分の利益の数字を持っていない。したがって、さらに調査をする必要がある。この時点で、新聞から得られる価値のあるすべての情報を利用した。

今や、われわれは新しいデータソースが必要となった。それは、業績に関する数字を継続的にフォローしている優良なチャートサービスである。利用可能なサービスには、ウィリアム・オニール＆カンパニーのロングターム・バリュー（12655 Beatrice Street, Los Angels, CA 90066-0919：310-448-6800）、スタンダード・アンド・プアーズ（25 Broarway, New York, NY 10004：212-208-8000）、マンスフィールド（27 Wilburn Street, New York, NY 10005：800-223-3530）などがある。あるいは、財務データに重点をおいて、チャートについてはよりそれほどは力を入れてはいないサービスを提供している業者もあり、それにはバリューライン（220 East 42nd Street, New York, NY 10017：800-634-3583）が含まれている。

ひとたび優秀なチャート・サービスや金融サービスを入手すれば、最低一二カ月間の業績をチェックできるようになる。次のチャートで説明されているようにエニス・ビジネス・フォームを例にしてみてみよう。ニューヨーク・タイムズの業績報告は、同社の会計年度の最初の四半期である五月三一日に終了した期の一株当たり利益は六三セントであることを示している。エニスのチャートをチェックすると、その報告の前の直近3四半期がどのようであったかが分かる。それらは、六七セント、六六セント、そして八九セントであった。直近の報告数字を合計すると二・八五ドルとなる。この数字を算出する第二の方法は、現在の四半期と前年の四半期の数字の差を計算する。この場合は、六三セントトマイナス五一セントであり、一二セントとなる。つまり、エニスの一株当たり利益は前年同期に比べ、一二セント増加したのである。すべきことは、その一二セントをその前の4四半期合計の一株当たり利益、二・七三ドルに加算することである。そうすると、二・八五ドルとなる。

もしバリューライン、スタンダード・アンド・プアーズ、マンスフィールド、あるいはオニールのチャートを使うならば、四半期ごとの数字を合計して直近の一二カ月分の一株当たり利益を得ることができる。その計算をするときに、先行した幾つかの四半期がそれぞれの前年同期の数字に比較してどのようであったかを知ることできる。もしそれらの先行した四半期の利益が低いか、成長不十分であった場合には、その銘柄を無視する。思い起こしてほしい。われわれは、合理的に堅実な成長をする銘柄を探しているのである。

PER（株価収益率）

私は先にカリネットのケースで、非常に高いＰＥＲ（株価収益率）は避けるべきであるとコメント

エニス・ビジネス・フォーム

actual size

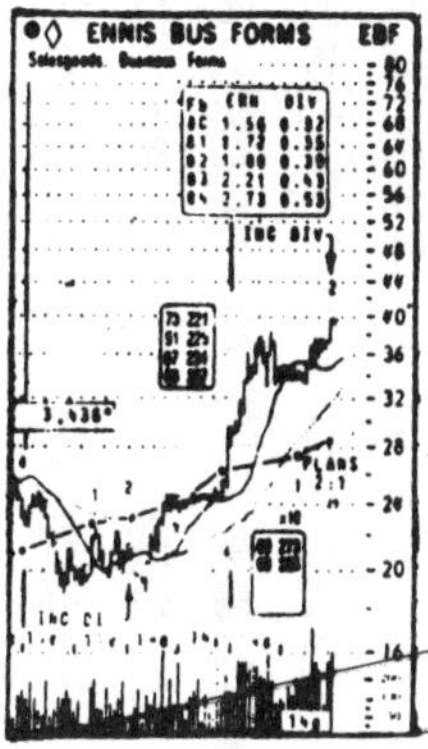

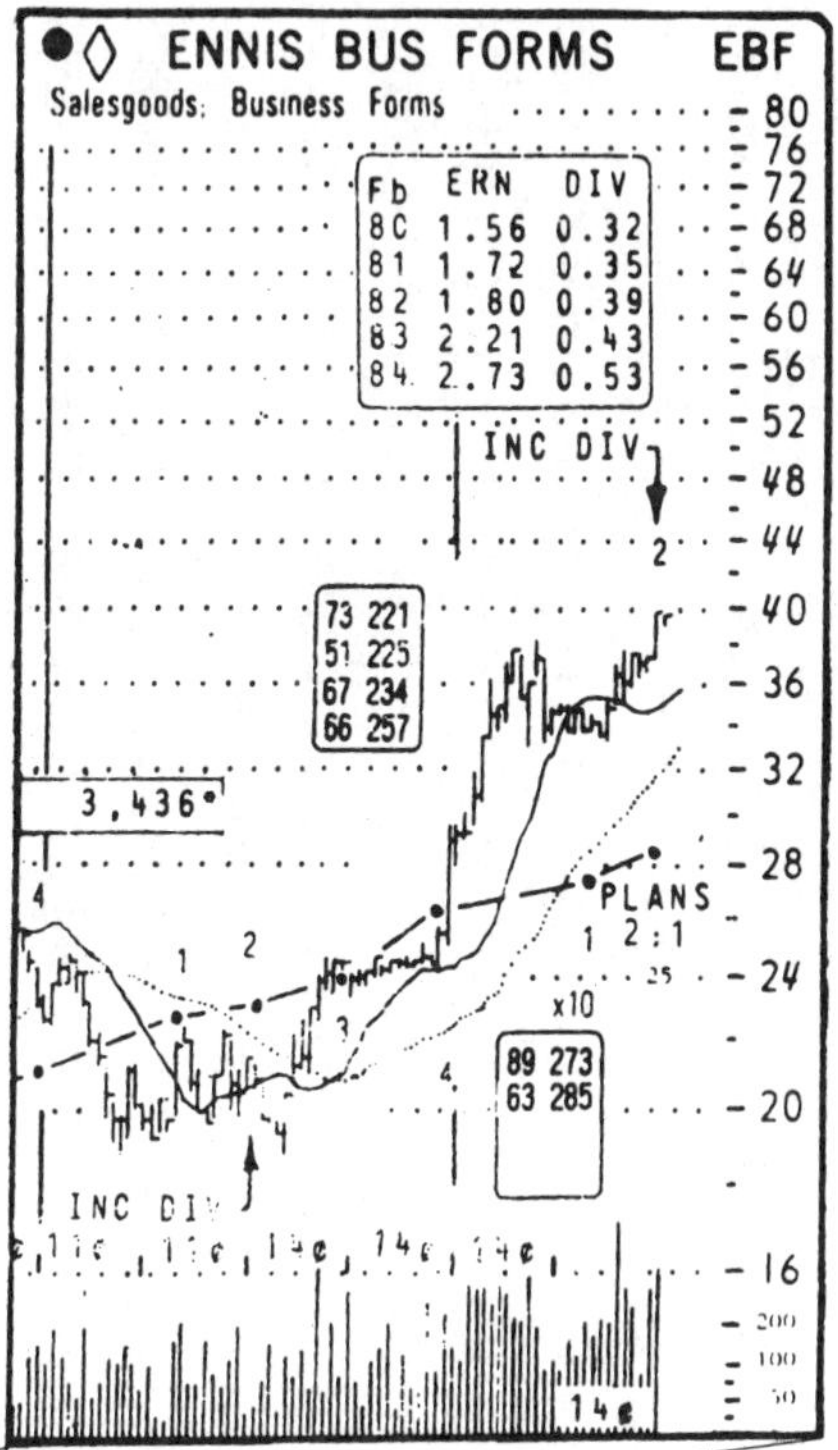

した。今や、ＰＥＲに関してわれわれが何を求めているかについて、詳述することが重要である。これらの主たる関係について、数十年に及ぶ学問的な研究について検討を加えることが役立つであろう。要約して言うと、**一九三〇年代にまでさかのぼったデータは、低「ＰＥＲ銘柄」は長期には高「ＰＥＲ銘柄」のパフォーマンスを打ち負かすということを結論的にいうと、示しているのである。**それでは、われわれが銘柄を選択するに当たって、特にこれらの有益な情報をどのように活用すればいいのだろうか？

これから私がそれを活用する方法を説明する。まず、最も高い水準にあるＰＥＲ銘柄を除外する。もちろん、市場全体のＰＥＲが高くなったり下がったりするため、絶対的なＰＥＲの水準は長期的には大きく異なる。ダウ・ジョーンズ工業株平均それ自体は一九六一年にぞっとするような二三倍というＰＥＲに達した。大暴落前の一九二九年に記録した水準をわずかに凌駕するかつてない記録であった。しかし、ＰＥＲは一九六八年と一九七二年に再度高騰した。これらの時期に、多くの銘柄がＰＥＲ四〇倍か、それ以上で売買されていることを見るのは何ら異常なことではなかった。相当数の銘柄がＰＥＲ八〇～一〇〇倍という高さで取引されたこともあった。本当にバカげたことであった。

その反対に、一九七四年と一九八二年のベア・マーケットの底では、ダウ・ジョーンズ工業株平均のＰＥＲは六倍を少し超えた程度のものだった。これらの時期にあっては、ＰＥＲが二〇倍以上の銘柄を見つけることはけっしてやさしくはなかった。しかし、私はそれらの最高倍率がいくつであっても、最高倍率の銘柄は避けるようにしている。例えば、カリネットは、ＰＥＲが三一倍であり、さらに株価が上昇するかもしれないが、私には興味がない。興味深いものに極端に高いPERとなった銘柄がある。それは、一九八五年年央に市場全体のPERのほぼ三倍であった。これはそのような状況ではあまりにもリスキーだと、私に告げている。

もしカリネットの将来の業績がウォール街の期待どおりになれば、あるいはそれ以上に良ければ、株価はうまく上昇するであろう。しかし、失望したときの影響は相当なものとなるだろう。PERがひとたび極端に高い水準になると、会社は少しの過ちも犯せない。例えば、増益率が三〇％と期待されて、実際の増益が二〇〜二五％でしかなかった場合、その銘柄の受ける打撃は大きくなる可能性がある。もし増益率が一〇％でしかなかったならば、その銘柄は簡単に売り叩かれよう。そして、業績が低迷するなどの最悪な場合には、高PER銘柄は簡単に七〇〜八〇％下落することがある。このように、非常に高いPER銘柄はときどき好成績を収めることがあるが、リスクとそれに対する報酬という観点からは、一種の毒薬であるといえよう。

この分野の反対の極に視点を置いてみよう。先に述べたように、学問的な研究の結果は、非常に低いPER銘柄が最高のパフォーマンスを示しているということである。しかし、これらの研究には幾つか、結果を疑問視する技術的なバイアスがある。それは特に、倒産した企業はしばしば研究の対象から除外されたということであり、これによって、その結果には幾分上昇バイアスがかかっている。

一九八八年の時点で例えば三倍、四倍、あるいは五倍という極端に低いPER銘柄には、一般に二つのタイプがある。最初のタイプは、極端な財務上の困難に直面している企業である。その企業はまだ利益を出してはいるが、同社が倒産するのではないかという危険性があるため、投資家は倍率が高くなるまで買わないのである。もしその会社のバランスシートに問題があり、来年か、その後に会社が倒産する可能性がある場合、PERが三倍という価格でその銘柄を買っても、それは割安銘柄を買ったというには当たらないであろう。もちろん、それが実際に起こるという確証はない。しかし、もし読者が極端に低いPER銘柄を購入しようとする場合は、最初にその会社のバランスシートとそれ以外の財務上の事実関係を十分詳しくチェックすることをお勧めする。私自身は、この種の銘柄は私のショットガン・アプローチにかなっていないので、単純に無視している。

もう一つのタイプの非常に低いPER銘柄は、おそらくグループ全体に影を落としている何らかの悪材料のゆえに、一般から無視されている産業に属している銘柄である。例えば、核燃料工場を建設中の公益事業銘柄は、建設が中止されるリスクやその事業推進に当たっての資金が不足するリスクゆえに極めて低いPERで取引されている。時にある銘柄のPERが低いのは、記録的な収益の結果である場合がある。それは、その企業の属する事業分野の循環的性格や外国からの競争のためで、ウォール街はその収益が継続することはないだろうと判断したりする。これらの銘柄は、学問的な研究が最もパフォーマンスが良いと示唆したタイプの低「PER」である。

そのようなグループに属する銘柄は、一年間か二年間保有すれば、おそらく市場を打ち負かす成績を収めることができよう。特に、ポートフォリオの再評価を年に一回程度行い、PERが高くなってしまった銘柄をポートフォリオから取り除き、PERが低く、合理的で堅実な銘柄と入れ替えるのはよい。

私のアプローチは安定的で合理的な成長を重視するため、それに関連してPERが非常に低い銘柄を私が見つけだす可能性は低い。というのは、ある企業が安定的で堅実な成長をする力を持っていれば、その企業はある段階でそのことが認識される可能性があり、PERは通常の水準か、高めになりがちだからである。実際、私が素晴らしい成長力を持った非常にPERの低い銘柄に出合ったときには、私はすぐにそれを疑わしく思う。私は、さらに、バランスシート上に問題はないのか、製品の受注残高は下がっていないか、あるいは何かそれ以外の否定的要因は存在していないか（それらはしばしば存在することになるが）などを確かめることとしている。このように、非常に低いPERの銘柄は私のアプローチに合わないため、私は通常それらを好まない。しかし、注意して使えば、低PERに基づいてのみ投資するという方法を用いても何も問題はない。

私はまた、非常に高い倍率のPERまで買われている銘柄も避ける。私が選ぶ銘柄のPERは市場平均か、それよりも若干高いものである。もし市場平均のPERが、例えば一〇倍であって、私が市場全体よりも高い成長と安定した成長をすると思われる銘柄を見つけた場合、私は、これらの銘柄の適正価値を――例えば、独断的に一四～一五倍というように――、市場全体よりも高いPERで正当化すると思う。もしそのような銘柄がPER一一倍か、一二倍で取引されており、その他の条件が同じであるならば、それは掘り出し物となろう。たとえ、もし成長率が十分に高く、同社が大きな競争上の優位性を持っており、安定的に成長するであろうという大きな可能性を有しているならば、その価格にふさわしいとは言えるかもしれないが、もしPERが一六倍や一七倍に上昇した場合、それはもはや掘り出し物ではなくなってしまう。これは、私の経験と本能をベースとした判断である。

適正なPERはどの程度なのかということに関して、ある程度の理解を持つためには、過去数年間にさかのぼって、業績のトレンドについて調べる必要がある。前に紹介したランクフォードのチャートの小さなボックスでエニス・ビジネス・フォームズを見てみよう。同社の一九八〇会計年度における一株当たり利益は、一・五六ドルであった。そして、それはその後の年度で、一・七二ドル、一・八〇ドル、二・二一ドル、そして二・七三ドルという増加基調にあった。私の信頼できる計算機によって計算すると、これは四年間の複利ベースで年率一五％の成長率であった。ところで、複利ベースの収益率を容易に算出できる計算機を持っていると大変便利である。ヒューレット・パッカードの12C計算機が大変素晴らしい。素晴らしい金融計算機であり、小さく、携行に便利であり、電池で動く。テキサス・インスツルメンツも良いものを作っている。また、ほかにも幾つか満足できる製品が販売されている。

エニスの話に戻ろう。年間一五％の利益成長率はけっして悪くない。それに加え、エニスの利益は、すべての単年度で増加している。また、直近の四半期は二三％の増加であり、それは長期トレンドよりも高くなっている。私は、それが気に入った。三七ドル二分の一という株価でエニスのPERは一三倍になるが、市場全体の一〇倍から一一倍という水準よりは幾分高い。しかし、エニスの数年間にわたる堅実なリターンを考慮すれば、極めて適切であると思われた。これが、同銘柄を購入候補銘柄リストに残した理由である。私がこの銘柄を対象に含めたときにあまり熱くならなかった二つの理由は、先に記したように、該当する四半期の売上高の伸びがわずか八％でしかなかったということと、先行した数カ月間に四人の内部者（インサイダー）による自社株の売却があったという事実である。

ランクフォードのチャートやその他のサービスを利用すれば、会社の業務に関する簡単な記述を見ることができる。エニスのケースでは、ビジネス・フォームの製造ということになる。もっと詳細な記述がほしいという場合は、バリューラインやスタンダード・アンド・プアーズを利用すべきである。エニスの事業は、多くの会社が景気下降局面であっても同社の製品を恒常的に必要としているという点で興味深い。売上高は景気後退時にある程度低下することがあろう。しかし、この事業はそれほど景気循環に左右されることはなく、また、大きな固定費負担があるわけでもない。

さらに、その成長率は特別に高いというものでもない。そのことが、あるときには実際、好都合になるという場合もある。非常に高い成長率は、競争を激化させ、競争は最終的に利益率と成長率をそぐことになる。もしエニスや同業他社が年率一五％で成長することができるならば、それは大変素晴らしいことであり、特に、市場全体のＰＥＲと同じ倍率で購入できるならば、良い買い物になるであろう。もしエニスのＰＥＲが市場全銘柄の平均の方向に向かって数ポイント下がるならば、非常に魅力的となろう。

ニューヨーク・タイムズでわれわれが検討している会社の業績リストにある最後の銘柄のフェデレーテッド・グループに移ろう。ランクフォードの「クオートＯＴＣ」チャートを見ると、一九八五年二月に終わった一二カ月間で、フェデレーテッドの一株当たり利益は一・一六ドルとなった。一九八六年度の第1四半期に一株当たり利益は六セント増加した（現在の四半期の二五セントから前年の一九セントを引くことによって得ることができる）。この六セントの増加分を単純に確定している一・一六ドルに加算すると、過去一二カ月の一株利益一・二二ドルが得られる。報告が発表された日、フェデレーテッドの株価は二二ドル二分の一であり、PERは一八倍であった。これは数年前に一株当たり七セントを失った、つまり一九八〇年に小さな利益から赤字となった銘柄としては、必ずしも安くはない。それ以降利益は増加したが、一九八〇～八一年の唐突な最終利益の変化は私を悩ませた。

ここでの二つ目の疑わしき点は、四半期の利益が三二％増加であったという点であり、増加したこと自体は問題ない。しかし、前期には六倍以上も飛躍していたため、成長の速度が落ち始めたのかそうでないのか、確かでないということであった。フェデレーテッドは結果的にうまくいった銘柄であったかもしれないが、当面はそれを取り上げないことにした。これらの結果、一九八五年六月一八日の業績報告に関する私の調査は、買い候補銘柄リストにわずか一つの銘柄、すなわちエニス・ビジネス・フォームズだけを選んだという結果になった。そして、この銘柄はしばらくの期間、そのリストにあった。

利益の傾向に関して、一つ二つの考察を加えたい。私はその方向性にある程度の安定性を求めるよう努めている。もし利益がそれぞれすべての年に堅実に一五％の増加をしているならば、それは素晴らしい。もし利益がある年に三〇％増え、その翌年に五％増え、その翌年には四〇％増え、次の年には二％減少し、さらに翌年に二〇％増加した場合、長期的な成長率としては問題ないが、安定性を欠いているということが否定的要因となる。第二に、報告された利益は、必ずしも常に見かけどおりとは限らない。各種の会計手法によって、利益をその会社の経営者が望んでいる方向に調整することが可能であるからである。もし読者が私のアプローチを利用すれば、報告された利益は誇張されているか、あるいは控えめに発表されたものであるかについて、判断するためにさらに調べる必要はない。あるときは失敗をすることもあるかもしれないが、長期的には私の基準に基づいた多くの素晴らしい銘柄を見つけだすことができるであろう。もし読者がもっと調べたいという時間と気持ちがあるならば、すぐにそうして構わない。しかし、それはあたかもフルタイムの仕事というような結果になりかねないであろう。

もう一つの要素でしばしば取り扱う必要があるものに、企業が負っている債務の額がある。スタンダード・アンド・プアーズの小さな株式ガイドは、企業の長期債務と、流動資産から流動負債を差し引いた短期債務の双方の数字が載っている。さらに詳細なものは、バリューラインやスタンダード・アンド・プアーズのその他の刊行物に掲載されている。もし企業が非常に高水準の債務を有している場合には、その潜在的リスクがあるため、利益やその利益成長率の価値は減じられる。多額の負債を有する企業は、多額の金利費用を有し、金利費用は固定費用になるのである。もし事業がある程度下向きになった場合には、固定費用は利益に対して非常に否定的な影響を与えるのである。**むしろ、したがって、それら多額の債務を有する企業を高価で購入することのないように気をつけるべきである。**

の銘柄はすべて排除したほうがよいだろう。

値動き

これまでのところで、利益と売り上げの成長やPERによって銘柄を選別してきた。次の選別の基準は、まさに読者のチャートブックのなかにある。銘柄それ自体の値動きである。第五章に詳述したバリューライン株価指数を用いたわれわれの「四%モデル」を思い出してほしい。あの研究は市場全体を対象とするものではあったけれど、市場が強いときに買い、市場が弱いときに売ることによって、素晴らしい結果——市場の収益率を超えた——を出すことができることを示した。同じことが個別銘柄にも当てはまる。結局のところ、市場とはすべての個別銘柄の総和でしかない。

私は、株価の値動きそれ自体についての厳格なるルールは持っていない。もしコンピューターや大規模なデータバンクにアクセスできれば、値動きの良い銘柄を選別するための無数の機械的ルールを得ることができるかもしれない。しかし、それは科学というよりは、一種の芸術といえよう。銘柄チャートを見るときには、私はほとんどのテクニシャンが従っているヘッド・アンド・ショルダーのトップとボトム、上昇ウェッジやトライアングル・フォーメーションのようなチャートの形成パターンを追求することはしない。私はそれらがうまく機能しているということに確信が持てないからだ。しかし、私は市場全体よりも良い動きをする銘柄を見つけたいのである。そこで、まず最初の出発点は全体としての市場の直近の反応である。

市場が最近、非常に強い状態であったと仮定してほしい。私は明らかに、そのとき市場全体とペースを合わせることのできない銘柄は銘柄リストから削除する。その底値周辺で低迷している銘柄やチャート上で明らかに下げトレンドにある銘柄などは明確に外すべき対象となる。あまり気乗りしないような形で上昇はしているが、昨年来からの天井を突き抜けることもしていないような銘柄も、おそらくはあまり好ましい買い候補銘柄とはいえないかもしれない。要するに、市場が非常に強い場合、例えば、過去の六カ月から八カ月の間に一五％から二〇％上昇している場合、そのようなペースに大きく遅れをとっているようなすべての銘柄は疑ってみるべきである。私の考えでは、もしある銘柄が本当に良い銘柄であるならば、その値動きは少なくとも市場全体と同程度であるはずだということである。もしそのような値動きができないのであれば、それ自体が警戒すべきサインとなる。

非常に強い市場でのまさに最良の値動きとは、チャート上で明確な上昇トレンドを示すものである。その上昇トレンドのチャートでは、一連の新高値と安値の切り上がりが続く――すなわち段はしごを上に向かって登るように。最適な買い場は、小波動の押しの動きがその直前の安値を更新しないで、高値から五％から一〇％押した短期的な下げのときである。もし市場全体がある期間低迷しているような場合、長期的な底固めの時期から抜け出してきているような銘柄が買いの候補となるであろう。

例えば、ある銘柄が一年間ほど二〇ドルから二五ドルの値幅で取引されてきて、市場全体は低迷していたと仮定する。さて、その銘柄が突然二五ドルを突破したとする。明らかに、それは市場全体より良い動きとなってきており、前向きなサインである。このようなタイプの銘柄は、私が買いたいと思う銘柄なのである。特に、株価が一ポイントか二ポイント下げたときに買いたいと思う。

最後に、例えば、ダウが優に一〇〇〇ドルを超えていた一九八一年のピークから一直線に七七七ドルまで下げた一九八二年年央までのように、市場が徹底的に叩かれたと仮定してほしい。株価が堅調となりだした年の八月、私は攻撃的に買いを開始した。数百の銘柄が新安値をつけていた。しかし、私はそのようなリストにあった銘柄には関心がなかった。ここ数カ月間で市場を打ち負かす成績を残しているような銘柄を私は欲した。一九八一年九月末にさかのぼると、市場は夏に二〇〇ポイント下げた後、一時的に底打ちした。多くの銘柄は新安値をつけた後、秋に回復した。一九八二年の春と初夏に市場全体がゆっくりと新安値をつけて下げたとき、非常に多くの銘柄は一九八一年の新安値よりも十分高い水準で止まっていた。私には、そのことがこれらの銘柄の相対的な強さを如実に示していると思われた。そこで、私は八二年夏、これらの銘柄の多くを購入した。

幾つかの銘柄はその夏に下げた。しかし、その下げのペースは市場全体のペースよりはゆっくりであり、その前の安値の水準以上は保っていた。それは、これらの銘柄に対する売りのピークは終わり、強力な買いが開始されつつあるということを暗示していた。実際、そのころに始まっていたディスインフレーションの恩恵を享受していた多くのディフェンシブ・タイプ（**訳注**　不況抵抗型）の銘柄は、主要な平均株価が新安値をつけていたにもかかわらず、一九八一年末と一九八二年初めに非常に素晴らしい値動きを示した。それらのなかには、百貨店株、食品株、公益事業株があった。大変興味深いことに、一九八二年の主要な市場平均が底値をつけた後の三年間で、これらの銘柄はマーケットのリーダーであり続け、その間ずっと市場平均を打ち負かした。一九八二年年央に底をつける前にこれらの銘柄が初めに見せた強さは、その素晴らしい前兆であった。

トレンドとそのトレンドの恩恵を得ることのできる業態との関係を認識することによって、市場平均を上回るリターンを得ることが可能になる。これは、多くの読書と思索を重ねることによって、しばしば生じる。換言すれば、インフレ、ディスインフレーション、低金利、外国との競争、弱いドルなど、ある大きな経済的トレンドが発生し、そのことがある特定の産業に特に素晴らしい長期的な投資機会を生むということがあり得る。一九七〇年後半、インフレが猛威を振るっていたとき、金（ゴールド）銘柄、その他の貴金属、石油株、林業株が素晴らしい反応を見せた。逆に、公益事業、航空、そして自動車――石油消費者――が打撃を受けた。

もし長期的な経済のトレンドにうまく乗ることができれば、利益を上げることができる。もちろん、あまりにも多くの人々がトレンドを認識することが遅れてしまい、ウォール街がそれを織り込んだかなり後になってトレンドを認識するということがある。この章の後ろの部分で、私が過去に選択した銘柄の幾つかの例を検討する際に、ある銘柄――ドレイファス・コーポ――の選択は、ディスインフレーションと個人投資家の金融市場への復帰が同社の利益を上げるようになる長期的トレンドとなるだろうという、個人的なフィーリングに基づいて行われたということを示すつもりである。

長期的な経済トレンドに関して、自分が正しいかあるいは誤っているかにかかわらず、自分のトレ

ンドの認識に逆らうような銘柄を選択することは避けることが重要である。例えば、今後、石油価格が下がり続けると感じている場合には、幾ら個別企業の見通しが良くても、石油株を購入することは心理的には困難であろう。そのような場合、たとえ結果的に上昇する銘柄を取り逃すことになったとしても、そのグループを無視したほうが良い結果を得ることができる。なぜなら、もし自分のフィーリングに大きく反しているような銘柄を購入した場合、そのことに不安を感じ、おそらく最初の小さな反応で売ってしまうからである。あるいは、それが少しでも上昇すれば、非常に小さな利益だけでその銘柄から降りようとするからである。これは、株式を買うための目的、すなわち大きく上昇する銘柄を探し、利益を増やす――しかし、損失はできるだけ小さくする――ということを損なうことになってしまうからである。

もし五％や一〇％程度の利益で満足するのであれば、株式は買うべきでない。リスクを負う価値はない。あるいは株式を買うことによって睡眠時間を減らすのも価値がない。したがって、自分が安心できる分野にこだわるべきである。ときどき、私は幾つかの産業についてはまったく受け入れないことがある。それは、自分の長期的な経済のトレンドに関する認識に基づいてそうするのである。幸運にも、私は一九八一年後半と一九八二年初めに、ディスインフレーションが始まった初期にその確信を持ち始めた。その間のほとんどで、それによって私は多くの天然資源関連銘柄を遠ざけ、さらにディフェンシブ銘柄に傾斜していった。

そうであっても、一九八二年八月、金（ゴールド）は重要なベア・マーケットから回復すると判断し、金関連銘柄の幾つかを推奨した。そして、それは実際に起こった。それは通常、私がするたぐいのゲームではない。しかし、私は同時に、多くの公益事業銘柄を購入しヘッジした。皮肉にも、次の数カ月間、金関連銘柄は全体の市場のなかで最も成績が良かった。そして、公益事業銘柄は最悪のパフォーマンスであった。それにもかかわらず、両者の組み合わせは市場全体を打ち負かした。数カ月して、私は金関連銘柄を売却した。金関連銘柄に対する投資は、長期的なトレンドに反する賭けであると知っていたからである。

内部者（インサイダー）取引

私が銘柄選択に用いている最後の主要な変数は、内部者（インサイダー）取引の程度である。内部者とは、企業の職員や取締役や大株主である。私の哲学では、煙の立っているところは火事になる大きなチャンスがある。もし内部者が大量に自社株を売っている場合、彼らがどのような理由を言い立てようとも、私は通常その銘柄について懐疑的になる。もしある一人の内部者が子供の学費を支払うのに必要であるから自社株を売っているということであれば、あまり問題ではない。しかし、七人あるいは八人が同様なことをしているのであれば、あまり良い香りがしない。逆に、多数の内部者が同時に、あるいはほぼ同時期に自社株を買っている場合、それは通常、非常に良いサインである。

内部者取引に関し、幾つかの学問的な調査が行われ、内部者が買っている銘柄は市場全体を大きく

表36

様々な研究に基づいたインサイダーによる買いシグナルの成績

研究	日付	年率リターン 市場	インサイダー買いシグナル	市場との差	市場と比較したインサイダー買いの利益
ロゴフ	1958	＋29.7%	＋49.6%	＋19.9%	1.67倍
グラス	1961-65	＋9.5%	＋21.2%	＋11.7%	2.23倍
デベレ	1960-65	＋6.1%	＋24.3%	＋18.2%	3.98倍
ジャフェ	1962-65	＋7.3%	＋14.7%	＋7.4%	2.01倍
ツバイク	1974-76	＋15.3%	＋45.8%	＋30.5%	2.99倍

上回るパフォーマンスであったことを発見した。一九七六年六月二一日、私はこれらの学問的な調査の幾つかを取りまとめた記事をバロンズ誌に掲載した。その結果は**表36**に、私自身がその当時行った調査で発見したリターンといっしょに示してある。これらの最初の四件の調査は、一九五八年から一九六五年という期間を対象にしている。日付の次の欄はそこにあるそれぞれの調査対象とされた期間の市場全体の年率のリターンを示したものである。次の欄は、それぞれの研究者によって定義された内部者による自社株買いが大量に行われた銘柄のパフォーマンスを示してある。次に、内部者による購入銘柄と市場全体のリターンの差を示してあるが、それぞれのケースでかなりの差が生じている。最終的に、右端の欄には、内部者による購入銘柄が市場全

体に対して、一・六七倍から三・九八倍という範囲で上昇を見せたことが示してある。

私の簡単な調査結果は、同表の最下段に示してあるが、一九七四年から一九七六年までの二二カ月間を対象にしている。その期間内で、市場全体は年率で一五・三％の上昇を見せた。しかし、内部者による購入というシグナルのあった銘柄は、そのおよそ三倍のリターンであり、年間四五・八％の上昇となった。私は、内部者による購入のシグナルは三人あるいはそれ以上の内部者が少なくとも三カ月以内に自社株を購入し、だれも売っていないケースであると定義している。逆に、内部者による売却については、三人あるいはそれ以上の内部者が過去三カ月以内に自社株を売却し、だれも購入していないケースと定義する。私は、シグナルとしては全員が一致していることを好む。

私の一九七四年から一九七六年の間の調査では、一〇四銘柄が内部者による購入のシグナルを発した。そして、私はそれらを任意にその後の六カ月間保有した。それらのうちの六二・五％が市場全体より良い結果を出し、これらの銘柄の全体的な累積リターンは九九・五％であった。同期間中、ダウ工業株平均はわずか二四％の上昇でしかなかった。また、私のツバイク非加重平均株価指数（ZUPI指数）は二九・八％の上昇であった。反対に、二七五銘柄が同一の期間に内部者による売却のシグナルを出した。わずか三七・一％の銘柄だけが市場平均よりも良いパフォーマンスであった。これは、内部者による購入のシグナルを出した銘柄の八分の五が市場全体よりも好成績であったが、内部者による売却のシグナルの出た銘柄ではわずか八分の三でしかなかった。これらの二七五銘柄の内部者による売却シグナルの出た銘柄は、調査の対象となったほぼ二年間において、わずかに三・六％しか上昇しておらず、全体的には市場平均より悪いパフォーマンスであった。より最近に行われた幾つかの学問的な調査も、初期の調査と同様の結果を確認している。

内部者取引とPERを結びつけると、さらに興味深いことが分かる。特に、大量の内部者による売却と高PERが結びついたときである。そのようなサインが見られたときには、確実に避けるべき銘柄であることを暗示している。内部者取引については、私が最初にバロンズ誌（一九七三年一二月一七日号）に書いた。私は避けるべき二三銘柄のリストをそこに示した。これは、**表37**に再掲されている。

その前年、合計二六六社の内部者がそれぞれの自社株を売却し、一人も購入をしなかった。それらの銘柄を平均すると驚くべきことに一一・六人の売り手がいた。さらに信じられないことには、内部者たちが売却を急いでいるのに対し、機関投資家はこれを購入しているのであった。そのため、これらの銘柄群のPERは平均三二倍に引き上げられた。このPERは、一九七三年一一月の株価に基づいて算出されているが、その年の大半で市場は低迷していた。つまり、これらの二三銘柄は先行する月にすでに安値だったにもかかわらず、信じられないほどの高PERになったのである。

これらの銘柄のすべては、いわゆる「ニフティー・フィフティー（素晴らしい五〇銘柄）」のグラマーストックに属するもの、すなわち、機関投資家が最も好んだ「グロース（成長）銘柄」であった。実際、この当時、「グレーターフール・セオリー（より愚かな人に売りつける理論）」があったため、これらの銘柄は「ワン・ディシジョン銘柄（一回だけの決定が必要な銘柄）」であった。「たった一度

表37

高PERグラマー・ストックのインサイダーによる売却

銘柄	1973年のインサイダーによる売却件数	PER (73/11/30)
アメリカン・ホーム・プロダクツ	5	33倍
オートマチック・データ・プロセシング	18	36倍
エイボン・プロダクツ	42	35倍
デッキンソン・ベクトン	10	26倍
バロース	11	40倍
コカ・コーラ	11	36倍
ディズニー	17	26倍
ファースト・ナショナル・シティーコープ	5	21倍
ガネット	6	24倍
ヒューレット・パッカード	10	44倍
ＩＢＭ	10	26倍
インターナショナル・フレーバ&フレグランス	7	55倍
カー・マッギー	14	39倍
マクドナルド	13	41倍
メルク	6	36倍
ミネソタ・マイニング	13	30倍
モトローラ	16	19倍
Ｊ・Ｃ・ペニー	14	21倍
パーキン・エルマー	10	35倍
フィリップ・モリス	9	20倍
プロクター&ギャンブル	8	26倍
シンプリシティー・パターン	6	37倍
ゼロックス	5	34倍
合計	266	
平均	11.6	32.2倍

注　全ケースで、７月以降最低３人のインサイダーが株式を売却し、同時に過去１年で１人のインサイダーも買っていない

だけ必要な決定」とは買うということである、というものである。成長は無限に続き、株価はただ上昇するだけであると思われていた。

この理論は、一九二九年にまでさかのぼる理論で、アービング・フィッシャー教授によって広められたものと同じ程度にバカげたものであった。彼は、企業業績は常に上昇し、株価は永久に上昇するとして、普通株式を購入することを提唱した。その理論は、最終的に暴落につながった一九二〇年代後期の大衆的な投機の原因の一部となったと非難された。そこから、けっして学ぼうとしない人たちがいるのである。

表にある銘柄やそれ以外の多くの銘柄が信じられないほどバカげた高PERまで買い上げられた。インターナショナル・フレーバー・アンド・フレグランスの一株当たり利益の五五倍、バロースの四〇倍、コカ・コーラの三六倍を想像してみてほしい。これらの銘柄のうちの幾つかは、その後の数年間、利益の成長を誇示し続けたものもあったが、多くは成長軌道にとどまることさえ不可能であった。ゼロックスとインターナショナル・フレーバーの二つの銘柄はすぐに、かつてはグロース銘柄であったと過去形で呼ばれることになった。しかし、肝心な点は、PERがあまりにも高くなると、リスクは耐えられないほどに高くなるということである。失望している余地はない。

私が記事を掲載した翌年の一九七四年、株式市場は全体として下げた。数十年間において最悪のベア・マーケットであった。それだけが高「PER」に対する投機熱を冷やした。その後、このグループの多くの企業では、業績に対する失望が生じた。現在に至っても、私は、内部者が同時にどっと逃げ出そうとしているときに、機関投資家がこれらの銘柄に対して一株当たり利益の三二倍か、それ以上を喜んで支払おうとしていることが想像できない。

バロンズ誌に私が銘柄のリストを載せた翌年、ダウは二七％下落した。しかし、複数の内部者売却があり、異常に高いPERであったその二三銘柄は、平均して四一・五％の下落、すなわちダウ工業株平均よりも一四・五％もさらに下落した。

要約すると、購入すべきでなく好ましくない銘柄を選別することは、購入してもよい銘柄を選別することと同様に、あるいはそれ以上に重要である。もしすべての銘柄のうちから、例えば一〇％の最悪の銘柄を除外したならば、その残りから何を選んだとしても市場全体を打ち負かすことができるであろう。防御をしっかりとすることが、良い攻撃につながるのである。

これをフットボールに当てはめるとすれば、ディフェンスは強いがオフェンスは平均的なチームが、その両方とも平均であるチームと戦っていることを想像してほしい。ディフェンスが強いチームは、フィールドのよりよいポジションにいるオフェンス陣に対しボールを渡し続けることができるという単純な理由によって、通常よりは多くの得点をすることができるだろう。それに加え、ディフェンス陣は、相手チームの得点を防ぐことによって、オフェンス陣が得点をしようとあせった攻撃をすることがないので、ベストプレーをしやすくなる。

したがって、フットボールでは、優れたディフェンスがオフェンスを助けるのである。それは、株式市場でも同じである。まさに負け銘柄を避けることは、あるいは、少なくとも失敗する銘柄の大部分を避けることは、市場からの収益率を向上させるうえで役立つのである。

そのため、調査が示すように、内部者に追随することによって、五分の三の有利さを得ることができる。次の問題は、どこで内部者取引の情報を得るかということである。企業の内部者は彼らの取引について、関連する証券取引所とSEC（証券取引委員会）に届け出ることが義務づけられている。政府はその後それを内部者取引に関する月次報告書として刊行する。しかし、これらの同じ情報をより早く手に入れる方法がある。ビッカース・ストック・リサーチ（226 New York Avenue, Huntington, New York 11743：516-423-7710）は、その代表者を直接、取引所に送り込むことによって、内部者による自社株買いの登録が行われたときにすぐにそれを調べることのできるようにしているサービスである。ビッカースは、毎週重要な内部者取引を網羅したリストを刊行している。

コンピューターのスクリーンを使い、約三〇〇〇の銘柄について、私は本章で述べたデータとほとんど同様のものを、先に言及した『ツバイク・パフォーマンス・レーティング・レポート』で流している。コンピューターを使うことによって、われわれは、利益、成長率、利益の安定性、PER、株式の相対的な価格の動き、そして本書では取り扱ってはいないその他の幾つかの変数などをふるいにかけることによって、機械的な方法で無数の量のデータを選別できる。私の手元にコンピューターによるレーティング（格付け）があるが、それでも、私がここに示したような業績報告を日々調べることによって行う銘柄選択法を始める価値があると思っている。この方法は少し労力を要するものであるが、その価値はあると思われる。

私は、およそ二〇年間にわたり、その間は同じ方法に従うことによって、コンピューターによるレーティングを行ってきた。私の同僚であるデビッド・カッツェンが現在コンピューターのプログラミングを担当している。読者のコンピューターを使いたいという気持ちを高めるためではなく、手を使って同じアプローチをすることによって読者がいかに素晴らしい結果を手にすることができるかを示すために、そのプロセスの結果を見せたい。コンピューターは、銘柄を最良の一という尺度から最悪の九という尺度で格付けをする。それぞれのグループには同じ数の銘柄はない。むしろ、すべての格付けされた銘柄の上位五％のみがナンバーワン・グループに属する。次の八％は二位に格付けされ、それに次ぐ一二％が三位となり、その次の一五％は四位である。すべての銘柄の中間の二〇％は中立的な格付けの五位であり、次の一五％は六位に格付けされ、一二％は七位の格付けである。最悪の前の八％は八位の格付けであり、底にある五％は最も低い九位の格付けとなる。

表38は、一九七六年五月に最初にこのレーティングを開始して以降、二三九カ月間の結果が示してある。銘柄は毎月格付けされており、この方法は（おそらくはあまり現実的ではないが）ポートフォリオを一位か、二位などに格付けされた銘柄だけにこだわることができるように、毎月銘柄入れ替えをすることを想定している。明らかに、これを現実に実行すると、重要な問題となる取引コストの問題に直面することになる。より現実的なアプローチは、一、二、あるいは三と格付けされた銘柄を購入し、それらの銘柄を任意に六カ月間か、あるいは第五ランク以下に下がるまでの間か、いずれかの期間保有するというものである。その結果は、ここで示されているほど良いものではなかろう。しか

表38

ツバイク・パフォーマンス・レーティング結果 (1976/5-1996/5)

パフォーマンス・レーティング・グループ	グループに属する銘柄の割合(%)	239カ月間のリターン(%)
1 (最高)	5	+10432.1%
2	8	+6313.4%
3	12	+2486.5%
4	15	+1976.7%
5 (平均)	20	+1099.5%
6	15	+682.3%
7	12	+415.2%
8	8	+225.6%
9 (最悪)	5	+39.4%
全銘柄		**+1156.5%**

出所＝ツバイク・パフォーマンス・レーティング・レポート

になろう。

し、それでも、それは市場全体よりも良好なパフォーマンスとなり、また、取引コストを抑えること

最上級に格付けされたグループが、わずか二〇年間に累積で一〇四三二・一％の増加となったことに留意してほしい。これは調査対象となった銘柄全体の増加、一一五六・五％の九倍以上であった。逆に、もし格付けが九番目の銘柄のみのポートフォリオを保有した場合は、その全体の期間でわずか三九・四％のリターンであり、全銘柄のリターンと比較しても微々たるものにしかならず、その期間のインフレとの対比でも貧弱な結果しかもたらすことができなかった。それぞれのグループのリターンは、計算された結果に正確に従った順番に並んでいる。すなわち、グループ一は最高のリターンであり、グループ二はその次であり、その順番でグループ九までのリターンが示されており、グループ九が最低のリターンであった。これらの結果は、私がここに概略を説明した方法と非常によく似た方法を用いて得られたものであることを思い起こしてほしい。唯一の違いは、これは手計算というよりはコンピューターを用いて厳格に計算されたものに、投資家サイドである程度の裁量をプラスした結果によるということである。

第一二章

私の銘柄選択法――ときに「あまりにも早く」売却してしまうことはなぜ正しいのか

実際の例を示すことが、私の銘柄選択法がいかに機能しているかを正確に理解するうえでおそらく最善の方法であろう。そこで、私がツバイク・フォーカストで推奨した代表的な五銘柄のケースについて見てみよう。以下の説明は、私の銘柄選択の手順をそのまま再現している。

ドゥアー・フィローアー・メディカル

ドゥアー・フィローアーはアラバマ州モンゴメリーを本拠地として、医療器具や外科用器具、病院機器、研究実験用機器をアメリカ南部で販売している。私は、一九八〇年五月一九日、同銘柄を初めて私のアドバイザー・サービスで推奨した。価格はその後の株式分割を考慮して、七ドル二分の一だった。私は、同社の安定的な業務と卓越した長期的成長率が気に入っていた。しかし、とりわけ、同銘柄のPER（株価収益率）はわずかに八倍であり、あまりにも割安にみえた。また、その年の春、私は市場についての見方をさらに強気に転じつつあるときであった。私は、一九八〇年五月には、アドバイス用のニュースレターで数年ぶりに株式への投資を一〇〇％とするように勧めていた。

同銘柄に対する私の判断は正しかったことが後で判明する。一九八一年半ば、ドゥアー・フィローアーを二回に分けて売却した。一九八一年七月に半分を手仕舞いして一一五％の純益を得て、九月に残りの半分を売却して九五％の利益を得た。平均売却価格は一五ドル八分の三で、合計の純益率は一〇五％であった。対照的に、ダウ平均は同じ期間で、わずか八％弱しか上昇しなかった。私がドゥアー・フィローアーを再度購入した一九八二年半ばの購入例についてより詳しく述べるが、これはその単なる前兆でしかない。

最初の購入で良い経験をしたため、明らかに私は同銘柄について好感を持っていた。同銘柄をポジションから外した後、一九八一年のベア・マーケットで価格が約四〇%下がる間にも、私は同銘柄を注目し続けた。私は、一九八二年夏には全般的に買いをスタートする心構えができていた。そして、ドゥアー・フィローアーの業務と利益のパターンは私の好きなタイプに属するため、同銘柄について再度検討してみた。その結果、一九八二年七月一二日に再度同銘柄を買うことを決めた。価格は、その後の株式分割を調整して、八ドル四分の一である。その時点での最も新しい四半期報告は一九八二年の最初の四半期のもの、すなわち三月期のものであり、利益は二七%上昇し、売上高は三六%の増加であった。これらの数字は単に堅実な上昇であったというだけではなかった。それらの数字は、それより前の五年三カ月間の長期的な成長率を大きく超えるものであった。ちなみに、その間の売上高と一株当たり利益は年率平均で一七%の上昇であった。利益は一九七四年以来、毎年増加していた。

株価は幾分低迷していた――同銘柄はかつての高値から二〇%近く下がっていた――が、PERは一三倍であった。それは、数年前に同銘柄を購入したときの八倍という水準に比べ、ずいぶん高かったが、一九八二年当時の市場環境のなかにあっては妥当であるように思われた。さらに、六月期の業績報告が数日以内に発表されるということを私は知っており、またその結果はある程度良好なものになるであろうと予想した。実際、報告が発表されたとき、利益は前期比三八%増と飛躍し、売上高は四一％の増加であった。これによって、一株当たり一二カ月間の利益は七〇セントになり、私の購入した八・二五ドルでのＰＥＲは一二倍となった。さらに調べた結果、過去六カ月の間に、ドゥアー・フィローアーの内部者（インサイダー）による取引は見られなかった。

したがって、私は堅実で安定した成長力があり、妥当なＰＥＲの水準にあって、内部者による否定的な動き（売却）は見られない銘柄を見つけたのである。私は、全体的な株式市場の動きについては好感を持ち始めていたので、残された問題は同銘柄の株価動向そのものであった。ドゥアー・フィローアーは、一九八一年のベア・マーケットでほぼ一〇ドルという高値から下げて六ドル近辺で底値をつけていた（ここでも、これらの株価はその後の株式分割を調整している）。

一九八一年夏、ダウ工業株平均は約二〇〇ポイント下げ、九月末に、八二四ドルで一時的に底を打った。秋口での一時的に相場が回復した後、一九八二年前半、市場は全体的に軟化し、新安値をつけた。ダウは、七月には八〇〇ドル台で低迷した後、最終的に八月に七七七ドルで底を打った。しかし、ドゥアー・フィローアーは、八ドル四分の一という価格で一九八一年秋の安値より三〇％以上も高かった。同銘柄は、市場全体よりもはるかに良好な値動きをみせていたのだ。私は、この銘柄を推奨しようと決めた。

一カ月後、株式市場は底打ちし、ドゥアー・フィローアーは上昇を開始した。私は同銘柄を一九八二～一九八三年の強気相場による上昇期間中持ち続けた。その間、同銘柄は二〇ドル以上の上昇となった。私は、トレイリング・ストップ（第一三章でその方法が説明されている）の逆指値を引き上げ続けた。おそらく、より厳しいストップ（逆指値）の指値をすべきであったかもしれないが、同社を大変気に入っていたし、最初の買いは非常にうまくいったので、できるだけ可能性を残しておきたかった。一九八三年八月、株価は最終的に一五ドルに下がり、八一・八％の長期的なキャピタルゲインをもって、ストップ（逆指値）による利食いをした。この一三カ月間の持続期間で、ダウ工業株平均は四四・七％の値上がりとなったが、ドゥアー・フィローアーによる値上がりの半分を大きく超えるものではなかった。

ドゥアー・フィローアーを売却したときのPERは二〇倍に上昇しており、実際、同銘柄が高値をつけていたときのPERよりも高かった。過大評価となってきていたが、株式市場の全般のモメンタム（騰勢）は、依然として強気であったため、できるだけ持続するようにしたのだ。しかし、八三年夏、市場は全体として不安定さを増し、高PER銘柄が値を下げ始めたため、ドゥアー・フィローアーを手仕舞うことになった。

CACI社

ドゥアー・フィローアーを推奨した一九八二年の同じ日に、私はまた、CACI社を推奨した。CACIは、管理用・業務上の諸問題に関する分析やコンピューター・ソフトウエア技術のソリューションを主として官公庁に納入している。同銘柄は私の購入候補銘柄リストに数カ月前からあった。一九八一年におけるCACIの第4四半期の業績報告で、純利益が一三五％増加しているのを見つけたからであった。購入する前の入手可能な最も新しい四半期は第1四半期であったが、その期の一株当たり利益は前年度の四五セントに対し、九八セントであり、一一八％の増加であった。これに対して、売上高の伸び率は七一％であった。この非常に急速な成長は、六四％という驚異的な年間利益成長率を記録した過去五年間の成長率よりもさらに高いものであった。

再度、私は業績が確実に成長している――この場合は、驚異的でさえあった――銘柄で、直近の四半期の成長が長期の成長よりも加速しているものを見つけだしたのだ。もう一度、私はその銘柄を購入した数日後、もう一つの素晴らしい業績報告が発表されることを期待していたが、実際にそのとおりになった。一九八二年第2四半期の一株当たり利益は前年の九五セントに対して一ドル六七セントであり、七六％の増加であった。売上高は五三％の増加であった。これは、長期的な成長率を超えており、一二カ月間の一株当たり利益を合計四・二六ドルにした。

信じられないことに、購入時のCACIの株価は、四一ドル八分の七であった（その翌年に行われた一対三の株式分割前の価格）。したがって、非常に高い成長率にもかかわらず、PERは非常に控えめな一〇倍であった。その当時、特に内部者（インサイダー）による意味ある取引も見られなかったので、再び最終的な問題はその値動きの問題となった。ここでも、株価の動向は素晴らしいものであった。CACIの株価は、その一九八一年の安値からこのときまでで三倍になっていたが、PERは控えめな水準にあった。株式市場全体は値を下げていたが、CACIは力強く上昇していた。購入での唯一の障害は、その前年に約三倍に上昇した銘柄を買う勇気があるかどうかということであった。多くの投資家が、そのような銘柄を購入することを拒否する。しかし、私は実際、利益成長があり、PERが適正であるかぎり、そのような銘柄を購入することを好む。これは結果的にうまくいった投資であることが後で判明する。

九月三〇日までにCACIは六一ドル四分の一に上昇し、私は四六・三％の利益のあった同銘柄を半分売却して利食いすることにした。その期間中、ダウ工業株平均はわずか八・六％しか上昇しなかった。振り返ってみると、売却は失敗であったが、そのとき私は、資金をほかに振り向けるためにポジションを軽くしたいと思っていたのだ。また、残りの分については売って利益を確定してしまいたいと思わないように、最初に十分な量を売っておきたかった。私は、利益は残り半分のポジションに乗せたままにすることにした。

その後、同銘柄は一対三の株式分割が行われ、私の実効的な当初購入価格は一九・三六ドルに低下した。分割後の新株は驚異的な上昇を示し、一九八二年一二月一五日、私は残りの保有株を新株価格四二ドルで、六カ月前の当初価格ベースで換算すれば、一二六ドルで売却した。この結果、純利益は二〇〇・九％となった。ちなみにダウはわずか二〇・三％の上昇しかしなかった。

再度、振り返ってみると、これは早く売却しすぎた。しかし、PERはすでに二四倍に上昇し、私は短期的には、市場全体について疑念を持っていた（一月に市場が再度下落する前に小さな下げがあった）。四二ドルで売却した株は、一九八三年半ばには七八ドルに届いていた。もっとも、再度の一対三の株式分割を調整した後の、最終的な高値は約二六ドルであった。業績はその後急速に悪化し、株式分割後のCACI株は一九八四年には二ドルへと大きく下落した。それは、私が四二ドルという価格で「あまりにも早く」売却した場合の六ドルに相当する。このような過ちであればいつでも大歓迎である。

エミュレックス・コープ

一九八二年八月一二日、ベア・マーケットは、ダウが七七七ドルで底打ちした。八月一三日金曜日、ダウは静かな取引のなかで一一ポイント上昇した。しかし、その上昇はさほど感銘を与えるほどのものではなかった。その夜、FRB（連邦準備制度理事会）はほぼ五週間で三度目の公定歩合引き下げを行った。すでに見たように、これは強気のシグナルであった。しかし、市場は前の二回の引き下げのときには、わずか一日か二日しか反騰せず、その都度、さらに安値を更新した。八月一六日月曜日、午前中にダウは約一一ポイント上昇したが、反転し、大引けではわずか四ポイントだけの上昇だった。市場の動きはそれほど感動するようなものではなく、あたかも、引き続き三度目の公定歩合の引き下げに対して、数時間以上反応することに失敗したかのようであった。

しかし、ブル・マーケットを示唆する多くの兆候があった。金融条件は強気であり、先の章でわれわれが確立した金融モデルは最大の強気のポジションを示していた。センチメント指標は、悲観主義がその時点で極に達していたために、まことに素晴らしい形となっていた。唯一なかったものは、テープ・アクションであった。

突然、すべてが反転した。八月一七日火曜日の朝、ソロモン・ブラザースのチーフ・エコノミストのヘンリー・カウフマンが金利の低下を予測したのだ。カウフマンは、ここ数カ月間、最終的には間違いだった金利の上昇を予測していたが、ウォール街はこの最も新しい金利低下の予測を受け入れることを選んだ。金利はこの数週間で約五％も下がっていたが、投資家はそのトレンドが下降トレンドであるという確信を持てていなかった。カウフマンの姿勢転換は、ウォール街全体が金利の方向についての考え方を転換するきっかけとなり、それが人々に株式を買う勇気を与えたのであった。

市場はその日、史上最大のショーの一つを演じた。ダウは三八ポイントの急騰を見せ、上昇銘柄と下降銘柄の出来高の比率は四二対一となった。その日の一日の動きは、テープ——唯一判断がつかなかった要素——が確実に上昇方向に転じたと確信させるに十分であった。その日の晩、ツバイク・フォーカストの一部である電話ホットラインで、すでに述べた金関連（ゴールド）銘柄と公益事業銘柄をはじめとする株式の購入に積極的になるように報告した。そのなかには、同夜私の推奨したグロース銘柄であるエミュレックス・コープもあった。それは翌日の平均価格一五ドルで購入された（後にそれは一九八三年初めに一対二の株式分割によって七・五ドルに調整された）。エミュレックスは、ミニやマイクロ・コンピューター用周辺機器の設計・製造を行っている。私が推奨したその直後に発表となった第2四半期の報告では、利益は対前期比五〇％の増加であり、売上高は九五％の上昇であった。それ以前の四半期においても、利益は五〇％増加していた。エミュレックスはわずか一年前に株式を公開したばかりで、財務記録はわずか二年分しかなかった。しかし、その間、利益は年率四八％で成長していた。確かに、同社は長期にわたる実績は有していなかった。しかし、それはハイテク銘柄にはよくあることである。

ハイテク銘柄は、それらの銘柄を取り巻いている競争条件が急速に変わり、今日のグロース銘柄が明日には倒産銘柄になっているということもあり得るため、通常のものよりはリスクが大きい。しかし、すべてのシステムが株式市場への参入を支持する方向を示している場合は——一九八二年八月ほど株式市場全般が良好であった時期を私は知らない——、株式の購入にもっと積極的になってみてもよい。エミュレックスの企業としての歴史が短いということは、それ以外の状況が素晴らしい機会を提供していたなかでは取るに足りないものであった。

私が同社をツバイク・フォーカストで推奨したとき、エミュレックスの一二カ月間の一株当たり利益は九六セントであった（その後数年間に行われた二回の一対二の株式分割以前の発行済み株式数によっている。その株式分割によって、私の実効的な購入価格は実際には三・七五ドルになった——**グラフ**参照）。分割前の当時の購入価格一五ドルで、エミュレックスのＰＥＲは一六倍であり、市場全般よりは高い倍率であった。しかし、非常に強気な市場環境のなかで約五〇％の成長をしている企業としては、業績はさらに成長し、ＰＥＲはさらに高くなるかなりの余地があると思われた。ここでも、この銘柄に関する重要な内部者による取引を見いだすことはできなかった。

グラフS（エミュレックス・コープ）

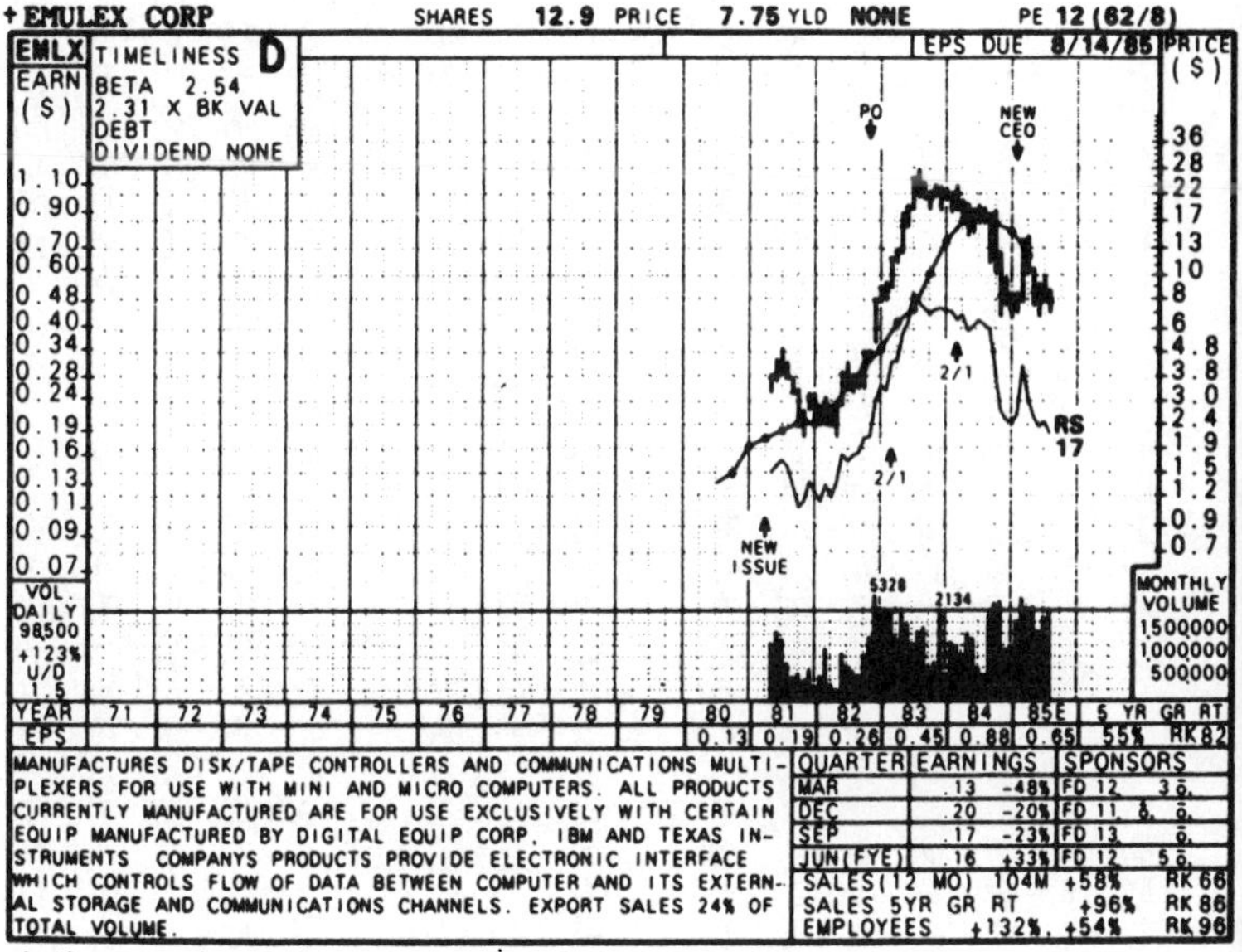

出所＝ロングターム・バリュー

株価動向に関しては、エミュレックスは一九八一年秋に八ドル八分の一で、底を打っている。そして年末には回復を見せたが、一九八二年春に再度八ドル八分の一まで下げ、前年の最安値で堅固に下げ止まった。ダウやその他の主要な平均指数が新安値をつけていた夏まで、エミュレックスは上昇を続けた。私が購入したとき、株価はその安値からほぼ二倍になっていた。しかし、そのとき、市場全般はその安値から数%しか上昇していなかった。明らかに、エミュレックスの相対的な値動きは素晴らしいものであった。

三カ月後の一一月半ばまでに、エミュレックスは二倍以上となった。私はポジションの半分を三三ドル八分の五で売却し、一二四・四%の利益を手にした。その間、ダウの値上がりはわずか二三・一%でしかなかった。再び、私の戦略は残りのポジションを持続することに不安を感じない程度まで売却しておくというものであった。

もしポジションをあまりに多く保有しすぎると、そのことに対して過度に悩み、しばしば早く手仕舞いをしてしまう傾向がある。私は、一部を利食いすることによって、残りのポジションを安心して持続することができる。当時の市場は非常に不安定であったことを思い起こしてほしい。エミュレックスは大きく上昇していたが、私は少しの下げで同銘柄を売却することを強いられたくなかったのである。しかし、私がその銘柄に腰を落ち着けて大きく上昇することを狙うには、ガッツが必要であったが、ポジションの一部を売却することによって、そうすることが可能になった。また、そのときのエミュレックスのPERは三一倍以上となり、すでに倍増していた。そのことはすでに慎重であるべき水準を超え、気の小さな人では耐えられないものであった。

それにもかかわらず、ブル・マーケットではそのような銘柄が力を得たとき、とんでもなく過大評価された価格まで上昇することがある。私はそのような銘柄を選んで資金全体をリスクにさらすことはしたくない。私はすでにその銘柄で二倍以上の利益を得ているのである。そのとき、半分を売却することによって、私はすでに当初の投資金額にプラスする幾らかを回収しており、それゆえに、たとえそれが過大評価されていたとしても、その注目銘柄に乗ることができたのである。私は、次章で説明をするトレイリング・ストップを利用することによって追加的防御策を維持した。

一九八三年初め、エミュレックスは一対二の株式分割を行った。それによって、私の調整後の購入価格は七ドル二分の一に変更された。分割後の株価が分割前の水準である約三〇ドル以上に戻るのにそれほど時間はかからなかった。一九八三年四月四日、十分に利益を得たところで、分割後の株式を三三ドル四分の一で売却した（チャート上では、その後にもう一度株式分割を行ったため一六ドル八分の五に相当する）。その売却の結果は、八カ月で三四三・三％の純利益となったが、その間のダウはわずか三五・九％しか上昇していない。売却した時点のエミュレックスのPERはバカげたほどの高さである四三倍となっていた。非常に活気あるブル・マーケットであっても、私にとっては到底受け入れがたい水準であった。

再び、私は「あまりにも早く」売却しすぎた。売却後三カ月もしないで、エミュレックスはその史上最高値の二七ドル四分の三、私が三三ドル四分の一で売却した分割前の株価では五五ドル二分の一に相当する価格まで上昇した。しかし、一九八四年春には、エミュレックスは私の売却価格以下まで下がった。そして、一九八四年後半、株価は崩壊し、一九八五年初めに急反騰する前の七ドル以下にまで下がった。その後、八五年のエミュレックスの株価は、二年前の私の売却価格から六五％以上下がった五ドル四分の三という新安値をつけるまで下げた。このようにして、ＣＡＣＩのケースと同様に、私は他人に利益の最後の数ポイントをつかませることによって正しく手仕舞いできたことになる。彼は、その後すぐに売り抜けることができなければ、その銘柄を抱えたまま塩漬け状態にしてしまうことになるのである。

ドレイファス

三銘柄を対象にした四つの取引について説明し、そのすべてが多大の利益となった。私がいつも正しいというわけではない。一九八三年七月二一日、私はミューチュアル・ファンドの数十億ドルに上る資金を運用している巨大資金運用会社であるドレイファス・コープを推奨した。ドレイファスの業績は、その年の前の八年間、継続的に上昇した。一九八三年三月三一日に終了した直近の四半期において、ドレイファスは一株当たり六四セントに対し、八九セントの利益という素晴らしい三九％の増加を記録した。売上高もこれと同様に増加していた。一二カ月間合計の一株当たり利益は六・九八ドルであった。ドレイファスの購入価格は、六八ドル四分の一であったので、ＰＥＲは非常に適正な約一〇倍であり、当時の市場と同一基調にあった。しかも、ドレイファスは優れた長期的な成長を示していたのである。

しかし、私はその時点でドレイファスを選択したことで二つの過ちを犯した。まずドレイファスには、過去三カ月間に三件の内部者による売却があった。それはけっして多い数ではなかった。しかし、警戒すべき信号の点灯としては十分であった。第二の過ちはドレイファスには何のかかわりもなかった。それは、市場全体の動きが不安定になり始め、その後の数カ月はほとんどのブルーチップ銘柄にとってはどちらつかずの状態であり、その他のほとんどの小型二流銘柄にとってはけっして芳しい市場ではなかったということである。第三番目の問題は、私が同銘柄を推奨した数日後、第2四半期の一株当たり利益は前年の七五セントに対して七〇セントであったと、ドレイファスが発表したことであった。私は明らかにそのような利益の減少を予想していなかったし、ウォール街もそうであったのだろう。株価はすぐに数ポイント下落し、六一ドル二分の一に置いていたストップ（逆指値）によってそのポジションを手仕舞いした。損失はそれほど大きくはなかったが九・九％であった。そのときダウは、二・四％下げた。

その成績の悪い四半期とその後に続いたさらに三期にわたる四半期の弱い業績にかかわらず、ドレイファスに対する私の関心は持続した。同社の業務は短期的なマネー・マーケット・ファンドと長期的な株式や債券ファンドを運用することにある。私は、一九八一年に始まり一九八四年にしっかりと確立されたディスインフレーションは、株式や債券のような金融資産を最も優れた長期的投資手段たらしめ、インフレがひどかった一九七〇年代末には王様であった不動産や金（ゴールド）、収集品などよりもはるかに良い投資対象になると感じていた。ドレイファスは、数十億ドルに上る資金を運用しており、長期的にはその価値が上昇し、さらに、ディスインフレーションが続くかぎり、大衆がドレイファスに運用資金をさらに注ぎ込むであろうと私は思った。

一九八四年九月期、ドレイファスの一株当たり利益は前年の七〇セントに対し八五セントとなり、かつての軌道に戻った。二一％の増益であり、五年間の挑戦で初めての増益となった四半期であった。一九八四年秋、金利は下がり始めており、私はこれによって、ドレイファスの保有する株式と債券の採算性が増大するであろうと思った。それに加え、年金法の改正でＩＲＡ（個人退職積立年金勘定）の創設が行われたが、その巨大なキャッシュフローのプールで、ドレイファスは格好のマーケット・シェアを占めている。このことが同社の長期的な結果に大きく貢献すると判断した。

ドレイファスの一九八四年第３四半期報告と市場全体に関する楽観的な見通しに意を強くし、一九八四年一一月二三日、私は再度三七ドル八分の三でドレイファスの購入を推奨した。同銘柄は私が最初に取引をした後の一九八三年末に株式分割を実施していた。したがって、その新しい推奨時の購入価格は、実際には私が一九八三年に購入して九％の損失をした価格よりも高かった。このようにして、私はドレイファスで一度間違いを犯したが、そのときよりも若干高い価格で購入すべく再びドレイファスに戻ってきたのであった。しかし、市場は私が一年ほど前にその銘柄で下手な取引をしたということなどは知らなかったし、気にもしていなかった。そのときに重要なことは、そのときの状況である。前年と違って、市場の動きはかなり良好であり、ドレイファスには重要な内部者による取引はなかった。さらに、私は今後発表となる四半期は、一九八三年末や一九八四年初めに多少なりとも不振であった純利益と比較して、かなり良くなるだろうと感じていた。

一九八四年一一月の購入時点（ところでちょうどこのころ、FRBは公定歩合を引き下げている）で、ドレイファスの前の一二カ月間における一株当たり利益は三・一五ドルであった。そのPERは、特に一九八三年に一株当たり利益が七％減少し、九年間ではじめての減少となったため、適正な一二倍であった。企業が軌道に乗る兆候を見せ始め——特にそれが属する業界の見通しが改善しつつあり——、PERが控えめなものである場合には、成長率に一度小休止があっても明らかに許容できるものである。

ドレイファスの株価動向について、すでにその年の高値にあり、市場全般よりも明らかに高パフォーマンスを見せており、問題はなかった。一九八五年年央に株価は新高値である約六八ドルに上昇、購入価格よりも約八二％の上昇となった。私は、防御的ストップ（**訳注**　利益を一定に確保するための逆指値注文）の指値水準を何度も引き上げ、たとえ株価が下がっても一定の利益を確保できるようにしておいた。一九八六年一月、同銘柄を八五ドルで売却した。逆指値の価格は最後には六七ドル二分の一に引き上げ、利益は一二七％であった。

ミッドランティック銀行

最後の例は非常に割安に思われた銘柄の購入である。数年間にわたり、銀行グループは全体として非常に低いPERで売買されていた。主たる理由は、幾つかの巨大な国際的業務を展開する銀行のバランスシート上に不審な対外貸付金があったためである。中規模や小規模の地方銀行（リージョナル・バンク）にはそのような貸付金はほとんどなかったので、それらは問題となるようなものではなかったが、いずれにしてもその連想に悩まされていた。また、これらの地方銀行は固有の問題を抱えていた。特に南西部では、多くの銀行が困難に直面しているオイル産業に多額の貸付を行っていた。しかし、この国のそれ以外の地域では、特に東部および南東部では素晴らしい業績トレンドを有し、不良債権に関するリスクが小さく、PERが非常に低い数多くの地方銀行が存在していた。その一例がミッドランティック銀行であり、私は一九八四年八月一〇日付のツバイク・フォーカストで二四ドル四分の一で購入をするよう推奨した。

ミッドランティックは、完全に希釈化したベース（すべてのワラント、転換社債、未行使のオプションが行使されることを前提に利益を配分したベース）で、一九八四年の第2四半期に一株当たり利益が前年の八三セントから一九％増の九九セントとなったと報告した。ところで、売上高は銀行株の場合は報告されない。ミッドランティックは、それより前の4四半期では、三・七二ドルの一株当たり利益を計上しており、PERはわずか六・五倍でしかなかった。過去をさかのぼってみると、ミッドランティックは一株当たり利益が七六セントであった一九七五年から始まって毎年、利益を増加していることが分かった。そして、それまでの八年半で、ミッドランティックは称賛に値する年間二〇%の成長をしていたのである。その長期的な二〇%の成長率を前提にした場合、ミッドランティックがハイテク銘柄であったなら、そのPERはさらに三倍か、四倍の大きさになったであろう。ミッドランティックは銀行であったがゆえに無視されていたのであった。

株式市場に身を置いた数十年間で、私はすべての産業が脚光を浴びる日々があったことを覚えている。一九五〇年代末期と一九六〇年代初期には、鉄鋼、アルミニウム、化学、そして公益事業がグラマー（魅力のある）・グループに属していた。これらの銘柄が今日、PER二〇倍や三〇倍の水準で取引されるということを想像できるだろうか？　ところが、その当時はそれが行われていたのである。私は、ボーリング場銘柄が高騰し、移動住宅銘柄が同様に高騰し、そして、ギャンブル、金（ゴールド）、レストラン、航空宇宙産業など、その他のグループがグラマー範疇に移ってきたことを見てきた。それぞれのグループは最終的にそのバブルが崩壊し、元の状態に戻った。

ほとんどのケースでこれらのグループが大きく動くかなり前には、これらの銘柄は壁の花（片隅でそっとしている存在）とみなされていた。換言すれば、**それがいかに無理なことであると思われていても、今日は壁の花でしかない銘柄が明日のグラマー銘柄になる可能性があるということである。**私の言わんとすることは、ミッドランティックが銀行業界にいるかどうかが問題ではないということであり、重要なことは同社が一〇年間のほとんどで二〇%の年間成長を成し遂げ、マイナスとなった年はなく、ビジネスリスクも大きくないということである。相場環境がある程度良好な状態で、このような銘柄をPER六・五倍で購入できることは非常に確率の高い賭けのようなものである。

購入したときに、ミッドランティックにはその前の三カ月間に一人の内部者による買いがあったが、内部者による売却はなかった。これは、少なくとも悪いことではない。株価の動向については、ミッドランティックは、一九八四年初めに二四ドル以上となり、史上最高値をつけた。その後、二一ドルに下がり、その年の半ばで方向を転じた。その夏に市場が回復するにつれ、市場全般はまだ直前の高値よりも低い位置にあったとき、ミッドランティックは高値を更新しようと上昇していた。同銘柄は、市場全体との相対的な観点とそれ自身の絶対的な観点からも良好な値動きを示していた。

私が推奨してからすぐに、ミッドランティックは二六ドル台以上のさらなる史上最高値をつけた。その後、数カ月間の調整を経て、一九八四年末には再度二九ドル以上へと上昇した。

ミッドランティックは上昇を続け、一九八五年年央には三九・五ドルに達した。その上昇率は六三％であった。一方、ダウは同期間でわずか七％の上昇しかみせなかった。その間、私は株価が下がり始めた場合に備えて、非常にうまくいっている利益を確保できるように防御的ストップ（逆指値）の水準を何度か引き上げた。七〇％の利益となる四一ドル四分の一の逆指値がヒットし、一九八六年一二月に私はミッドランティックを売却した。

ストップ（逆指値）を設定し活用することは、私の相場戦略においてはなくてはならないものとなっている――このリスクを限定する手法についての詳細は次章で説明する。

第一三章
ストップ！　リスクを最小に抑え、利益を最大にするためにいかに投資を管理するか

先に述べたように、私は株式市場における私の実績を誇りに思っている。一九八〇年半ばにハルバート・フィナンシャル・ダイジェストが投資アドバイザー・サービスの格付けを開始して以降、私は一度も格下げされた年はない。そして、そういえる投資アドバイザーは、格付けをされている一四五社のなかでもう一社だけである。しかし、私は過ちも犯すし、将来はさらに誤りが多くなることもあろう。

私が市場で間違った判断をしたと仮定してほしい。あるいは、私が推奨した数十銘柄のうち、幾つかが暴落したとする。次はどうする。答えは単純である――**私は自分が推奨した銘柄のすべてにストップ・ポイント（逆指値水準）を設定するのである。**

ストップ（逆指値）とは何か

ストップオーダー（逆指値注文）はブローカーを通してNYSE（ニューヨーク証券取引所）のスペシャリストに直接発注することができる。スペシャリストに対して、株価がストップ・ポイント、あるいは「トリガー・プライス（指値）」に達した瞬間に、その株式を「アット・ザ・マーケット（成り行き）」で売却するように指示するものである。スペシャリストが存在していない店頭市場銘柄の場合には、ストップ（逆指値）をそのように利用することができない。また、AMEX（アメリカン証券取引所）ではストップ（逆指値）に関する規則が若干異なっており、私の意見では、通常、うまく機能しないため、同じように利用できない。したがって、店頭銘柄とAMEX銘柄に関しては、「精神的なストップ（逆指値）」を用いるようにお勧めする。これは、ある銘柄について、その価格動向を自分自身でフォローするか、ブローカーにフォローしてもらい、その株価が設定した精神的なストップ（逆指値）に到達した瞬間に、ブローカーがその銘柄を即座に売却するというものである。

NYSEに話を戻すが、NYSEでは、株価が設定したストップ・ポイント（逆指値水準）まで下がったときにストップ（逆指値）は自動的に執行される。これは、頑固になって致命的な過ちを犯して、後で後悔したりすることもなく、ストップ（逆指値）をキャンセルすることもなく、下がり続ける価格に付き合う必要もないのである。スペシャリストが私を含め投資家のストップ（逆指値）に火をつけようとして価格を引き下げることを怖れて、スペシャリストに自分たちのストップ（逆指値）注文を任せたがらない人たちがいる。私はそのような経験をしたことはない。私は、自分のストップ（逆指値）に引っかかり、その後、株価が反騰したとしても、スペシャリストを非難することはしない。もし精神的なストップ（逆指値）に徹底的に従うという規律を持っているならば、そうすべきであり、それを活用すべきである。しかし、多くの場合、少なくともNYSE上場銘柄に関しては、ストップ（逆指値）注文をブローカーに出したほうがよい。しかし、何をするにしても、株価が下がったときにけっして当初の計画を後退させるべきではない。そうすることは、ストップ（逆指値）の考え方のすべてを駄目にするからである。

私が、前に時折歴史上の最も偉大な投機家と呼ばれるジェシー・リバモアについて述べたことを記憶しておられるだろうか。彼の六〇年以上前の言葉がそれをよく説明している。**「自分がそれを受け入れた以上、けっして損失については悩まない。一晩で忘れることにしている。しかし、間違いをすること――損失を受け入れないこと――は、財布と精神の双方に打撃を与えるものである。すべての投機家のうちで、負けた取引を平均化しようと努め、それ以上の利益を出した人はほとんどいない。損失になると思われるものは常に売却し、利益になると思われるものを持続するようにしろ」**

ストップ（逆指値）の目的は、ジェシー・リバモアのルール――利益を大きく伸ばし、損失はすぐに損切ること――に忠実に従うことにある。ある銘柄を二〇ドルで買った場合、一五％の損失となる一七ドルのストップ（逆指値）で損切りしてもそれほど打撃は大きくないであろう。なぜなら、投資元本の多くが残っているからだ。二〇％の下げは、差し引きゼロになるには二五％のリバウンドが必要になり、私はその程度までは受け入れることができる。つまり、もしある銘柄が二〇ドルから一六ドルにまで下がると、二〇％の下落になるが、一六ドルから二〇ドルまで回復するには二五％の上昇が必要になる。これは必ずしも実現することがそれほど難しいものではない。

しかし、株価が五〇％の下落という打撃を受けると、すなわち、二〇ドルから一〇ドルに下がると、損失をゼロに戻すには、株価が倍増しなければならなくなる。あるいは、状況がまったく手に負えなくなって、株価が二〇ドルから二ドルまで九〇％下落してしまった場合、資金を取り戻すためには、株価は一〇倍にならなければならない。あるいは、九〇〇％の上昇とならなければならない。そのような上昇はかなり難しい。したがって、損失を拡大させることは本当に愚かなことである。ぜひ覚えておいてほしい――**最初の損失が最善の損失なのである！**

一般に私は購入価格の一〇％から二〇％下の水準にストップ（逆指値）を設定する。その正確な水準は、それぞれの銘柄の取引パターンと市場における二十数年間の経験から学んだ「フィーリング」によって決められる。通常、ハイテク銘柄などの値動きの激しい銘柄にはその幅を大きく設定し、公益事業銘柄などの保守的な銘柄に対してはその幅を小さく設定する。一〇％の値幅は一般的に非常に値動きの激しい銘柄にとっては小さすぎる。三〇ドルのハイテク銘柄にとって、通常の値動きの修正で二七ドルまで急速に下げることはよくあることで、その後反転し、再度上昇する。しかし、値動きの重い公益事業銘柄は、それまでの大きな方向を転換するようなときでなければ、通常、そのような動きをしない。

私はしばしば、その銘柄がつけた直近の安値のちょうど下の水準にストップ・ポイント（逆指値水準）を設定するように努める。または、チャート上にトレンドラインを引き、上昇トレンドが破られたときは株価の下降トレンドへの反転に結びつくであろうという想定のもとに、上方に傾斜しているトレンドラインのちょうど下にストップ（逆指値）を設定する。明らかに、ストップ（逆指値）を設定することは、一種の芸術であり、科学ではない。ときに私は調整局面のなかの八回目の安値でストップ（逆指値）が機能したために手仕舞うことになり、もっと値幅を大きくして置けばよかったと強く感じるときがある。しかし、またあるときには、株価がそれまでのトレーディング・レンジ（取引範囲）を放れて下げることによって、ストップ（逆指値）で売却し、ある程度の損を出した後、さらに株価が急落するのを見物していたということがあった。

ＭＣＩに関する**グラフT**は、ストップ（逆指値）を使った場合にいかに不運なことがあるかを示している。私は、一九八二年七月末、新たなブル・マーケットがブームとなるちょうど三週間前にＭＣＩを推奨した。推奨した購入価格は四二ドル八分の七であり、かなり狭い幅のストップ（逆指値）を三九ドル八分の七に設定した。もう少し値幅を大きく取るべきであった。グラフで分かるように、ＭＣＩは数週間の間、値を下げ、その後の何度かの一対二の株式分割の後に九ドルをつけた。株価は、一九八二年の数字に戻すと、三六ドルであった。換言すると、二週間後に三ポイントの損失でＭＣＩから退却を余儀なくされ、さらに株価はもう四ポイント下げた。その後、株価は反転し、分割後の株価で二八ドル以上にまで急騰した。この価格は、私が四二ドル八分の七で買い推奨したもので換算すれば、一一二ドル以上に匹敵するものであった。

何が問題だったのか？　私の買い推奨は一九八二年の大底の数週間前に行われ、私の市場タイミングは最適であった。また、銘柄選択も素晴らしかった。ＭＣＩはその後の数カ月でほぼ三倍となった。しかし、私は短期的な下げと値幅を若干狭くしたストップ（逆指値）という不都合な組み合わせに遭遇したのであった。その結果、ちょうどその大相場が始まる直前にはじき出されてしまったのである。もしストップ（逆指値）を一七％下の水準に設定していたなら、私は非常に大きな儲けの出た相場に乗ることができていたのであった。しかし、当時、相場の方向について確信を持つことができなかったために、あまり値幅を広くすることができないと感じていたのであった。

グラフT（ＭＣＩ）

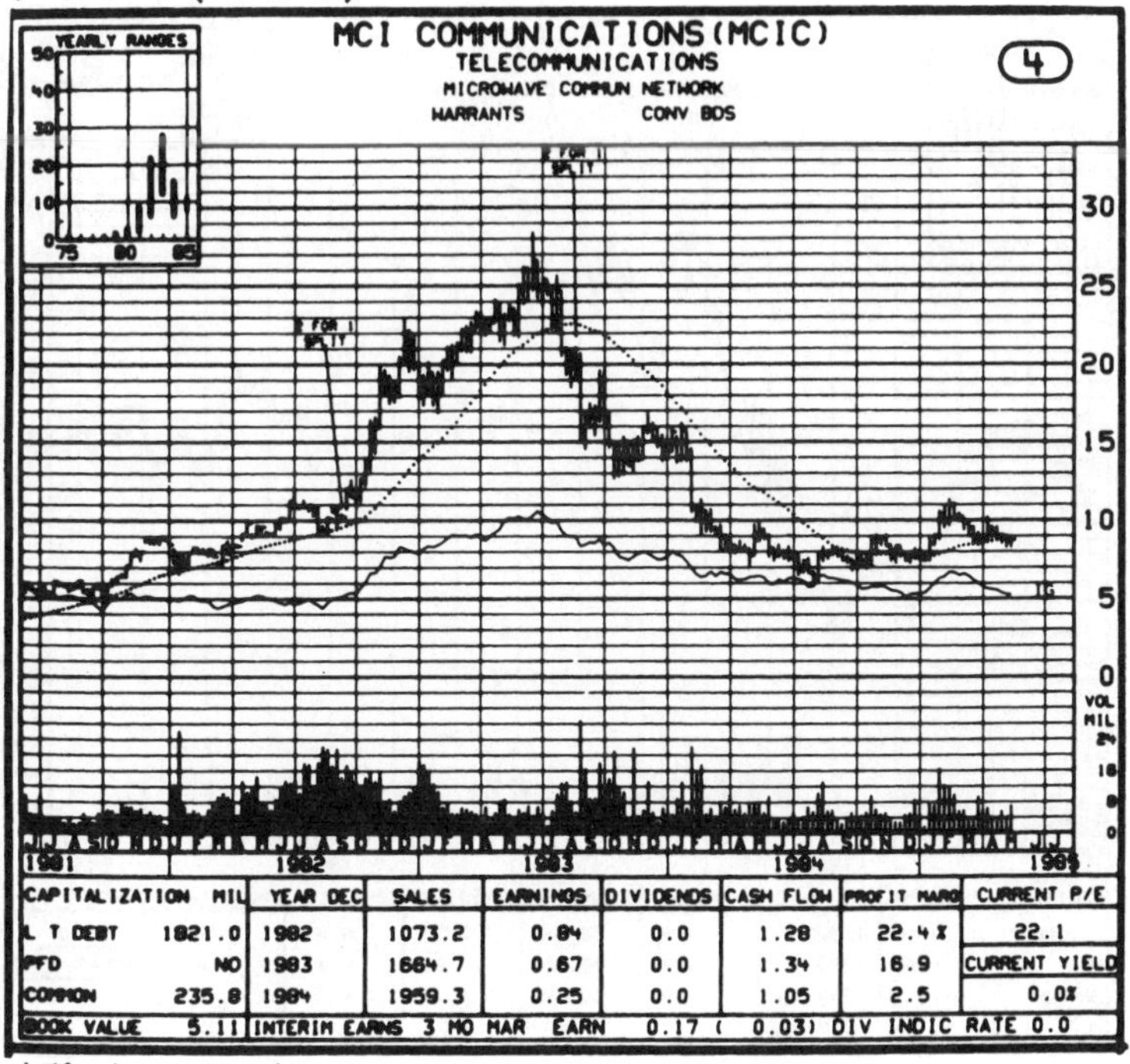

CAPITALIZATION	MIL	YEAR DEC	SALES	EARNINGS	DIVIDENDS	CASH FLOW	PROFIT MARG	CURRENT P/E
L T DEBT	1821.0	1982	1073.2	0.84	0.0	1.28	22.4 %	22.1
PFD	NO	1983	1664.7	0.67	0.0	1.34	16.9	CURRENT YIELD
COMMON	235.8	1984	1959.3	0.25	0.0	1.05	2.5	0.0%
BOOK VALUE	5.11	INTERIM EARNS 3 MO MAR EARN 0.17 (0.03) DIV INDIC RATE 0.0						

出所＝トレンドライン

グラフU（ASA）

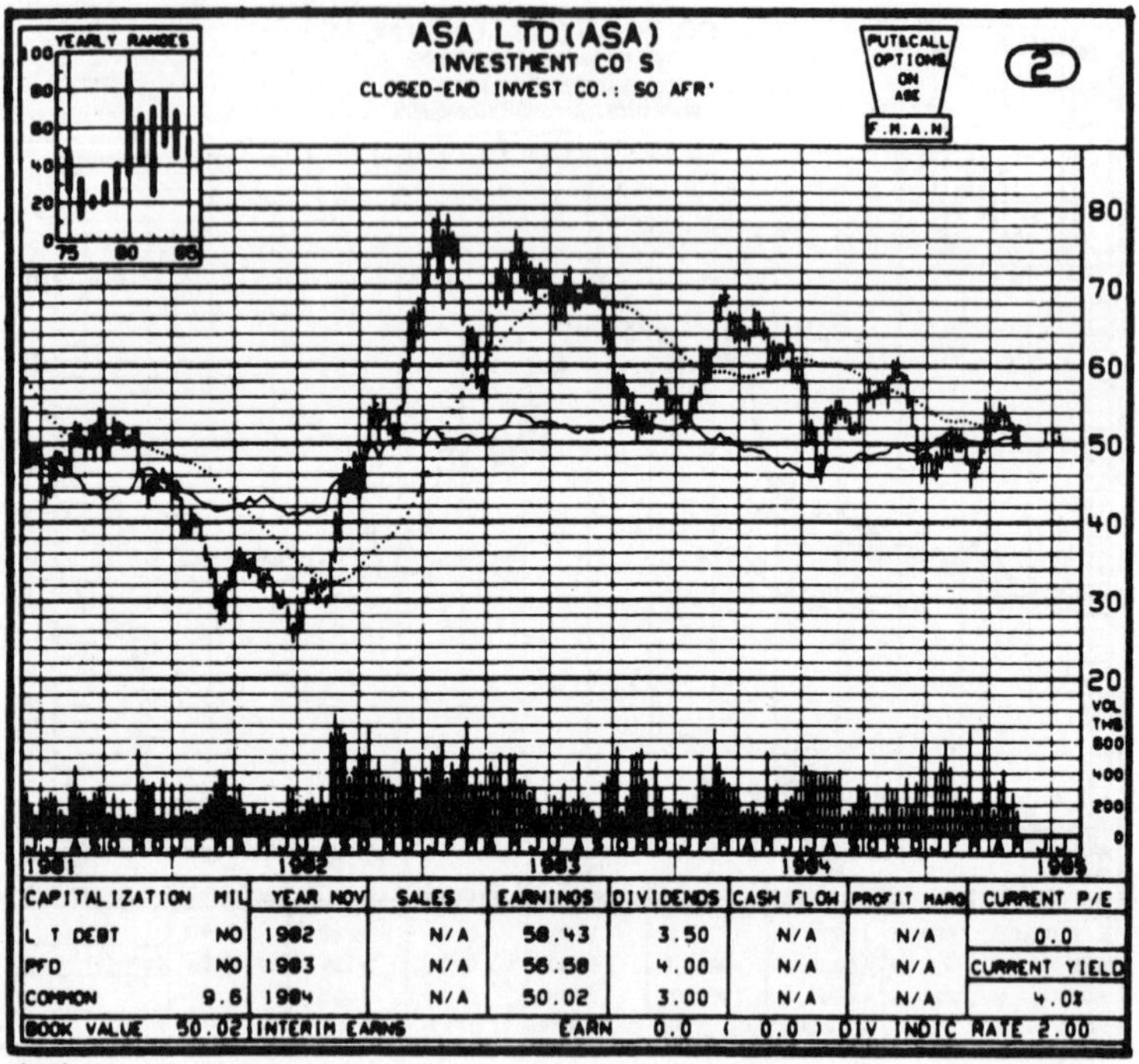

出所＝トレンドライン

私がこれまでに推奨した数百に及ぶ銘柄のなかに、ＭＣＩと同じような銘柄を多く探すことができる。しかし、ストップ（逆指値）が読者を大きく守ったケースはもっと多い。例えば、一九八二年二月半ばにブル・マーケットが爆発を始めたとき、私は金関連銘柄ＡＳＡを三二ドル四分の三で買い推奨した（**グラフＵ**参照）。二カ月後、五一ドル二分の一で売り推奨し、十分な五七・三％の利益を実現した。

一九八三年七月、相場の天井近辺で、私は再度ＡＳＡを買い推奨する決心をした（先に記したディスインフレーションの傾向に愚かにも逆らっていた）。このとき、株価は七〇ドル八分の五であり、ストップ（逆指値）を六四ドル四分の三に設定した。一九八三年九月、私が買い推奨してから二カ月もたたないうちにＡＳＡはストップ（逆指値）にヒットし、私は八・三％の損失を被った。一一月には、ＡＳＡは五〇ドルまで急落した。その後、いったん回復した後、株価は不規則的に下げを続け、一九八四年から一九八五年にかけ何度か四四～四五ドル台に突っ込んだ。最終的に一九八五年半ば、ＡＳＡは三五ドルまで下げた。明らかに、六四ドル四分の三で売却したことによって大きな損失を被ることを防ぐことができたのである。

一九八三年九月、私はエレクトロニクス企業のサンダース・アソシエーツを五五ドル八分の七で買い推奨した（**グラフＶ**参照）。サンダースはすぐに六〇ドル以上に上昇し、私は当初のストップ（逆指値）を数ポイント引き上げ、五三ドル二分の一とした（トレイリング・ストップについては後でさらに説明する）。サンダースは急速に反転し、私のストップ・ポイント（逆指値水準）を下に突き抜け、その結果、四・三％の小さな損失を発生させた。一九八四年三月には、サンダースは三五ドルまで下げた。私の設定したストップ・ポイント（逆指値水準）より約三五％下である。一九八四年の大きな上昇相場においても、サンダースは私のストップ・レベル（逆指値水準）を回復できなかった。サンダースは、そこから一九八五年初めの三一ドルまで下降の一途をたどった。明らかに、このケースでは、ストップ（逆指値）が役に立った。

一九八三年一一月、私はセントジュード・メディカルと呼ばれる店頭登録企業（ＯＴＣ）を一七ドル八分の五で購入するよう推奨した（**グラフＷ参照**）。ストップ（逆指値）を一四ドル八分の七に設定した。セントジェードは一九ドルより高いところまで弱々しい回復をした後、その後下げ始め、一九八四年二月に私のストップ（逆指値）を割り込み、一五・六％の損失をもたらした。一九八五年の初め、株価は七ドル二分の一であり、私のストップ・ポイントの五〇％以下になっていた。その銘柄をそこまで長期的に持っていた場合、損益をゼロにするには、株価の倍増が必要であった。

覚えていてほしい。もし株価がすぐに下落すれば――そのことは株式を購入した後に起こる最悪のことであるが――、適当な損失でポジションを手仕舞うことになるが、資金のほとんどは残るということである。これによって再度、より良い銘柄を見つけるチャンスが与えられる。まさに、このことなのである。**小規模の損失が実現した場合には、それ以外に利益をもたらす機会を提供してくれるのである。古い株が再度値を戻すことを願って、そこに座視している代わりに、負債を資産に転じるチャンスを与えてくれるのである。**

グラフV（サンダース）

出所＝トレンドライン

グラフW（セントジュード）

出所＝トレンドライン

したがって、私は、ＡＳＡ、サンダース、およびセントジュードの三銘柄について、売りのストップ（逆指値）で手仕舞いをしたときには、適当な額の損失をそれぞれで被ったが、より有望な状態のまま再度仕掛けるために必要な資金を手元に残すことができた。特に、これらの銘柄は、私がストップ（逆指値）によって手仕舞った後に急落したため、幸運であったといえよう。私がストップ（逆指値）で手仕舞った後に急騰したＭＣＩのケースでさえも、ほかで利用するための資金が残された。私は、一九八二年七月二一日にＭＣＩを購入した。私は、市場が上昇し始めた翌日の八月一八日までそれ以外の銘柄は一つも買わなかった。私は八月一八日に一三銘柄を購入した。一日でこれほど多くの数の銘柄を購入したことはなかった。その後五日間、相場は上昇し続け、さらに六銘柄を買い推奨し、さらにその三日後には、もう三銘柄を自分のポジションに加えた。これらの銘柄を購入する資金の一部はＭＣＩ銘柄と七月にストップ（逆指値）により手仕舞いした幾つかの銘柄の売却資金によって賄われたのであった。

八月一八日に私が購入した銘柄の一つに、前章で述べたコンピューター関連のＯＴＣ（店頭）銘柄であるエミュレックスがある。一五ドルで購入し、一九八三年四月で三四三・三％という膨大な利益率である、六六ドル二分の一に相当する価格で最後の持ち株を売却した（同銘柄は二対一の株式分割をしたので、新株での価格は三三ドル四分の一である）。私がＭＣＩをストップ（逆指値）で手仕舞いしていなかったならば、八月一八日に何をすることができたか見当もつかない。確実に言えることは、その日に購入した銘柄の一つは購入できなかったであろうということである。エミュレックスは、

MCIと同様に株価の変化が大変大きく、ハイテク銘柄であり、OTC銘柄であったため、ある意味ではMCIの格好の代替銘柄であった。

私は、MCIをストップで手仕舞っていなければ、けっしてエミュレックスを購入していなかったといっても過言ではない。そして、実際、あまりあり得ないことであったが、私は、一九八三年にまさに高値でMCIを売却することに成功はしたが、そのMCIのケースよりもエミュレックスのほうがより良い成績を収めたのである。このようにして、**私は、ストップで手仕舞いしたときには、たとえその銘柄が反転し、強力に上昇しても、けっして後ろを振り向かないようにしている。**むしろ、その売却代金で次に何をするかに関心を絞るようにしている。よしんば、あまり多くのエミュレックスのような銘柄が見つからなかったとしても、釣り逃した魚を悲しむことに何の利点もない。単純に次の魚を釣る努力をしたほうが良い結果となるだろう。

利益を確保する

これまで見てきたように、ストップ（逆指値）の最初の利用目的は損失の拡大を防ぐことにある。株式を購入したすぐ後に株価が下がる場合、ストップ（逆指値）は少額の損失を被ることを余儀なくされるが、投資元本の大部分は確保してくれる。ストップ（逆指値）の第二の利用法は、株価が上昇を始めた後に、利益を確保するために用いることである。明らかに、より楽しい役割である。そのアイデアは、株価が上昇をしている間、利益をその動きに乗って増加させることにある。株価が上昇しつつある間はいわゆる「トレイリング・ストップ（**訳注**　株価が上昇あるいは下降するにつれて逆指値を変更すること）」を引き上げ続けるものである。最終的にある一定のポイントで相場は下げに転じ、トレイリング・ストップによってポジションを手仕舞うことになるが、これはしばしば大きな利益を確保してくれることになる。

理論的な例で見てみよう。XYZを二〇ドルで購入し、損失を大きくしないための防御的なストップ（逆指値）を購入価格の一五％下である一七ドルに設定する。幸いにも、株価が上昇し始める。正確にどの水準でトレイリング・ストップを引き上げるかという基準はない。それは一種の芸術なのである。もし私が相場全般についてまだ強気であった場合、トレイリング・ストップの水準を引き上げることに慎重になるだろう。もし相場全般の状態が悪化し始めている場合には、トレイリング・ストップの水準を早めに高くする。ときどきは、株価が少ししか回復しないというようなことがあろう。その場合、市場全般に関して懸念があるために、トレイリング・ストップを引き上げるということをする。また、時折、その銘柄固有の何か否定的な要因のために慎重になるときもあろう。しかし、すぐに売却する必要がないときでも、防御姿勢を強め、当初のストップ（逆指値）を引き上げることがある。

もう一つ考慮すべき要因に、銘柄それ自体の値動きがある。第一一章で述べたように、私はそもそも一般的に力強い銘柄が好きである。XYZを二〇ドルで購入したときに、上昇トレンドにあったと仮定してほしい。その前に、同銘柄は二一ドルからわれわれが購入した二〇ドルに下げたとする。しかし、その前に一五ドルからそこまで上昇していたとする。また、同銘柄はわれわれが当初購入した後は小さな調整によって下げたが、けっして一九ドル二分の一以下には下がらなかったと仮定する。さて、XYZは二四ドルまで上昇し、二〇%の利益を出していると仮定する。このときがストップ（逆指値）を引き上げることを考えるべきときなのである。トレイリング・ストップを置くべき一つの論理的な水準は、前の小さな調整のときの安値であった一九ドル二分の一の周辺であろう。もしこの銘柄に関するすべてが順調であるなら、株価はそのポイントを切って下がることはないはずである。したがって、論理的なストップ（逆指値）は、前の安値よりも八分の一下がった一九ドル八分の三であるべきである。

トレイリング・ストップをどこに置くべきかを決定するもう一つの方法は、その銘柄の幾つかの直近の安値を結んだ上昇トレンドラインを引くことである。上昇のトレンドラインは現在、株価が二〇ドルにあると仮定しよう。そうすると、もう一つの代替的なストップ（逆指値）を置く論理的なポイントは、上昇トレンドラインの八分の一か、四分の一ポイント下がった一九ドル八分の七か、一九ドル四分の三となる。

ときどきストップ（逆指値）を設定するうえで、論理的なポイントがない場合がある。特に上放れした銘柄については、そう言える。それまで、史上二〇ドル台前半の水準以上にまでしか上昇したことのないXYZが突然三〇ドルに急騰したとする。この新値では、分析する値動きが限られている。

トレイリング・ストップを設定すべき小波動の安値が存在していないし、上昇トレンドラインはあまりにも急勾配であるため、この場合は役に立たない。このようなときに、ストップ（逆指値）を設定することがまさに芸術となるのである。私は普通、けっして損失を被らないように、購入価格の上にストップ（逆指値）を引き上げるようにしている。しかし、XYZの価格が三〇ドルでは、五〇％の利益となっている。これだけの利益であれば、それをすべて失ってしまうということはあまりないだろう。

私は、その次にパーセントでいうと、どの程度の損失がその銘柄に対してテクニカル的にどんなダメージも与えない〝妥当な〟押しなのかを判断するように努める。かなり激しい値幅ではあるが、二五％であれば値動きの激しい銘柄にとって妥当な範囲であるとしよう。それは、二二ドル二分の一台への七・五ポイントの下げを意味する。そこで、私は、例えば二二ドル四分の一のところにストップ（逆指値）を設定するであろう。それは、購入価格から少なくとも一二・五％の利益を確定するものであり、また、比較的通常の押しに対処するうえで十分な余地を与えてくれるものである。もちろん、私は、個別銘柄そのものと相場全体に関して極めて強気でなければ、通常二五％という大きな値動きの幅を許容することはないであろう。

トレイリング・ストップを二二ドル四分の一に引き上げたと仮定しよう。同銘柄は三〇ドルの水準から下げ始め二七ドルになった。そこから、反騰し、新高値に向けた値動きを開始し、三二ドルに到達する。この時点では、三二ドルから二二ドル四分の一のトレイリング・ストップまでの下げは大きすぎるので、ストップ（逆指値）の水準を再度引き上げる必要がある。ここでは、われわれにとって、少なくともトレイリング・ストップを引き上げるべき論理的ポイントがある。すなわち、それは二七ドル台であり、直近の小幅な下げで記録した安値である。同銘柄の値動きにもう少し余裕のある幅を与え、例えば、二六ドル二分の一へとストップ（逆指値）を引き上げることにする。この水準は、現在の価格の一七％下であり、また、購入価格からは三二・五％上であり、非常に素晴らしい利益を確保している。

さて、ＸＹＺが騰勢が弱くなり、最終的には下げ始め、われわれが設定したストップ（逆指値）が執行された。われわれは、ここでポジションを外して、三二・五％の利益を確保した。しかも、天井で最大限の利益を得ることをあきらめなかった。われわれは、最初に購入価格の一七％と一五％下に防御的ストップ（逆指値）を設定することによって、われわれ自身を防衛した。次に、ＸＹＺが上昇し始めたときに、われわれは一九ドル四分の三という購入価格のすぐ下の水準まで防御的ストップ（逆指値）を引き上げた。第三に、株価が上昇を続けるに伴って、われわれは防御的ストップ（逆指値）を二二ドル四分の一に引き上げ、一二％以上の利益を確保した。第四に、株価がさらに上昇したので、防御的ストップ（逆指値）をもう一度二六ドル二分の一に引き上げ、最終的に三二・五％の利益を確定した。われわれの想定した銘柄が上昇を続けたなら、大変結構なことであり、もしそうであったなら、われわれは防御的ストップ（逆指値）を引き上げ続けたであろう。しかし、すべてがうまくいっていても、最後はある。そして、三二・五％の利益という最終的な結果は、けっして困惑するというようなものではなく、素晴らしいものであった。

私は、読者が最も安心するポイントまでストップ（逆指値）を引き上げるよう勧める。自分自身の水準を選ぶことができるのは読者自身しかいないのである。もし防御的ストップ（逆指値）が現在の株価の二五％下である場合、リラックスするにはあまりにも低い水準であると感じるかもしれない。自分が売却する前に、株価が二五％も下落するのを見ることはけっして気持ちの良いものではない。一方で、防御的ストップ（逆指値）を、例えば、現在の株価の五％か、六％下に引き上げた場合、非常に小さな調整があっただけで、それが非常に安易に執行されてしまうことになろう。

一番考えなければならないことは、その銘柄に関する悪材料や業績の悪化予想――あるいはより全般的な相場全体の悪化要因などによる下落ではなく――や株価の通常の反応はどうなるのかということについて、最善の推測をすることである。われわれは、より否定的な条件によって引き起こされるノンランダム（不規則的でない）で異常な下げから、ランダム（不規則的）な通常の下げを区別しようとしている。すべての場合で、これを正しくできる人はいない。しかし、合理的な判断を持って、防御的ストップ（逆指値）とトレイリング・ストップを賢明に設定することによって、マーケットにとどまることができるのである。

ここに、私がトレイリング・ストップを実際に活用した例が幾つかある。最初は、一九八二年八月二四日のツバイク・フォーカストで買い推奨した銘柄であるＵＳエアーである。市場は、その強力な強気相場の初期段階であり、ＵＳエアーは約一七ドル四分の三という直近の小波動の高値をまさに突き抜けたところであった。購入価格は、一八ドル二分の一であり、同時に防御的ストップ（逆指値）を一五ドル四分の三に設定した。次ページの**グラフX**で分かるように、直近の小波動の安値は約一四ドル四分の一であり、それがより自然な防御的ストップ（逆指値）のポイントであったかもしれない。しかし、一四ドル四分の一は二三％の損失を意味し、それはあまりにも大きすぎると感じた。妥協策として、一五ドル四分の三という価格を設定した。しかし、その水準は一九八二年の春につけた高値の一ポイント下であり、それが合理的なサポートを提供する水準であると判断した。

USエアーは二一ドルに上昇し、その後、約一七ドル四分の三まで後退した。その初回の株価の急騰時に防御的ストップ（逆指値）を一ポイント引き上げ、一六ドル四分の三に引き上げていた。それは、前回の高値一七ドル四分の三よりも約一ポイント下であった。その一七ドル四分の三台は、USエアーと相場全体が再度上昇し始めた後の一一月初めに、サポートポイントであることが分かった。

株価の上昇とともに、私はストップ（逆指値）を一七ドル四分の三まで引き上げ、その後一〇月に株価が二五ドルに上昇したので、トレイリング・ストップを一九ドル四分の三に上げた。それによって、購入価格から一と四分の三ポイント上で七％の利益を確定した。一九ドル四分の三は、通常の株価の反応で私に五ポイント、すなわち二〇％以上、下方への余裕を与えてくれているように感じた。また、その水準は、直近の上昇相場時の高値から一と四分の一ポイント低いものであって、妥当な水準と思われた。実際、若干高めに、例えば、二〇ドル二分の一程度にストップ（逆指値）を設定してもよかった。私は、株価がもう一ポイント上昇したときに、実際に急いでそうした。

グラフX（USエアー）

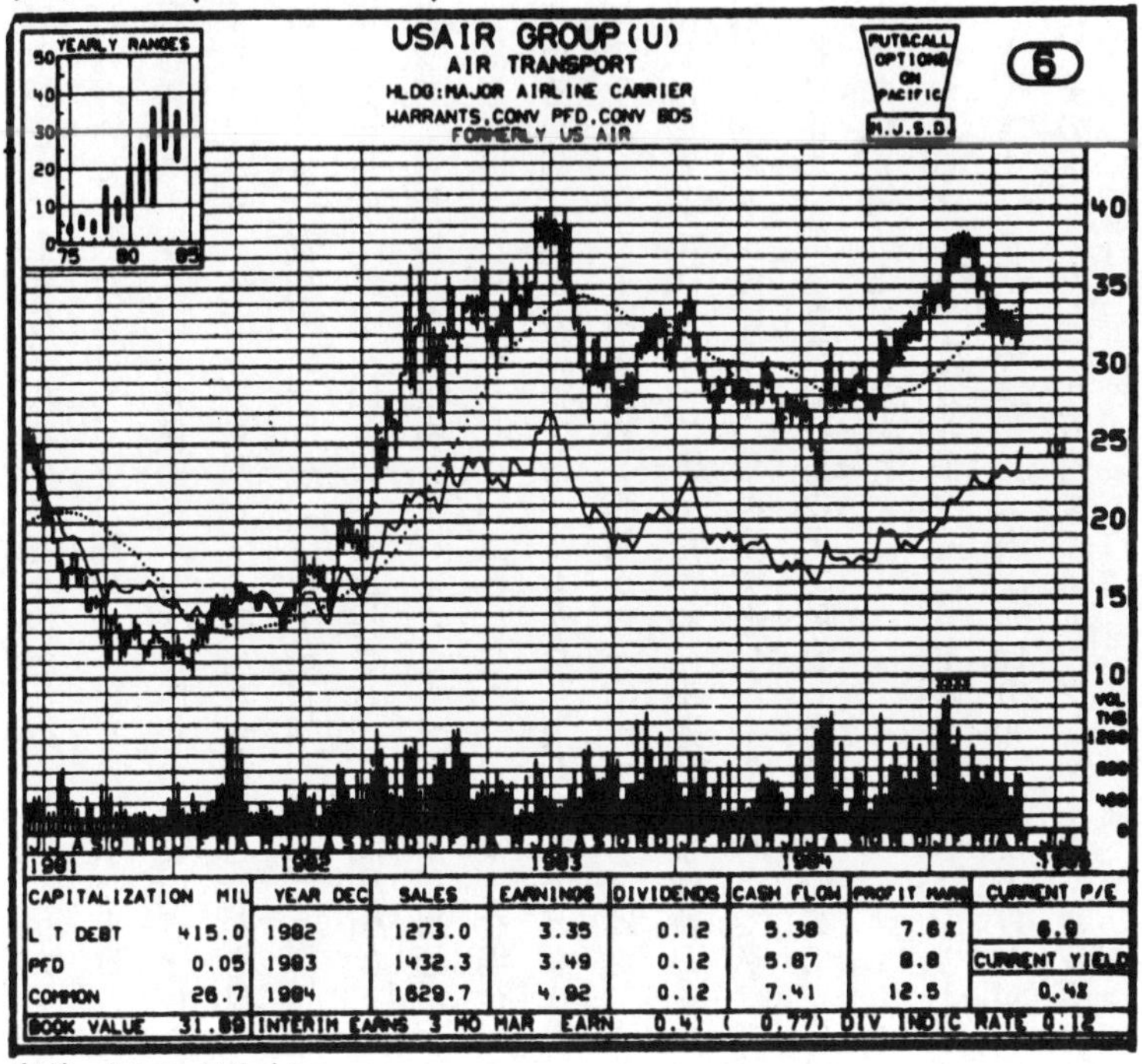

CAPITALIZATION	MIL	YEAR DEC	SALES	EARNINGS	DIVIDENDS	CASH FLOW	PROFIT MARG	CURRENT P/E
L T DEBT	415.0	1982	1273.0	3.35	0.12	5.38	7.6%	6.9
PFD	0.05	1983	1432.3	3.49	0.12	5.87	8.8	CURRENT YIELD
COMMON	26.7	1984	1629.7	4.92	0.12	7.41	12.5	0.4%
BOOK VALUE	31.89	INTERIM EARNS 3 MO MAR EARN 0.41 (0.77) DIV INDIC RATE 0.12						

出所＝トレンドライン

USエアーがさらに上昇し二八ドル台となったため、トレイリング・ストップを二二ドル四分の一に引き上げ、さらに一一月には二三ドル四分の一にした。引き上げた直後、USエアーは三〇ドルを突破し、私は再びストップ（逆指値）を二五ドル四分の一に引き上げた。それは急いで引き上げられたため、トレイリング・ストップを設定する妥当な水準はどこかを見つけることは困難であった。しかし、私はそのとき、高値から二〇％か、二五％以上の利益を失いたくなかった。ストップ（逆指値）の水準は数カ月間二五ドル四分の一を維持され、その間株価は三六ドルに達した。

私はストップ（逆指値）を再度引き上げることもできたが、普通に起こる調整で手仕舞いを余儀なくされると感じていたため、そうしないことにした。そのような場合、株価が数カ月以内で二倍以上に上昇しているため、通常の調整であってもかなり大きな反応となり得ると思ったからだ。実際に一月、USエアーは一気に下降を始め、高値から一〇ポイント下げた二六ドルまで下げた。私のストップ（逆指値）は二五ドル四分の一であったため、幸運にも手仕舞いをしないで済んだ。USエアーはすぐに反転し、三六ドル台に向かって再度突進した。その時点で私は、同銘柄はすでに大きな調整を経ており、株式市場全般も新高値に向かって胎動し始めていたので、株価が再度二六ドル台以下まで下げることはないだろうと感じていた。

そこで、一月にはストップ（逆指値）を二六ドル四分の一に引き上げ、さらに、二月には二七ドル四分の三へと引き上げた。次の調整は二九ドル四分の一まで下げたが、再度私を手仕舞いさせるに至らなかった。その後、一九八三年五月までストップ（逆指値）に変更を加えることはなかった。そして、そのときには株価は最終的に三六ドル台を突き抜けることができた。株価がほぼ四〇ドル台に達したため、五月に私はストップ（逆指値）を二九ドル八分の五に引き上げ、六月にはさらに三〇ドル四分の三に引き上げた。

私は最初に一五ドル四分の三でストップ（逆指値）を設定してから、全部で一一回引き上げた。後から振り返ってみれば、ストップ（逆指値）をもっと多く引き上げるべきであったかもしれない。後講釈はやさしいが、ほぼ三四ドルの水準で上昇トレンドを下に突き抜け、直近の安値の三三ドルより下に下げたのである。後講釈による慰めになるが、私はストップ（逆指値）を再度、おそらく三二ドル四分の三に引き上げるべきであった。しかし、単純にその株価が異常に乱高下することから、私はストップを三〇ドル四分の三に据え置いたままにした。最終的に、一九八三年八月一六日、私は三〇ドル四分の三のストップ（逆指値）で手仕舞いをしたが、ちょうど一年間で六六・二％の利益を確実なものにした。

大きな悔いは、長期的なキャピタルゲインとするのにわずか一週間ばかり不足していたことであった（その後から、長期的なキャピタルゲインとするための保有期間が六カ月と一日に減らされた）。実際、私は長期的なキャピタルゲインを間近にしているので、それを実現するための余地を残しておくために追加の数ポイントを犠牲にしても構わないと考えたため、ストップ（逆指値）を三二ドル四分の三ではなく、三〇ドル四分の三のままにしておいたのである。不運にも、私はその目的を達成する直前で、ストップ（逆指値）が執行されたことで、手仕舞いとなってしまった。

株価はすぐに二六ドル台に向かって下げ、一九八三年第4四半期にかろうじて反騰することができた。USエアーの株価はそれによって、一九八四年初めに三五ドルに戻った。しかし、その後、一九八四年年央の二二ドルに向かって一直線に下げた。それは、私がトレイリング・ストップで手仕舞った水準からほぼ二九％下の水準であり、私が一年前に同銘柄を売却したことについて良かったと思わせるに十分な下落であった。

もう一つの例を見てみよう。一九八四年八月、大きく市場が回復し、私はデータ・プロセス分野のOTC（店頭）銘柄であるファースト・データ・リソーシスという銘柄（ティッカーシンボルはFDRI）を特に買い推奨することにした。購入価格は一五ドルであり、最初の防御的ストップ（逆指値）は一三ドル四分の一に設定した。**グラフY**上のファースト・データ・リソーシスはその当時、新高値を突き抜けようとしており、値動きが良いという私の基準にかなっていたことが分かるであろう。業績も素晴らしいものであった。一三ドル四分の一という防御的ストップ（逆指値）の水準は購入価格からはわずか一一・七％しか下ではなく、幾分きつめであった。しかし、私はそのときの相場についてはガチガチの強気ではなかったため、株価が反転したときに大きく損をしたくはなかったのである。一三ドル四分の一は直近の小波動の調整があった際の安値のわずかに下の水準であった。

ファースト・データ・リソーシスはすぐに一六ドル台に上昇した。私は防御的ストップ（逆指値）を一四ドルに引き上げてそれに追随した。株価は一四ドル以下に下がることなく、七月中の数週間、一四ドルと一四ドル二分の一の間を推移した。そのため、私は株価と市場が上昇トレンドのなかにあり、株価が一四ドルを割る確たる理由はないだろうと判断した。

九月になって、ファースト・データ・リソーシスは一七ドル二分の一に上昇し、私はストップ（逆指値）を一五ドル二分の一に引き上げることにした。再度、これはきつめのストップ（逆指値）であった。しかし、これは〇・五ポイント、すなわち約三％の利益を確定するというものであった。相場は全体としては上昇を止めており、そのときの私としては、相場全般に関してはせいぜい中立の考えしか持っていなかった。そのため、きつめのストップ（逆指値）を継続した（その後、その年の秋に私は強気に転じた）。一五ドル二分の一は、株価が初めに上昇を開始した後、八月につけた小さな調整の最安値のすぐ下であったという理由からも用いられた。

ＦＤＲＩに関しては、私はその後数カ月間は寝て過ごせば十分という状態であった。最終的に、一九八四年の最後の数週間にＦＤＲＩが上昇を開始し、一八ドルという新高値をつけ、一月の初めには約一九ドル四分の三へと上昇を続けた。すぐにストップ（逆指値）を、九月以降のほぼ底値である一六ドル四分の三に引き上げた。再度、私は同銘柄が本当に大きな上昇トレンドにあるのならば、それ以下に下がる確たる理由はないはずであると思った。そのときの設定幅は本当に狭いものであったが、私の運は良かった。ＦＤＲＩは一七ドルまで下落した。それは、ストップ（逆指値）が執行されて手仕舞いとなるわずか四分の一ポイント手前であった。しかし、相場は全体として一月第二週に強気に転じて急上昇し、ＦＤＲＩもそれに続いた。

二月にはＦＤＲＩは二四ドル以上に上昇し、トレイリング・ストップを一八ドルに引き上げ、次に

グラフY（FDRI）

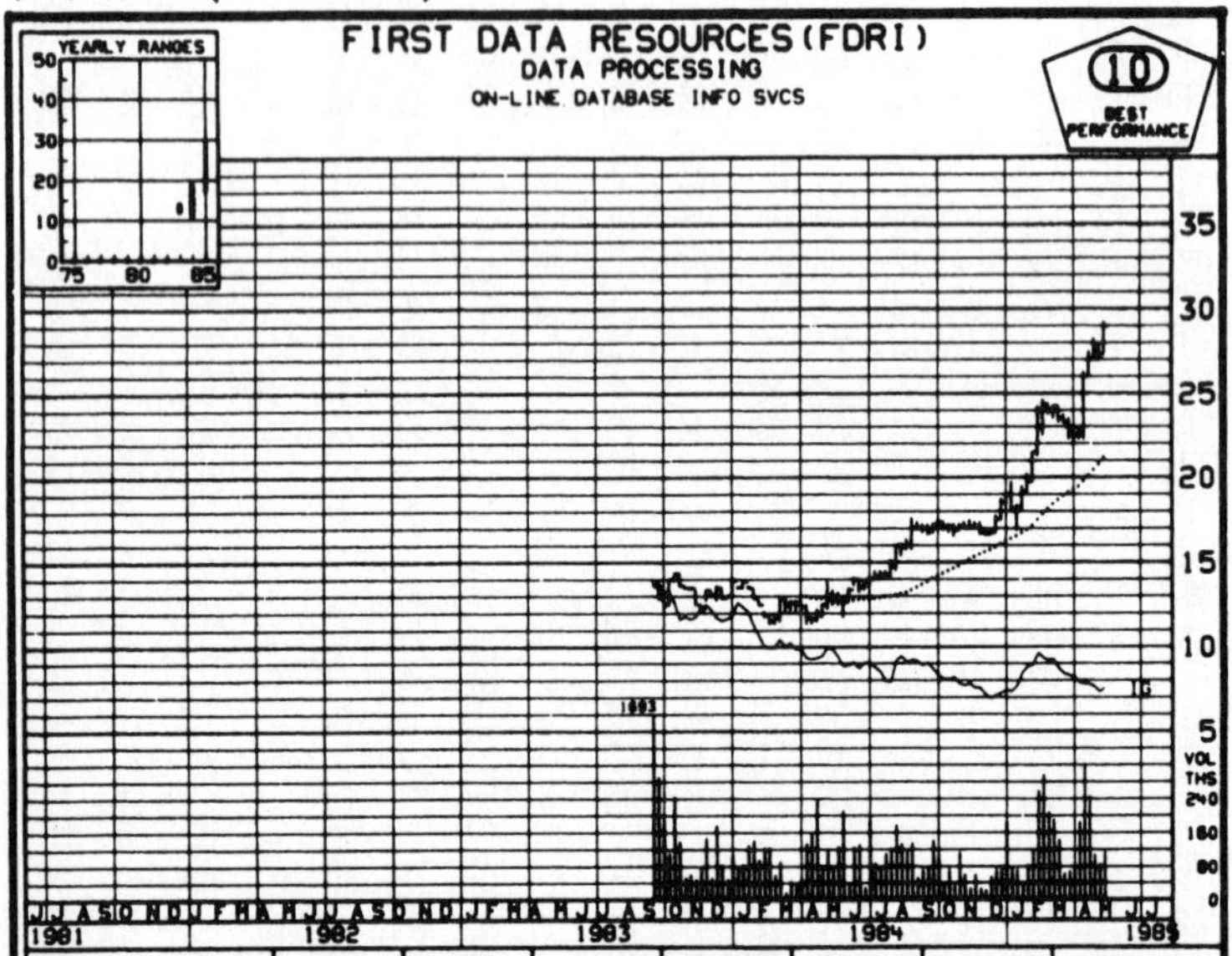

CAPITALIZATION	MIL	YEAR DEC	SALES	EARNINGS	DIVIDENDS	CASH FLOW	PROFIT MARG	CURRENT P/E
L T DEBT	0.4	1982	116.0	0.71	0.0	N/A	N/A	22.9
PFD	NO	1983	148.6	0.88	0.0	N/A	N/A	CURRENT YIELD
COMMON	25.0	1984	203.0	1.08	0.0	N/A	N/A	0.0%
BOOK VALUE	3.57	INTERIM EARNS 3 MO MAR EARN 0.37 (0.27) DIV INDIC RATE 0.0						

出所＝トレンドライン

一九ドルに引き上げた。一九ドルは一月につけた小波動の高値よりも低い水準であり、私は何か重大なことでも起こらないかぎり、ＦＤＲＩはそのポイントより下げることはないと感じていた。三月末と四月初めにかけ、株価は二二ドル二分の一以下まで後退したが、私の設定した一九ドルというトレイリング・ストップより、かなり上であった。ここでストップ（逆指値）によって手仕舞いをしていたとしても、私は四ポイントの利益、すなわち二七・六％程度の利益を得ていた。

四月半ばにＦＤＲＩは再び上昇を開始し、二五ドルの新高値をつけた。これによって、私はトレイリング・ストップを再度引き上げることにし、二一ドル四分の三にした。これは、三月と四月の調整でつけた安値の〇・五ポイント下である。私がストップ（逆指値）の水準を引き上げるや否や、ＦＤＲＩは二七ドル以上に急騰した。そこで、私は再び、防御的ストップ（逆指値）を今度は二二ドル四分の三まで引き上げるという楽しい課題に出合うことができた。これは、前のストップ（逆指値）価格である二一ドル四分の三では、株価が二七ドル台から下がった場合二〇％もの利益をあきらめることになり、それを私は好まなかったことによるものである。さらに、過去の大きな波動での安値である一七ドルと二二ドル二分の一を結んだおおまかな上昇トレンドラインは、私のストップ・ポイント（逆指値水準）である二二ドル四分の三より少し上を通っていた。思い起こしてほしい。ストップ（逆指値）を上昇トレンドラインの若干下方に設定することが理想的なのである。

ファースト・データはその後、アメリカン・エクスプレスに一株三八・二五ドルの現金で公開買い付けされた。私は、ツバイク・フォーカストの購読者に、長期的なキャピタルゲインが一五五％となった同銘柄の買い付けに応じるよう助言した。偶然の公開買い付けによって、私のストップ（逆指値）は、無用になってしまった。

私は、過去に防御的ストップ（逆指値）やトレイリング・ストップがその後に生じる悲惨な損失を防いだ無数の例を思い起こすことができる。小さな調整の安値でストップ（逆指値）が執行されて手仕舞いを余儀なくされるのは確かに痛い。しかし、どこかのポイントで、ある決定をしていく必要がある。時折、私は、ＦＤＲＩが小波動の下げで一七ドルまで下げたときに、私のストップ・ポイント（逆指値水準）が一六ドル四分の三であったことによって、ストップ（逆指値）が執行されなかったように、わずかの差でそれを避けることができるときがあった。そのときには、おそらく幸運が作用したのであろう。次のときには、そのような幸運には恵まれないかもしれない。**しかし、私は常にストップ（逆指値）を利用し続けるつもりである。長期的には、これを活用することによって損失を合理的な規模に限定し、利益を大きく伸ばすことになる。資金を管理するうえでこれ以上重要な手段を思いつくことはできない。**

第一四章

空売り——それは非アメリカ人的ではない

株式市場でおカネを儲ける方法について議論するとき、空売りについて注意を払わないことはあり得ないが、多くのトレーダーが必ずしも空売りについて、本当に理解しているとは思えない。空売りの考えというのは、極めて単純である――ある銘柄が下がることに賭けるということである。そこで、その銘柄を売却し、後でさらに安い値段で買い戻すことを考えるというものである。したがって、この空売りについて考えるということは、**安い価格で購入し、高い価格で売却する取引と同じことである。この場合の唯一の違いは、先にそれを売っているということである。**

空売りをするということは、技術的には、証券会社から株式を借り、それを市場で売却することである。すなわち、ブローカーから株式を借りることである。担保として、その証券会社に一定額の現金を預託する必要がある。ブローカーは、必要ならばその証券を買い戻すのに必要な資金があるので、時間的な制限を設けない。古くからの言い伝えである「自分の物でないものを売った人は、買い戻しをしなければならない。さもないと刑務所に行くこととなる」を気にする必要はない。しかし、遅かれ早かれ、すべての空売りはカバー（反対売買）されなければならない。つまり、買い戻しされなければならない。

空売りをすることには、少なくとも納得できる二つの理由がある。今がベア・マーケットであると思っている場合、またはある特定の銘柄に勢いがない場合、空売りをすることによって格好の利益を得ることができる。あるいは、空売りすることによって、ポジションをヘッジしたいと考える場合があろう。例えば、一〇万ドルのポートフォリオを持っているとする。ここで、市場は今後六カ月間は弱含むと考えているが、例えば、税金上の理由で、長期的な所有となっているポートフォリオに手をつけたくないと考えたとする。そのようなときに可能なのが、ヘッジ策としてほかの銘柄を空売りすることである。例えば、現在、ゼネラルモーターズを所有しており、その銘柄では長期的な利益を得たいと思っている。短期的には、自分を守るため、フォードを空売りしたいと考えるかもしれない。そのように、投機的目的であれ、ヘッジ目的であれ、空売りは非常に役立つものである。

私個人は、空売りは好きで、しばしば買い方よりも売り方サイドのほうでより安心できることがある。しかし、空売りは評判が良くない。普通の人は空売りについて大きな引っ掛かりを感じている。私には、それがなぜかは分からないが、それは確かに存在している。特にその順番に意味はないが、ここに空売りについて言われている幾つかの否定的要因があるが、それらはすべて真実ではない。

最初の誤った観念は、「空売りは非アメリカ人的である」というものである。どういうわけか、空売りはアメリカ人的に見えないという。人々は、空売りを国家に反対して賭けていると考えるが、それは誤っている。もしゼネラルモーターズやAT&Tを空売りした場合、それは合衆国に反対して賭けているのではない。それが意味しているものとは、そのとき、これらの銘柄は過大評価されているかもしれないということである。もしその銘柄の価値が五〇ドルである場合に、市場で七〇ドルとか、八〇ドルで売買されているなら、その銘柄は五〇ドルまで下がるかもしれない、あるいはベア・マーケットであれば四〇ドルまで下がるかもしれないという可能性が高いということである。そのような評価をすることに、何の非倫理的な意味合いもない。それは単なる現実であり、その株価は下がるかもしれないのである。

ときどき、ある企業が倒産するかもしれないと思ったとき、その銘柄を空売りしたいと考えることがある。これも非アメリカ人的ではない。アメリカ国内では、毎年数千件以上の企業が倒産している。空売りによって、どんな企業も倒産させることができるということはない。空売りは、ある企業が困難に直面している株式市場に対して賭けているのである。たとえその企業が倒産しなくても、貧弱な業績となって株価は下がるかもしれないのである。**自分の判断で利益を得るなら、それはある企業の業績が上昇するであろうと考えて買いポジションを持ち、利益を得ることと原理的にはまったく差がないのである。**

さらに、空売りは株式市場の外でも一般的によく用いられているビジネス慣行である。単にそれを空売りと呼んでいないだけである。例えば、読者がシボレーを買うためにある自動車ディーラーの元へ行く。そして、斬新な赤い色で、ステレオと自動除湿器を搭載したものがほしいとする。これらの規格外品を注文すると、ディーラーは「そのような車は現在在庫がないので、特別に注文しなければなりません」と言うだろう。読者は、「それで結構です。注文してください」と言う。ディーラーは「車が届くのに一カ月はかかります。手付金は今お支払ください。車を注文して到着し次第、お届け致します」と言うだろう。そして、読者はそれに同意する。ここで起こったことはディーラーが車を一台空売りしたということである。彼は工場から自分でそれを購入する前に実際にそれを読者に販売したのである。

空売りについての二つ目の悪評は、利益は限定されるが損失は限定されていないという思い込みであるが、それはまったくナンセンスである。例えば、もしある五〇ドルの銘柄を空売りしたとすると、その企業が倒産するなら、最大の利益は五〇ドル、すなわち全投資金額になるという誤解がある。逆に、人々は、もし予測に失敗した場合、損失がいくらになるかについて理論的限界がないと信じている。この銘柄は一〇〇〇ドルに上昇するかもしれず、その場合には損失が二〇倍になるということである。そのような考え方は、控えめに言っても誤っている。

第一に、空売りをするときにはブローカーに担保を預託する。もし金利を得ることを継続したければ、その担保は財務省短期証券の形態でも構わない。担保の最低額は取引額の五〇％である。したがって、もし五〇ドルの銘柄を一〇〇株空売りするとすると、取引金額は五〇〇〇ドルとなり、最低二五〇〇ドルを担保として預託しなければならなくなる。

単純化するため、全額を預託したとしよう。五〇〇〇ドルを財務省短期証券でブローカーに預託することにする。もし株価が上昇すると、ブローカーは最終的にさらに資金を追加するように要求することになろう。株価が八〇ドルに上昇すると、損失は三〇〇〇ドルとなる。エクイティー（持ち分）は二〇〇〇ドルに減少する。そうなる前に、ブローカーはさらに担保を要求してきたはずである。それを預託しなかった場合、ブローカーは株式を購入して空売りのカバー（反対売買）をすることになり、売り手は退場する。

唯一限度なく損失を被る方法は、どんどんそこに資金を注ぎ込むことであり、それはあたかも、損失をピラミッディングする（**訳注**　評価益を利用し、意識的にポジションを追加し、利益を増加することを目的とする建玉法）ようなものである。**「トレンドは友である。テープに逆らうな」という黄金律を思い起こしてほしい**。もしそのような損失を抱えたならば、そこから抜け出すべきである。だれかが金を要求して頭に銃を突きつけているわけではない。そのような損が生じている空売りに資金を注ぎ込むのは愚か者のみである。

もっと明るい面を見ると、空売りによる利益を得る可能性は一〇〇％の利益に限定されているわけではない。それは、事実上、無限である。例えば、五〇ドルで一〇〇株を空売りし、株価が二五ドルに下がったとする。それは二五〇〇ドルの利益である。もしエクイティーを五〇〇〇ドルから始めると、口座の合計のエクイティーは七五〇〇ドルに増える。この時点で株価は二五ドルで取引されており、一〇〇株で二五〇〇ドルである。ポジションに対して一〇〇％のエクイティーを維持するためには、口座に置いておく必要のある金額は二五〇〇ドルである。

そこで、ピラミッディング（証拠金を使わずに）をし、二〇〇株の追加の空売りをする。それによって合計三〇〇株の空売りをしていることになり、それは七五〇〇ドルの担保が必要となるが、もし株価がゼロになれば、七五〇〇ドルが利益となる。ここでは、利益の総額は五〇〇〇ドルの投資金に対して、一万ドルであり、二〇〇％である。

しかし、そこで終わりにする必要はない。株価が二五ドルから一〇ドルに下がったとする。今は、一〇ドルの株式を三〇〇株もっていることになる。証拠金がない場合、口座に必要な資金の総額は三〇〇〇ドルである。記憶していると思うが、すでに元本は七五〇〇ドルになっている。二五ドルから一〇ドルへの下げによって、一五ポイント利益を得た。あるいは、一〇〇株当たりでは一五〇〇ドルの利益であり、七五〇〇ドルのエクイティーに四五〇〇ドルの利益が追加されたことになる。これによって、株価が一〇ドルの場合、エクイティーは一万二〇〇〇ドルになる。これまで、わずか三〇〇株しか空売りしていない。そこで、あらたに資金を費やさずに、あるいは証拠金を使わずに、さらに九〇〇株を空売りできることになる。

実際にこのようにしたと仮定しよう。現在は、株価一〇ドルで一二〇〇株を空売りしたとする。行っていることは単にテープに従っているだけである。さらに株価が下がるに応じて、空売りを追加する。さて、その企業が倒産したとする。株価が一〇ドルからゼロとなる。その値下がりによって、一万二〇〇〇ドルの利益が出る。株価が一〇ドルのとき、口座には一万二〇〇〇ドルがすでにあった。したがって、最終的なエクイティーは、株価がゼロの時点で二万四〇〇〇ドルになった。五〇〇〇ドルから開始して、およそ五倍の利益を出している。もし希望すれば、株価が下がる過程で例示した以上にさらに多くのピラミッディングをすることも可能であった。五ドルか、それ以外のどんな価格であっても、さらに空売りをすることも可能であった。したがって、株価が下がるに際しての利益は、実は無限であったということになる。

記憶しておいてほしい。もし株価が下落して、空売りをさらに追加しなければ、過剰なエクイティーが口座に発生するのである。もし五〇ドルの株が二五ドルに下がった場合、口座に七五〇〇ドルのエクイティーが発生するのである。その場合、エクイティーとして必要とされる金額はわずか二五〇〇ドルでしかないので、残りの五〇〇〇ドルを引き出し、その金額について金利を得ることもできるし、何かそれ以外のこともできるのである。

一方、もし買い方の立場で株価が五〇ドルから一〇〇ドルに上昇した場合、証拠金取引にするのでなければ、まったく金額を引き出すことはできない。したがって、上昇局面では常にピラミッディングをすることになる。なぜなら、常に利乗せする必要があるからである。売り方サイドに立った場合、完璧な投資をするためには、株価が下がるにつれて空売りを増加する必要がある。何らかの理由によって、そうすることを考えつかない人々は多い。

多くの投資家は、株価が下がるにつれて空売りを増加することをリスキーであると考えている。しかし、正確に理解するなら、そうでないことが分かる。もしある企業が倒産しようとしている場合、どの時点で空売りするかはあまり重要でない。五ドルで空売りしても二五ドルで空売りした場合と同様に儲けることができる。株価が一〇〇ドルから一〇ドルに下がった銘柄は、さらに下がるのであれば、まだ有望な空売り銘柄であり得る。もし株価が二ドルに下がれば、ピラミッディングをしなくても、一〇ドルで空売りすることによって八〇%の利益を得ることができる。もしそれを一〇〇ドルで空売りしていた場合、利益は九八%である。八〇%と九八%のリターンには、そんなに大きな違いはない。

これが、私が空売りを非常に合理的であると考える理由の一つである。もし利乗せしようという気持ちがあれば、証拠金を使うことなく、一〇〇％以上の利益を上げることができる。損失は無限ではない。もし見込みのない相場に資金をさらに注ぎ込むようなクレージーなことをすれば、確かに無限に損失を被ることがあり得る。そう、そのような意味では、空売りには欠点がある。

空売りに関する第三の否定的要因があるが、それは現実のものであった。一九二九年の大暴落の後、政府はだれかにその原因を押しつけ非難する必要があった。その原因は空売りをした人々にあったわけではなかったが、彼らは非難されやすいターゲットであった。市場崩壊の原因をだれかが空売りをしたからであるとし、政府は空売りをすることをより困難にするよう規制した。それを目的として導入されたのが、アップティック・ルール（**訳注**　直近の価格より一呼値高い価格でしか空売りできないこと）である。これは、空売りの場合、その売る価格を直近の価格より高い価格にしなければならないと言うことを意味している。これによって、空売りをした場合に、それを清算するときにはより難しくするが、空売りをすることを排除するものではない。

これに加えて、税務当局が空売りに対して差別をしている。それは、空売りのポジションを六カ月以上持続しても、そこから得た利益はけっして長期的なキャピタルゲイン扱いとはならないということである。どれだけ長い期間空売りポジションを持続しても、空売りは常に短期的利益や損失とみなされる。しかし、ベア・マーケットで損をすることやベア・マーケットで下げに参加する（空売りする）ことをしないでいることよりはましである。

空売りのもう一つの利点は、あまり多くの人がそれをしないということである。したがって、買い方として参加するよりも相対的に活躍範囲が広い。

さらに、ある企業に関して否定的な調査レポートのほうが肯定的なレポートよりも通常は優れているということを私は発見した。数年間に及ぶ市場活動について広範にカバーしたある研究によれば、証券会社の買い推奨に基づく買いの結果は、でたらめに銘柄選択をした場合よりも、けっして良い結果を示さなかったということが明らかになったのだ。換言すれば、買い推奨に基づいた結果は、新聞の株式市場のページに向かってダーツを投げて銘柄選択したものと同じであったということである。しかし、売り推奨は話が別である。約四分の三が市場全体よりも下げた。すなわち、それらの銘柄は、市場全体よりも下がったのである。その理由の一部としては、売り推奨自体が非常にまれであるために、その結果が良くなるのであるといえよう。

個人的な経験によれば、否定的な情報を明るみにすることのほうが簡単である。もしある企業が許容されている会計ルールを用いて利益を過剰に計上した場合、最終的には明るみに出よう。あるいは、ある企業の受注が減少しつつあるなかで、在庫積み増しがあるなどのファンダメンタルな問題を抱えている場合、その事実は遅かれ早かれ表面化するであろう。それは、すでに工場内にあるため、悪いニュースはすぐに表に出て、株価はおそらく下落する。もし買い方サイドで賭けをしているならば、しばしば、実際にはうまくいかない予測に依存していることになる。

例えば、ＸＹＺは素晴らしい製品を持っており、予測者は売上高と利益が今後五年間、年率二〇％成長すると予測したとする。しばしば、予想外の競争相手が出現したり、あるいは景気が悪化したりして、利益が予想どおりに上昇しないということがある。買い方や売り方双方にとって筋書きどおりに話が進行することは難しい。いったん、その悪いニュースが決定的となれば、それは広がり、それを取り除くことはできない。最終的に株価は打撃を受けることになろう。これが、私が空売りをすることのほうが買い方となることよりもやさしいということの理由である。もちろん、間違った市場で空売りをすることは自殺行為になる。何かヘッジをしているのでなければ、ブル・マーケットで空売りをしてはならない。

私は、たまたま空売りについては快適に感じるが、空売りは非常に誤解されやすい。したがって、その投資戦略についての誤解を払拭するために、本章を書いた。**しかし、この時点で平均的な投資家が空売りをするように推奨しているわけではない。私は、空売りは本当に洗練された投資家にとっての補完的な戦略であるとみなしている。**もし私がもう一冊本を書き、本書よりも複雑なものでも構わないと言われた場合、空売りについてもっと詳細に書くであろう。

第一五章
投資に関する質疑応答

ＣＤ（譲渡性預金）や財務省短期証券やマネー・マーケット・ファンドで資金を運用している人々は、現在、株式投資を考える必要がありますか？

一九六六年から一九八二年まで、われわれは長期的ベア・マーケットのなかにいました。一二年間で、ダウ工業株平均は約一〇〇〇ドルから八〇〇ドルまで下がりましたが、インフレ率はちょうど三倍になりました。インフレ調整後では、ダウは約一〇〇〇ドルから二五〇ドルにまで下がった計算になります。「実質ベース」あるいはインフレ調整後の株価が減価するにつれて、大衆はうんざりし、株式の売り手となったのです。それは正しい選択であった、と私は付け加えておきたいと思います。それ以外の金融商品の利回りは高く、すべての世代に及ぶ投資家がその資金の多くを株式市場に投資しませんでした。しかし、現在、状況は変わりました。

株式はすべての金融商品のなかで最も高い長期的リターンを提供しているので、人々は株式投資を考慮すべきです。本章の執筆時点（一九九四年）で、ＣＤや財務省短期証券の利回りは相対的に歴史的低水準にあります。このため、これらの商品での資金運用が魅力的でなくなっています。このことはまた、株式をより魅力的に感じさせています。その結果、一九九二年と一九九三年に、多くの資金が株式市場に流入しました。しかし、ほかの商品の利回りが低いときの株式買いは、最終的に金利が上昇し、株式市場が高リスクとなり、下落し始めるということがあることに注意する必要があります。

しかし、金利が低いときに資金の一部を株式市場に投資することに問題はありません。もちろん、金利が上昇し始めたときには調整をしなければなりません。そのようなときこそ、私が本書に記述した諸指標が役に立ちます。リスクが高くなっていることを諸指標が示しているときには、ポジションを減らし、状況の好転を待つべきです。

十分に情報を持った個人投資家は大規模な機関投資家に対して優位性を持っているのでしょうか？

持っています。十分に情報を持った個人投資家は、多くの柔軟性を有しているので、機関投資家を圧倒的に打ち負かすことができると私は思います。五万ドルの資金を運用していても、その程度の資金規模は市場に影響を与えません。数十億ドルの資金を持った機関投資家は戦艦のようなものです。操縦することが非常に難しいのです。機関投資家の場合、やることに制約もあります。例えば、資本金の小さな企業の株式は、意味があるほどのポジションを買うことができません。なぜなら、機関投資家の資金規模は非常に大きく、そうすることによって会社全体を所有してしまうことになってしまうからです。個人は、店頭銘柄で日々の出来高が五〇〇〇株で、一株一〇ドルという銘柄を探し出す可能性があります。彼は、数千株あるいは数百株を買うことができますが、それは彼にとっては意味があります。より柔軟に動くことができるので、個人は機関投資家に対して多くの優位性を有しているのです。

普通株式は、現在でも有効なインフレ・ヘッジ策と言えるのでしょうか？

私には、普通株式がかつて有効なインフレ・ヘッジ策であったと言えるのかどうか確信はありません。種々の研究の結果によれば、株式は物価が相対的に安定しているときに最高のパフォーマンスを見せています。株価が最悪のパフォーマンスとなったのは、一九二〇年と一九三〇年代の初期と末期のベア・マーケットの期間に発生した極端なデフレのときでした。その次に悪かった期間は、インフレ率が八%から九%以上になったときでした。

投資家は、株式市場では名目的なリターンよりも「実質的な」リターンを考慮すべきです。もしインフレ率が一年間に一〇%上昇し、株式市場が変わらない状態にあったならば、実際には一〇%相当の購買力を失っていることになります。換言すれば、その年の終わりには、一ドルは九一セントの価値のあるものしか購入できないということになります(一〇〇は九一よりも一〇%大きい)。

もちろん、インフレの期間中に高パフォーマンスを示す幾つかの銘柄があります。これらには、金(ゴールド)、銀、銅、石油や材木などの採掘産業銘柄があります。一般的には、これらの商品の価格は、そのコストが上昇するよりは速く上昇するため、利益が増え、これらの銘柄の魅力が高くなります。

それ以外のほとんどの産業は、インフレの期間中にその悪影響を受けます。例えば、公益事業は、燃料コストが劇的に上昇しますが、それに比例して価格を引き上げる自由は与えられていません。航空会社も燃料価格の問題があります。素材や労働力に大きく依存している企業の利益は圧迫されます。総合した結果としては、インフレが激しい期間では、市場のパフォーマンスは悪化します。

インフレの期間中の株式のパフォーマンスに関して多くの人が誤解している理由の一つに、今日の株価と、例えば、五〇年前の株価とを比較して、株式がインフレ率を追い越していることを発見することがあります。しかし、それは誤った見方です。なぜなら、その五〇年間という時間の幅のなかには、物価が安定していた時期で市場が極めて好成績を収めた期間と高インフレによって極めて成績の悪かった期間とがあったからです。一般的に言って、株式が有効なインフレ・ヘッジ策を提供するということは一種の神話です。

株式市場で投資を始めるに当たって、いくら資金が必要でしょうか？

多額の資金が必要ではありません。しかし、五〇〇ドルから一〇〇〇ドル程度、あるいは五〇〇〇ドル程度までであれば、個別の銘柄よりはミューチュアル・ファンドを購入することをお勧めします。

かなり真剣に株式市場で取引をしたいと考えている場合、どのようなニュースや情報が必要になりますか？

最初に、一般情報に関するしっかりした日々の情報源が必要です。三種類の貴重な情報源があり、それらは、ニューヨーク・タイムズ（私はこの新聞から日ごろ追跡している多くのデータを手に入れている）、ウォール・ストリート・ジャーナル、そして新たに発刊されたインベスターズ・デイリーの金融関連のページです。ほとんどの地方新聞には、本当に役立つ金融関連のページがないので、これら三紙のうちの一紙は必須となります。

全般的なデータに関しては、私にとって欠かせない刊行物がバロンズ誌です。定期購読ができますが、私は土曜日の朝ニューススタンドで購入します。バロンズ誌はすべての分野にわたって、素晴らしい情報源であり、これに代わる雑誌はまったくありません。

個別的な投資アドバイスに関しては、非常に多くの競争があり、私はどれか一つのみに頼るということはしていません。ときどき、スタンダード・アンド・プアーズ、ムーディーズ、あるいはバリューラインなどの問い合わせサービスに相談してもよいでしょう。また、私のツバイク・フォーカストをはじめとする株式市場に関するニュースレターもあります。自分自身のリスクで、証券会社の幾つかの調査レポートを読んでみてもよいでしょう。証券会社から入手する材料には興味深いものから特徴のないものまでさまざまなものがあります。希望すれば、信じられないほどたくさんの材料を読むことができます。私は、自分が読むものを制限します。さもないと、あまりにも多くなって手に負えなくなってしまうからです。しかし、私は政府刊行物や一般の投資家では必要としないような分野からの統計やデータの分析に多くの時間を費やします。

例えば、二万ドルの資金でどのようにして適切なポートフォリオを築くべきでしょうか？

まず、分散化をする必要があります。分散化といっても、複数の銘柄という意味ではなくて、異なった産業という意味です。すべての卵を一つのバスケットに入れるな、というあの古くからのことわざは株式市場に本当に当てはまります。株式市場にはあまりにも多くのリスクがあります。戦闘に勝って戦争に負けるということはこの世の中で最悪のことですが、この場合、戦闘とは株式市場の方向です。

自分が強気に転じ、株式市場が実際に上昇したと仮定しましょう――しかし、資金すべてを一つの銘柄に注ぎ込むと、その銘柄が下落することがあります。そうなることを欲しないので、分散投資に努めます。しかし、あまり多くの銘柄を購入することも欲しないということになります。平均的な投資家は、五銘柄から八銘柄程度を保有するよう努めます。五銘柄では、一銘柄当たり四〇〇〇ドルということになり、その銘柄の価格にもよりますが、十分な金額です。手数料をもっと有利にしたければ、可能であれば一銘柄について一〇〇株よりは二〇〇株購入するように努めるべきです。もしその銘柄が一五ドルか、二〇ドルであれば、それは可能です。もし価格が五〇ドルや六〇ドルであれば、一〇〇株程度に制限すべきでしょう。

あなたの提唱している指標はミューチュアル・ファンドのみに投資した場合でも有効でしょうか？

有効です。第六章で書いたスーパー・モデルを用いることができます。買いシグナルで、ミューチュアル・ファンドやクローズド・エンド・ファンド（取引所で取引されているもの）を購入し、売りシグナルでマネー・マーケット・ファンドに移行します。あるいは、それに修正を加えることもできます。モデルが非常に好調な場合、例えば八ポイントか、それ以上の場合、全額を株式投資に振り向けます。そして、モデルが中立となった場合には、ポジション（株式に投資する金額）を五〇％にし、モデルが、例えば二ポイントか、それ以下になったときには、全額をマネー・マーケット・ファンドに振り向けます。また、第五章で提示したテープに従う四％モデルや、第四章で議論した金融モデルによっても、ミューチュアル・ファンドを取引することができます。

株式市場における投資に関する適正な収益率はどの程度であると考えますか？

過去六〇年間程度の株式市場の活動についての研究は、配当を再投資した場合で九％から一〇％の利益率になったことが分かっています。約半分のリターンは配当から生じ、残りは元本の増加からとなっていました。これは、インフレを考慮する前のものです。この期間について約三％のインフレを考慮に入れるならば、実際のリターンは六～七％となります。もちろん、これにはリターンがマイナスであった数年間も含んでいます。

もし株式市場で取引をするのであれば、その結果は、市場が全体としてどのような動きとなるかということに左右されるということをはっきりと理解しておく必要があります。もし市場が動かないときや下落しているようなときには、二〇～三〇％を稼ぎ出すことはできません。

ブルーチップ銘柄を好みますが、これは賢い投資戦略と言えますか？

問題は、ブルーチップ銘柄の企業は成熟をしており、多くの成長余力を残していないかもしれないということです。ブルーチップ銘柄は安全性ゆえに、より高値で取引されているかも知れず、長期的リターン率は下がるかもしれません。さらに今日、ブルーチップとみなされている銘柄が、数年後にはそのような地位を失っている可能性があります。それほど古い話ではありませんが、USスティールは最も強力なブルーチップ銘柄の一つとみなされていました。しかし、ここ一〇年程度で、価値のない株の一種とみなされました。皮肉にも、そのようにして人気の外に置かれ、おそらく割安になっているために、この株に対する投資が有利なものになる可能性もあります。

まれに、ブルーチップの企業でさえも、悲惨な結果を伴って倒産することがあります。一九世紀のあるニューイングランドの一家族に起こった話を私は記憶しています。非常に裕福な一家の主が亡くなったとき、彼は変更不能の信託を遺しました。そして、すべての資産を当時のブルーチップのなかでも最優良銘柄であったニューヘブン鉄道に注ぎ込みました。同社は、今日のエクソンのような優良銘柄でした。数年間にわたって、鉄道会社の命運は沈み続けました。遺産相続人たちは、トラストを変えようと躍起になりましたが、結局、不可能でした。最終的に鉄道会社は破産し、彼らはすべての財産を失いました。

一般的に言えば、上記の例にかかわらず、ブルーチップは平均的な銘柄よりも安全です。しかし、リターンは低くなります。通常、リスクが高ければ、期待するリターンは高くなります。

高配当金のある銘柄を常に買うようにすべきでしょうか？

私は、その銘柄が単に高配当があるからという理由だけでは購入しません。しかし、その他の諸点が好ましいものであって、さらに高利回りであれば、それは一種のボーナスのようなものです。気をつけるべきは、異常に高い配当の銘柄です。それらの利回りが高いのは、まさにそれなりの理由があるからでしょう。おそらく、開示されていない問題を抱えているかもしれません。おそらく、その下の段階を選択するほうが良い結果となるかもしれません。つまり、異常な高配当金銘柄ではなくて、高配当のブルーチップ銘柄を購入したほうが良い結果となるかもしれません。

もし過去二〇年、三〇年、あるいは四〇年にわたって、ダウ・ジョーンズ平均銘柄のうちで最も配当の高い銘柄を八銘柄から一〇銘柄購入し、毎年、最も高い銘柄になるように調整をすれば、その間の合計リターンはダウのリターンよりも優れたものとなります。つまり、値上がり益に配当を合計したリターンは、高利回り銘柄のほうが低利回り銘柄よりも高かったということです。とはいえ、低利回り銘柄は、低い配当金を払う、または全然配当金を払わない銘柄ですが、通常は高いPER（株価利益率）となっており、成長が見込まれている銘柄（グロース銘柄）です。

長期的には、配当率が高く、PERが低く、株価の動きの遅いタイプの銘柄は、グロース銘柄をアウトパフォームする傾向にあります。したがって、高配当銘柄を購入することには何の問題もありません。実際に、ほかの条件が同じであれば、そうすることを選ぶべきでしょう。配当が最も高い銘柄のうち一％程度は、ある程度リスクが高い可能性があるということはここで警告しておきます。

新規発行株式はどうでしょうか？　それらを見つけるように努力すべきでしょうか？

新規発行には良いものと良くないものとがあります。新規発行株式は循環的になる傾向があります。株式市場が投機的なときには、非常に多くのホットな新規銘柄が出てきます。ホットな新規銘柄とは、公募価格に対して大きなプレミアムを持って初値をつけるものを言います。公募価格が二〇ドルであると仮定します。もし幸運にもその価格で購入できた場合、その初値は二五ドルとか、三〇ドルになることさえあります。これが、新規発行銘柄に対する多くの興奮と殺到を引き起こす原因です。不幸にも、より格が低い企業も自分たちの株式を売却しようと殺到することになります。一九六一年、一九六八年や一九八三年のように、非常に投機的な時期には、多くのゴミ株が引き受けられ、最終的にだれかがそのゴミ袋を抱えたまま取り残されました。

もし新規発行株式を購入するのなら、良いものを購入すべきです。研究の結果によれば、新規発行株式は、市場に出た後の三カ月から六カ月間は市場をアウトパフォームする傾向があることが分かっています。しかし、ゲームに長くとどまってはいたくはないでしょう。一九六八年末に新規発行を購入した人は、その翌年に悲惨なことになっていました。

同じことが一九八三年にも言えます。一九八三年の新規発行株式の熱狂時の終盤に購入した人は、一九八四年に手痛い傷を負っています。それは、あたかもほかのすべてにおいてもそうであるようです。自分が何をしているかをよく知っており、パーティーが終了したときに取り残されなければ、新規発行株式も問題はないでしょう。

私は、過剰に高いＰＥＲの銘柄の新規発行株式への投資は避けるようにしています。また、格の低い銘柄も避け、さらに、ウォール街の二流か三流の証券会社からの新規発行株式も避けます。私は、設立直後の企業やコンセプト企業（継続的事業を持たない企業）にも距離を置きます。また、創業者が大規模な売り手となっているものも手を出しません。その企業自身が資金を調達しようとしているものは結構ですが、企業の所有者が非常に多額の株式を売却するベイルアウト（支援）のケースはあまり好ましくありません。もし彼らが適度な量を売却するのなら問題ないかもしれませんが、彼らの売却する量が大きくなればなるほど、警戒すべきです。

株式の購入に際して、ドル・コスト平均法についてはどう思いますか？

ドル・コスト平均法は、株価が下がるにつれて買い増しをするということを意味し、私はあまり歓迎しません。私は弱きを買うことは好みません。ある銘柄を五〇ドルで買い、それが四〇ドルに下がった場合、そこには何か問題があるに違いないと思われます。もしそれがそれほど素晴らしい銘柄であるなら、第一になぜ下がったりするのでしょうか？　私はむしろ強きを買い、弱きを売ります。例えば個人退職積立年金勘定（ＩＲＡ）において、収入を規則的に投資する場合、毎年一月に二〇〇〇ドル投資しますが、その場合は構いません。それは一種のドル・コスト平均法を実施していることになります。もし市場が下げている場合には、市場が高かった場合よりは多く購入します。しかし、特定の一月に（次の個人退職積立年金勘定への拠出を支払うとき）市況がおかしいならば、私はあえてその二〇〇〇ドルをそのとき投資しません。私は、資金をマネー・マーケット・ファンドに投資し、状況が好転するのを待ちます。

株式分割は本当に役立つものですか？

いいえ、株式分割は意味がありません。株式分割は、株式数を増加させ、より多くの手数料を発生させることによって、証券会社のみを利するものです。株式分割の効果は、パイを何切れかに切ることと違いません。一二インチのパイを半分にしても、一二インチのパイを持っていることに変わりはありません。どれほど小さく切っても、パイの量は変わりません。株式分割も同じです。まったく何の価値もありませんが、多くの無邪気な人々は無償で何かを手に入れられると信じています。より積極的な側面として、株式分割はその銘柄の流動性を増し、取引を少ししやすくするという点が指摘できます。しかし、そのことはいかなる価値もその企業に加えたことにはなりません。

企業買収（テークオーバー）のような特別な状況を察知する方法はありますか？

企業買収の状況を探し出すことによって、多額の利益を上げたことがあり、そのようなテクニックに関しては、何も問題はありません。それは単に、私のアプローチとは異なるというだけです。私の観察するところによれば、企業買収は最も困難で時間のかかる分野で、専門家によって特化されている領域です。

基本的に、企業買収の候補を発見するためには、株式の時価総額よりも大幅に大きい資産を持った企業を探すということになります。しかし、公にされている情報で、企業の実際の資産価値を断定することは困難です。例えば、ある企業がダラスの中心部に五〇年前に百万ドルで購入した土地を所有しており、その価値が現在は一億ドルしているとします。帳簿上はそのように書かれていません。したがって、資産価値はどれだけあるかを決定するための何らかの方法を発見しなければなりません。

もし年次報告書とすべての種類の統計情報を結合することに興味を持っていれば、潜在的な企業買収の候補銘柄を探し当てることができるかもしれません。しかし、それだけでは、その企業が実際に買収されるということを意味しません。もしそうであっても、それまでには数年かかるかもしれません。もしそのようなアプローチを好むなら、そしてそれを感情的にうまく処理できるのであれば、万難を排してそうすべきでしょう。そのような方法はけっして私にとっては正しくはないが、だれかほかの人にとっては正しいということがあります。

株価の高い銘柄よりも低位な株価の銘柄を購入することに利点はありますか？

大衆はしばしば低位な株価、例えば一〇ドル以下の株価の銘柄に魅力を感じることがあるようです。人々は、もし五ドルの銘柄を購入すれば、売買単位である一〇〇株を購入するのに五〇〇ドルを投じるだけでよいと考え、さらに五ドルの銘柄が一〇ドルや二〇ドルに上昇することのほうが五〇ドルの銘柄が一〇〇ドルや二〇〇ドルに上昇するより簡単であると考えます。実際に、ブル・マーケットではそれがときどき実際に起こります。しかし、ベア・マーケットではそれは逆になります。ブル・マーケットの天井では、五ドルから上昇し、一五ドルや二〇ドルで値がついている銘柄が多数あります。これらの銘柄は往復相場となりやすく再び急落します。したがって、低位株には多くのリスクがあり、銘柄の格も低くなります。

数ドルで取引されている銘柄には、それなりの理由があります――それらの銘柄は紙くず（ジャンク）になる傾向があります。例外は、一九七四年のようなケースで、数年間にわたり、市場が破壊された後、かつて三〇ドルや四〇ドルで取引されていた銘柄が五ドルで取引されていました。長期的にはジャンク銘柄を捨象し、実際の利益や実物資産を背後に持っている適度に格の低くない銘柄に集中することによって儲けることはできると思います。

典型的な五ドル銘柄よりもさらに好ましくない種類の株式もあります。それは、いわゆるペニー・ストックであり、一株が一ドル以下の価格で取引されているものです。通常、そのような株式は、ソルトレークシティー、デンバーやスポカーン鉱山取引所などの地方の取引所で見ることができます。ほとんどが鉱山銘柄であり、多くが利益のないもの、あるいは稼動している鉱山も実際には所有していないものです。ソルトレークシティーとデンバーでは、非常に安価で取引されるがしばしば製品さえ持っていない非常に多くのハイテク銘柄を引き受けています。非常に慎重になる必要があります。しかし、投機的熱狂のなかでは、一〇セントの銘柄が五ドルになる場合もあります。人々はこれらの市場で大儲けができると考えますが、ほとんどの人々がやけどをして手仕舞うことになります。

一般的なルールとしては、ペニー・ストックには近づかないほうがよいでしょう。特に、個人退職積立年金勘定（ＩＲＡ）や自営業者退職年金積立プラン（キオプラン）を取り扱うに際しては、そう言えます。

株式の購入に際して、ＡＭＥＸ（アメリカン証券取引所）やＯＴＣ（店頭取引）を考慮すべきでしょうか？

ＡＭＥＸやＯＴＣについては、注文を出す場合を除いて、問題はありませんでした。これらの市場は一般的に出来高が少なく、ディーラーたちの資本金が小さいため、大量に売買する場合はＮＹＳＥ（ニューヨーク証券取引所）での取引のほうが良い結果を得られるでしょう。銘柄それ自体としては、ＡＭＥＸ銘柄とＯＴＣ銘柄はより投機性が強い傾向にあり、ＮＹＳＥに上場されている銘柄よりは小規模であるものが多くなっております。

実際の問題は、第二次的タイプ（セカンダリー・タイプ）の銘柄を購入したいのか、あるいはブルーチップ・タイプを購入したいのかということにあります。私は、市場全般に関する諸条件が非常に強気を示しているときにのみ、第二次的タイプの銘柄を大量に購入する傾向にあります。このようなときとは、われわれのスーパー・モデルが極端な強気に転じ、ＦＲＢ（連邦準備制度理事会）が金融を緩和し、特にリセッションの状態にあるか、あるいはそこから抜け出ようとしているようなときです。そのようなときであれば、おそらく第二次的タイプの銘柄を最も安全に購入することができるでしょう。モデルが混在しているため、もっと中立的となっている期間には、私はより保守的な会社を好む傾向にあります。そしてもちろん、モデルが弱気を示している場合には、けっして株式に投資ししようとは考えません。

本書では記述のほとんどが株式に関するものです。債券についてはどうなのでしょう？　購入すべきでしょうか？　また、どのようにして選択すればよいのでしょうか？

債券については何も問題はありません。債券市場が強いときは、通常、株式にとっても強気な状況を反映しています。このような期間には、株式は債券よりもパフォーマンスが良くなる傾向にあります。好ましくない期間では、おそらく株式は債券よりも下落するでしょうが、長期的には株式のパフォーマンスは債券のそれよりも好成績となります。少なくとも、それが過去の五〇～六〇年間における実績でした。しかし、株式は債券よりも値動きが激しくリスクが大きいものです。したがって、もし株式のリスクを欲しないということであれば、それはそれで結構です。しかし、ここでお話しておきたいことは、債券をいつ購入すべきかということは本書の対象ではないということです。

私が個人退職積立年金勘定（ＩＲＡ）や自営業者退職年金積立プラン（キオプラン）による長期投資家であり、一〇年、二〇年、あるいは三〇年は退職しないつもりである場合、私は債券よりも株式を選びます。多くの証券会社が二〇年か、三〇年で償還され、利回りが六・五％や七％になるゼロ・クーポン債（**訳注**　クーポン、すなわち利札がない債券で、元本から割り引きした価格で発行され、償還が一〇〇％の額面となるもの）を勧めています。このスキームは、ＩＲＡ用に魅力があると思われますが、それだけの運用期間があるならば、たとえ一年や二年ほど振るわない成績になることがあっても、株式のほうが良い結果となると、私は思います。私は、期間満了時のIRAに株式はより多くの資金を残してくれるだろうと思います。

年次報告書についてはどう思いますか？　ある銘柄を買う前にその会社の年次報告書を手に入れるべきでしょうか？

私は年次報告書をあまり使いません。もし価値に基づいて企業を買いたいと本当に願っているなら、年次報告書を調べるべきであり、さらには、SEC（証券取引委員会）に届け出されているより詳細な10K報告書も検討すべきでしょう。もちろん、それらの資料を多くの貸借対照表や財務状態の推移などの情報を得ることのできるスタンダード・アンド・プアーズ、ムーディーズ、あるいはバリューラインからの統計情報で裏づけを取ったり、結論をひっくり返したりしたいと思うかもしれません。もし本当にそうしたければ、脚注も読むことができます。たった一つの銘柄を分析するために法外な時間を費やすことが可能です。ここまでで、読者は、私が市場に対する異なったアプローチを持っているということを理解されたと思います。しかし、これは一つの正しい方法しかないということではありません。年次報告書と関連書類を読むことは、特定の投資決定を行ううえで役に立つことがあります。

株式市場は景気の先行きを告げることができますか？

実際、できます。株式市場は政府が発表している一二の景気先行指標の一つであり、景気を判断するうえで最も優れた実績を誇っています。景気がどうなるかということに基づいて非常に多数の株式市場の予測が行われているという点では、これは皮肉です。市場は織り込むメカニズムです。市場は、景気がどうなるかを織り込みます。景気が市場を織り込むのではありません。市場は景気がピークをつけるかなり前にピークをつけ、真っ先に底を打ちます。一般に、市場は景気が底打ちする六カ月前に底打ちします。株式を購入するうえで最適なタイミングはリセッション（景気後退）の最中なのです。景気の下降が広範囲に認められるようになった場合、景気がどうなるかを株式市場が知ってもあまり役には立ちません。反対に、景気を予測したいときには、株式市場に目を向けるべきです。

ダウ工業株平均は市場全般に起こっていることをどのように代表していますか？

ダウはそれほど全般を代表してはいません。ダウは単に三〇のブルーチップ銘柄によって構成されているだけです。ダウが約一〇％ほど上昇したが、その他の平均は一〇％ほど下がった一九七二年のような時期がありました。また、一九七七年のときのように、平均的な株価は若干上昇しましたが、ダウは約一五％下落しました。したがって、ダウで採用されているブルーチップ銘柄のリターンが、第二次的タイプの銘柄やより小さな銘柄とは大きく違っているときがあります。

恣意的な決定がまたダウのパフォーマンスに大きな影響を与えることがあります。例えば、一九三〇年代にIBMはダウから除外され、一九七〇年代末まで入れ替えられることはありませんでした。同社は四〇年代、五〇年代、さらに六〇年代に素晴らしい成長を享受しました。もしIBMが指数から除外されなければ、ダウが実際に一〇〇〇ドルであった七〇年代には、おそらく一七〇〇ドルか、一八〇〇ドルをつけたと思われます。一方では、工業種であるというよりは公益事業であるAT&Tはその全期間で、ダウに属しています。

ダウは全体を代表はしていませんが、ある一定の期間においてダウが非常に好調となるか不調となった場合、残りの市場も同じ方向に動きます。

証券会社の広告はジニーメイに関しアメリカ政府の保証による利回りを約束しています。この広告は何かを除外していませんか?

はい、除外しています。ジニーメイ(政府住宅抵当金庫債)は、非常に価格が乱高下する可能性のある政府保証による抵当証券をプールしたものを代表しています。それらの証券の償還期限は一〇年、一五年、あるいは二〇年に及ぶものがあります。償還期限が長くなればなるほど、これらのポートフォリオは市場金利の変化により多くの影響を受けます。例えば、平均して、一%の市場金利の変化によって、ポートフォリオは七%変化する可能性があります。換言すれば、市場金利が例えば六・五%から七・五%に上昇した場合、ポートフォリオは価格が七%下落する可能性があります。この点について除外しています。

ブローカーの選択をどのようにすべきでしょうか？

最初にブローカーに何を期待するのかを決めます。もし自分ですべてをするタイプの人の場合、すなわち銘柄に関する自分自身の考えを持っており、相場がどのような方向に行くのかについて自分の意見を持っていて単に注文を出すだけであれば、ディスカウント・ブローカーに行き、手数料を節約すべきでしょう。ディスカウント・ブローカーは注文を出し、通常の取引に関する情報を提供する以上のサービスは提供しません。電話もしてきません。こちらから電話しなければなりません。しかし、それ以上を望んでいなければそれで十分です。

一方で、もし完璧なサービスを求めるのであれば、フルサービスを提供するブローカーのところに行くべきです。フルサービスとは何を指すのでしょうか？　一つには、徹底的なサービスを受けることが可能となります。そのようなサービスを受ける必要のある人たちがいます。ブローカーはまたアドバイスを提供することができます。

大手企業のブローカーはそれ以外のサービスも提供します。例えば、節税商品や、地方債、オプション、その他ディスカウント・ブローカーが持っていないような商品を持っています。もちろん、これらの商品にはそれぞれコストがあり、それらを利用しようとする人々はそのコストを支払う必要があります。大きなリテール証券会社の優良顧客には人気の高い新規発行銘柄が提供されることもあります。

私には信頼するブローカーがいます。どうしてこの本が必要なのでしょうか？

本書はおそらくあなたが信頼するブローカーをうまく補足するものとなるかもしれません。第一に、信頼することのできないブローカーは相手にすべきではありません。それは愚かなことです。ブローカーは信頼できる人であっても、相場がどのような方向に行くかは分からない、または、投資アイデアに関する有効な資質を持っていないということがあります。率直に言って、注文を出し、ミューチュアル・ファンド、節税商品、債券、地方債、およびその他の商品を紹介してもらうためにブローカーを利用することによって良い結果を得ることができると私は思います。

証拠金取引についてはどう思いますか？　平均的な投資家に勧めますか？

最初に、証拠金とは何かについて正確に説明します。証拠金とはブローカーの勘定におけるエクイティー（持ち分）と銘柄の時価との差額です。差額は、証拠金に基づきブローカーから借りるものです。ブローカーは喜んでそれを提供します。例えば、エクイティーとして二万五〇〇〇ドル持っているとします。それを証拠金勘定に入れることができます。そして、現在の規制の下では、一に対し二を借り入れられます。すなわち、五万ドルの購買力を有していることになります。二万五〇〇〇ドルのエクイティーを超えて借り入れた金額に対しては、金利を支払う必要があります。金利は常にプライムレートより高いものとなります。

ブローカーは顧客の株式を担保として利用することによって資金を借りることができます。彼らは、いわゆるブローカー・ローン・レートと呼ばれる利率で借り入れます。その利率は、プライムレートよりは若干低い利率になります。

このローンは担保があるため、銀行にとっては重要なローンです。ブローカーは通常数％の上乗せをします。例えば、普通の顧客に対しては、二〜三％を上乗せします。優良顧客に対しては、スプレッドは小さくなります。いずれにしても、金利は高く、その金利は顧客の勘定に課されます。ブローカーは証拠金ビジネスを非常に多く行います。実際、多くのリテール・ブローカレッジ・ハウスは手数料よりも金利で利益を出しています。これが、ブローカーが証拠金勘定を愛する理由ですが、証拠金取引は読者にとって正しいものではないかもしれません。

読者が二万五〇〇〇ドル持っている場合、二万五〇〇〇ドル相当額以上の株式を購入しないほうがよいでしょう。平均的な人がやってきて、証拠金を使い、突然五万ドルの購買力を手にします。ホームランを打つ準備はできましたが、そこに踏みとどまる力はありません。もし市場が数日間下げると、破産し退場することになるのではと悩みます。相場に残っている間は、金利がかさむことになります。金利はけっしておろそかにできません。現在の利率では、二桁台の金利となる。銘柄を持続するために月に一％の金利を支払い続けることは実際に利益を侵食します。延長し借金が増え、利益を大きく伸ばそうとするよりも、小さな利益を実現してしまう誘惑にかられます。

さらに、証拠金を利用すると、多くの銘柄を購入しがちとなります。例を示しましょう。一九六六年にさかのぼりますが、私は自分のために取引をしていたとき、多くの調査を行い、スペリー・ランドを本当に気に入ってしまいました。その銘柄は相対的に割安でうまく上昇すると私は考えました。より多く買えばそれだけ儲けることができると確信し、全額証拠金取引としました。私のエクイティーは二万ドルでしたので、残り二万ドルを借り入れ、一株二〇ドルで二〇〇〇株を購入しました。私は銘柄選択は正しかったのですが、すべての資金をこの一つの銘柄に集中したため、踏みとどまる力がほとんど残っていませんでした。

短期間で私はその銘柄から手を引き、損得ゼロで逃れました。その後、スペリーは私が想定したようにかなり上昇をしました。私がそこにとどまっていたならば、わずか二万ドルのエクイティーで、五〇ポイントの値上がりをものにし、一〇万ドルを稼いでいました。しかし、それは単なる空想でしかありません。

まず第一に、私はけっして正確な天井で売却できなかったと思います。第二に、明らかに多く所有しすぎました。あまりにも多く所有したため、プレッシャーに耐えられませんでした。せいぜい五〇〇株程度を購入しておいたほうが良い結果となっていたことでしょう。とどまる力を持っていたならば、あの五〇ポイントの値上がりの幾らかをものにすることができていたでしょう。私は、証拠金取引について考えるときは、いつもスペリー・ランドを思い起こします。私は簡単に証拠金取引をすることに良い感情を持ちません。

第一六章
賢明な投資家に贈る結びの言葉

人々は株取引の基本（ファンダメンタルズ）を単純につかんでいないように思われる。私は、株式を購入するときの最も快適な方法は上昇する市場で買いを入れることである、と何度となく言ってきた。株式は買いを始めるうえでけっして高すぎるということはなく、売りを始めるうえで安すぎるということはないことを覚えておいてほしい。しかし、最初の取引をした後では、最初の取引が利益となっていないかぎり、けっして次の取引を開始してはならない。

右の洞察力にあふれた言葉は、私が完全に同意するものであるが、先に触れたことのある、私にとっての株式市場の伝説のヒーローの一人であるジェシー・リバモアの言葉である。

彼は、今世紀初頭の偉大な投機家であり、一九二三年初めに最初に出版され、四〇年ばかり後になって復刻されたエドウィン・ルフェーブルの『欲望と幻想の市場――伝説の投機王リバモア』（東洋経済新報社刊）で、不滅の名声を与えられている。この書籍を読むことを強くお奨めする。

リバモアの見解は、今日の市場についてもなお、正しいことを言っているので、注目に値する。ここに彼がモメンタム（騰勢）とテープに従うことの重要性について述べた言葉がある。

「利益を確定すれば けっして損をしないと人々は言う。確かに、損はしない。しかし、ブル・マーケットでは、四ポイントのスプレッドを抜くことによってだけではけっして豊かにはなれない」

換言すれば、私が本書全体で強調したように、相場に対する考え方とは、利益を伸ばし、損失はカットするということにある。あまりにも多くの人々が、利益をすぐにも手に入れたがる傾向にある。巨大なブル・マーケットでは、彼らは取るに足りない利益で手仕舞い、かつての持ち株がその後急騰するのを単に眺めるだけの結果となる。そのことが、よくその後に、市場にいくらかの貸しがあると思い込んで、正しくない時期にさらに高い水準で買うことによって、過ちを犯すことの引き金となるのである。

このような過ちを避けるためには、私のタイミングを計るモデルである、四％モデル、そしてスーパー・モデルを使うべきである。これらのモデルは、全般的な強気と弱気なトレンドを確認するうえで素晴らしい仕事をする。明らかに、タイミング・モデル、特にスーパー・モデルが強気に転じたときに、買いに資金の大部分を集中すべきである。

下落するにつれて買いを入れること（ナンピン）は、大きなトラブルにつながる。もちろん、下落が続くことがあろう。もし相場が極端に強く、三〇分程度後退し、自分の銘柄が八分の三ポイント下がったときに、買いを入れることには何の問題もない。しかし、相場が数日間大引けで極めて弱くなってしまうようなときに買うのはトラブルにつながるのである。

株式市場がどのような状況にあっても、たとえ全般的に強気な環境下であっても、自分の持っている銘柄については定期的に点検する必要がある。

例えば、もし保有している企業が芳しくない業績を発表した場合、あるいはあまりにも多くの内部者（インサイダー）がその銘柄を売却し始めた場合、あるいはその銘柄のＰＥＲ（株価収益率）が極端に高くなってしまった場合、ポートフォリオを調整するためにその銘柄を入れ替えて、ほかの銘柄を見つけたいと思うであろう。いつものようにポートフォリオの監視をしていて銘柄を入れ替えることは別に、先に述べたモデルが弱気から強気に転じた場合は、株式でのポジションを投資額ゼロから一〇〇％へと大きく増やすこともあろう。

マーケットに関する諸指標が比較的中立や少し弱気なときについてはどうであろうか？　そのような状況では、一〇〇％の資金をすべて株式に投資するのではなく、投資額を少なくすることが必要となろう。しかし、さらに重要なことは、諸指標が完全に弱気となっているときほどにはリスクが高いということではないが、これらの比較的中立や弱気の諸指標は、攻撃的なタイプの銘柄を持つことには十分なリスクがあるとの警告を発する示唆にはなるであろう。そのような状況では、私はより保守的な銘柄を好む。逆に、一九八二年半ば、一九八四年秋、そして一九九一年初めにそうであったように、われわれのタイミングに関するモデルが弱気から強気に転じるようなときには、私はより攻撃的なタイプの銘柄に魅力を感じる。

保守的な銘柄とはミッドランティック銀行のような例もあり、業績についてはかなり高度な安定性があり、PERは非常に低い。より攻撃的なタイプの銘柄とは、一般的にグロース銘柄とみなされているものであり、直近の業績は急激に増加し、同時にPERも高い。その好例は、一九八二年当時のエミュレックスである。私は、すべてのシステムが全体的に市場に好意的であるときには、攻撃的なグロース銘柄を好む。ブル・マーケットの華々しい段階では、これらの銘柄は市場全体よりも良い動きを見せる傾向がある。しかし、市場の諸指標が完全に強気を示していないときには、私は低いPERで、たとえ成長率が低くても業績の安定性がより高いディフェンシブな、そして保守的なタイプの銘柄に避難する。

私は、全般的な市況が良好なときには非常に攻撃的となる。しかし、諸指標が強弱混在である場合や幾分強気という場合は、ある程度株式を外し、ある程度のキャッシュ・ポジションを保持するようにしている。また、諸指標が非常に否定的である場合には、むしろほとんど株式のポジションを外し、キャッシュ・ポジションのままとする。私は、無駄骨を折ることを避けることを学んだ。そのようなときであっても、例えば資金の一〇％か、二〇％程度、株式を少しだけ所有するという場合には、私は保守的なタイプの銘柄にすることを好む。

平均的な人は、市場が下がっているときに株式を購入し、相場が回復してきた初期の段階で売却する。これは一九七三～七四年にダウが約五〇〇ドルほど下げたときに実際に起こったことである。ボブ・ファーレルとメリル・リンチのデータは、相場が底打ちするほぼ二年前の一九七三年二月から、現金による大衆の買いが開始されたことを示している。相場が底値をつけた一九七四年一二月までに、大衆は大量に買っており、彼らはあたかも正しかったように思われた。しかし、これはほぼ二年間続いた買いの絶頂であり、その過程で多くの人々が大きく傷ついたのであった。

最後に、**株式を購入するときには、分散化を図るべきである**。どの程度の分散化が適切か？　それは、ポートフォリオの規模によって異なる。ポートフォリオの規模が小さいときの分散化の欠点は、取引費用がかさむということである。ここにある程度のガイドラインがある。資金が五〇〇〇ドル以下である場合、私は直接、株式を購入することを躊躇する。その代わりに、私はすぐに資金をノーロード（手数料なしの）のファンドに投入する。それによって分散化を図れるからである。

もし五〇〇〇ドルから二万ドルであれば、四ないし五銘柄を購入するようにする。ポートフォリオが五万ドルに近づけば、八ないし九銘柄を購入しようとするであろう。一〇万ドルの水準であれば、一ダース程度の銘柄のポジションを持ってもよいだろう。二五万ドルの範囲であれば、約二〇銘柄のポートフォリオが適切であろう。ツバイク・フォーカストでは、私は二五〜三三銘柄程度を保有するようにしている。全額投資となっているポートフォリオの二五銘柄は、それぞれがポートフォリオ全体の四％を占めている。もし私がポートフォリオを三三銘柄に増やす場合は、それぞれの銘柄は約三％のポジションを占めることになろう。これで十分な分散化をしていることになる。

学問的な研究の結果は、異なった業種間で分散化投資をし、一度、八銘柄に到達すれば、分散化の全体的な恩恵の約八分の七を手にすることができることを示している。種銭を一つのバスケットに入れないことが重要である。もしわずか一銘柄、二銘柄、あるいは三銘柄だけ購入するのであれば、相場全体が上昇しているようなときに買えば、戦いに勝つことがあるかもしれない。しかし、相場が上昇している一方で、それらの銘柄はアンダーパフォームし、あるいは下落し、戦いに負けるかもしれない。分散化をすれば、相場全体がうまくいっているかぎり、適宜うまくいくことが確信できるであろう。さらに、一銘柄か、二銘柄で負けたとしても、もし分散化していれば、それは大きな痛手とはならないであろう。しかし、たったの一銘柄だけしか所有しておらず、その銘柄で失敗した場合にはトラブルになってしまうのである。

私の銘柄選択法について最後に一言述べたい。思い起こしてほしい。私は、毎日の新聞のすべての業績報告をチェックするようにお勧めした。読者のうちの何人かにとっては、これは思った以上に煩わしいことと感じたかもしれない。もちろん、何もしなければ何ものも得ることはできない。通常以上の投資リターンを得たいと思うなら、少なくとも少し余分な仕事をする必要がある。しかし、課題をこなす量を減らし、好機を逃してもよいと考えることができるなら、自分の好みに従って業績報告を取捨選択してもよいだろう。

例えば、もしある程度保守的な銘柄に重心を移したいと思っている場合には、NYSE（ニューヨーク証券取引所）への上場銘柄の業績報告だけを見るようにすることもできよう。あるいは、より攻撃的になり、競争の少ない市場で取引したいというようなときには、店頭銘柄（OTC）に集中してもよいかもしれない。もう一つの可能な選択法は、四半期の売上高が、例えば一億ドル以上の銘柄だけを選ぶということである。その方法によって、自分の趣味にかなった大企業に的を絞るということが可能になる。逆に、もしもっと攻撃的であれば、さらに小規模で、四半期売上高が一〇〇〇万ドル程度の企業にこだわりたいと思うかもしれない。

明らかに、自分がフォローしたいと思う銘柄の数を減らすための切り口はいくらでもある。私自身は、好みの銘柄は、前に述べたようなCACIやエミュレックスのような非常に小型の銘柄から、過去数年間に多くの機会に推奨してきたIBMやAT&Tなどのようなブルーチップス中のブルーチップにいたるまで、その両方を対象としているため、全体を検討の対象としておきたい。

どのような銘柄を購入するにせよ、自分にとって損失となるようなポジションやあまりにも大きすぎるポジションを抱えたまま夜ベッドに就くことはまったく意味がない。もし眠れないということであれば、何か間違ったことをしているのである。思い起こしてほしい。小さな損をしても、常にそれを取り返すことはできるのである。もし大きな損失をしたら、忘れてしまいなさい。それは、単純な算数の世界である。ある銘柄で一〇％損したならば、取り戻すには一一％の利益を出さねばならない。もし二〇％の損をしたならば、取り戻すには二五％の利益が必要である。しかし、一〇〇ドルから一〇ドルに下落するまでその銘柄に付き合って、九〇％の損をした場合には、トントンにするには一〇倍の上昇が必要となるのである。そのようなことは、ほとんど不可能である。

より好ましい点に関しては、**もしブル・マーケットで素晴らしい利益もたらしてくれる波に乗れた場合には、それについて行くべきであるということを強調したい。**さらに買い増しを考えてもよいかもしれない。買い上がることは難しくはない。してはならないのは、すぐに売却することである。想像してほしい。一九八二年八月に開始した大規模なブル・マーケットで、九月か一〇月に全部売却してしまったとする。その場合には、それまでのポジションから一五～二〇％の利益を得ることができたかもしれないが、三カ月、六カ月、あるいは一二カ月間持続することによって資金を倍増するチャンスをあきらめたことになる。

要するに、私は幾つかの明快かつ単純なルールを読者の手に委ねたい。**強きを買い、弱きを売り、テープと歩調を合わせること。**その他のどんなルールとも同じように、それを破るときもある。しかし、その誘惑に抵抗するよう強くお勧めする。ジェシー・リバモアのような鋭いトレーダーであってさえも、自分が唱えていることを実践できず、大きな打撃を受け、数百万ドルを儲けた後に三回、四回と破産しているのである。私は、読者が相場で数百万ドルを儲けることができると保証することはできない。しかし、読者は本書に述べたアドバイスに注意を払うことによって、人に先んじ、楽しい思いをし、夜は安眠をむさぼることができるであろう。

訳者あとがき

著者のマーティン・ツバイクはミシガン州立大学からファイナンス論で博士号を取得しているが、単に学問の世界で成功しただけではない。現実の投資アドバイザー業務やファンド運用の実践を通し、多くの投資家からの信頼を得ている。ハルバート・フィナンシャル・ダイジェストが投資アドバイザーに関する格付けを開始したのは一九八〇年半ばであったが、それ以来一度もツバイクの格付けを下げていない。そのようなアドバイザーは、一四五社に及ぶ投資アドバイザーのなかで、ツバイクともう一社しかないとのことである。ツバイクはアメリカで随一の投資アドバイザーといっても過言ではないだろう。これまでツバイクの著作が日本で翻訳出版されなかったことが不思議なほどである。

そのツバイクが強調する投資家としての資質で最も重要なものが規律である。われわれは、投資家として株式市場や証券ブローカーと対峙するとき、いわゆる資金の出し手として、かなりの自由を、あるいは裁量を持っている。例えば、ある銘柄が大きく下げたとき、これをどう評価するのか。ある人は、株価反転の機会となる絶好の押し目ととらえる。一方、ある人は、この下げが直近の安値を下にブレイクしたことから、下降トレンドの始まりとみて、空売りの好機と考える。つまり、どのような評価をし、どのような投資判断をすることも各人の自由なのである。

しかし、だからといって、何をしても構わないというわけではない。実は、混沌たる市場の向かっている方向は一つでしかなく、われわれ投資家にはその流れに乗ることだけしか許されない。一見すると、投資の世界においては、一〇〇％の自由度が投資家にあると思われがちであるが、勝利をするためには、そのための方程式を解く自由しか与えられていない。ツバイクが言う規律とは、そのような勝利のための方程式を解くために、自己を律することであろう。感情にとらわれることなく、また、目前の市場の光景、一時的現象にとらわれることなく、相場のトレンドを大きく把握し、適切な銘柄選択によって、その相場の流れに乗る。

ツバイクは、相場のトレンド把握のための実に有効なシグナルを開発し、それをダウやS&P指数、彼の開発したZUPI指数などで検証している。それらは、金融動向に関する諸指標、市場のモメンタム（騰勢）に関する諸指標、センチメントに関する諸指標であり、その幾つかを統合したスーパー・モデルなどである。

休むも相場という言葉があるが、相場が明らかにベア・トレンドであると判断できるとき、ツバイクは株式市場から資金を引き上げることを示唆している。そして、相場が明らかにブル・トレンドにシフトしたことを確認してから、株式市場への資金投入を本格化させることを提唱している。絶えず市場のリスクに身をさらし、結果的に投資元本をすり減らしてしまう愚を避けるには、その状況を見極めて、規律を持って相場に臨むことが必要である、ということだろう。また、本書で散見される数々の経験と洞察力に満ちたツバイクの言葉は、投資家にとっての貴重なアドバイスとなるであろう。

二〇〇一年八月

中村正人

■著者紹介

マーティン・E・ツバイク（Martin E. Zweig）
ツバイクは、「ツバイク・ファンド」と「ツバイク・トータル・リターン・ファンド」の会長であり、大変な影響力を持ったトレンド判定に優れた『ツバイク・フォーカスト』の発行者である。また、70億ドルの資金を運用する金融ストラテジストであり、「全米で新進気鋭の、かつ最も尊敬を集めている銘柄発掘者」と称賛されているマーケット・アナリストでもある。

■訳者紹介

中村正人（なかむら・まさと）
1969年中央大学法学部政治学科卒業。東京都財務局主計部公債課主査（外債担当）、旧・新日本証券（現・新光証券）国際金融部課長、ロンドン現地法人引受営業部長、ソシエテジェネラル証券企業金融部長などを経て、現在、証券金融専門の翻訳業を営む。訳書に『カウンターゲーム』（パンローリング刊）
e-mail：novfour@cocoa.plala.or.jp

2001年11月 6 日　初版第 1 刷発行
2004年10月21日　　　第 2 刷発行A

ウィザードブックシリーズ㉓

ツバイク　ウォール街《がい》を行《い》く
――株式相場必勝の方程式

著　者　マーティン・ツバイク
訳　者　中村正人
発行者　後藤康徳
発行所　パンローリング株式会社
〒160-0023　東京都新宿区西新宿7-21-3-1001
TEL　03-5386-7391　FAX　03-5386-7393
http://www.panrolling.com/
E-mail　info@panrolling.com
編　集　エフ・ジー・アイ(Factory of Gnomic Three Monkeys Investment)合資会社
装　丁　Cue graphic studio　TEL 03-5300-1755
印刷・製本　大日本印刷株式会社

ISBN4-939103-45-5

話題の新刊が続々登場！ウィザードコミックスシリーズ

マンガ 相場の神様本間宗久翁秘録

酒田罫線法の源流

A5判 232頁　著者●森生文乃

林輝太郎氏 特別寄稿! 全157章完全収録!!
相場の神様が明かす相場の奥義!

定価2,100円（税込）

ISBN4-7759-3009-5　C2033

マンガ 世界投資家列伝

バフェット　マンガー　グレアム　フィッシャー

A5判　208頁　著者●田中憲

伝説のマネーマスター4人の生き様の中にこそ、本物の
投資家をめざす者が学ぶべき絶対的真理が隠されている。

定価1,890円（税込）

ISBN4-7759-3010-9　C2033

マンガ 伝説の相場師リバモア

すべての投資家をめざす者へ贈る、最良の教科書。

A5判 168頁　著者●小島利明

大恐慌のなか一人勝ちした伝説の相場師!
その人生はまさに波瀾万丈。

定価1,680円（税込）

ISBN 4-7759-3012-5　C2033

マンガ 終身旅行者PT《パーマネントトラベラー》

こんな生き方があった! カントリーリスク回避型ライフスタイル

B6判 168頁　原作●木村昭二／作画●夏生灼

自由に生きるための最高の戦略がここにある。
——橘 玲（『お金持ちになれる黄金の羽根の拾い方』の著者）

定価1,890円（税込）

ISBN 4-7759-3011-7　C2033